GOD

M

A. W. 토저 마이티 시리즈(A. W. TOZER Mighty Series)

토저는 교인수의 성장을 위해서라면 대중의 인기에 야합하고, 거대 기업의
경영방식을 무차별 차용하고, 할리우드 엔터테인먼트 방식을 예배에 도입
하는 것에 대해 통렬한 비판을 가하였다. 그는 현대의 교회가 물량적 성장
을 위해서라면 교회의 순결성을 포기하는 듯한 자세를 보일 때는 그것을 좌시하지 않고 언
제나 선지자의 음성을 발하였다. 듣든지 안 듣든지 이스라엘 교회의 세속화를 준열히 책망
했던 예레미야처럼, 토저도 시대에 아부하지 않고 하나님교회의 순정성(純正性)을 파수하기
위해 '강력한'(Mighty) 말씀을 선포했다. 그래서 토저는 '이 시대의 선지자' 라는 평판을 들
었다. 토저가 신앙의 개혁을 위해 외쳤던 뜨겁고 강력한 메시지를 이 시대의 우리도 들어야
한다. 말씀과 성령에 의한 개혁이 절실히 필요한 이때, 규장에서 토저의 강력한(Mighty) 메
시지들을 'A. W. 토저 마이티(Mighty) 시리즈' 로 출간한다.
"토저의 설교는 설교단에서 발사되어 청중의 마음을 관통하는 레이저 광선과 같다." - 워런 위어스비

갓 ◦ 하나님

A. W. 토저 지음

이용복 옮김

규장

우리가 하나님을 알자,
힘써 하나님을 알자!

종교개혁가 칼빈은 「기독교강요」에서 "인간은 하나님을 알지 못하고서는 자기 자신을 알지 못한다. 인간은 자신을 하나님의 위엄과 비교해보기 전에는 결단코 자신의 비천한 상태를 인식할 수 없다"라고 말했다. 우리가 하나님을 알아나가는 노력을 등한히 할 때는 자신에 대한 진단을 잘못하여 교만해지거나 방자해져서 패망에 이를 수 있다. 호세아 선지자는 이스라엘이 하나님께 대한 지식이 없으므로 망하게 되었음을 고발한다.

"이 땅에는 진실도 없고 인애도 없고 하나님을 아는 지식도 없고 … 내 백성이 지식이 없으므로 망하는도다 네가 지식을 버렸으니 나도 너를 버려 내 제사장이 되지 못하게 할 것이요"(호 4:1,6).

호세아의 이 말씀이 우리에게 경종이 되어야 할 터인데, 오늘 우리의 형편은 어떠한가?

기독교가 믿는 신앙의 핵심은 사도신경에 잘 정리되어 있다. 사도신경은 그 내용의 3분의 2가 성삼위(聖三位) 하나님에 대한 고백이다. 그러면 오늘 우리 교회들의 가르침은 어떠한가? 성삼위 하나님의 성품과 사역에 대해 자주, 많이, 힘써 가르치는가? 지금 교회에서 하나님에 대한 가르침이 희소해지는, 이상한 시대를 맞고 있는 것은 아닌가? 지금 기독교의 조류를 보라. 인본적인 처세술에 대한 가르침이 홍수와 같이 쏟아져 나오고 있다. 우리는 지금 기독교 2,000년 역사에서 잘 들어보지 못한 이상한 가르침들을 접하고 있다.

우리는 지금 인간의 필요만을 전하고 하나님을 전하지 않는 시대를 만났다. 그래서 하나님에 대한 무지가 만연하고 있다.

토저는 이 책에서 하나님의 속성을 깊이 있게 다루면서, 우리가 하나님에 대해 무지할 때에 인간성의 방자함, 예배의 경박함, 신성모독을 드러낼 수밖에 없다고 지적한다. 토저가 지적하는 내용이 토저 당대의 미국 교회의 일이 아니라 바로 오늘 한국 교회의 현실임을 절감하게 될 것이다.

진정한 대가(大家)는 기본에 강하다. 기독교의 기본은 하나님이다. 그 하나님에 대해 잘 가르치는 자가 대가이다. 이 책에서 '하나님 지식'에 강한 대가(大家) 토저의 진면목(眞面目)을 볼 수 있을 것이다. 토저의 이 책은 하나님에 대해 심도 있게 다룰 뿐만 아니라, 개인의 심령에 날카롭게 적용하고, 교회의 현실에 대한 진단이 예리하다.

토저의 글은 죽은 활자가 아니다. 토저의 이 책을 읽어나갈 때에 활자가 불끈불끈 일어서서 눈으로 빨려드는 체험을 하게 될 것이다. 자간(字間)과 행간(行間)에서 거룩한 천둥소리를 듣게 될 것이다. 이 책에서 화석화(化石化)된 문자가 아니라 이 시대를 아파하는 토저의 더운 눈물, 영혼들에 대해 안타까워하는 사랑의 가슴에서 터져 나오는 토저의 뜨거운 육성(肉聲), 아니 이 시대 선지자의 사자후(獅子吼)를 들을 수 있을 것이다.

선지자의 사자후는 오늘 우리를 향해 이렇게 부르짖는다.

"우리가 여호와를 알자 힘써 여호와를 알자"(호 6:3).

규장 편집국장 김응국 목사

하나님을 하나님답게 알라!

"주의 이름을 아는 자는 주를 의지하오리니" (시 9:10).
이제부터 나는 만물의 근원에 대해 이야기하려고 한다. 만물의 근원
이라는 주제보다 더 중요하고 더 중심적인 주제는 없다. 어떤 결과
의 원인을 추적하여 그 원인을 찾았다면, 다시 그 원인의 원인을 추
적해보라. '과거'라는 어둡고 긴 복도를 계속 따라가서 만물의 가장
기본적인 구성 물질인 원자(原子)를 만나보라. 그러면 당신은 그것
을 만드신 하나님을 만나게 될 것이다.

　모든 물질, 모든 생명, 모든 법칙, 모든 공간 그리고 모든 시간의 배
후에는 하나님이 계신다. 인간의 생명에 의미를 부여해주는 분은 하
나님이시다. 하나님을 떠나서는 인간에게 아무 의미가 없다. 인간의
정신에서 하나님의 개념을 제거한다면 인간은 살아 있어야 할 이유
를 잃어버린다. 테니슨(Tennyson, 1809~1892. 영국의 빅토리아 시대를 대

표하는 계관시인)이 말했듯이, 우리는 "뇌(腦) 속의 맹목적 생명에게 자양분을 공급하는 양들"과 같다. 우리의 정신 속에 하나님을 모시지 못한다면 우리는 차라리 양처럼 죽는 것이 낫다. 하나님은 모든 법과 도덕과 선함의 근원이시다. 당신은 하나님을 부인하지 말고 하나님을 반드시 믿어야 한다. 하나님은 말씀이시며, 우리에게 말을 할 수 있도록 하는 분이시다.

시급한 요청

내가 확신하건대, 당신은 하나님의 속성에 대해 일련의 메시지를 전하는 것이 지극히 어렵다는 것을 곧 알게 될 것이다. 존 밀턴은 인간의 타락과 우리 주 예수 그리스도를 통한 인간의 구원에 대해 책을 쓰기 시작했다(그는 그 책의 제목을 「실락원」이라고 붙였다). 그때 그는 성령님께 "오, 성령님! 성령님이 원하시는 것은 온갖 신전(神殿)들이 아니라 정직하고 순수한 마음입니다. 성령님이시여! 저를 가르치소서!"라고 기도했는데, 나도 밀턴처럼 기도하기를 원한다.

깨끗한 마음과 순종하려는 의지가 없다면 아무도 하나님에 대해 올바로 설교할 수 없고 아무도 그런 설교를 올바로 들을 수 없다. 나는 이 진리를 강조하는 바이다. 내가 이것을 강조한다고 해서 병적인 자기비하(自己卑下)에 빠져 있다고 오해하지 말라. 하나님께서 우리에게 감동과 조명(照明)을 허락하지 않으시면 우리는 하나님에 관한 것을 이해할 수 없다. 그렇기 때문에 밀턴은 "저를 가르치소서. 주님이 아시기 때문입니다. … 저에게 빛을 비추어 제 안의 어두움을 쫓아내소서. 낮은 것을 높이고 도우소서. 그리하시면 제가 주님의 영원한 섭리를 높이 들어 크게 증거하고 인간들을 향한 하나님의 길의 정당함을 증명할 것입니다"라고 기도했다.

하나님의 속성에 대해 말할 수 있는 사람이 누구인가? 하나님의 자존성(自存性), 무소부재, 전능성, 초월성 같은 것에 대해 올바로 얘기할 수 있는 사람이 누구인가? 누가 이런 일들을 감당할 수 있는가? 나는 감당할 수 없다. 그러므로 나는 발람을 꾸짖은 나귀처럼, 베드로를 회개로 이끈 닭처럼 하나님께 사용되기를 원할 뿐이다. 주지하듯이, 가련한 나귀가 선지자 발람의 미친 짓을 꾸짖지 않았는가? 밤에 닭이 울어 베드로에게 깨달음을 주어 그를 회개케 하지 않았는가? 예수님은 예루살렘으로 입성하실 때 작은 나귀를 타셨다. 이처럼 주님이 나같이 부족한 사람을 나귀를 타듯이 타고 나가서 사람들에게 이르시기를 나는 기도한다.

우리는 이 하나님을 반드시 알아야 한다. 존 밀턴이 저술한 책의 중심이 되신 분, 이 시인이 증거한 분, 신학의 주제가 되시는 분, 우리의 설교와 교육의 주제가 되시는 분, 바로 이분을 아는 것이 절대적으로 요구된다. 이분을 아는 것이 절대적으로, 전적으로, 시급히 요청된다. 왜냐하면 주지하듯이 인간은 하나님에 대한 올바른 개념을 잃어버렸을 때 타락했기 때문이다.

믿음 회복의 유일한 길

인간이 하나님을 신뢰하는 동안 모든 것은 아무 문제가 없었다. 그때 인간은 건강하고 거룩하고(적어도 죄는 없고) 깨끗하고 선했다. 그러나 마귀가 인간에게 찾아와 "하나님이 참으로 너희더러 동산 모든 나무의 실과를 먹지 말라 하시더냐"(창 3:1)라고 질문함으로써 여자의 마음에 물음표(?)를 던졌다. 이는 하나님의 등 뒤로 살금살금 돌아가서 하나님의 선하심을 의심하는 것과 다를 바 없었다. 마귀의 이 질문 때문에 마귀와 여자 사이에는 대화가 시작되었고, 이 대화 후에 결국 인간은 타락했다.

인간의 마음이 하나님을 아는 지식을 잃어버렸을 때 인간이 곤경에 처하게 되었는데, 우리는 현재 이런 곤경에 처해 있다. 이에 대해 사도 바울은 이렇게 말한다.

"하나님을 알되 하나님으로 영화롭게도 아니하며 감사치도 아니하고 오히려 그 생각이 허망하여지며 미련한 마음이 어두워졌나니 스스로 지혜 있다 하나 우준하게 되어 썩어지지 아니하는 하나님의 영광을 썩어질 사람과 금수와 버러지 형상의 우상으로 바꾸었느니라 그러므로 하나님께서 저희를 마음의 정욕대로 더러움에 내어버려두사 저희 몸을 서로 욕되게 하셨으니 이는 저희가 하나님의 진리를 거짓 것으로 바꾸어 피조물을 조물주보다 더 경배하고 섬김이라 주는 곧 영원히 찬송할 이시로다 아멘 이를 인하여 하나님께서 저희를 부끄러운 욕심에 내어버려두셨으니 곧 저희 여인들도 순리대로 쓸 것을 바꾸어 역리로 쓰며 이와 같이 남자들도 순리대로 여인 쓰기를 버리고 서로 향하여 음욕이 불 일듯 하매 남자가 남자로 더불어 부끄러운 일을 행하여 저희의 그릇됨에 상당한 보응을 그 자신에 받았느니라 또한 저희가 마음에 하나님 두기를 싫어하매 하나님께서 저희를 그 상실한 마음대로 내어버려두사 합당치 못한 일을 하게 하셨으니"(롬 1:21-28).

로마서 1장의 마지막 몇 절에는 인간이 이제까지 범해온 온갖 죄와 범죄의 끔찍한 목록이 기록되어 있다. 다시 말해서 사도 바울은 불의, 간음, 사악함, 탐욕 그리고 악의 같은 인간의 죄악을 지적하면서 로마서 1장을 끝낸다. 이런 모든 죄악이 생긴 것은 인간이 하나님을 믿는 믿음을 버렸기 때문이다. 인간은 그분의 성품을 알지 못했다. 그는 그분이 어떤 하나님이신지를 알지 못했다. 그는 하나님을 어떤 분으로 보아야 하느냐 하는 문제에서 완전히 혼란에 빠져버렸다. 이제 우리가 하나님과의 관계를 회복하는 유일한 길은 하나님을 믿는 믿음을 회복하는 것이다. 그리고 하나님을 믿는 믿음을 회복하는 유일한 길은 하나님에 대한 지식을 회복하는 것이다.

이미 이 글의 시작 부분에서 나는 "주의 이름을 아는 자는 주를 의지하오리니"(시 9:10)라는 성경말씀을 인용했다. 여기서 "이름"은 성품과 명망(名望)을 의미한다. 그러므로 우리는 이 말씀을 "주께서 어떤 하나님이신지를 아는 자는 주를 의지하오리다"라고 바꾸어 표현할 수 있다. 때때로 어떤 사람들은 "왜 우리에게 믿음이 없는가?"라고 묻는다. 나는 그들에게 "믿음은 하나님의 성품을 믿는 것이다. 그러므로 그분이 어떤 하나님이신지를 모른다면 우리는 믿음을 가질 수 없다"라고 대답하고 싶다.

우리는 믿음을 갖기 위해 조지 뮬러 같은 사람들의 전기를 읽는다. 하지만 우리는 하나님의 성품을 믿는 것이 믿음이라는 사실을 망각하고 있다. 하나님이 어떤 하나님이신지, 즉 그분이 어떤 분이신지를 알지 못하기 때문에 우리는 믿음을 가질 수 없다. 우리는 믿음을 갖기 위해 몸부림치고 기다린다. 그리고 스스로에게 믿음이 생길 가능성이 거의 없다는 것을 알면서도 믿음이 오기를 바란다. 하지만 결국 믿음은 오지 않는다. 그 이유는 우리가 하나님의 성품을 모르기 때문이다. 그러나 하나님이 어떤 분이신지를 아는 사람들은 그분을 의지할 것이다. 그분이 어떤 하나님이신지를 안다면 믿음은 자연스럽게 생기기 때문이다.

심각한 손실

나는 이제부터 하나님의 성품에 대해 자세히 말하려고 한다. 즉, 그분이 어떤 분이신지에 대해 이야기를 나누려고 한다. 당신이 내 얘기를 경청한다면 믿음이 샘솟을 것이다. 무지와 불신은 믿음을 끌어내리지만, 하나님을 아는 지식의 회복은 믿음을 성장시킨다.

내가 볼 때, 하나님을 아는 지식을 회복해야 할 필요성이 역사상 그 어느 때보다도 가장 절실한 때가 바로 지금인 것 같다. 성경을 믿는 그리스도인들이 지난 약 40년 동안 아주 많이 늘어났다. 현재 성경이 과거의 그 어느 때보다도 더 많이 팔리고 있다. 말 그대로 지금 이 시기에는 성경이 베스트셀러이다. 현재 신학교는 세계 역사상 그 어느 때보다도 많이 세워지고 있다. 기독교 서적이 산더미처럼 출판되고 있다. 선교단체들이 우후죽순(雨後竹筍)으로 생겨나 어디가 어딘지 분간하기 힘들 정도이다. 전도가 아주 성공적으로 이루어지고 있다. 믿기 힘든 얘기지만, 과거의 어느 때보다도 지금 더 많은 사람들이 교회에 다닌다. 이런 일들은 다 좋은 것이다. 누가 부정하겠는가? 그러나 사업가가 자기 사업의 성패(成敗) 여부를 판단하려면 연말에 손익(損益)을 정확히 계산해야 한다. 어느 정도 이익을 얻었지만 그보다 더 큰 손해를 보았다면 사업을 계속하기는 힘든 법이다.

복음을 믿는 대다수의 교회가 지난 몇 년 동안 나름대로 이익을 남긴 것은 사실이지만, 안타깝게도 중대한 손실을 보고 말았다. 바로 고상한 신관(神觀)을 잃어버린 것이다. 그러나 과거의 기독교는 그렇지 않았다. 사실 기독교가 독수리처럼 날아올라 세계 모든 종교의 봉우리 위로 날 수 있는 것은 주로 기독교의 고상한 신관 때문이다. 이런 신관은 하나님의 계시를 통해 그리고 하나님의 아들이 육체로 오셔서 우리 가운데 거하신 사건을 통해 우리에게 주어졌다. 기독교, 즉 하나님의 교회는 여러 세기 동안 하나님의 성품을 믿는 믿음으로 살아왔다. 기독교는 하나님을 전했고, 하나님께 기도했고, 하나님을 선포했고, 하나님을 공경했고, 하나님을 높였고, 하나님을 증거했다. 성삼위(聖三位) 하나님을 말이다!

그러나 최근에 기독교에는 심각한 손실이 발생했다. 고상한 신관을 잃어버리고 만 것이다. 현재 많은 교회들에서 전하는 하나님에 대한 개념은 너무나 저급하기 때문에 하나님께 누(累)를 끼치며 기독교에 불명예를 안겨준다. 어떤 사람들은 하나님을 가리켜 '단짝'이니 '2층에 있는 분'이라고 부르는데, 이것은 부주의(不注意), 저질적 실수 그리고 영적 맹목(盲目) 때문이다. 어떤 기독교 대학에서 발행한 소책자에는 "그리스도는 나의 쿼터백(quarterback, 미식축구에서 같은 팀의 다른 선수들을 지휘하는 선수)이시다"라는 제목이 붙어 있었다. 이런 제목을 붙인 사람들의 시각에서는, 그리스도가 언제나 경기를 올바로 이끌고 나가는 분으로 보였던 것이다. 어떤 기독교 사업가는 "하나님은 훌륭한 동업자이시기 때문에 나는 그분을 좋아한다"라고 말했다고 한다.

이 세상의 어떤 이슬람 교도도 하나님을 가리켜 '훌륭한 동업자'라고 부르는 천박한 모습을 보이지 않을 것이다. 유대인이라면, 적어도 유대교를 믿는 유대인이라면 말로 표현할 수 없는 이름을 가지신 야웨(Yahweh)를 가리켜 이토록 천박한 표현을 사용하지는 않을 것이다. 이슬람 교도나 유대교 신자는 그들의 신을 가리킬 때 공경하는 마음으로 경건한 표현을 사용한다. 그런데 지극히 유감스럽게도 작금의 기독교인들은 하나님을 '쿼터백'이나 '훌륭한 동업자'로 부르고 있다.

때때로 나는 스스로를 기독교인이라고 부르는 사람들과 결별하고 싶은 심정을 느낀다. 그들은 "기도는 하나님과 작전회의(作戰會議)를 하는 것이다"라고 말한다. 그러니까 그들이 보기에 하나님은 축구 감독이나 쿼터백이시고, 그들은 하나님의 주위에 둘러서서 작전 지시를 듣는 선수들이라는 것이다. 하나님이 신호를 주시면 그들은 흩어져서 경기를 한다. 이 얼마나 황당하고 가증스러운 일인가! 우리는 지극히 거룩하신 하나님을 끌어내려 우리의 소원을 다 들어주는 싸구려 산타클로스로 만들어버렸다. 이는 로마인들이 예루살렘의 제단에서 암퇘지를 제물로 드린 것보다 더 소름 끼치는 일이다!

경박해진 기독교

기독교는 위엄을 잃어버렸다. 이 위엄을 다시 찾으려면 위엄으로 가득하신 거룩한 하나님을 알아야 한다. 하나님은 바람 날개를 타고 구름을 병거(兵車)로 삼는 분이시다. 우리는 위엄의 개념과 예배의 거룩한 기술을 잃어버렸다. 나는 대학생 선교단체의 책임자로 있던 나의 훌륭한 친구 스테이시 우즈(Stacy Woods)로부터 편지 한 통을 받았다. 그는 편지 말미에 이렇게 적었다.

"교회는 예배로부터 멀어지고 있습니다. 우리가 하나님으로부터 멀어지기 때문에 이런 현상이 일어나는 것이 아닌가 하는 생각이 듭니다."

나는 그의 판단이 옳다고 믿는다. 사람들이 하나님에게서 멀어지기 때문에 예배로부터 멀어지는 것이다.

기독교는 또한 '내적(內的)인 것들'을 잃어버렸다. '내적인 것들'을 상실한 기독교는 무의미하다. 예수님은 우리가 신령과 진정으로 예배해야 한다고 가르치셨다. 우리가 '내적인 것들'을 잃어버린 이유는, 그것을 가능하게 해주는 신관(神觀)을 잃어버렸기 때문이다. 우리는 사도신경과 기본 교리를 여전히 붙들고 있음에도, 외경심, 경이감, 두려움 그리고 기쁨을 잃어버렸다. 그 이유는 무엇인가? 우리가 하나님을 잃어버렸기 때문이거나 아니면 적어도 고상한 신관을 잃어버렸기 때문이다. 하나님은 우리의 저급한 신관을 인정하지 않으신다. 하나님은 오직 고상한 신관만을 인정하실 뿐이다.

이제까지 우리가 이룬 것들은 모두 '외적(外的)인 것들'이다. 성경, 신학교, 기독교 잡지, 기독교 계통의 방송, 선교기관, 복음전도단체, 교인들의 수적(數的) 증가, 새 예배당 건축, 이런 것들은 모두 '외적인 것들'이다. 반면, 우리가 잃어버린 것들은 모두 '내적인 것들'이다. 다시 말해서 우리는 위엄, 예배, 장엄함, 영성(靈性), 하나님의 임재, 경외심 그리고 영적 기쁨을 잃어버렸다.

우리가 잃은 모든 것이 '내적인 것들'이고 우리가 얻은 모든 것이

'외적인 것들'이라면, 사실상 우리는 아무것도 얻지 못한 것이라고 보아야 한다. 우리는 실상 아주 좋지 않은 상태에 빠진 것이라고 나는 믿는다. 오늘날의 교회는 얄팍하고 무기력하고 사려 깊지 못하고 경박하고 세상적이다. 그러므로 진정한 교회로 돌아가려면 반드시 개혁이 일어나야 한다.

나는 더 이상 '부흥'이라는 말을 사용하지 않는데, 부흥만으로는 부족하기 때문이다. 세기(世紀)의 전환기에 웨일스(Wales)의 저 작은 땅에 큰 부흥이 찾아왔을 때, 성령님에게는 그분이 사용하실 수 있는 무엇이 있었다. 바로 그곳 사람들의 고상한 신관이었다. 그들은 하나님을 믿었으며, 그들의 신관은 고상했다. 그러나 교회가 이런 고상한 신관을 잃어버리고 하나님이 어떤 분이신지를 알지 못하기 때문에 현재의 기독교는 얄팍하고 무기력하고 저급하고 경박하고 세상적이 되었다.

오늘날의 교회에서 선포되는 메시지를 히브리 선지자들의 메시지나 조지 휫필드(George Whitefield, 1714~1770. 영국의 유명한 설교가로서 18세기 신앙 부흥에 큰 영향을 끼쳤다)의 메시지와 비교해보라. 히브리 선지자들이나 휫필드는 매우 진지했다. 그들은 사람들에게 메시지를 전하기 위해 땅으로 내려온 하늘의 사람들이었다. 모세가 빛나는 얼굴로 산에서 내려와 사람들에게 말씀을 전했듯이 선지자들과 믿음의 선진들도 이 땅으로 와서 말씀을 전했다. 그들은 진지하고 성실한 사람들이었고, 고결한 인품과 깊은 사고(思考)와 신학을 소유한 사람들이었다.

그러나 오늘날의 설교는 대부분 경박하고 조악(粗惡)하고 얄팍하고 가볍고 개그맨 흉내를 낸다. 복음주의 교회들은 개그맨처럼 사람들을 웃겨서 즐겁게 해주지 않으면 사람들이 다시는 교회를 찾지 않는다고 믿는다. 우리의 설교는 진지함을 잃어버렸고, 우리는 바보가 되고 말았다. 우리는 엄숙함을 잃어버렸고, 두려움을 모르는 자들이 되어버렸다. 우리는 고상함을 잃어버리고 얄팍하고 조악한 자들이 되었다. 우리는 기품을 잃어버리고 연예인 흉내나 내고 있다. 이 모든 것은 참으로 끔찍하고 비극적이다.

저급한 찬송들

지금 많은 교회에서 부르는 노래와 과거의 신앙인들이 불렀던 노래를 비교해보라. 우리에게 아름다운 찬송시를 물려준 사람들이 얼마나 많은가! '예부터 도움 되시고'(찬송가 438장)를 쓴 아이작 왓츠(Isaac Watts, 1674~1748. 영국의 비국교회파 목사로서 수많은 찬송시를 지은 작가), 많은 위대한 찬송시를 남긴 진젠도르프(Zinzendorf, 1700~1760. 모라비아 교파의 창시자)를 생각해보라. 역시 많은 탁월한 찬송시를 물려준 찰스 웨슬리(Charles Wesley, 1707~1788. 영국의 유명한 찬송시 작가로서 존 웨슬리의 동생. 우리 찬송가에 그가 작사한 '천부여 의지 없어서'를 포함하여 15곡이 실렸다)를 생각해보라. 어디 이들뿐인가? 존 뉴턴(John Newton, 1725~1807. 찬송시 작가로서 '나 같은 죄인 살리신'을 지었다), '샘물과 같은 보혈은'(찬송가 190장)을 지은 카우퍼(W. Cowper, 1731~1800. 영국의 시인이며 찬송시 작가), 클루니의 버나드(Bernard of Cluny, 12세기에 클루니의 수사였던 버나드는 약 3,000행에 달하는 긴 시를 남겼다) 그리고 성 버나드(St. Bernard, 1090~1153. 클레르보의 대수도원장)가 있었다. 또한 마르틴 루터('내 주는 강한 성이요'를 지었다), 조셉

애디슨(Joseph Addison, 1672~1719. 영국의 수필가 및 찬송시 작가로서 '저 높고 푸른 하늘과'를 지었다), 토플레디(Toplady, 1740~1778. 저술가 및 찬송시 작가로서 '만세반석 열리니'를 지었다)가 있었다. 별처럼 빛나는 이런 찬송시 작가들 외에도 많은 사람들이 아름다운 찬송시를 지어서 남겨주었다. 그들은 이들만큼 큰 별은 아니지만 그래도 함께 모여 개신교의 하늘을 수놓은 찬양의 은하수를 이루었다.

내게는 100여 년 전에 출판된 찬송가 한 권이 있는데, 여기에는 특히 '하나님의 속성'에 대한 찬송이 49곡이나 실려 있다. 어떤 사람들은 "현재 우리는 신학을 많이 담고 있는 찬송가들을 불러서는 안 된다. 왜냐하면 지금 사람들의 사고방식은 과거의 사람들과 다르기 때문이다"라고 말한다.

하지만 나는 이런 말에 동의하지 않는다. 내가 가진 찬송가 책에 실린 찬송을 한 사람들이 누구인지 당신은 아는가? 그들은 교육을 많이 받은 사람들이 아니었다. 그들은 농부, 양치기, 목장 노동자, 탄광 광부, 대장장이, 목수 그리고 목화를 따는 사람이었다. 요컨대 그들은 보통 사람들이었다. 그들이 그런 찬송가를 불렀던 것이다! 나의 이 찬송가 책에는 모두 1,100곡 이상이 수록되어 있는데, 그것 중에 저급한 곡은 하나도 없다.

하지만 오늘날은 어떤가? 나는 오늘날 우리가 부르는 일부 저급한 곡들에 대해서는 언급조차 하기 싫다. 사람들이 "오늘 밤, 오래된 도시에서 화끈한 밤을 보내게 될 것이다"라는 노래의 곡조에 맞춰 부르는 복음성가가 있는데, 그 가사를 살펴보면 다음과 같다.

하나, 둘, 셋, 마귀가 나를 쫓아온다.

넷, 다섯, 여섯, 마귀는 언제나 돌을 던진다.

일곱, 여덟, 아홉, 마귀는 언제나 나를 맞히지 못한다.

할렐루야, 아멘.

지금 하나님의 성도들이 이런 노래를 부른다! 기가 막히지 않는가?
그러나 우리 믿음의 조상들은 '예부터 도움 되시고' 같은 찬송들을
불렀다. 지금 저급한 노래를 부르는 우리는 부끄러워해야 한다.

하나님을 끌어내리지 말라

교회의 영적 상태가 이토록 비극적으로 쇠퇴한 것은 우리가 하나
님이 어떤 분이신지를 망각했기 때문이다. 우리는 하늘에 계신 엄위
로우신 분을 볼 수 있는 능력을 잃어버렸다. 지난 몇 주 동안 나는 에
스겔서를 읽었다. 천천히 읽고 또 반복해서 읽었다. 그러던 중 두렵
고 무섭고 외경스러운 구절을 읽게 되었다. 이 구절에서 '세키나'
(shekinah, 하나님의 빛나는 임재)가 그룹들의 날개들 사이로부터 떠올
라 제단으로 가서 제단으로부터 다시 떠올라 문으로 갔으며, 그룹들
이 날개 치는 소리가 있었다(겔 10:4,5 참조). 그런 다음 하나님의 임
재가 문으로부터 바깥뜰로 갔고(겔 10:18,19), 바깥뜰로부터 산으로
갔고(겔 11:23), 산으로부터 영광 속으로 들어갔다.

그후 하나님의 임재는 예수 그리스도 안에서 성육신(成肉身)하여
이 땅을 찾아오신 때를 제외하고는 다시 돌아오지 않았다. 그 시절
에 줄곧 이스라엘을 따랐던 세키나의 영광, 즉 이스라엘의 진(陣) 위

에서 비춘 세키나의 영광은 사라졌다. 그분은 이스라엘의 죄악을 더 이상 참을 수 없었기 때문에 그분의 위엄, 즉 그분의 세키나의 영광을 거두고 성전을 떠나셨다. 성령님은 많은 교회들의 경박함, 얄팍함, 조악함 그리고 세속성 때문에 슬퍼하시다가 결국 상처를 가득 안고 조용히 물러가셨다. 그러나 우리는 하나님을 다시 보아야 한다. 우리는 하나님을 다시 느껴야 한다. 우리는 하나님을 다시 알아야 한다. 우리는 하나님의 음성을 다시 들어야 한다. 이렇게 할 때에만 우리는 구원받을 수 있다.

나는 당신이 기도의 사람이 되기를 바란다. 나는 당신이 이 중요한 얘기를 들을 수 있는 사람이 되기를 원한다. 나는 내가 성부, 성자, 성령의 삼위일체 하나님이 어떤 분이신지를 말할 자격이 있는 사람이 되기를 간절히 원한다. 하나님이 어떤 분이신지를 사람들에게 알려주는 것은 그들이 하나님을 다시 만날 수 있는 제2의 종교개혁이 도래하도록 일조(一助)하는 것이다. 이제 나는 프레드릭 페이버(Frederick Faber, 1814~1863. 영국의 찬송시 작가로서 '환난과 핍박 중에도'를 지었다)의 찬송시를 인용하려고 한다.

오, 가득한 위엄! 오, 충만한 경이(驚異)! 오, 엄위로우신 하나님!
주님의 영원한 천둥소리 가운데 주님의 번개가 빛납니다.
끝없는 대양(大洋)과 같은 분! 누가 주님을 다 전할 수 있습니까?
주님의 영원성이 주님을 두르고 있나이다.
오, 엄위로우신 하나님!

하나님의 엄위에 푹 잠겨서 한 시간을 보내는 것이 이제까지 역사 속에서 설교단에 서서 성경을 편 모든 설교자들과 함께(물론 여기에는 나도 포함된다) 한 시간을 보내는 것보다 더욱 아름답고 가치 있는 일이다. 나는 하나님의 엄위를 보기를 원한다. 어떤 노래의 가사가 전하듯 "스쳐가는 한 줄기 빛"처럼 보기를 원하지 않고 영원히 보기를 원한다. 나는 스쳐가는 것이라면 무엇이든지 사양하겠다. 나는 엄위와 경이의 빛이 영원하기를 원한다. 나는 하나님의 얼굴빛이 날마다 비치는 곳에서 살고 싶다. "엄마, 엄마의 얼굴을 잠깐만 보게 해주세요"라고 말하는 아이는 없다. 아이는 순간순간마다 엄마의 얼굴을 볼 수 있는 곳에 있기를 원한다.

시간을 초월하는 분, 공간을 초월하는 분,

오직 한 분이신 분, 홀로 계신 분.

그러면서도 엄위 가운데 거하시는 성삼위(聖三位).

당신은 언제나 오직 '하나됨' 속에 장엄하게 존재하는 하나님이십니다.

홀로 웅장하신 분, 홀로 영광스러우신 분.

외경스러운 성삼위시여!

누가 주님의 불가사의한 이야기를 다 말해줄 수 있겠습니까?

광채 위에 광채가 비치고,

빛들의 색깔이 변하며 서로 뒤얽힙니다.

영광의 물결 위에 영광의 물결이 흐르고,

투명한 빛이 쏟아집니다.

엄위의 하나님!
열국(列國)이 떨며 숭모하며 주님께 감사와 찬양을 올립니다.

지금은 보통 사람들의 시대이다. 우리 모두는 평범한 사람들이 되고 말았다. 그런데 문제는 우리가 하나님을 평범한 수준으로 끌어내렸다는 것이다. 따라서 우리에게 절대적으로 필요한 것은 하나님이 얼마나 높으신 분인지를 다시 깨닫는 것이다. 성실한 말씀 전파와 기도를 회복하고 성령님을 의지하라. 그러면 "광채 위에 광채가 비치고, 빛들의 색깔이 변하며 서로 뒤얽히는 것"을 볼 수 있을 것이다. "영광의 물결 위에 영광의 물결이 흐르고, 투명한 빛이 쏟아지는 것"을 볼 것이다. 그리고 열국처럼 "숭모하며 주님께 감사와 찬양을 올릴" 수 있을 것이다.

A. W. 토저

영생은 곧 유일하신 참 하나님과 그의 보내신 자
예수 그리스도를 아는 것이니이다
요한복음 17장 3절

차례 CONTENTS

하나님은
완전한 분이시다

"하나님은 완전하시다"라는 말에는 하나님의 모든 것이 무제한적으로 충만하다는 뜻이 담겨 있다. 그분의 능력은 무한하다. 그분의 지혜도 무한하다. 그분의 지식도 무한하다. 그분의 거룩함도 무한하다.

"온전히 아름다운 시온에서 하나님이 빛을 발하셨도다"(시 50:2).

이 구절에서 서로 특별한 관계 속에 놓인 단어들이 3개 발견되는데, 그것은 '온전함'(완전함), '아름다움' 그리고 '하나님'이다. 시온이 온전히 아름답다고 불리는 이유는 하나님께서 그곳으로부터 빛을 발하시기 때문이다.

오늘날의 기독교를 이해하려고 할 때 우리는 지난 50년 동안 일어난 두 가지를 고려해야 한다(지금 내가 말하는 오늘날의 기독교는 자유주의 기독교나 현대주의 기독교가 아니라 복음주의 기독교, 즉 복음을 믿는 기독교이다). 우리가 고려해야 할 두 가지는 우리가 얻은 것들과 잃은 것들이다.

우리가 얻은 것들과 잃은 것들

교회가 지난 50년 동안 나름대로 얻은 것이 있다는 사실은 부인할 수 없다. 예를 들면, 교회에 다니는 사람들의 비율이 높아진 것과 스스로를 그리스도인이라고 말하는 사람들이 더 많아졌다는 것이 우리가 얻은 것이다. 신학교, 성경학교 등 다양한 종류의 기독교 학교들이 늘어났다. 기독교 서적의 출판과 보급이 꾸준히 늘고 있다.

또한 우리 시대에는 종교가 인기를 누린다. 어떤 것이 인기 있을 때와 인기가 없을 때를 비교한다면 인기 있을 때에 그것을 전파하는 것이 더 쉽다. 지금 복음이 꽤 인기를 누리는 것은 사실이다. 라디오, 텔레비전, 전화 및 기타 현대의 통신수단과 의사소통 수단의 발달도 우리에게 유리한 방향으로 작용한다. 교통수단의 발달로, 아침에 시카고에서 설교한 사람이 저녁에 뉴욕에서 설교하는 것이 가능해졌다. 그리고 지난 50년 동안 다양한 복음전도 단체가 생겼다.

내가 볼 때, 어느 민족이나 부족이나 사회 집단을 보더라도 거기에는 그들을 복음화하기 위해 동분서주하는 사람들이 있다. 외국인들, 사업가들, 학생들, 병원의 환자들, 재소자(在所者)들 그리고 그 밖의 여러 부류의 사람을 전도하기 위해 힘쓰는 사람들이 있다. 이런 사람들 때문에 복음이 도처에서 전파되는 것은 분명한 사실이다. 이런 것들이 우리가 얻은 것이다(물론, 이런 것들 외에도 우리는 다른 많은 것을 얻었다).

그러나 같은 기간에 우리가 잃은 것들도 있다. 나는 당신에게 그것이 무엇인지를 말해주고 싶다. 과거에 복음주의 기독교에는 '종교적 외경심'이라고 불렸던 것이 있었지만, 이것이 사라지고 말았다. 종교적 외경심이 사라지면서 대신 찾아온 것이 하나님에 대한 경박한 태도이다. 우리 믿음의 조상들은 이것을 알지 못했다.

하나님의 부재를 모르는 교회

우리는 눈에 보이지 않는 영원한 것에 대한 의식(意識)을 잃어버렸다. 우리는 이미 세상으로 가득 차 있기 때문에 눈에 보이지 않는 영원한 것을 완전히 잊어버렸거나 적어도 그것을 의식하지 않은 채 살아간다. 우리가 그것을 잠깐이라도 생각할 때는 누군가 죽었을 때 뿐이다. 교회는 하나님의 임재에 대한 의식과 위엄의 개념을 잃어버렸다.

언젠가 예배 중에 나는 "우리는 교회를 너무나 철저히 조직화했기 때문에 만일 하나님이 교회에서 떠나신다 해도 그것을 알아채지 못할 것입니다"라고 설교했다. 그리고 나는 그 주(週)에 예배에 참석했던 한 여자 신자로부터 전화를 받았다(그녀는 우리 교회가 아닌 다른 교회의 교인이었다). 그녀는 흠잡기를 좋아하지도 않았고 모진 성격의 소유자도 아니었다. 다만 그녀는 상심한 상태였다. 그녀가 말했다.

"토저 목사님, 나는 지난번 예배 때에 목사님께서 '하나님이 교회를 떠나서도 우리가 알아채지 못할 것입니다'라고 설교하신 것을 들었습니다. 나는 하나님께서 우리 교회를 떠나셨다고 목사님께 말씀드리고 싶습니다."

나는 그녀가 자신의 교회에 대해 나쁘게 말하는 죄를 범하기를 원하지 않았다. 그리고 그녀가 몸담고 있는 교회를 더욱 비판하도록 조장하는 것 또한 원하지 않았다. 그리하여 나는 "아마도 성령님이 자매님의 교회에서 슬퍼하고 계실 것입니다"라고 말했다.

"아, 그것은 벌써 옛날 얘기입니다. 성령님이 근심하신 것은 오래 전의 일입니다. 성령 하나님께서 떠나셨기 때문에 지금은 계시지 않습니다."

나는 그녀의 판단이 얼마나 정확한 것인지 알지 못한다. 그녀는 친절하고 상냥했다. 그녀는 비판하기보다는 자기가 사실이라고 믿는 것을 말할 뿐이었다. 하나님의 임재에 대한 의식을 크게 우려해야 할 정도로 교회에서 그것이 많이 사라진 것 같다.

우리는 또한 위엄의 개념을 잃어버렸다. 지금은 보통 사람의 시대인데, 보통 사람과 더불어 보통 신(神)이 찾아왔다. 우리에게 더 이상 영웅이 없는 까닭은, 만인이 서로 똑같고 보통 사람이 지배하고 있어서이다. 다시 말하지만, 보통 사람과 더불어 보통 신이 찾아왔고, 그 결과 우리는 위엄의 개념을 잃어버렸다.

혹시 당신은 내게 "토저 목사님, 위엄의 개념이 남아 있지 않습니까? 몇 년 전에 여왕의 대관식이 있을 때에 온 세상이 떠들썩하지 않았습니까?"라고 물을지 모르겠다(영국 여왕 엘리자베스 2세의 대관식이 1952년에 있었다). 그러나 내가 볼 때, 텔레비전으로 중계된 여왕의 대관식은 화려한 구경거리가 될지는 몰라도 위엄스러운 것은 아니었다. 거기에는 위엄이 없었다.

목화아가씨나 호박아가씨를 선발하여 왕관을 씌워주는 일은 미국에서도 흔히 볼 수 있는데, 영국 여왕의 대관식도 어디에서나 볼 수 있는 흥행적 수완과 성(性)의 결합일 뿐이었다. 만일 영국 여왕이 나이 많고 수수한 여자였다면 세상이 그토록 난리를 치지는 않았을 것이다. 그녀가 젊고 아름다운 여자였기 때문에 그녀의 즉위식이 화제가 되었던 것이다. 그러나 거기에 위엄은 없었다. 사람들이 그녀 앞에서 엄숙하게 "폐하!"라고 말하지만, 그들은 위엄을 느끼지 못한다.

위엄의 개념을 잃어버린 현대의 그리스도인은 그와 더불어 경배의 개념과 경의(敬意)의 개념을 잃어버렸다. 그는 자신의 감추어진 영(靈)의 성소(聖所)로 들어가 하나님과 깊은 교제를 나눌 수 있는 능력을 잃어버렸다. 이런 능력이 기독교의 본질적 능력임에도 불구하고 우리는 이것을 거의 잃어버렸다.

우리는 신자들의 수를 늘렸지만, 하나님을 향한 경외심을 잃어버렸다. 기독교 학교들은 늘어났지만, 눈에 보이지 않는 것에 대한 의식은 사라졌다. 기독교 서적이 산더미처럼 쏟아져 나오지만, 하나님의 임재에 대한 의식은 없다. 의사소통의 수단은 좋아졌지만, 의사소통의 내용은 없어졌다. 전도단체들은 늘었지만, 위엄과 경배와 경의의 개념은 거의 사라졌다.

거룩한 갈망

우리가 얻은 것들과 잃은 것들을 종합적으로 평가할 때 우리는 외적인 것들을 얻었지만 내적인 것들을 잃었다고 결론 내릴 수밖에 없다. 이것이 오늘날의 기독교가 처한 큰 비극이다. 한술 더 떠서 우리가 얻은 것들도 결국에는 더 큰 지역으로 손실을 확대시키는 결과를 낳을지도 모른다. 질적으로 저하된 기독교가 더 많은 사람들에게 확산된다면 그것은 득(得)보다 실(失)을 더 많이 낳을 뿐이다. 그리고 우리에게는 작은 영광밖에 없는데 그것을 얇게 펼친다면 우리는 실상 아무것도 얻지 못한 것이 되고 만다. 나는 이것이 지금 우리의 현주소라고 믿는다. 우리가 하나님의 외경스러운 완전함을 다시금 깨닫지 못한다면 우리의 영광을 결코 회복하지 못할 것이다.

우리가 하나님의 완전함을 다시 깨닫지 않으면 안 된다는 확신이 몇 년 동안 내 안에서 꾸준히 커졌다. 우리는 하나님이 얼마나 외경스럽고(두려움을 느끼게 하고) 영광스럽고 완전한 분인지를 다시 깨달아야 한다. 우리는 하나님의 외경스러움과 영광과 완전함을 설교하고 찬양하고 책으로 쓰고 널리 알리고 말해야 한다. 그렇게 할 때 결국 우리는 위엄의 개념을 다시 발견할 것이고, 우리의 기독교가 신적(神的)인 것을 다시 의식하게 될 것이고, 우리의 마음속으로 들어가 영의 침묵 속에서 하나님을 경배하고 싶은 욕구를 느끼고 실제로 그렇게 할 수 있는 능력을 갖게 될 것이다.

나는 기독교의 외적인 것들에 매달리는 사람들이 기독교의 내적인 것들에 눈을 뜨도록 만들기 위해 노력해왔다. 나는 하나님을 가린 구름을 걷어버리고 하나님의 영광을 드러내기 위해 힘써왔다. 이를 위해 거의 혼자서 싸우지 않으면 안 되었는데, 결코 쉬운 일이 아니었다. 현재, 거룩한 하나님에 대해 설교하는 사람들이 드문 것이 현실이다. 물론 어떤 사람들은 이런 설교를 듣는 것을 원하기 때문에 나는 이곳저곳에서 초청을 받아 돌아다니며 설교를 한다. 하지만 대부분의 사람들은 하나님의 거룩하심을 이해하지 못한다. 참으로 답답한 현실이다. 하지만 나는 낙심하지 않는다.

우리가 계속 우리의 문제 있는 종교를, 즉 우리의 연약한 기독교를 더 넓은 지역으로 확산시킨다 할지라도 미래의 언젠가 주님이 구름을 뚫고 나타나서 하늘과 땅과 바다에서 하나님의 위엄과 영광을 드러내실 것이고, 세상 모든 곳에서 사람들이 머리 숙여 그분을 주(主)와 왕(王)으로 인정할 것이다. 하지만 나는 이런 극적인 사건이 일어나기 전에 교회가 하나님의 위엄과 영광을 온전히 깨닫게 되기를 바란다. 나는 지금 신자들이 하나님의 완전함을 알기를 원한다.

완전함은 무엇인가?

완전함은 무엇을 의미하는가? 웹스터 사전의 정의(定義)에 따르면, '완전함'은 "가능한 최고 수준으로 오른 탁월함"이다. 마땅히 있어야 할 것이 없으면 완전한 것이 아니다. 또한 있어서는 안 되는 것이 있다면 그것도 완전한 것이 아니다. 완전함은 가득 찬 것이고 갖출 것을 다 갖춘 것이다. 다시 말하지만, 완전한 것에는 부족함이란 것이 없으며, 있어서는 안 되는 것이 없다.

'완전함' 또는 '완전한'이라는 말은 상대적인 단어이다. 이것은 성경에서 아주 많이 등장하는데, 몇 개의 히브리어와 헬라어를 번역한 것이기 때문이다. 이것은 "탁월한 것", "가능한 가장 높은 수준에 오른 탁월함"을 의미한다. 물론 이것은 상대적인 단어이며, 우리는 이 말을 다양하게 사용한다. 우리는 이 땅에 있는 이런저런 것들을 가리켜 "이것이 완전하다", "저것이 완전하다"라고 말하는데, 성경도 우리처럼 말한다.

완전함이란 우리의 본질적인 것에서 부족한 것이나 잘못된 것이 없는 것을 의미한다. 바꾸어 말해서, 우리의 본질적인 것에 아무 이상이 없는 것이 완전함이다. 만일 어떤 이질적(異質的)인 것이 섞여 있다면 완전함은 존재하지 않는다.

예를 들어보자. 아기가 태어났을 때 의사나 부모가 제일 먼저 하는 일 중 하나는 그 아기에게 이상이 없는지 살피는 것이다. 그들은 아기에게 두 다리, 두 팔, 두 눈, 두 귀 그리고 하나의 코가 있는지를 알기 위해 살펴본다. 그리고 그 숫자가 정상이고 그것이 모두 제자리에 있음을 확인한 후 미소를 지으며 "축하드립니다. 아기가 건강합니다"라고 말한다. 그 아기는 완전한 것이다!

그러나 농장에서 망아지가 태어나 농부가 망아지에게 무슨 결함이 있는지 알기 위해 살펴보는 상황을 생각해보자. 이럴 경우, 그는 망아지의 다리를 2개 찾는 것이 아니라 4개를 찾는다. 만일 망아지의 다리가 둘이라면 망아지는 기형이다. 만일 어떤 아기에게 다리가 넷이라면 그 아기는 기형이다. 그러므로 완전함이란 것은 있어야 할 것이 있는 것이고 본질에 충실한 것이다. 이런 상대적 의미의 완전함은 본질적인 것에서 부족함이 없는 것이요 본질로 충만한 것이다.

그러나 우리의 완전함을 하나님께 그대로 적용할 수는 없다. 만일 "가능한 최고의 수준에 오른 탁월함"이 완전함이라면 이런 완전함의 개념을 하나님께 적용할 수는 없다. 어찌 우리가 '가능한 최고의 수준에 오른다' 라는 개념을 하나님께 적용할 수 있는가? '가능한 최고의 수준' 이라는 말을 사용하는 것은 그 '가능한 최고의 수준' 을 넘어서는 불가능한 수준이 있다는 것을 인정하는 셈이다. 그렇다면, 하나님께 이런 개념을 적용하는 것은 그분께 불가능한 것이 있다고 시인하는 셈이다. 그러나 주지하듯이, 그분께는 불가능한 것이 없다. 그분이 창조되고 가능한 최고 수준의 일을 이루셨다고 말하는 것은 완전히 잘못이다. 하나님이 완전해질 수 있는 만큼 완전해지셨다는 말도 있을 수 없는 말이다. 이런 말은 하나님께 해당되지 않고 오직 피조물에게만 해당된다.

하나님 안에는 정도가 없다

하나님께는 정도(程度)가 없다. 하나님은 위로 올라갈수록 존재의 완전도(完全度)가 높아지는 구조에서 제일 꼭대기에 계신 분이 아니다. 예를 들어 벌레로부터 시작하여 계속 위로 올라가면서 존재의 완성도가 높아지는 구조에서 가장 완성도가 높은 분이 하나님이신 것이 아니다. 하나님은 이런 구조와는 아무 관계가 없으시다. 그분은 모든 피조물과 완전히 다르고 그것들과 완전히 구분되신다. 그러므로 하나님께 정도의 차이라는 것은 있을 수 없다. 그분은 무한히 완전한 하나님이시다.

하나님께 '다소간' 이라는 개념은 적용되지 않는다. '다소간' 이라는 말은 피조물에게 사용되는 단어일 뿐이다. 우리는 어떤 사람이 어제보다 힘이 조금 더 세졌다고 말한다. 또 우리는 어떤 아이가 작년보다 키가 더 커졌다고 말한다(이런 아이는 자라는 것이다). 그러나 이런 식으로 정도의 변화가 하나님께 일어나는 것은 아니다. 그분은 완전한 분이요 하나님이시다.

완전함에 대해 말할 경우 때때로 우리는 '탁월함' 에 대해 말한다. 당신은 '탁월함' 이라는 말이 무엇을 의미하는지 깊이 생각해보았는가? 탁월하다는 것은 뛰어나다는 것인데, 이 말 속에는 다른 사물이나 사람과 비교한다는 뜻이 숨어 있다. 어떤 음악가가 탁월하다는 것은 그가 다른 음악가들보다 더 훌륭하다는 것이다. 그에게서 높은 수준의 탁월함이 발견될 때 우리는 그가 그 분야에서 완전하다고 말한다. 하지만 엄밀히 말해서 그는 완전한 것이 아니라 탁월한 것이다. 우리는 탁월함을 표현하기 위해서 '완전함' 이라는 말을 사용할 뿐이다.

당신이 하나님께 나아가면 그분은 "그런즉 너희가 나를 누구에게 비기며 나로 그와 동등이 되게 하겠느냐"(사 40:25)라고 말씀하신다. 당신은 하나님을 그 누구와도, 그 무엇과도 비교할 수 없다. 우리는 "하나님은 비교를 불허(不許)하는 분이시다"라고 말하곤 하는데, 이는 그분이 하나님으로서 홀로 계시다는 뜻이다. 다시 말해서, 하나님과 비교될 수 있는 존재가 전혀 없다는 뜻이다. 이사야서 40장 25절에서 이사야 선지자는 이 점을 매우 강조한다. 여기서 그는 매우 아름답고 유려한 표현을 사용하여 우리가 하나님을 위로 하늘이나, 아래로 땅의 그 누구와도, 그 무엇과도 비교할 수 없다고 역설한다.

모세의 율법은 "너를 위하여 새긴 우상을 만들지 말고 또 위로 하늘에 있는 것이나 아래로 땅에 있는 것이나 땅 아래 물속에 있는 것의 아무 형상이든지 만들지 말며"(출 20:4)라고 명했다. 사람들은 이 말씀을 미술 작품을 만들지 말라는 의미로 해석했다. 하지만 성전에도 하나님의 명령을 따라 만들어놓은 미술 작품이 있었다. 그러므로 그분은 미술 작품을 금하신 것이 아니라 하나님 대신 그것을 섬기는 행위를 금하신 것이다. 즉, 그것을 하나님과 같은 존재로 착각하지 말라고 경고하신 것이다.

하나님은 "그런즉 너희가 나를 누구에게 비기며"(사 40:25)라고 말씀하셨다. 그런데 성경은 '완전한'이라는 단어를 시종일관 사용한다. 또한 성경은 이 단어를 하나님께 대해서도 사용하고 하나님이 아닌 존재에 대해서도 사용한다. 예를 들면, 우리 주님은 "그러므로 하늘에 계신 너희 아버지의 온전[완전]하심과 같이 너희도 온전[완전]하라"(마 5:48)라고 명령하셨다. 하나님께 대해 사용된 단어가 사람들에 대해서도 사용된다.

그렇다면, 당신은 하나님께서 왜 동일한 단어를 사용하시는지 알겠는가? 왜냐하면 다른 단어가 없기 때문이다. 하나님이 어떤 분인지를 말해줄 다른 단어가 없다. 그러므로 우리가 누구이고 어떤 존재인지를 고려하셨기 때문에 그분은 그분 자신을 우리에게 알리기 위해 최선을 다하신 것이다. 물론 하나님 자신이 어떤 한계에 묶인 것은 아니지만, 우리의 한계성 때문에 하나님께는 다른 선택이 없는 것이다. 사도 바울은 "너희가 … 오직 너희 심정에서 좁아진 것이니라"(고후 6:12)라고 말했는데, 이 말에는 "문제는 너희 자신이다. 너희의 마음이 좁아진 것이다"라는 뜻이 들어 있다. 하나님께서 우리에게 자신의 뜻을 전달하는 데 한계를 느끼시는 것은 하나님의 불완전성(不完全性) 때문이 아니라 우리의 불완전성 때문이다.

"하나님은 완전하시다"라는 말에는 하나님의 모든 것이 무제한적으로 충만하다는 뜻이 담겨 있다. 그분의 능력은 무한하다. 그분의 지혜도 무한하다. 그분의 지식도 무한하다. 그분의 거룩함도 무한하다.

내가 "그 사람은 완전한 가수이다"라고 말한다면, 나의 '완전한'이라는 표현은 이미 어떤 한계를 전제로 한 말이다. 다시 말해서 나의 '완전한'이라는 표현은 "인간으로서 최고 수준에 오른" 정도의 의미를 갖는다. 그러나 내가 "하나님은 거룩하시다"라고 말할 때 내 말은 어떤 한계를 전제로 하는 말이 아니다. 이때 내 말은 절대적 의미에서 하는 말이다. 하나님은 말 그대로 완전한 분이시다. 그분의 본질이 완전하다. 그분의 능력과 존재, 그분의 지혜와 지식, 그분의 거룩함과 선함, 그분의 공의와 자비, 그분의 사랑과 은혜, 이 모든 것들 그리고 그분의 다른 속성은 창조되지 않은 완전함 가운데 충만히 빛난다. 이것이 주 우리 하나님의 아름다움이다.

모세는 시편 90편 17절에서 "주 우리 하나님의 아름다움을 우리에게 임하게 하사"(개역한글성경에는 "하나님의 아름다움"이 "하나님의 은총"으로 번역되어 있다 - 역자 주)라고 말했으며, 다윗은 시편 27편 4절에서 "내가 여호와께 청하였던 한 가지 일 곧 그것을 구하리니 곧 나로 내 생전에 여호와의 집에 거하여 여호와의 아름다움을 앙망하며 그 전에서 사모하게 하실 것이라"라고 말했다. "여호와의 아름다움"은 그분께 있어야 할 것이 모두 무한히 있다는 말이다. 그것이 사랑이라면 그분의 사랑에는 끝이 없다. 그것이 자비라면 그분의 자비에는 끝이 없다. 그것이 은혜라면 그분의 은혜에는 한계가 없다. 그것이 선함이라면 그분의 선함에는 한이 없다. 이것이 주 우리 하나님의 아름다움이다.

시편에는 "온전히[완전히] 아름다운 시온에서 하나님이 빛을 발하셨도다"(시 50:2)라는 말이 나온다. 그렇다면 왜 시온이 이 땅에서 완전히 아름다운 곳인가? 그것은 시온의 아름다움이 그룹들의 날개들 사이에 거하시는 빛나는 하나님으로부터 나왔기 때문이다. 단지 시온의 건축물(建築物)들만 아름다운 것이 아니었다. 시온의 모든 사상(思想)들이 아름다웠다. 시온의 찬송가들이 아름다웠다. 시온의 예배 개념이 아름다웠고, 거기서 햇살을 받으며 빛났다. 시온은 하나님께서 세키나 중에 거하는 그룹들의 날개들 사이에 계신다는 것을 알았다. 시온은 온 땅 위에서 아름다웠다. 모든 것들은 하나님을 향해 움직일 때 아름답고, 하나님으로부터 멀어질 때 추하다.

하나님을 영화롭게 하는 것은 아름답다

나는 나이가 들어가면서 찬송가를 더 좋아하고 세속 음악을 덜 좋아하고 있다. 세속 음악이 아무리 아름답고 예술적이라 해도, 그것이 작곡가의 천재성을 아무리 드러낸다 해도 그 왕관에는 한 가지 보석이 빠져 있다. 그러나 찬송가에서 작곡가의 천재성이 세속 음악만큼 드러나지 못한다 할지라도, 그리고 탁월한 음악가가 그것을 흠 잡는다 할지라도, 찬송가는 아름답다. 왜냐하면 거기에는 하나님이 계시기 때문이다. 하나님을 높이는 노래는 아름답지 않을 수 없다.

시편 23편이 그토록 아름다운 것도 같은 이치이다. 그것은 하나님께 영광을 돌리기 때문에 아름다운 것이다. 성경도 또한 마찬가지이다. 성경은 빛나는 아름다운 책이다. 가장 값싼 종이로 제본이 되었든 가장 비싼 가죽으로 제본이 되었든, 신문 인쇄 용지에 인쇄가 되었든 최고급 용지에 인쇄가 되었든 성경은 사랑스럽다. 성경은 정말 아름다운 책이다.

신학은 아름다운 것이다. 왜냐하면 하나님을 연구하는 학문이기 때문이다. 신학은 겸손하게 무릎을 꿇고 경건한 마음으로 하나님을 연구하는 학문이다. 냉담하고 굳은 마음으로 신학을 연구하는 사람들이 있기도 한데, 그런 사람들은 신학에서 하나님을 만나지 못한다. 그러나 겸손하게 무릎을 꿇고 경건한 마음으로 하나님을 연구하는 것은 아주 아름다운 일이다.

그러므로 신앙이 성장하는 사람은 다윗과 바울을 더 찾게 되고 플라톤과 아리스토텔레스를 덜 찾게 된다. 다윗과 바울은 하나님의 완전함을 찬양했기에 그들에게는 아름다움이 있다. 플라톤이나 아리스토텔레스 같은 사람들은 하나님이 아닌 다른 문제에 골몰했을 뿐이다.

천국은 지극히 아름다운 곳이다. 내가 볼 때, 우리는 천국관(天國觀)을 철저히 재검토해야 한다. 우리는 기도하면서 성경이 가르치는 천국을 다시 발견해야 한다. 만일 당신이 프랑스의 파리로 여행하려고 한다면 어디로 가야 할지를 알기 위해 파리 안내 책자를 보아야 할 것이다. 마찬가지로, 당신이 천국에 가려고 한다면 그것에 대해 어느 정도 알아야 한다.

성경이 천국에 대해 많은 것을 가르쳐주지만, 우리는 이 땅에서 살아가는 일에 바빠서 천국에 별로 관심이 없다. 나는 천국이 어떤 곳인지를 자세히 말하지는 않겠다. 천국에 대해 세부적으로 묘사하려고 시도하는 사람은 자기가 가진 능력의 한계를 느끼고 깊은 좌절감에 빠질 수도 있다. 사실 천국에 대해 세부적으로 묘사하는 것은 불가능하다. 다만 우리가 알 수 있는 것은 거기가 지극히 아름다운 곳이라는 사실이다. 왜냐하면 완전한 아름다움이 거기에 있기 때문이다.

"주 우리 하나님의 은총[아름다움]을 우리에게 임하게 하사" (시 90:17).

예수님의 탄생에 관한 이야기보다 더 아름다운 이야기가 있었는 가? 온유하고 겸손하신 예수님이 이곳저곳을 다니며 병자들을 고치고 죽은 자들을 살리고 죄인들을 용서하고 사회의 낙오자들을 다시 사회로 복귀시키는 모습보다 더 아름다운 것이 있었는가? 예수님이 자기를 십자가에 못 박는 자들을 구원하기 위해 십자가를 지려고 나가시는 모습보다 더 아름다운 것이 있었는가?

하나님이며 인간이신 분이 사람들 중에서 다니며 "사단이 하늘로서 번개같이 떨어지는 것을 내가 보았노라" (눅 10:18) 그리고 "아브라함이 나기 전부터 내가 있느니라" (요 8:58)라고 말씀하신 것보다 더 외경스럽고 신비롭고 두려운 일이 있었는가? 그분은 "아버지 품 속에 있는 독생하신 하나님" (요 1:18)이셨다.

아름다움의 중심은 그리스도이시다

모든 아름다움의 중심은 그리스도이시다. 그러므로 크리스마스가 상업주의에 이용되는 것을 제외한다면 크리스마스는 너무나 아름다운 것이다. 마찬가지로, 부활절도 지극히 아름다운 것이다. 내가 볼 때, 부활절이 크리스마스보다 더 아름답다. 왜냐하면 크리스마스는 아직 싸움을 시작하지 않은 분의 오심을 찬양하지만 부활절은 그분의 승리를 찬양하기 때문이다. 그분은 싸우기 위해 오셨지만, 아직 싸움을 시작하지 않으셨다. 그렇지만 부활절이 오면 우리는 "슬픈 3일은 빨리 지나갔고 그분은 죽은 자들로부터 영광스럽게 부활하셨다"

(이것은 프랜시스 포트가 작시한 '싸움은 끝났다' 라는 찬송시이다) 라고 찬양한다. 여기에 아름다움이 있다. 이것은 선을 그리고 색을 칠하고 공간적 균형을 맞춘 데서 오는 아름다움은 아니지만 실상 너무나 아름다운 것이다. 당신은 그분을 마구간에서 경배할 수 있다. 그분을 탄광에서 예배할 수 있다. 그리고 공장에서도 예배할 수 있다.

진정 아름다운 것은 외적 아름다움이 아니라 내적 아름다움이다. 천국이 아름다운 이유는 거기에서 완전한 아름다움이 드러나기 때문이다. 한편, 지옥은 괴물 같은 추함이 조금도 줄어들지 않고 그대로 드러나는 곳이다. 왜냐하면 지옥에는 완전함이 없기 때문이다. 거기에는 괴물 같은 도덕적 기형(畸形)만이 존재한다. 거기에는 아름다운 것이 전혀 없다. 물론 천국에는 최고의 아름다움이 있다.

이 땅은 천국과 지옥의 중간이라고 할 수 있다. 이 땅에는 아름다운 것도 있고 추한 것도 있다. 다시 말하지만, 이 땅은 천국과 지옥의 중간지대이다. 그러므로 이 땅에 사는 사람들은 천국의 아름다움을 추구하는 것과 괴물 같은 지옥의 추함을 추구하는 것 사이에서 결단해야 한다.

사람들은 지옥에 불이 있는지 없는지에 대해 매우 궁금해한다. 내가 볼 때, 지옥에 불이 없다고 믿을 만한 이유가 없다. 나는 성경에 기록된 것을 진리라고 믿는다. 나는 지옥의 불에 대해 주저하지 않고 언급할 것이다. 왜냐하면 성경이 "불못"(계 20:14)에 대해 언급하기 때문이다. 그러나 지옥에 불이 없다 할지라도, 지옥이 살 만한 곳이라 할지라도, 그곳은 우주에서 가장 추한 장소일 것이다. 다시 말해서 피조세계에서 가장 충격적으로 기형적인 장소일 것이다. 왜냐하면 그곳에는 완전한 아름다움이 없기 때문이다. 오직 하나님만이 완전하시다.

악한 것은 아름답지 않다

악한 것은 아름다울 수 없다. 성경은 "거룩한 아름다움 가운데 여호와께 경배할지어다"(시 29:2, 개역한글성경에는 "거룩한 옷을 입고 여호와께 경배할지어다"라고 번역되어 있다 - 역자 주)라고 가르친다. 거룩하지 못한 것이 귀엽고 예쁘고 심지어 매력적일 수도 있지만, 아름다울 수는 없다. 거룩한 것만이 결국 아름다울 수 있다.

성경은 "거룩한 아름다움 가운데 여호와께 경배할지어다"(시 29:2)라고 말한다. 거룩한 아름다움, 완전한 아름다움 그리고 오직 하나님만이 완전하시다는 사실, 이 세 가지는 아무 생각 없이 단어들을 연결해놓은 것이 아니다. 이들은 결코 무심결에 튀어나온 말이 아니다. 이들은 모두 서로 아름답게 들어맞으며 조화를 이룬다. 왜냐하면 하나님은 말로 표현할 수 없을 정도로 아름다운 분이시기 때문이다. "하나님을 보는 것이 얼마나 아름답겠는가!"라고 노래하는 찬송시가 있다. 반면, 지옥의 광경은 말로 표현할 수 없을 정도로 추할 것이다.

감옥이 생각나는가? 모든 희망과 자비가 사라진 곳이 생각나는가? 그렇다면 지옥이 그런 곳이라고 생각하면 된다. 모든 도덕적 지혜와 모든 거룩함과 모든 선함이 사라진 곳이 지옥이다. 공의, 긍휼, 사랑, 온유, 은혜, 친절 그리고 박애(博愛)가 없는 곳이 지옥이다. 거룩하지 못함, 도덕적 어리석음, 증오, 잔인함, 불공평 같은 것들이 넘쳐서 괴물같이 추한 곳이 지옥이다. 그러므로 하나님께서는 우리를 하나님께로 부르시는 것이다.

사람들이 마땅히 들어야 할 것은 예수 그리스도께서 동정녀 마리아에게서 나시고 본디오 빌라도에게 고난을 받아 죽으시고 다시 부활하셨다는 복된 소식이다. 그런데 우리는 이 복된 소식을 전하며 하나님의 완전함을 전파할 설교자들을 언제 풍성히 길러낼 수 있을까? 그리스도께서 부활하신 것은 괴물같이 추하고 악한 지옥에서 우리를 영원히 구해내기 위함이었다. 왜냐하면 지옥은 하나님에게서 영원히 멀리 떨어져 있는 곳이요 그분과 완전히 이질적(異質的)인 것이기 때문이다.

그리스도는 우리를 아름다움의 본질이신 하나님께 데려가실 것이다. 그리스도는 우리를 모든 악으로부터, 기형과 영원한 추함으로부터, 즉 지옥으로부터 구해내어 거룩함과 완전함과 영원한 아름다움으로 이끌기 위해 오셨다.

예수 그리스도는 우리에게 오신 하나님이시다.

"하나님께서 그리스도 안에 계시사 세상을 자기와 화목하게 하시며"(고후 5:19).

하나님께서 저 비천한 구유를 통해 우리에게 오셨다는 것이 얼마나 아름다운 일인가! 그분이 우리에게 오셔서 사람들 중에서 행하셨다는 것이 얼마나 아름다운가! 그분이 우리의 모양과 형상으로, 우리의 인성(人性)을 취하여 오신 것은 우리를 깨끗케 하고 정결케 하고 순결케 하고 다시 만들고 회복하여 완전히 아름다운 곳으로 데리고 가시기 위함이다.

나는 천국이 어디에 있는지 모른다. 신문기사에 따르면, 우주개발 계획에 참여하는 사람들이 금을 입힌 화살을 우주 속으로 약 10만 킬로미터 쏘아 보냈다고 한다. 이런 기사를 읽은 어떤 사람들은 '이 화살이 결국에는 천국에 이르지 않을까?' 하고 궁금해한다. 나는 이런 사람들의 얘기를 들을 때 씩 웃고 만다. 왜냐하면 하나님은 공간 안에 계시지 않기 때문이다. 그분께 공간은 아무것도 아니다. 그분의 무한히 큰 마음은 모든 공간, 즉 온 우주를 담고도 남는다.

우리의 우주개발 계획은 어린 아기가 야구장에서 고무공을 가지고 노는 것과 같다. 그가 할 수 있는 모든 것은 공을 이리저리 치고 그것을 잡기 위해 기어가는 것뿐이다. 공을 쳐서 3미터를 보내면 마치 홈런을 친 것처럼 기뻐하며 소리를 지른다. 그러나 야구장은 120미터나 펼쳐져 있다. 여기서 공을 쳐서 담장을 넘기려면 힘센 어른이 공을 쳐야 한다. 만일 인간들이 작은 화살을 쏘아서 달까지 보내어 달의 궤도를 돌게 만든다면 몇 년 동안 그것을 자랑하면서 난리를 칠 것이다. 인간들이여! 고무공을 갖고 계속 놀아라! 그러나 온 우주를 마음에 품고 계신 하나님은 인간들이 고무공으로 장난치는 것을 보며 미소 지으실 것이다. 그분은 인간들의 업적에 전혀 감동을 받지 않으실 것이다. 하나님은 그들이 하나님의 거룩함, 아름다움, 사랑, 자비 그리고 선하심을 보기를 원하신다. 그분은 우리와 화목함을 이루고 우리를 그분께 다시 부르기 위해 오셨다.

이 세상에서 신기하고 놀라운 것은 없다

세상이 당신에게 줄 수 있는 것이 무엇인가? 아무것도 없다. 현재 우리는 계속적으로 광고의 융단폭격을 받으며 살아간다. 생산자들이 만들어낸 기계, 도구 및 소품(小品)들이 우리의 관심을 끌 만한 가치를 지니고 있다고 세뇌를 시키는 광고들로 넘쳐난다. 그러나 광고에 등장하는 것들은 우리에게 놀라운 것이 못 된다. 당신이 이곳저곳을 돌아다니기 위해 승용차가 필요하다면 차를 한 대 사라. 하지만 그 차가 놀라운 것이라고 상상하지 말라. 당신이 샌프란시스코를 가려고 한다면 비행기를 타라. 하지만 비행기를 타는 것이 놀라운 일이라고 상상하지 말라. 그 무엇도 놀랄 만한 것이라고 상상하지 말라.

"그 이름은 기묘자(Wonderful, 놀라운 자)라 … 할 것임이라"(사 9:6).

천사들, 스랍들, 그룹들, 천사장 그리고 모든 존재들과 피조물들을 놀라게 할 수 있는 분은 오직 주님뿐이시다. 오직 주님만이 놀라운 분이시다. 주님은 우리와 화목하기 위해 오셨다. 얼마나 아름답고, 얼마나 놀라운 일인가!

"썩어 없어질 내 관심사를 모두 죽이고 오직 하나님을 주십시오"라고 노래하는 찬송가가 있다. 당신은 효과적으로 기도하고 싶은가? 하나님이 기뻐하시는 기도를 드리고 싶은가? 그렇다면 하나님이 기뻐하시는 설교자들을 보내달라고 기도하라. 하나님이 기뻐하시는 설교자는 "이렇게 하면 마음의 평안을 얻고 담배를 끊고 더 좋은 직업을 얻고 더 좋은 집에서 살 수 있습니다"라고 설교하지 않을 것이다. 그들은 하나님의 아름다움을 보고 그것을 사람들에게 전할 것이다.

물론 하나님은 사람들이 담배를 끊도록 도우신다. 그분은 사업이 잘되도록 도우신다. 그분은 기도에 응답하신다. 그러나 이런 것들은 부수적인 것이다. 이런 것들은 유치원 수준의 신앙 단계에 있는 사람들에게 중요하게 보일 뿐이다. 어찌하여 우리는 이 수준에서 벗어나 시편기자처럼 "온전히 아름다운 시온에서 하나님이 빛을 발하셨도다"(시 50:2)라고 말하지 못하는가? 어찌하여 우리는 산꼭대기를 향해 고개를 들고 우리 하나님의 도성(都城), 즉 새 예루살렘을 보지 못하는가? 우주의 기묘자이신 하나님이 그곳으로부터 빛을 발하신다.

우리가 아무리 바쁘게 신앙생활에 몰두한다 할지라도 거기에 하나님이 계시지 않으면 무슨 소용이 있는가? 위엄, 경의(敬意), 경배, 요컨대 신적(神的)인 것에 대한 의식을 잃어버렸다면 우리의 바쁜 종교가 무슨 소용이 있는가? 하나님의 임재를 느끼지 못한다면, 우리 마음속 깊은 곳으로 물러가 그 동산에서 하나님을 만날 수 있는 능력을 잃어버렸다면, 우리의 활발한 종교 활동이 무슨 소용이 있는가? 이런 능력을 잃어버렸다면 교회를 자꾸 더 지을 필요가 있을까? 변질된 기독교로 사람들을 자꾸 끌어들이는 것이 무슨 소용이 있는가? 사람들이 구주를 따르지만 너무나 멀리서 따르기 때문에 하나님이 그들을 하나님의 백성으로 인정하지 않으신다면, 그들에게 하나님을 따르도록 만드는 것이 무슨 소용이 있는가?

우리는 기독교의 질(質)을 높여야 한다. 그렇게 하려면 사도, 지혜자, 선지자, 성인(聖人) 그리고 개혁가의 신관(神觀)의 수준까지, 우리가 가진 신관의 수준을 높여야 한다. 하나님이 어떤 분인지를 제대로 깨닫는다면 우리는 본능적으로 그리고 자동적으로 상승할 것이며, 우리의 신앙이 나선형(螺旋形)을 그리며 올라갈 것이다. 그러나 이런 진리를 모르는 사람들은 그들이 고안한 인간적인 방법을 통하여 신앙을 끌어올리려고 애쓴다. 그들은 현대과학과 경영학의 성과를 사용하여 신앙의 열매를 맺으려고 발버둥 친다. 그들은 사람들의 이목(耳目)을 끄는 인기전술을 통하여 부흥을 일으키려고 한다.

우리는 신앙을 향상시키려고 애쓰면서도, 우리의 신앙이 하나님의 반석 위에 서야 한다는 것을 깨닫지 못한다. 만일 내가 수준 낮은 신관(神觀)을 가지고 있다면 나의 신앙은 무기력한 싸구려 신앙이 될 것이다. 반면, 내 신관이 하나님을 제대로 이해한 데서 나온 것이라면 나의 신앙은 고상하고 존귀하고 심오하고 아름다운 신앙이 될 것이다. 나는 이런 신앙을 가진 사람들을 보고 싶다. 당신도 이런 신앙을 갖기 위해 기도하지 않겠는가?

오, 우리의 아버지이신 하나님! 다시 타락하는 것이 얼마나 쉽습니까! 우리는 살았다 하는 이름은 있지만 실상은 죽은 신앙인이 되기 쉽습니다. 세상은 점점 암울해지고, 심판은 다가오고, 지옥이 그 경계(境界)를 넓히고, 적그리스도가 세상을 삼키려고 준비하고 있지만 우리는 놀자판 교인들과 어울려 수다 떨고 킥킥 웃느라고 도끼 자루 썩는 줄 모릅니다. 세상은 하나로 똘똘 뭉치고 그들의 왕을 위해 준비하는데, 교회는 "나는 부자라 부요하여 부족한 것이 없다"(계 3:17)라고 말하면서 놀자판으로 나갑니다. 교인의 숫자와 헌금 액수는 전보다 더 늘어납니다. 교회들은 돈을 더 펑펑 쓰고, 기독교 학교에는 학생들이 넘치고, 우리는 많은 프로그램을 만들어냅니다. 그러나 오, 나의 하나님! 우리는 기독교의 본질이 크게 손상되었다는 것을 잊고 있습니다.

오, 하나님! 회복하소서. 회복하소서. 하나님의 교회가 다시 하나님을 볼 수 있도록 회복하소서. 크신 하나님을 볼 수 있는 시력(視力)을 그리스도인들에게 회복시켜주소서. 우리에게 하나님의 얼굴을, 사랑으로 가득한 하나님의 얼굴을 보여주소서. 우리가 하나님의 위엄을 영원히 보게 하소서. 우리가 구하는 것은 스쳐가는 광선(光線)이 아닙니다. 우리는 무한한 영광과 경이(驚異) 가운데 계신 하나님을 영원히 보기를 원합니다.

오, 하나님! 사람들은 기독교를 비웃으며 계속 죄를 짓습니다. 그들은 기독교를 조롱합니다. 믿는다는 우리는 하나님을 향한 경외심을 잃어버렸고, 하나님의 위엄을 더 이상 느끼지 못합니다. 기도하오니, 우리가 하늘에 계신 하나님의 위엄을 다시 깨닫게 하소서. 하나님의 위엄을 다시 보게 하소서. 그리하시면 우리는 하나님이 얼마나 놀라운 분인지를 알게 될 것입니다. 하나님의 영광이 얼마나 빛납니까! 깊은 곳에서 불타는 시은좌(施恩座)가 얼마나 아름답습니까!

우리를 기도의 자리로 이끄소서. 우리가 실로 동산 안에 있다는 것을 깨닫고 여호와 하나님께서 "날이 서늘할 때에 동산에 거니시는"(창 3:8) 것처럼 이곳저곳으로 행하게 하소서. 하나님이 동산에서 거니실 때 아담은 숨었습니다. 오, 주님! 우리 중 얼마나 많은 사람들이 이런저런 것 뒤에 숨어 하나님을 피합니까! 우리가 이렇게 숨는 것은 하나님 앞으로 나아가 하나님과 동행할 수 있는 도덕적 및 영적 준비가 되어 있지 않기 때문입니다. 그러나 에녹에 대해 성경은 "에녹이 하나님과 동행하더니 하나님이 그를 데려가시므로 세상에 있지 아니하였더라"(창 5:24)라고 증거합니다. 모세는 하나님의 얼굴을 올려다보았고, 그의 얼굴 꺼풀에서는 광채가 났습니다(출 34:29 참조). 오, 하나님! 우리를 보내어 회심자를 얻게 하소서. 그러나 또한 우리를 보내어 아버지를 영화롭게 하고 예수 그리스도의 아름다움을 온 천하에 드러내게 하소서. 이 모든 것을 우리 주 예수 그리스도의 이름으로 구합니다. 아멘.

하나님은
무한한 분이시다

하나님은 끝이 없고 한이 없으시며, 하나님은 측정되거나 측량될 수 없으시다. 우리는 시간, 공간 또는 거리를 그분께 적용할 수 없는데, 그분이 이것들을 모두 만들고 그분의 마음 안에 품고 계시기 때문이다.

"그러므로 너희가 그리스도와 함께 다시 살리심을 받았으면 위엣 것을 찾으라 거기는 그리스도께서 하나님 우편에 앉아 계시느니라 위엣 것을 생각하고 땅엣 것을 생각지 말라 이는 너희가 죽었고 너희 생명이 '그리스도와 함께 하나님 안에' 감취었음이니라"(골 3:1–3).

이 구절의 마지막 부분, 즉 "너희 생명이 그리스도와 함께 하나님 안에 감취었음이니라"(골 3:3)라는 말씀을 주제로 설교한다면, 누구에게라도 좋은 설교가 될 것이다. 이제 나는 600년 전에 저술된 어떤 책으로 돌아가 그 책의 내용을 약간 인용하려고 한다. 다시 말해서 나는 '그리스도와 함께 하나님 안에' 라는 말씀의 의미를 깨닫기 위해 하나님의 마음속으로 깊이 들어가는 이 여행길을 밝히는 차원에서 그 책을 인용하려고 한다.

하나님의 무한성을 찾아가는 여행

내가 인용하려는 책은 대단히 경건한 여인이었던 놀위치의 줄리안(Julian of Norwich, 1342~1416. 하나님과의 신비적 연합을 추구한 영국의 여성도)이 쓴 책이다. 그녀는 삼위일체에 대해 이렇게 말했다.

"삼위일체께서 갑자기 내 마음을 기쁨으로 충만케 하셨다. 그때 나는 천국에서 그분이 끝없이 나를 기쁨으로 충만케 하실 것이라고 깨닫게 되었다."

이런 깨달음은 물질적으로 살기 편한 천국을 꿈꾸는 대부분의 사람들의 천국관(天國觀)보다 한 차원 높은 인식이다. 많은 사람들은 호화 저택, 두 대의 고급 승용차, 분수, 수영장, 황금길 등이 있는 천국을 원하겠지만, 줄리안은 삼위일체께서 우리의 마음을 끝없이 기쁨으로 채우시는 곳을 천국으로 보았다. 왜냐하면 삼위일체가 하나님이시고 하나님이 삼위일체이시기 때문이다. 삼위일체는 우리를 만들고 지키는 분이시다. 삼위일체는 우리의 영원한 사랑이요 영원한 기쁨과 복이시다.

이런 사랑과 기쁨은 예수 그리스도의 특징이기도 하다. 줄리안이 말했듯이, "우리는 예수님이 나타나시는 곳에서 거룩한 삼위일체를 알 수 있다." "나를 본 자는 아버지를 보았거늘"(요 14:9)이라는 그리스도의 말씀에서도 알 수 있듯이 그리스도는 삼위일체 하나님의 완전한 '현현'(顯現)이라는 것을 당신의 머리와 마음에 깊이 새겨라. 그리스도는 삼위일체 하나님의 영광을 드러내신다. 다시 말해서 성삼위의 영광을 나타내신다는 말이다. 예수님이 나타나시는 곳에 하나님이 계신다. 예수님이 영광을 받으시는 곳에서 하나님도 영광을 받으신다.

어떤 사람의 말이 성경의 지지를 받지 못한다면 나는 그 사람의 말을 인용하지 않는다. 성경은 삼위일체께서 우리의 마음을 충만케 하실 것이라고 분명히 밝힌다. 성경은 이렇게 가르친다.

"어느 때나 하나님을 본 사람이 없으되 만일 우리가 서로 사랑하면 하나님이 우리 안에 거하시고 그의 사랑이 우리 안에 온전히 이루느니라 그의 성령을 우리에게 주시므로 우리가 그 안에 거하고 그가 우리 안에 거하시는 줄을 아느니라"(요일 4:12,13).

"아버지가 아들을 세상의 구주로 보내신 것을 우리가 보았고 또 증거하노니 누구든지 예수를 하나님의 아들이라 시인하면 하나님이 저 안에 거하시고 저도 하나님 안에 거하느니라"(요일 4:14,15).

이 말씀에서 우리는 아버지와 아들을 만날 수 있다.

예수님은 "내가 비옵는 것은 이 사람들만 위함이 아니요 또 저희 말을 인하여 나를 믿는 사람들도 위함이니 아버지께서 내 안에, 내가 아버지 안에 있는 것같이 저희도 다 하나가 되어 우리 안에 있게 하사 세상으로 아버지께서 나를 보내신 것을 믿게 하옵소서"(요 17:20,21)라고 기도하셨다. 당신은 사도들이 전해준 예수 그리스도를 믿는가? 당신이 그리스도를 믿는다면 방금 인용한 이 말씀에서 당신은 "아버지께서 내 안에, 내가 아버지 안에 있는 것같이 너희도 다 하나가 되어 우리 안에 있도록 내가 기도한다"라는 그리스도의 사랑의 음성을 들어야 한다.

얼마 전에 나는 어떤 사람이 이렇게 기도하는 것을 들었다.

"진리이신 하나님! 영원한 사랑 가운데 제가 하나님과 하나가 되도록 하소서. 많은 것들을 읽고 듣기 때문에 저는 종종 피곤해집니다. 하지만 제가 바랄 수 있는 모든 것이 하나님 안에 있습니다."

교회는 언제 침체 상태에서 벗어날 수 있을까? 구원이 단지 스위치만 켜면 불이 들어오는 전구(電球) 같은 것이 아니며 단지 지옥에 가지 않기 위한 보험이 아니라는 것을 깨달을 때, 교회는 침체에서 벗어날 수 있다. 바꾸어 말해서 구원이 하나님 안으로 들어가는 문(門)이며 하나님이 우리가 바랄 수 있는 모든 것이라는 진리를 깨달을 때 교회는 침체기에서 벗어날 수 있다. 다시 줄리안의 말을 들어 보자.

"오직 하나님만이 우리에게 선하시고 위로가 되신다는 것을 나는 깨달았다. 그분은 우리의 옷이 되신다. 그분의 포근한 사랑은 우리를 감싸고 우리를 두르고 우리를 휘어 감는다. 그리하여 그분은 우리를 떠나지 않으시고 우리에게 무한히 선(善)을 베푸신다."

기독교는 하나님 안으로 들어가는 문이다. 그러므로 당신이 기독교를 통해 하나님 안으로 들어간다면, 즉 그리스도와 함께 하나님 안으로 들어간다면, 당신은 무한함, 즉 무한성(無限性)으로 가는 여행길에 이미 들어선 것이다. 거기에는 한계도 멈출 곳도 없다. 하나님은 한 번 은혜를 베풀고 마는 분이 아니시다. 두 번 베풀고 마는 분이 아니시다. 세 번 베풀고 마는 분이 아니시다. 그분의 은혜는 끝이 없다. 당신이 그리스도 안에서 하나님의 마음속으로 여행할 때 당신의 삶에는 '무수히 많은' 체험과 영적 사건과 중대 국면(局面)이 생길 수 있다.

하나님은 무한하시다! 이것은 우리가 이해하기 어려운 개념이지만, 나는 감히 당신에게 이것을 이해하라고 도전하고 싶다. 아마 당신은 무한(無限)이 어떤 것인지 잘 알지 못할 것이다. 하지만 그렇다고 해서 고민에 빠질 필요는 없다. 사실 나도 잘 모른다. 다만 나는 내 나름대로 설명해보려고 애쓸 뿐이다. 무한은 너무나 어마어마한 것이기 때문에 누구도 그것을 이해할 수 없다. 그런데 우리의 이성(理性)은 무릎을 꿇고 하나님이 무한하시다고 고백한다. 하나님이 무한하시다는 것은 하나님에게 한계와 끝이 없으시다는 것을 의미한다. 하나님은 본질적으로 한계가 없으시다. 어떤 면에서 보더라도 하나님에게는 끝이 없으시다.

우리는 무한을 측정할 수 없다

'무한'이라는 말을 사용할 때 우리는 매우 신중해야 한다. 흔히 우리는 "저 사람의 부(富)는 무한하다"라고 말하지만 사실 그의 부가 무한할 수는 없다. 왜냐하면 그의 부를 숫자로 셀 수 있기 때문이다. 또 우리는 "저 사람의 정력(精力)은, 끝을 모른다"라고 말하지만, 사실 무한한 정력은 없다. 왜냐하면 이런저런 방법을 사용하면 사람이 가진 정력의 한계를 측정할 수 있기 때문이다. 우리는 "저 화가는 그의 그림에 무한한 노고(勞苦)를 쏟아 붓는다"라고 말하지만, 사실 그의 노고가 무한한 것은 아니다. 그는 자기의 최선을 다한 후, 두 손을 들며 "아직 완전히 만족스럽지는 않지만, 이쯤에서 끝낼 수밖에 없다"라고 말할 뿐이다. 이런 그의 모습을 보며 우리는 그의 노고가 무한하다고 표현한다.

그러므로 "끝이 없다", "한이 없다", "한계를 모른다"라는 말은 인간에 대해 사용될 수 없다. 이런 말은 오직 하나님에 대해서만 사용될 수 있다. 이런 말은 공간, 시간, 물질, 운동 또는 에너지에 대해 사용될 수 없다. 이런 말은 동물, 모래, 별 또는 그 밖의 어떤 것에 대해서도 쓰일 수 없다. 왜냐하면 이런 것들은 측정될 수 있기 때문이다.

피조물은 '측정'이라는 방법에 의해 설명될 수 있다. 예를 들어보자. 체중은 지구의 중력에 의해 당겨지는 우리 몸의 무게를 측정한 것인데, 이것은 우리를 설명할 수 있는 방법 가운데 하나이다. 우리는 물체 사이의 공간을 '거리'라고 말하며, 물체가 공간 안에서 연장(延長)된 것을 '길이'라고 설명한다.

언제나 우리는 물체를 측정할 수 있다. 우리는 태양과 달이 얼마나 큰지, 지구와 별과 여타의 천체가 얼마나 무거운지를 안다. 우리는 대양(大洋)의 물이 대략적으로 얼마인지를 안다. 대양이 무한히 깊은 것 같지만 사실 우리는 대양의 깊이를 알고 있다. 우리가 대양의 깊이를 잴 수 있으므로 그것이 무한히 깊다고 말해서는 안 된다. 하나님 한 분을 제외한다면 끝없는 것은 없고 무한한 존재는 없다. 하나님은 스스로 존재하는 절대적인 분이시다. 하나님 이외의 모든 존재는 우연적이고 상대적이다. 그분처럼 크고 그분처럼 지혜롭고 그분처럼 놀라운 존재는 없다. 아무리 크고 지혜롭고 놀라운 존재가 있다 할지라도 그것은 상대적으로 그럴 뿐이다. 한계가 없는 분은 오직 하나님뿐이시다.

어떤 시인은 "한 하나님이시여, 한 주권자시여! 당신밖에는 하나님이 없나이다. 하나님은 무한한 분이시요 연장(延長)되지 않은 단일체(單一體)이십니다"라고 썼다. 오랫동안 나는 왜 그가 하나님을 가리켜 "무한한 분이시요 연장되지 않은 단일체"라고 말했는지 궁금히 여겼는데, 결국 그 의미를 깨달았다. 그의 말에는 "하나님은 공간 속으로 연장되지 않고 오히려 공간을 포함하신다"라는 뜻이 들어 있다. C. S. 루이스는 "당신의 눈앞에 있는 종이 한 장이 사방으로 무한히 연장된다고 상상해보십시오. 그리고 연필을 집어 그 종이 위에 2센티미터의 선을 그린다고 상상하십시오. 그렇게 했을 때 그려진 선이 바로 시간입니다"라고 말했다. 연필이 종이 위에 닿아 선을 그리기 시작한 곳이 바로 시간의 시작이다. 그리고 당신이 연필을 종이에서 떼는 곳이 바로 시간의 끝이다. 이 짧은 선을 사방에서 둘러싸고 있는 동시에 사방으로 무한히 연장되는 분이 하나님이시다. 이 얼마나 멋진 비유인가!

만일 하나님이 어떤 지점에서 멈추신다면 그분은 완전한 분이 아니시다. 예를 들어, 그분이 거의 모든 것을 아시지만 완벽하게 모든 것을 아시는 것이 아니라면, 그분의 지식은 한계에 부딪히는 것이다. 그럴 경우, 시편 147편 5절의 주장과는 달리 하나님의 지식은 무한한 것이 못 된다.

현재에 관한 것, 미래에 관한 것, 과거에 관한 것, 영적인 것, 심리적인 것, 물질적인 것, 우주의 어떤 구석을 뒤져서라도 발견될 수 있는 것, 이런 모든 것들이 지식의 대상이 될 수 있다. 그런데 하나님이 이런 것들의 99퍼센트를 아시지만 1퍼센트를 알지 못하신다고 가정해보자. 그럴 경우 나는 천국에 가서 하나님의 얼굴을 뵐 때 매우 당황할 것 같다. 왜냐하면 하나님도 모르시는 것이 있기 때문이다. 하나님이 전지(全知)하신 분이 아니라면 나는 하나님을 예배할 수 없다. 나는 완전하지 못한 분을 경배할 수 없다.

하나님의 능력은 어떠한가? 하나님의 능력에 약간의 부족함이 있다면, 하나님이 아닌 어떤 다른 존재가 그 부족한 것을 가지고 있다면 나는 하나님을 예배할 수 없을 것이다. 만일 하나님의 능력에 약간의 부족함이 있다면 우리는 그분을 가리켜 '전능하신 하나님'이라고 부를 수 없을 것이다. 이런 하나님은 '전능에 가까운 하나님'일 뿐이다. 하나님의 능력이 다른 어떤 존재의 능력보다 크다 할지라도, 심지어 하나님의 능력이 우주에 있는 다른 모든 존재의 능력을 합한 것보다 더 크다 할지라도 그분에게 부족함이 있다면 그분은 하나님이실 수 없다. 우리의 하나님은 완전한 분이시며, 그분의 지식과 능력도 완전하시다.

하나님이 선하시지만 그분에게 선하시지 못한 부분이 하나라도 있다면 그분은 우리의 하나님과 아버지가 되실 수 없다. 그분에게 사랑이 있지만 그 사랑이 99.9퍼센트의 사랑이라면, 그분은 하나님이 아니시다. 아니, 그분의 사랑이 99.9퍼센트보다 더 높다 할지라도 완전한 사랑이 아니라면 그분은 하나님이 아니시다. 하나님이 하나님이 되시기 위해서는 그분의 모든 것이 완전해야 한다. 그분에게는 한계도 끝도 멈추는 곳도 없어야 한다. 그분이 넘지 못할 경계가 없어야 한다. 그래야 그분이 참 하나님이시다. 당신이 하나님을 생각하는가? 그렇다면 당신은 하나님이 완전하신 분이라고 생각해야 한다. 당신이 하나님께 속한 것들을 생각하는가? 그렇다면 당신은 그것들이 완전하다고 생각해야 한다.

당신이 이렇게 무한하신 하나님을 이해하려고 애쓴 다음에는 2주 동안 머리에 쥐가 나서 고생할지도 모르겠다. 하지만 무한하신 하나님을 알게 되면 오늘날 유행하는 싸구려 신(神)을 넉넉히 몰아낼 수 있다. 우리가 만들어낸 싸구려 신은 친구로서 지내기에는 아주 좋은 신이다. 야구 게임을 하고 싶을 때 얼마든지 놀아주는 마음씨 좋은 '이웃집 아저씨' 같은 신이니, 얼마나 편리한가! 하지만 이런 신은 아브라함과 이삭과 야곱의 하나님은 아니다. 그는 천지의 기초를 놓으신 하나님이 아니다. 기독교의 신이 아닌 다른 신이다.

교육 받은 그리스도인들도 이교도들처럼 신(神)을 만들어낼 수 있다. 은, 나무 또는 돌로써 신을 만들어낼 수 있다. 아니면 상상력을 동원하여 얼마든지 신을 만들어낼 수 있다. 여러 곳에서 숭배받고 있는 신은 상상 속에서 만들어낸 신이다. 그것은 참 하나님이 아니다. 그것은 무한하고 전지하고 전능하고 완전한 하나님이 아니다. 그것은 완전한 사랑으로 가득한 하나님이 아니다. 그것은 참 하나님에 이르지 못하는 존재이다. 기독교가 쇠퇴하고 영락(零落)하는 것은 현대 기독교의 신이 성경의 하나님이 아니기 때문이다. 나는 우리가 하나님께 기도하지 않는다고 말하려는 것이 아니다. 다만 우리가 완전한 하나님께 미치지 못하는 신에게 기도한다고 말하고 싶을 뿐이다. 우리는 하나님이 완전한 분이라고 믿어야 한다.

하나님은 자신을 기뻐하신다

하나님은 자신을 기뻐하시고 자신의 완전함을 즐거워하신다. 이 말이 당신에게 다소 충격적으로 들릴지도 모르겠다. 하지만 오랜 세월 기도하고 묵상하고 성경을 읽고 연구한 결과, 이런 확신에 도달했기 때문에 나는 결코 이 말을 취소할 수 없다. 다시 말하지만, 하나님은 자신을 기뻐하시고 자신의 완전함을 즐거워하신다. 거룩한 삼위일체는 자신을 기뻐하신다! 하나님은 자신의 일들을 즐거워하신다!

하나님께서 하늘과 땅 그리고 땅 위의 모든 것을 지으셨을 때 그것들은 "하나님의 보시기에 좋았다"(창 1:4,10,12,18,21,25). 하나님은 자신의 형상대로 인간을 지으셨을 때, 보시고 "심히 좋다"라고 말씀하셨다(창 1:31). 하나님은 자신의 일들을 즐거워하셨고, 자신이 이루신 것들을 기뻐하셨다.

구속(救贖)이 하나님께는 '하기 싫은 귀찮은 일'이 아니었다. 그분은 자신이 곤경에 처했음을 깨닫고 황급히 어디론가 가서 천사들을 불러 모아 대책회의를 하신 것이 아니었다. 하나님은 자신의 일을 기쁘게 행하셨다. 하나님은 기쁜 마음으로 천지를 지으셨다. 그렇기 때문에 꽃들은 활짝 피어 미소 짓고, 새들은 노래하고, 태양은 빛나고, 하늘은 파랗고, 강은 계속 흘러서 바다로 들어간다. 하나님은 천지를 지으시고 자신이 이루신 것을 사랑하셨다.

하나님은 자신을, 자신의 완전함을 그리고 자신의 일의 완전함을 기뻐하셨다. 다시 구속에 대해 말하자면, 우리를 구속해야 할 의무가 그분께 있기 때문에 그분이 우리를 구속하신 것이 아니다. 인류를 구속해야 할 도덕적 의무가 그분께 있었던 것은 아니다. 자신의 아들 예수 그리스도를 보내어 인류를 위해 십자가에서 죽도록 만들어야 할 의무가 하나님께 있었던 것은 아니다. 하나님께서 예수님을 보내신 것은 사실이지만, 예수님이 자진해서 그렇게 하신 것도 사실이다. 하나님은 인류의 구속을 원하셨는데, 마지못해 원하신 것이 아니라 스스로 기뻐하며 원하셨다.

새벽 2시에 일어나 아기에게 젖을 먹여야 할 의무가 엄마에게 있는 것은 아니다. 그녀에게 그렇게 하도록 강요하는 법도 없다. 물론 부모가 자식을 어느 정도까지 돌보도록 법에 규정되어 있을 것이다. 하지만 반드시 새벽 2시에 일어나 젖을 먹이라고 규정되어 있지는 않을 것이다. 엄마가 그렇게 하는 것은 그렇게 하기를 원하기 때문이다. 나도 우리 아이들을 위해 그렇게 하곤 했는데, 나는 그것을 즐겼다. 부모가 자식을 위해 고생하는 것은 그렇게 하기를 좋아하기 때문이다.

이 두렵고 영원하고 보이지 않고 무한하고 전지하고 전능한 하나님의 경우도 마찬가지이다. 다시 말해서, 우리 조상의 아버지시요 우리 주 예수 그리스도의 아버지이며 하나님이시요 우리가 "하늘에 계신 우리 아버지"라고 부르는 분의 경우도 마찬가지이다. 하나님은 끝이 없고 한이 없으시며, 하나님은 측정되거나 측량될 수 없으시다. 우리는 시간, 공간 또는 거리를 하나님께 적용할 수 없는데, 하나님이 이것들을 모두 만들고 하나님의 마음 안에 품고 계시기 때문이다. 하나님은 이런 모든 것을 초월하신다. 하지만 그러면서도 그분은 우호적이고 친절한 하나님이시며, 그분은 자신을 기뻐하신다. 성부(聖父)는 성자(聖子)를 기뻐하셨기 때문에 "이는 내 사랑하는 아들이요 내 기뻐하는 자라"(마 3:17)라고 말씀하셨다. 성자는 성부를 기뻐하셨기 때문에 "천지의 주재이신 아버지여 … 감사하나이다"(마 11:25)라고 말씀하셨다. 그리고 성령(聖靈)도 성부와 성자를 기뻐하신다.

예수님의 성육신(成肉身)도 자신이 자원해서 하신 것이었다. 육신으로 이 땅에 오실 때 그분은 "나는 이것이 너무 싫다. 이것을 하지 않았으면 좋겠다"라고 말하면서 이를 악물지 않으셨다. 우리의 귀한 옛 찬송시 작가 중 한 사람은 "예수님은 처녀의 태(胎)를 혐오하지 않으셨다"라고 말했다. 예수님이 처녀의 태를 빌려 이 땅에 오신 것에 대해 깊이 묵상한 이 작가는 아마도 "잠깐! 그분이 피조물의 태를 빌려 오신다? 우주도 담을 수 없는 영원하고 무한한 하나님께서 자신의 피조물 중 하나 속으로 들어가신다? 이것은 그분에게 너무 굴욕적인 것이 아닌가?"라고 자문(自問)한 후에 미소를 지으며 "그렇지 않아. 그분은 처녀의 태를 혐오하지 않으셨어"라고 자답(自答)했을 것이다. 그가 이런 가사를 썼기 때문에 우리는 장구한 세월에 걸쳐 그의 가사로 찬송을 해오고 있다.

예수 그리스도의 성육신(成肉身)은 그분이 마지못해 하신 일이 아니었다. 성삼위(聖三位) 가운데 제2위이며 영원한 아들이며 영원한 말씀인 분이 스스로 육체가 되셨다. 그분은 기쁨 가운데 그렇게 하셨다! 천사들이 예수님의 성육신을 노래할 때 그들은 기쁨으로 노래했다.

하나님은 자신의 일을 기뻐하신다

하나님은 또한 구원하기를 기뻐하신다. 누가복음 15장 5절의 비유에서 양을 찾은 사람이 그 양을 어깨에 메었다는 것에 주목하라. 누가복음 15장 5절에서는 "즐거워하다"라는 동사가 사용되고 있다. 하나님께서는 자신과 자신의 완전함을 기뻐하시고 자신의 창조와 구속을 즐거워하신다. 또한 하나님은 열의로 가득하시다. 삼위일체 하나님께는 열심이 있으시기 때문에 피조세계에도 열심이 있다.

만일 피조세계에 열심이 없다면 그것은 멸망해버릴 것이다. 모든 것들은 원자, 양성자, 중성자, 전자 그리고 한 순간도 가만히 있지 않는 것들로 구성되어 있다. 이런 것들은 엄청난 속력으로 사방으로 움직이는데, 천체(天體)도 마찬가지이다.

고대의 그리스 사람들은 우주 공간에서 움직이는 천체의 운행을 '천구(天球)의 음악'이라고 불렀다. 내가 볼 때 그들의 말은 진리에 가깝다. 하나님께서 창조하실 때 그분이 노래하셨다고 나는 믿는다. 천체의 움직임과 속도, 땅을 부드럽게 만들려고 애쓰는 작은 벌레들의 수고, 지구에 미치는 태양의 영향, 이런 것들은 모두 하나님께서 자신의 피조세계에서 즐겁게 일하시기 때문에 가능한 것이다.

피조세계에서도 열심이 발견된다. 예를 들면, 빛에서도 발견된다. 당신은 하던 일을 멈추고 "만일 빛이 없다면 어떻게 될까?"라는 생각에 잠긴 적이 없는가? 만일 전능하신 하나님께서 온 천체에 납으로 처리된 자루를 뒤집어씌우고 갑자기 모든 빛을 사라지게 만드신다면 나는 더 이상 살고 싶지 않을 것이다. 만일 그렇다면 나는 전구(電球)를 끄듯이 나 자신을 꺼버리고 하나님께 나를 멸절(滅絶)시켜 달라고 기도할 것이다(내가 이렇게 말한다고 해서 내가 멸절을 믿는 것은 아니다). 빛도 없고 속도도 없고 색(色)도 소리도 없는 세계를 상상해보라.

어떤 사람들은 색을 두려워한다. 그들은 단조롭고 무미건조한 것이 영성(靈性)이라고 믿는다. 그러나 하나님은 색을 만드셨다. 그분은 색조(色調)를 만드셨다. 해가 지는 광경을 보라. 그것이 어떤가?

그것이 단지 과학적으로 설명하고 끝낼 일인가? 당신은 하나님이 아름답고 넓은 하늘에 장밋빛, 버찌 빛, 푸른빛 그리고 하얀빛을 뿌려 놓으셨을 때 미소 짓지 않으셨다고 믿는가? 당신은 하늘이 이런 다채로운 색들로 장식된 것이 자연이 빚은 우연이라고 믿는가? 당신은 이것이 단지 과학적으로 설명되고 끝나는 것이라고 믿는가? 그렇게 믿는다면 당신이 아무리 많은 지식을 갖고 있다 할지라도 당신에게는 아무 도움이 못 된다. 머리를 비우고 대신 마음을 채워라. 그러면 훨씬 좋아질 것이다. 성령님은 150편의 시편을 쓰셨고, 그 시들을 통해 하나님의 놀라운 피조세계를 노래하셨다.

내가 살던 펜실베이니아 주(州)에서는 돈에 눈이 먼 사람들이 그 주에 있는 일부 지역의 석탄 채굴권을 돈으로 사들였다. 성장하여 어른이 된 후 더욱 분명히 깨달은 사실이지만, 그 지역에는 아름다운 산이 많았다. 햇빛을 듬뿍 받던 산을 끼고 해가 질 때면 신비감이 느껴질 만큼 파란색이 감돌곤 했다. 샛강들이 흘러 강에 합류했고 결국에는 바다로 흘러들었다. 이 모든 것은 너무나 아름다웠다!

그런데 그곳을 떠났다가 몇 해 후 다시 찾았을 때, 나는 돈에 눈이 먼 그 사람들이 갱도(坑道)를 만들지 않고 대신 불도저를 이용하여 산을 밀어낸 사실을 알게 되었다. 그들은 석탄을 얻기 위해 나무와 풀을 전부 밀어냈던 것이다! 그 결과, 하늘을 찌를 듯이 올라가 파란 하늘과 만나던 푸른 산꼭대기들이 사라지고 산은 입을 쩍 벌린 무덤처럼 변해버렸다. 이렇게 흉하게 변해버린 지역이 수백만 평방미터에 달했다. 그러나 펜실베이니아 주 정부는 채탄업자(採炭業者)들에게 "당신들이 파헤친 것을 모두 메우지 않으면 1,500만 원의 벌금을 물리겠소"라고 통보하고 끝냈을 뿐이다. 그들은 서로를 쳐다보며 씩 웃은 다음 1,500만 원의 벌금을 내고 유유히 사라졌다. 고향의 아름다운 산이 흉물스럽게 변한 것을 본 나는 크게 상심하여 그곳을 떠나야 했다.

그로부터 몇 년 후, 나는 다시 그곳을 찾았다. 당신은 그동안 무슨 일이 일어났을 것이라고 상상하는가? 생장(生長)을 즐기는 자연, 열심을 품은 자연, 기쁨에 찬 자연이 부지런히 일해서 그 흉물스러운 자연의 상처에 푸른 베일(veil)을 덮어씌우기 시작했다! 만일 당신이 지금 그곳을 찾는다면 그곳이 스스로를 치유했음을 알게 될 것이다. 자연 속에서 하나님께서 일하셨던 것이다! 우리는 과학자처럼 생각하기를 중단하고 시편기자들처럼 사고(思考)해야 한다.

이 무한하신 하나님은 즐기시는 하나님이다. 그분은 하늘과 땅과 바다에서 즐거운 시간을 보내신다. 그분은 하늘에 그림을 그리면서 즐기신다. 그분은 1년 전만 해도 폐기물이 가득하던 곳에 다시금 나무들이 자라게 하시며 즐거워하신다. 그분은 빙산을 녹여 강에 흘러들게 하여 물고기들이 헤엄치게 만드신다. 그분은 새들이 노래하고 둥지를 짓고 알을 낳고 알을 까도록 만드신다. 그분은 우주를 돌보며 즐거워하신다.

기쁨으로 노래하자

나는 내가 하나님이 누구신지를 안다고 확신한다. 나는 그분이 구원하기에 능하고, 능력으로 흉용한 파도를 다스리는, 영원한 아버지시라고 믿는다. 나는 하늘에 계신 우리 아버지와 그분의 독생자 예수 그리스도를 믿는다. 하나님은 자신의 역할을 감당하면서 즐거워하신다. 그러므로 이제 하나님이 얼굴을 찡그린 우울한 분이라고 생각하지 말자. 다시 말하지만, 하나님이 천지를 지으실 때 찬송 소리가 들렸고 모든 천사들이 기쁨으로 소리쳤다. *세계가 창조될 때 장송곡(葬送曲)이 있었던 것이 아니라 축가(祝歌)가 울려 퍼졌다. 온 피조세계가 노래했던 것이다!*

그리스도의 성육신 때도 찬송이 있었다. 어떤 사람들은 노래를 부르고 싶어 하는 당신의 입에 끈적끈적한 풀을 덕지덕지 바른 보자기를 씌우면서 "천사들은 '땅에서는 기뻐하심을 입은 사람들 중에 평화로다'라고 '노래' 하지 않았습니다. 헬라어 본문에 따르면 그들은 '땅에서는 기뻐하심을 입은 사람들 중에 평화로다'라고 '말' 했습니다"라고 주장한다. 그러나 성육신의 기사(記事)를 읽을 때마다 우리의 가슴이 뭉클해진다. 우리는 리듬을 느끼게 되고, 우리의 마음에서 음악이 흘러나오기 시작한다. 허다한 천군은 "땅에서는 기뻐하심을 입은 사람들 중에 평화로다"라고 말했다. 성육신 때에 노래가 있었다.

그리스도의 부활 때에도 찬송이 있었다. 예수님은 시편에서 "내가 … 열방 중에서 주를 찬송하리이다"(시 57:9)라고 말씀하셨다. 예수님이 죽은 자들로부터 부활하실 때 찬송하셨다는 기록이 신약에 나오지 않는 것은 사실이다. 그러나 그분이 제일 먼저 하실 일들 중 하나가 바로 찬송하는 것이라고 구약은 이미 예언했다. 그리고 그분이 십자가를 지시기 전에 마지막으로 하실 일들 중 하나도 제자들과 함께 찬송가를 부르는 것이었다. 예수님이 찬송하시는 것을 들었다면 나는 매우 행복했을 것이다.

우리의 구원이 완성되는 '그 큰 날에' 도 찬송이 울려 퍼질 것이다!

"[주님은] 책을 가지시고 그 인봉을 떼기에 합당하시도다 [주님이] 일찍 죽임을 당하사 각 족속과 방언과 백성과 나라 가운데서 사람들을 피로 사서"(계 5:9).

이것이 새 노래의 주제가 될 것이다. 새 노래의 주제는 '나는 …이다'(I am ….)가 아니라 '주님은 …이십니다'(Thou art ….)가 될 것이다. 이것은 굉장히 중요한 사실이다. 찰스 웨슬리, 제임스 몽고메리(James Montgomery, 1771~1854. 스코틀랜드 태생의 찬송시 작가로서 '사랑하는 주님 앞에'를 지었다) 그리고 아이작 왓츠의 찬송가들을 보라. "오, 하나님! 주님은 …이십니다"(O God, Thou art ….)를 무수히 발견할 수 있다. 그러나 현대의 복음성가들을 보라. "나는 …이다. 나는 …이다. 나는 …이다"가 무수히 발견된다. 내게는 이런 것들이 역겹다. 물론 개인적 간증을 담은 훌륭한 찬송가들이 때때로 발견되는 것도 사실이지만, 전체적으로 볼 때 우리(인간) 중심적인 찬송가들이 너무 많다. 구속받은 사람들은 "오, 하나님! 주님은 … 합당하십니다"라고 노래할 것이다.

"새 노래를 노래하여 가로되 책을 가지시고 그 인봉을 떼기에 합당하시도다 일찍 죽임을 당하사 각 족속과 방언과 백성과 나라 가운데서 사람들을 피로 사서 하나님께 드리시고 저희로 우리 하나님 앞에서 나라와 제사장을 삼으셨으니 저희가 땅에서 왕 노릇 하리로다 하더라 내가 또 보고 들으매 보좌와 생물들과 장로들을 둘러선 많은 천사의 음성이 있으니 '그 수'가 만만이요 천천이라"(계 5:9-11).

여기에 나오는 "그 수"가 얼마인지를 당신이 칠판 위에 표시할 수 있다면 내가 당신에게 크게 한턱내겠다. 어떤 사람들은 마땅히 이 말씀을 읽고 즐거워해야 함에도 불구하고 오히려 이 장로들과 짐승들과 생물들이 누군지를 밝혀내기 위해 머리를 짜내느라고 고생한다. 이것은 정말 이상한 일이 아닌가? 그들은 그들이 누구인지, 그들이 무엇처럼 생겼는지를 논하는 책들을 쓴다. 참으로 이상하지 않은가? 어떻게 해야 학자라는 사람들이 잠잠해지겠는가?

나는 여기에 나오는 짐승들에 대해 모른다. 정말 궁금하다면 예수님이 재림하시고 나서 5분 후에 내가 당신에게 말해줄 수 있을 것이다. 하지만 지금으로서는 내가 단지 믿음으로 받아들이는 수밖에 없다. 요한의 기록에 따르면, "[주님께서] 저희로 우리 하나님 앞에서 나라와 제사장을 삼으셨다"(계 5:10). 무수한 천사들은 "죽임을 당하신 어린양이 … 합당하도다"(계 5:12)라고 큰 음성으로 노래했다. 그들은 "나를 보세요. 나는 너무 좋습니다. 나는 행복합니다. 행복합니다. 행복합니다"라고 노래하지 않았다. 그들은 어린양이 "능력과 부와 지혜와 힘과 존귀와 영광과 찬송을 받으시기에 합당하도다"(계 5:12)라고 노래했다.

어린양이 능력과 부와 지혜와 힘과 존귀와 영광과 찬송을 받으시는 것이 역사(歷史)의 완성이다. 무한하신 삼위일체 하나님은 우리가 성삼위(聖三位) 사이의 친밀한 교제에 동참할 수 있도록 우리를 그분 안으로 초대하신다. 그분 안으로 들어갈 수 있는 길은 예수 그리스도이시다.

지구와 달의 움직임의 관계 때문에 우리는 달의 한쪽 면(面)만을 볼 뿐 다른 쪽 면은 결코 볼 수 없다. 영원한 하나님은 무한하시기 때문에 나는 그분에 대해 모든 것을 알기를 바랄 수 없다. 그러나 지구를 향한 면이 달에게 있듯이 우리 인간을 향한 면이 하나님께 있다. 달이 미소 짓는 노란색 얼굴을 언제나 지구로 향하게 하듯이 하나님께서는 그분의 밝은 얼굴을 언제나 우리에게 향하게 하시는데, 그 얼굴이 바로 예수 그리스도이시다. 다시 말해서 예수 그리스도는 인간을 향해 있는 하나님의 얼굴이시다. 하나님께서는 하나님을 향한 지구의 면, 즉 예수님을 통해서 우리를 보신다. 다시 말해서 하나님은 언제나 예수 그리스도 안에서 우리를 내려다보신다. 그러므로 이제 우리는 "예수님이 나타나시는 곳에서 거룩한 삼위일체를 알 수 있다"라는 줄리안의 말을 더 깊이 이해할 수 있을 것이다.

당신은 형식적인 기독교에 만족하는가? 만일 그렇다면 나는 당신에게 할 말이 없다. 당신은 유명 인사나 인기 있는 사람의 권위와 인기에 의지하여 굴러가는 기독교에 만족하는가? 그렇다면 내가 당신에게 줄 수 있는 것은 없다. 당신은 초보적인 기독교에 만족하는가? 만일 그렇다면 나는 당신에게 완전을 향해 열심히 뛰어가라고 권면할 수 있을 뿐이다. 그러나 당신이 형식적인 기독교, 인기 있는 기독교 그리고 초보적인 기독교에 만족하지 않고 삼위일체 하나님을 알기를 원한다면 나의 책을 계속 읽어라.

하나님은
한없이 큰 분이시다

비누 거품 한 방울은 지극히 얇은 피부의 표면 위를 미끄러져 돌아다닐 정도로 작다. 손으로 그것을 만지면 어디론가
사라져버린다. 그렇다! 세상의 모든 나라들이 하나님께는 비누 거품 한 방울 같을 뿐이다.

"누구든지 제 목숨을 구원코자 하면 잃을 것이요 누구든지 나를 위하여
제 목숨을 잃으면 찾으리라 사람이 만일 온 천하를 얻고도 제 목숨을 잃
으면 무엇이 유익하리요 사람이 무엇을 주고 제 목숨을 바꾸겠느냐"(마
16:25,26).

"이는 너희가 죽었고 너희 생명이 그리스도와 함께 하나님 안에 감취었음
이니라"(골 3:3).

"또한 모든 것을 해로 여김은 내 주 그리스도 예수를 아는 지식이 가장 고
상함을 인함이라 내가 그를 위하여 모든 것을 잃어버리고 배설물로 여김
은 그리스도를 얻고"(빌 3:8).

아버지여!

우리는 이런 생각을 할 자격이 없고 우리의 친구들도 이런 생각에 대한

이야기를 들을 자격이 없습니다. 그럼에도 우리는 자격이 있는 자처럼 말하고 그들도 자격이 있는 자처럼 들을 것입니다. 우리는 이제까지 악한 것들을 보았고 우리의 귀로써 악한 말들을 들었고 악한 길에서 행했다는 것을 잘 압니다. 그러나 이제 우리는 이 모든 것들이 지나간 일이라고 믿기 때문에 우리의 눈을 오직 하나님께 향합니다.

오, 하나님! 우리에게 나타나소서.

아름답고 놀라운 우리의 목자 예수님! 이 밤 우리가 주님을 통해 삼위일체 하나님을 다시 보게 하소서.

믿음에는 두 종류가 있다. 하나는 형식적인 신앙이고 다른 하나는 참 신앙이다. 형식적인 신앙은 남들이 하는 말을 듣고 그것을 증명하기 위해 성경구절을 끌어다 댄다. 형식적인 신앙이 이런 성경구절을 재료 삼아 교회를 위해 옷과 외투와 커튼을 만들 수 있다는 사실을 생각할 때 그저 놀라울 따름이다.

그러나 이와 다른 신앙이 있는데, 바로 하나님의 성품을 의지하는 신앙이다. 성경은 "아브라함이 '성경구절'을 믿으매 이것이 저에게 의로 여기신 바 되었느니라"(롬 4:3)라고 말하지 않고 "아브라함이 '하나님'을 믿으매 이것이 저에게 의로 여기신 바 되었느니라"(롬 4:3)라고 말한다. 중요한 것은 아브라함이 '무엇'을 믿었느냐가 아니라 '누구'를 믿었느냐이다. 아브라함은 하나님을 믿었다. 참 신앙을 가진 사람은 하나님을 믿는다. 그의 믿음은 하나님의 성품을 의지한다. 형식적인 신앙이 아닌 참 신앙을 가진 사람은 "하나님이 어떤 분이신가?"라는 질문에 대한 올바른 답을 알고 있다. 이 질문보다 더 중요한 질문은 없다. 참 신앙의 소유자는 계시와 성령의 조명(照明)을 통하여 이 질문에 대한 답을 발견한 사람이다.

현재 교회가 직면한 문제는 무엇인가? 그것은 교회가 계시를 믿기만 하면 만사가 '오케이' (OK)라고 생각하는 것이다. 심지어 성경을 믿는 교회도 이런 착각에 빠져 있다. 그러나 계시만으로는 부족하다. 물론 계시는 하나님께서 주신 말씀이다. 그것은 주관적인 것이 아니라 객관적인 것이고, 내적인 것이 아니라 외적인 것이다. 그것은 하나님께서 진리를 보여주신 것이다. 그러나 계시를 진리라고 믿는 사람이라 할지라도 객관적으로 주어진 계시만을 붙든다면 문제가 생긴다.

우리에게는 성령의 조명이 반드시 필요하다

"하나님이 어떤 분이신가?" 라는 질문에 대한 올바른 답을 찾는 데 필수적인 것이 바로 성령의 조명(照明)이다. 말씀을 믿는 데서 끝나지 않고 성령의 조명을 받아서 그 말씀의 의미를 깨닫는 사람이 참 신앙의 소유자이다. 물론 참 신앙인이라고 해서 반드시 성경을 더 많이 아는 것은 아니다. 다만 그는 (퀘이커 교도의 말을 빌려 표현하자면) '마음이 열린 사람' 이다. 그는 마음이 열려서 말씀을 깨닫는 사람이다. 주어진 계시는 목적에 이르는 수단이고, 하나님이 목적이시다. 성경본문 자체가 목적이 아니다.

그러므로 나는 성경 번역을 어떻게 해야 하느냐 하는 문제를 놓고 논쟁을 벌이지 않는다. 나는 이런 문제에 대해 핏대를 세우며 열변을 토하는 사람들을 별로 좋아하지 않는다. 성경본문은 목적에 이르는 수단이다. 지금 돈이 넘쳐나고 인쇄 기술이 고도로 발달했기 때문에 우리는 "말씀을 다른 식으로 표현하면 그 말씀에 마술적 능력이 생길 것이다"라고 말하지만, 이것은 대단히 큰 착각이다. 우리는 '성경을 흠정역 성경(the King James Version, 영국 왕 제임스 1세의 명령에 따라 만들어져 1611년 발행된 영역 성경)으로 읽는 것도 좋지만 조금 바꾸어 새 역본으로 읽으면 새로운 효과를 얻을 것이다'라고 생각하는 경향이 있는데, 결코 그렇지 않다.

중요한 것은 성령의 조명이다. 하나님의 말씀은 목적에 이르는 수단이다. 마치 도로가 목적지에 이르는 수단인 것처럼 말이다. 도로 그 자체로서는 아무 의미가 없다. 도로를 만들고 그 도로의 양쪽을 막고 도로를 따라서 꽃으로 화려하게 장식한 다음 "이것이 도로이다"라고 말한 사람은 이제까지 없었다. 도로는 그 자체를 위해 존재하는 것이 아니라 어딘가에 이르기 위한 수단이 될 뿐이다. 성경은 오직 하나님께 이끄는 대로(大路)들의 집합체이다. 성경본문에 성령의 조명이 주어지고 성경본문을 믿는 신자가 하나님을 자신의 목적지로 여긴다면 그에게는 참 신앙이 있는 것이다.

'크기'(size)에 대한 깊은 이야기

나는 놀위치의 줄리안이 600년 전에 쓴 「하나님의 사랑의 계시」라는 작은 책에 대해 종종 언급하곤 한다. 어느 날 기도할 때 그녀는 작은 체험을 했는데, 이에 대해 그녀는 "개암(hazelnut) 크기 정도로 아주 작은 물체가 내 눈에 보였다"라고 말했다. 나의 소년 시절에 우리 농장에는 개암이 있었다. 당시 개암은 큰 공깃돌 정도 되었다. 이런 작은 물체를 보았을 때 줄리안은 "이것이 무엇일까?"라고 물었다. 이런 의문을 품자 그녀의 마음속에서 "이것이 피조세계의 전체이다. 이것이 피조세계의 전체이다"라는 속삭임이 들려왔다. 개암 크기 정도로 작은 이것이 피조세계의 전체이다. "이것이 피조세계의 전체이다"라는 줄리안의 말은 당신과 내가 깊이 묵상해야 할 말이다.

프랑스의 위대한 철학자요 수학자인 파스칼은 "우리는 광대(廣大)와 극미(極微)의 중간쯤에 있다"라고 말했다. 그의 말에 따르면, 세계 밖으로 나가면 우주에 또 다른 세계가 있다는 것이다. 우리의 태양계는 다른 태양계 둘레를 돌고 있다. 그리고 이 다른 태양계는 또 다른 태양계 둘레를 돌고 있다. 이런 식으로 무한히 퍼져나간다. 또한 파스칼의 말에 따랐을 때, 우리가 시선을 정반대로 돌리면 작은 세계 안에 또 작은 세계들이 있다고 한다. 다시 말해서 분자, 원자, 전자, 양성자 같은 극미의 세계가 펼쳐진다는 것이다. 그는 하나님의 형상으로 창조된 인간이 지극히 큰 것과 지극히 작은 것 사이에서 정확히 중간에 있다고 믿었다. 그의 주장을 증명할 방법은 없지만, 그의 주장이 사실이라면 인간의 위치는 참으로 놀라운 것이다. 왜냐하면 그럴 경우 인간은 우주 전체와 우주에 놓인 가장 작은 것 사이에서 중간 크기에 해당하기 때문이다.

우리는 태양에 대해 자신의 주위를 도는 행성(行星)을 거느리고 있기 때문에 매우 큰 존재라고 믿는다. 그러나 천문학을 조금이라도 공부해 보면 지극히 큰 다른 태양들이 있다는 사실을 알게 된다. 그들 중 하나의 크기는 우리의 태양과 그 주위를 도는 행성들과 그 행성들 주위를 도는 위성들을 모두 흡수해버릴 수 있을 정도이다. 심지어, 우리의 태양을 수백만 개 집어넣을 수 있을 정도로 큰 태양들이 있다고 한다. 이런 얘기를 들으면 나는 두 손과 두 발을 다 들어버린다. 내 머리로는 상상조차 할 수 없기 때문이다.

그렇다면 이제 공간에 대해 생각해보자. 나는 공간이 물체(물질)라고 생각하지는 않는다. 내가 볼 때, 공간은 거대한 우주 안에 있는 서로 다른 위치를 설명하기 위한 방법에 지나지 않는다. 이런 의미에서 공간은 '거리'라고도 불릴 수 있다. 주지하듯이, 우리는 천체들 간의 거리를 실제로 측정할 수는 없다. 달은 지구로부터 약 40만 킬로미터 떨어져 있고, 태양은 지구로부터 약 1억 5,000만 킬로미터 떨어져 있다. 달이나 태양처럼 가까이 있는 천체가 아니라 매우 멀리 떨어져 있는 천체까지의 거리를 이야기할 때에는 광년(光年)이라는 단위를 사용한다. 천문학자들에 따르면, 수백만 광년 떨어져 있는 천체들이 있다고 한다. 그렇다면 예를 들어 지구로부터 1,000만 광년 떨어져 있는 천체가 있다고 가정해보자. 이 천체까지의 거리를 어떻게 계산할 것인가? 1,000만에다가 5조 8,624억 8,400만 마일(mile)을 곱하면 된다(이것을 킬로미터로 환산하려면 이 값에 약 1.609를 곱하면 된다). 너무 놀랍지 않은가? 나는 머리가 아플 지경이다! 이런 우주에 비할 때 당신과 나는 너무너무 작다!

그러나 우리 인간이 가장 작은 존재는 아니다. 왜냐하면 우리보다 작은 것들이 많기 때문이다. 예를 들면 분자나 원자 같은 것들이 있고, 다양한 신조어(新造語)로 표현되는 비신체적(非身體的) 물질이나 에너지도 무수히 많다. 그러므로 파스칼의 말대로 우리가 우주의 절반 크기에 해당할지도 모른다.

하나님의 내재성

하나님께서는 내재성(內在性)과 광대성(廣大性)의 속성이 있다. 그분은 내재(內在)하신다. 그러므로 당신은 하나님을 찾기 위해 우주 저쪽까지 날아갈 필요가 없다. 하나님은 모든 것 안에 계신다. 하나님은 바로 여기에 계신다.

하나님은 만유(萬有) 위에 계시고, 만유 아래 계시고, 만유 밖에 계시고, 만유 안에 계신다. 하나님은 위에 계시지만, 아래와 유리(遊離)되지 않으신다. 하나님은 아래 계시지만, 위와 유리되지 않으신다. 그분은 밖에 계시지만 안과 유리되지 않으시고, 안에 계시지만 밖과 유리되지 않으신다. 하나님은 만유 위에서 그것을 다스리시고, 만유 아래서 그것을 떠받치시고, 만유 밖에서 그것을 품으시고, 만유 안에서 그것을 가득 채우신다. 이것이 하나님의 내재성이다.

하나님은 어떤 곳에 도달하기 위해 그곳으로 갈 필요가 없으시다. 우리는 "오, 하나님! 와서 우리를 도우소서"라고 기도하지만, 엄밀히 말해서 하나님이 우리에게 오시는 것은 아니다. 하나님이 우리에게 오신다는 말은 인간의 심리를 표현하는 것에 지나지 않는다. 하나님은 우리를 돕기 위해 우리에게 오실 필요가 없는데, 하나님이 계시지 않은 곳이 없기 때문이다.

"내가 하늘에 올라갈지라도 거기 계시며 음부(陰府)에 내 자리를 펼지라도 거기 계시니이다 내가 새벽 날개를 치며 바다 끝에 가서 거할지라도 곧 거기서도 주의 손이 나를 인도하시며 주의 오른손이 나를 붙드시리이다"(시 139:8-10).

그러므로 하나님이 계시지 않은 곳은 없다.

하나님은 한없이 큰 분이시다

성경은 하나님이 지극히 광대(廣大)한 분이시라고 가르친다. 성경의 이사야서에는 "누가 손바닥으로 바다 물을 헤아렸으며 뼘으로 하늘을 재었으며 땅의 티끌을 되에 담아보았으며 명칭으로 산들을, 간칭으로 작은 산들을 달아보았으랴"(사 40:12)라고 기록되어 있다.

우리가 우주 속으로 수백만 광년을 여행하여 지극히 먼 곳에 도달했다고 가정해보자. 거기에서 우리는 태양계 전체를 집어넣을 수 있을 정도로 큰 항성(恒星)을 발견한다. 우리의 태양계를 그것에 집어넣는 것은 용광로에 석탄 한 삽을 퍼 넣는 것에 비유될 정도로 그 항성은 크다. 그런데 하나님은 이 모든 것을 포함할 수 있을 정도로 크시다. 그분은 만유 밖에 계시고 만유 안에 계시고 만유 주변에 계신다. 그분은 만유를 만드셨다. 그분은 이토록 광대하시다.

성령님은 놀위치의 줄리안이 본 이 작은 개암, 즉 우주보다도 크시다. 이사야서에는 "보라 그에게는 열방은 통의 한 방울 물 같고"(사 40:15)라는 말씀이 나온다. 참 그리스도인에게 겁을 주는 것은 쉽지 않다. 진정으로 하나님을 믿는 그리스도인은 쉽게 두려움에 빠지지 않는다. 믿음 없이 교회를 왔다 갔다 하는 사람을 두렵게 만드는 것은 가능하다. 하지만 참 신앙이 있는 사람을 두렵게 만드는 것은 매우 어렵다.

흐루시초프(Khrushchov, 1894~1971. 소련 공산당의 제1서기 및 소비에트 정부의 총리를 지냈다) 같은 수다쟁이가 참으로 하나님을 믿는 사람을 두려움에 빠뜨리는 일은 매우 어렵다.

"보라 그에게는 열방은 통의 한 방울 물 같고 저울의 적은 티끌 같으며 섬들은 떠오르는 먼지 같으니"(사 40:15).

열방과 섬들은 너무 작기 때문에 하나님의 눈에 들어오지도 않는다. "그 앞에는 모든 열방이 아무것도 아니라 그는 그들을 없는 것같이, '빈 것' 같이 여기시느니라"(사 40:17).

과거에 어떤 학자는 "이사야서 40장 17절에서 '빈 것' 이라는 단어는 히브리어에서 '비누 거품 한 방울' 을 의미했다"라고 말하곤 했다. 당신도 잘 알겠지만, 비누 거품 한 방울은 지극히 얇은 피부의 표면 위를 미끄러져 돌아다닐 정도로 작다. 손으로 그것을 만지면 어디론가 사라져버린다. 그렇다! 세상의 모든 나라들이 하나님께는 비누 거품 한 방울 같을 뿐이다.

"그는 땅 위 궁창에 앉으시나니 땅의 거민들은 메뚜기 같으니라 그가 하늘을 차일같이 펴셨으며 거할 천막같이 베푸셨고"(사 40:22).

"거룩하신 자가 가라사대 그런즉 너희가 나를 누구에게 비기며 나로 그와 동등이 되게 하겠느냐 하시느니라 너희는 눈을 높이 들어 누가 이 모든 것을 창조하였나 보라 주께서는 수효대로 만상을 이끌어 내시고 각각 그 이름을 부르시나니 그의 권세가 크고 그의 능력이 강하므로 하나도 빠짐이 없느니라"(사 40:25,26).

이 구절은 인간이 가진 상상력의 극치를 보여준다. 역사상 이보다 더 대담한 상상을 한 인간이 있을까? 셰익스피어의 머리에서 나온 그 어떤 것보다도 더 크고 더 외경(畏敬)스러운 것이 여기에서 발견된다. 여기에서 우리는 크신 하나님을 만난다. 하나님은 수백억 광년의 길이를 가진 자신의 우주에서 운행하시는 우주의 목자(牧者)이시다. 이미 말했듯이, 우리의 태양계를 모래 한 알만큼 작아 보이게 할 정도로 어마어마하게 큰 태양계들이 우주 안에 너무 많이 있다. 하나님은 이 수백만 개의 태양계들을 자신의 양떼라고 부르신다. 그분은 그것들의 이름을 일일이 불러서 드넓은 하늘로 이끌어내신다.

하나님께서 우주의 양떼를 기르신다는 깨달음이야말로 성경에서든 성경 밖에서든 내가 얻은 최고의 통찰이다. 하나님의 목양(牧羊)에 대해 이사야서에서는 "그의 권세가 크고 그의 능력이 강하므로 하나도 빠짐이 없느니라"(사 40:26)라고 증거한다. 목자가 양을 지킬 때 한 마리의 양도 잃어버리지 않듯이 하나님께서 우주의 양떼를 지키실 때 그것들 중 하나도 길을 잃지 않게 된다. 사람들이 천체망원경을 통해 별들을 관찰하면서 유식한 듯이 말하지만 사실 그들은 하나님의 양떼를 세고 있는 것에 불과하다. 하나님은 자신의 우주를 관리하고 계신다.

그렇다면 이제 시편을 읽어보자.

"내 영혼아 여호와를 송축하라 여호와 나의 하나님이여 주는 심히 광대하시며 존귀와 권위를 입으셨나이다 주께서 옷을 입음같이 빛을 입으시며 하늘을 휘장같이 치시며 물에 자기 누각의 들보를 얹으시며 구름으로 자기 수레를 삼으시고 바람 날개로 다니시며"(시 104:1-3).

이 말씀에서 우리는 피조세계의 광대함과 극미함에 대조되는 하나님의 크심과 광대하심과 내재하심을 보게 된다. 줄리안의 말을 들어보자.

"나는 이 모든 광대한 것이 아주 작게 줄어드는 것을 보았다. 나는 그것이 전능하신 하나님에 비교될 때 얼마나 작은지를 보았다. 그것은 겨우 개암 크기 정도였다."

이렇게 말한 다음 그녀는 다시 "그토록 큰 우주가 하나님 한 분에 의해 질서 있게 유지된다는 사실이 나를 정말 놀라게 했다"라고 말했다. 그녀의 말이 정말 마음에 와 닿지 않는가?

하나님은 자신이 사랑하는 것을 붙들고 계신다

삼라만상(森羅萬象)이 어떻게 허물어지지 않고 이토록 질서를 유지하며 운행될 수 있을까? 당신은 이런 의문을 가져본 적이 없는가? 나는 이런 의문을 품은 적이 있다. 나는 만물이 솔기가 뜯어지듯이 갈기갈기 뜯어지지 않는 것이 신기하다고 느낀 적이 있다. 줄리안도 "만물이 존속하는 것이 참으로 신기하다"라고 말했다. 그러나 우리는 만물이 무너질까 봐 걱정할 필요가 없다. 왜냐하면 천체들 사이의 거리가 유지되고 있고, 만물이 하나님의 말씀에 의지하고 있고, 생명이 광선처럼 하나님의 마음에서 나오고 있기 때문이다. 줄리안은 "만물이 어떻게 존속하는가? 그것이 어떻게 질서 있게 운행되는가? … 나는 깨달았다. 만물을 떠받치는 것은 하나님의 사랑이다. 하나님은 그것들을 만드셨고, 그것들을 사랑하고 지켜주신다"라고 말했다.

당신이 무너지지 않는 것은 하나님이 당신을 만드셨고, 당신을 사랑하고 지켜주시기 때문이다. 하나님은 자신이 만든 것을 사랑하신다. 하나님이 어떤 존재를 만들어놓고 사랑하지 않으신다는 것은 있을 수 없는 일이다.

최근에 어떤 사람이 나를 찾아왔다. 그는 꽤 오랫동안 수고스럽게 그린 그림을 한 점 가지고 있었다. 그는 내가 그 그림을 좋아하는지 어떤지를 확인하고 싶어 했다. 물론 그는 자신의 그림을 좋아했다. 나도 역시 좋아했다. 그가 내게 그림을 보여준 이유는 그가 자신의 그림을 좋아했기 때문이다. 누구나 자기가 만든 것을 좋아하는 법이다. 하나님 또한 자신이 만든 것을 좋아하신다. 하나님이 만물을 사랑하시는 것은 그것을 만드셨기 때문이고, 만물을 지키시는 것은 그것을 사랑하시기 때문이다.

사람들은 자신들이 사랑하는 것을 잃어버리지 않으려고 한다. 그것을 지킬 능력이 있을 때 그들은 결코 그것을 잃어버리지 않는다. 아기가 세상을 떠난다면 그 아기의 어머니는 어쩔 수 없이 아기를 잃는 것이다. 하지만 그녀가 그것을 막을 수 있다면 결코 아기를 잃지 않을 것이다. 우리가 불가피한 사정에 직면하여 집과 자동차와 직업을 잃을 수도 있다. 하지만 그런 일을 막을 수 있다면 우리는 결코 그것을 잃지 않을 것이다. 전능하신 하나님은 그 어떤 것도 잃지 않으신다. 왜냐하면 하나님께는 그 모든 것을 지키실 능력이 있기 때문이다. 하나님이 만물을 지키시는 것은 그것을 사랑하시기 때문이고, 그것을 사랑하시는 것은 그것을 만드셨기 때문이다.

언젠가 나는 성공회(聖公會) 목사가 불멸성(不滅性)에 대해 설교하는 것을 들었다. 불멸성을 주장하는 그의 논증은 내가 들어본 어떤 것보다도 설득력이 있었다. 그는 이렇게 말했다.

"성경은 아브라함이 하나님의 친구였다고 말합니다. 그렇다면, 생각해봅시다. 우리가 친구를 버린다는 것은 있을 수 없는 일입니다. 어떤 사람이 당신의 친구일 때 그를 지킬 능력이 당신에게 있다면 당신은 결코 그를 잃지 않을 것입니다. 그가 죽었는데 그를 다시 살릴 능력이 당신에게 있다면 당신은 그를 다시 살릴 것입니다. 그가 당신의 친구라면 당신은 그를 지킬 것입니다. 전능하신 하나님께는 자신의 친구를 지킬 능력이 있습니다. 그러므로 우리는 아브라함이 죽은 자들로부터 부활할 것이라고 확신할 수 있습니다. 왜냐하면 그는 하나님의 친구이고 그분은 자신의 친구가 누운 채 영원히 썩도록 내버려두지 않으실 것이기 때문입니다. 하나님은 그를 무덤에서 다시 일으키실 것입니다. 그러므로 나는 영생을 믿습니다. 하나님은 우리를 만드셨고, 자신이 만든 것을 사랑하시고, 자신이 사랑하는 것을 지키실 것입니다. 나는 이것을 믿습니다."

그러므로 만유는 하나님 안에 그 기반을 두고 있다. 나는 당신이 천지를 만드신 창조주 하나님, 즉 전능하신 아버지 하나님을 깊이 묵상하기를 원한다. 세상을 사랑하사 독생자를 주신 사랑의 하나님을 깊이 묵상하라(요 3:16 참조). 당신은 참 그리스도인인가? 그렇다면 당신을 지켜주시는 하나님을 묵상하라. 만일 당신이 참 그리스도인이 아니라면, 당신이 거듭나지 못했다면, 당신이 어린양의 보혈로 씻김을 받지 못했다면, 지금 내 얘기가 당신에게 적용되지 않을 것이고, 내가 적용시키려고 해도 아무 소용이 없을 것이다. 그러나 당신이 참 그리스도인이라면 내 얘기는 모두 당신에게 해당된다.

당신은 왜 행복하지 못한가?

줄리안은 왜 우리가 행복하지 못한가에 대해 깊이 생각해보았다. 그녀는 "우리를 만들고 지키고 사랑하시는 하나님을 믿는다는 우리의 영혼과 마음에 평안이 없는 이유는 무엇인가?"라고 물은 다음,

스스로 이렇게 대답했다.

"그것은 우리가 아주 작은 것들에서 안식을 구하기 때문이다. 존재하는 모든 것이 응축되어 들어 있는 이 작은 개암! 우리는 저 작은 것들에서 기쁨을 찾으려고 애쓴다."

무엇이 당신을 행복하게 만들어줄 수 있을까? 당신을 신바람 나게 만들고 당신의 의욕을 북돋워주는 것은 무엇인가? 당신의 직업인가? 당신의 멋진 옷인가? 좋은 남편이나 아내를 만나는 것인가? 높은 지위인가? 무엇이 있으면 당신은 즐거워하겠는가?

우리의 문제가 여기에 있다. 우리는 다른 모든 것을 개암 크기 정도로 보이게 만들 만큼 하나님이 크신 분이라는 것을 잘 안다. 우리가 행복하지 못한 것은 하나님이 아닌 다른 존재에 마음을 빼앗기기 때문이다. 우리는 사물(事物)을 증가시키고 확대하고 완전하게 하고 미화(美化)한다. 우리는 사물과 하나님을 믿는다. 우리에게는 우리의 직업과 하나님이 동렬(同列)에 있다. 우리에게는 배우자와 하나님이 동렬에 있다. 우리에게는 건강한 신체와 하나님이 동렬에 있다. 우리에게는 가정과 하나님이 동렬에 있다. 우리에게는 미래에 대한 야심과 하나님이 동렬에 있다. 그 결과, 하나님은 다른 어떤 것에 부가(附加)되는 입장에 처하신다.

다윗, 바울 그리고 어거스틴부터 시작하여 현대에 이르기까지 역사 속에 등장했던 모든 위대한 신앙인들이 지적한 동일한 사실이 있다. 즉, 성령님의 조명을 받아 말씀을 묵상하고 글을 쓴 믿을 만한 저자들이 지적한 동일한 사실이 있다. 기독교 사상의 어느 학파에 속하든 간에 정통신앙을 소유한 신령한 신앙인이라면 언제나 동일한 사실을 지적하기 마련이다. 그들은 하나님이 아닌 사물을 신뢰하는 것이 우리가 지닌 문제의 본질이라고 핵심을 짚었다. 그렇기 때문에 줄리안은 "하나님께서는 삼라만상이 개암 정도의 크기임을 내게 보여주셨다. 그러므로 나는 하나님의 보호가 없으면 무너지고 깨어지고 흩어질 수밖에 없는 그토록 작은 사물을 의지할 필요가 없다. 내가 왜 그것들을 의지해야 하는가?"라고 말했다.

우리는 사물을 증가시키고 확대하지만 여전히 불안해하고 만족을 모른다. 왜 그런가? 그 이유는 하나님보다 못한 것이 우리를 만족시킬 수 없기 때문이다. 하나님은 당신을 그분의 형상으로 만드셨고, 당신은 그분의 형상을 가지고 살아간다. 그분은 침팬지를 그분의 형상으로 만들지 않으셨다. 그분은 '달리는 교향곡'이라고 불리는 말(馬)을 그분의 형상으로 만들지 않으셨다. 그분은 어떤 시인이 묘사하듯이 "어둠 속에서 야행성(夜行性) 울음소리를 내는" 저 아름다운 새를 그분의 형상으로 만들지 않으셨다. 하나님이 그 새를 아름답게 만드신 것은 사실이지만, 그것을 하나님의 형상대로 만드신 것은 아니다.

하나님은 오직 당신을 하나님의 형상으로 만드셨고, 당신은 그 형상을 가지고 살아갈 수밖에 없다. 당신이 하나님의 형상을 따라 만들어졌기 때문에 당신은 하나님이 아닌 다른 존재로 만족할 수 없다. "구원을 받아 지옥을 면하고 천국에 가는 것은 너무 쉽다. 자판기에 500원짜리 동전을 넣고 커피 한 잔 뽑아내는 것만큼 쉽다"라고 믿는 사람들이 있다(이것은 유치원 수준의 저급한 구원관이다). 그러나 당신이 이런 구원관을 갖고 있다 할지라도 세월이 흐름에 따라 당신은 '사물 플러스(+) 하나님'에 만족하지 못하는 자신의 모습을 발견하게 될 것이다. 당신에게 필요한 것은 '하나님 마이너스(−) 만물'이다.

내가 이렇게 말하니까 당신은 내게 "당신에게도 사물이 있지 않습니까?"라고 물을지 모르겠다. 그렇다. 내게도 사물이 있다. 그러나 내게 사물이 많지 않다는 것을 하나님께서 아신다. 내게는 책이 많을 뿐이다. 내게는 아내와 몇 명의 자녀와 손자와 친구들이 있다.

그런데 내가 사물과 사람들에게 소망을 두고 위로를 얻는다면 내 마음은 무엇인가를 잃게 된다. '사물 플러스 하나님'이나 '사람들 플러스 하나님'이어서는 안 되고 '오직 하나님'이어야 한다. 이렇게 되면 그분으로부터 무엇을 받든 간에 우리는 그것에 집착하지 않고 예수님을 위해 그것을 소중히 여기게 된다. 우리가 그분을 위해 그것을 사랑할 수도 있지만, 그것이 우리의 행복에 필요한 것은 아니다. 당신의 영원한 행복을 위해 하나님이 아닌 다른 존재가 필요하다면 당신은 아직도 마땅히 되어야 할 그런 그리스도인이 아닌 것이다. 왜냐하면 오직 하나님만이 참 안식이시기 때문이다.

하나님은 스스로 어찌할 도리가 없는 사람이 솔직하고 겸손하고 친밀하게 그분께 나아오는 것을 매우 기뻐하신다. 그분은 우리가 그분께 나아가는 것을 기뻐하신다. 이런 하나님을 가르치는 곳에는 사람들이 많이 모이지 않을 것이다. 오직 하나님께 마음을 둔 사람들, 즉 이 세상의 그 무엇보다도 하나님을 더 원하는 사람들만 그곳을 찾을 것이다. 이런 사람들은 하나님을 하나님으로 알 때 맛볼 수 있는 영적 체험을 원한다. 그들에게서 모든 것이 사라진다 할지라도 하나님만은 남으신다.

사실 이런 사람들이 많은 것은 아니다. 이런 종류의 기독교는 많은 사람들을 끌어들이지는 못하지만, 하나님께 굶주리고 목마른 사람들은 끌어들인다. 이런 종류의 기독교에 끌리는 사람들 중에는 아주 탁월한 그리스도인들도 섞여 있다. 다시 말하지만, 하나님은 스스로 어찌할 도리가 없는 사람이 솔직하고 겸손하고 친밀하게 그분께 나아오는 것을 매우 기뻐하신다. 하나님은 우리가 필요 이상의 신학 지식을 머리에 가득 채우고 나오는 것을 원하지 않으신다. 하나님은 우리가 어린아이처럼 소박하고 겸손하게 나아오는 것을 원하신다. 성령님이 당신에게 감동을 주시면 당신은 그렇게 할 수 있다.

하나님은 열심을 품은 분이시다

이미 앞에서 말했듯이, 하나님은 무한한 열심을 품고 계신다. 나는 이 사실이 너무나 기쁘다. 왜냐하면 열심 있는 그리스도인들이 별로 없기 때문이다. 그리스도인들에게 열심이 있다 할지라도 그들은 정작 중요한 것들에는 열심을 보이지 않는다. 영화를 보러 가면 그들은 매우 흥분한다. 달빛을 받으며 유람선 여행을 떠날 때 그들은 너무 좋아한다. 하지만 그들에게 "하나님을 바라보십시오! 하나님을 바라보십시오!"라고 말하면, 별로 열심을 보이지 않는다.

그러나 하나님은 열정으로 충만하시다. 거룩한 성삼위(聖三位)는 열심으로 충만하시다. 거룩한 성삼위는 서로를 무한히 기뻐하신다. 성부는 성자를 무한히 기뻐하시고, 성자는 성부와 성령을 무한히 기뻐하신다. 하나님은 자신의 피조세계 전체를 기뻐하시는데, 특별히 자신의 형상으로 만들어진 인간을 기뻐하신다. 그러나 불신앙이 찾아와 우리 위를 먹구름으로 덮어서 하나님의 빛이 들어오지 못하도록 막아버리면 우리는 하나님이 우리를 무한히 기뻐하신다는 것을 믿지 못한다.

줄리안의 기도를 들어보자.

오, 하나님!
하나님의 선하심을 좇아 저에게 하나님을 주십시오.
저는 하나님으로 충분합니다.
하나님보다 못한 존재는 필요 없습니다.
하나님의 온전한 영광이 필요할 뿐입니다.
하나님 자신을 저에게 주십시오.

우리는 "모든 사람이 나 이외의 다른 사람들을 찾아다니며 '내가 당신에 대해 악한 생각을 한 것을 용서하십시오. 내가 당신의 돈 10만 원을 갚지 않은 것을 용서하십시오' 라고 말하는 것이 부흥이다"라고 주장한다. 아니면 우리는 "사람들이 시끄럽게 목청을 높이는 것이 부흥이다"라고 말하기도 한다. 물론 부흥이 일어나면 이런 일들이 일어날 수도 있다. 하지만 삼라만상이 불에 탈 때 여기에 임할 유일한 부흥은 "오, 하나님! 저에게 하나님을 주십시오. 하나님보다 못한 존재로는 만족할 수 없습니다" 라는 고백으로 시작되는 부흥일 것이다.

하나님을 향한 굶주림

줄리안은 "하나님보다 못한 존재는 그 어떤 것도 나를 만족시키지 못한다"라고 말했다. 바꾸어 말하면 이 말은 "하나님보다 못한 존재로는 충분하지 않다"라는 뜻이다. 그녀의 말에는 "오, 하나님! 제가 이 개암을 다 갖는다 해도, 즉 양성자(陽性子)부터 시작하여 지극히 먼 곳의 천체에 이르기까지 모든 것을 다 갖는다 해도, 즉 지구상의 모든 아름다운 것과 하늘과 바다와 광산의 다이아몬드와 산림의 목재와 자연의 절경(絶景)과 도시의 모든 부(富)를 다 갖는다 해도, 하나님이 제게 계시지 않으면 이 개암은 저를 만족시킬 수 없습니다. 그것으로는 충분하지 못합니다"라는 뜻이 들어 있다.

오늘날 이 세상의 문제는 모든 사람이 입으로는 "그것이 나를 만족시키지 못한다"라고 말하면서도 실제로는 자기가 한 말의 진정한 의미를 모르는 데 있다. 당신 안에는 작은 성소(聖所)가 있는데, 그것은 너무나 깊은 곳에 있기 때문에 당신밖에 알지 못한다. 그것은 가장 깊은 곳에 있는 성소이며 '동방의 에덴에 만들어진 동산'(창 2:8)과 같다. 그것은 당신의 큰 영혼 안에, 즉 별들이 수없이 박힌 우주보다 큰 당신 영혼 안에 자리 잡고 있다. 당신 영혼의 가장 깊은 곳에는 성소, 동산, 보좌가 있다. 당신에게 삼라만상이 주어진다 해도 그 성소는 "오, 하나님! 이 모든 것은 저를 만족시키지 못합니다. 이 모든 것이 있어도 저는 여전히 배가 고픕니다. 저는 하나님께 굶주려 있습니다!"라고 절규할 것이다.

누가 자살하는가? 가난한 사람이 아니라 부자가 자살한다. 길거리에서 흔히 볼 수 있는 무명의 평범한 사람들이 아니라 영화배우, 정치인 그리고 명사(名士)들이 자살한다. 그렇기 때문에 우리는 "온 세상을 내게서 가져가고 대신 예수님을 달라"라고 찬송하는 것이다. 온 세상을 다 갖고도 예수님이 계시지 않으면 우리의 깊은 곳에서는 "내게는 만족이 없도다"라는 절규가 터져 나온다.

하나님의 형상으로 지음 받아 우주를 포함할 정도로 큰 영혼을 가지고 있으면서도 만족을 모르기 때문에 더 많은 것을 추구하는 것이 인간의 영혼이 처한 최대의 비극이다. 하늘의 하늘보다 더 크면서도 하나님이 계시지 않은 영혼을 상상해보라. 영원히, 영원히 "오, 하나님! 제게는 만족이 없습니다. 저는 배가 고프지만 먹을 수 없습니다. 저는 목마르지만 마실 수 없습니다"라고 부르짖을 영혼을 상상해보라. 음부(陰府)에 떨어진 부자가 "나사로를 보내어 그 손가락 끝에 물을 찍어 내 혀를 서늘하게 하소서 내가 이 불꽃 가운데서 고민하나이다"(눅 16:24)라고 외치지 않았는가?

나는 지옥 불이 그 깊은 성소에서 발화(發火)될 것이라고 추측한다. 그 깊은 성소에서 인간의 영혼은 마르고 깨지고 갈증을 느끼는 중에 "오, 하나님! 저는 만족을 모릅니다. 저에게는 모든 것이 있었습니다. 종교, 지위, 돈, 배우자, 자녀, 옷, 단란한 가정, 이 모든 것이 저에게 있었지만 그것은 작은 개암에 불과합니다. 아무것도 아닙니다. 오, 하나님! 저는 제가 가장 원했던 것을 잃어버리고 말았습니다"라고 부르짖을 것이다.

모든 것을 가졌음에도 만족을 모르는 것이 사람들의 문제이다. 이것이 우리의 마음 깊은 곳에 도사리고 있는 본질적인 문제이다. 이것이 모스크바, 워싱턴, 동경, 런던에 널려 있는 문제이다. 도처에서 이것이 문제이다. 당신은 알렉산더 대왕의 이야기를 들었을 것이다. 세계를 정복한 그는 더 이상 정복할 세계가 없어서 울었다고 한다. 북극과 남극을 가본 인간이 이제는 달과 행성들을 향해 탐욕스러운 눈길을 보낸다. 인간은 가지고 있으면서도 또 취하고, 취한 후에도 또 가지고 싶어 한다.

우리는 지금 이 시기가 불경기라고 생각하지만, 승용차들은 그 어느 때보다도 더 커지고 더 길어지고 고급스러워진다. 은행 계좌들은 더 늘고, 그 계좌들의 잔고는 더 많이 쌓여간다. 사람들의 봉급에서 이것 떼고 저것 떼고 하여 뗄 만한 것을 다 뗄지라도 평균적 봉급쟁이가 과거보다 더 많은 돈을 가지고 있다.

내가 젊었을 때는, 사람들이 하루에 1,000원을 가지고 10명의 아이들을 키우며 열심히 일했다. 이제 우리에게는 모든 것이 있다. 넘치도록 있다. 그런데 지금 우리 사회에는 질병, 정신병, 살인 사건, 불륜, 정신병원, 정신과 의사가 넘쳐나고 있다.

하나님이 모든 것이 되셔야 한다

경제생활이 향상되었는데도 이혼과 자살과 청소년 비행이 많이 발생하는 것은 참으로 아이러니하다. 이런 현상은 사람이 아무리 물질적으로 많이 소유한다 할지라도 하나님이 계시지 않으면 "내게 만족이 없다"라고 외치며 범죄를 저지를 수밖에 없음을 다시 한 번 확인시켜준다. 만일 당신이 어떤 사람에게 모든 것을 주고 그에 덧붙여 하나님을 준다면 당신은 그에게 해를 끼치는 셈이 된다. 왜냐하면 그것은 그의 영혼에 해를 끼치기 때문이다. 하나님은 첫째가 되기를 원하시고, 모든 것이 되기를 원하신다.

돈이 모든 것이 되어서는 안 된다. 만일 당신이 하나님나라와 그분의 의(義)를 받아들이면 그분은 당신에게 돈을 주실 것이다. 당신이 필요로 하는 만큼 주실 것이다. 만일 당신이 하나님나라와 그분의 의(義)를 받아들이면 그분은 당신에게 학식, 미술, 음악 그리고 이 세상에서 누릴 수 있는 건전한 즐거움을 주실 것이다. 하나님은 이런 것들을 당신에게 얼마든지 허락하실 수 있다. 그런데 여기에는 한 가지 조건이 붙는다. 하나님이 이런 것들을 다시 빼앗아 가신다 할지라도 당신이 하나님 한 분으로 만족하기 때문에 결코 불평하지 말아야 된다는 조건이 붙는다는 말이다.

구약의 이사야서에는 "다시는 네 해가 지지 아니하며 네 달이 물러가지 아니할 것은 여호와가 네 영영한 빛이 되고 네 슬픔의 날이 마칠 것임이니라"(사 60:20)라는 말씀이 나온다. '독일의 비단 짜는 사람'이라는 별명을 가진 게르하르트 테르스테에겐(Gerhard Tersteegen, 1697~1769, 독일의 신앙 작가)은 이 구절에서 영감을 얻어 다음과 같은 글을 썼다.

오! 우리는 너무나 빨리 사라지도다!
그러나 하나님은 얼마나 크신가!
나는 얼마나 작은가!
나는 끝없는 하늘을 떠도는 티끌이로다.

하늘의 태양의 영광은 구름이 막지 못하는도다.

그 깊고 넓고 높은 영광이

나를 영원히 잊지 못하게 하라.

나는 하나님의 무한하신 사랑 속에 잠겨 있노라.

깊이를 알 수 없고 끝도 없는 바다!

거기에 계신 분은 내가 아니라 하나님이시다.

나보다 나에게 더 가까이 계신 분은 하나님이시다.

나는 하나님을 찾는 일에 몰두하노라.

하나님의 영원하신 사랑으로 가득한 끝없는 하늘이

내 주위에, 내 아래 그리고 내 위에 있도다.

하지만 저 황금시대의 영광스러운 것들은 사라져버렸다.

그렇다! 모두 사라져버렸다!

이처럼 불타는 떨기나무 앞에서 신을 벗고 무릎을 꿇을 수 있는 능력이 우리에게서 거의 사라져버렸다. 교회가 이사야서 60장 20절의 말씀과 이 말씀에서 영감을 받아 쓴 테르스테에겐의 글을 이해할 수 있을 때 비로소 부흥을 맛볼 것이다. 그럴 때 비로소 퀘이커 교도들과 메쏘디스트들에게 임했던 부흥 그리고 초대교회에 임했던 오순절의 부흥을 맛볼 수 있을 것이다.

오, 하나님의 아들이시여!

저는 주님을 찾는 일에 몰두합니다.

주님을 찾는 일에 푹 빠져 있습니다.

주님의 영원하신 사랑으로 가득한 끝없는 하늘이 내 주위에,

내 아래에 그리고 내 위에 있습니다.

이제 우리는 다시 "너희 생명이 그리스도와 함께 하나님 안에 감추었음이니라"(골 3:3)라는 말씀의 의미를 깊이 새겨야 할 것이다. 온 세상을 얻고도 당신의 영혼 안에 하나님이 계시지 않으면 당신은 아무것도 얻지 못한 것이다. 하나님이 계시지 않는 만물은 당신에게 아무런 가치가 없다. 찾아보자. 기도하자. 잠자코 기다리자. 숨소리를 죽여보자. 침묵의 위대함을 배워보자. 하나님을 찾는 아름다운 일을 배워보자.

아무도 없는 중에 혼자서 무릎을 꿇고 성경을 앞에 펴놓고 겸손과 회개의 눈물을 흘리며 "오직 하나님, 오직 하나님, 오직 하나님이 저에게 필요합니다. 온 세상은 없어도 좋지만 저에게 오직 예수님은 필요합니다"라고 외치자. 당신은 이렇게 할 수 있는가? 교회는 이렇게 해야 한다. 우리 모두는 이렇게 해야 한다. 나는 이렇게 할 수 있는 능력을 하나님께서 우리 주 예수 그리스도 안에서 우리에게 허락하시기를 간절히 바란다.

오, 하나님 아버지시여!

이 메시지를 받는 모든 사람에게 복을 주소서. 우리가 뒤에 있는 것은 잊어버리고 앞에 있는 것을 향해 달려갈 수 있도록 도우소서. 우리가 만유를 개암 크기 정도로 볼 수 있도록 도우소서. 우리가 하나님 안에서는 온 우

주를 품을 수 있을 정도로 큰 존재임을 깨달을 수 있도록 도우소서. 하나님이 우리에게 계시지 않으면 우리가 완전히 무의미한 존재라는 것을 알도록 도우소서.

오, 하나님!

우리를 채우소서. 우리를 하나님으로 채우소서. 하나님이 계시지 않으면 우리는 영원히 만족할 수 없습니다. 간절히 구하오니, 우리를 하나님으로 채우소서. 아멘.

하나님은
선한 분이시다

하나님은 무한히 선하실 뿐만 아니라 완전히 선하시다. 불완전성은 하나님의 속성이 아니다. 그분이 자비로우시다는 것은 그분이 완전히 자비로우시다는 것이다. 그러므로 그분의 심기가 불편하여 그분의 마음이 냉랭해지는 경우는 없다.

"주는 선하사 선을 행하시오니 주의 율례로 나를 가르치소서"(시 119:68).

"내가 여호와께서 우리에게 베푸신 모든 자비와 그 찬송을 말하며 그 긍휼을 따라, 그 많은 자비를 따라 이스라엘 집에 베푸신 큰 은총을 말하리라"(사 63:7).

"하나님이여 주의 생각이 내게 어찌 그리 보배로우신지요 그 수가 어찌 그리 많은지요"(시 139:17).

"네가 네 하나님 여호와의 말씀을 순종하여 이 율법 책에 기록된 그 명령과 규례를 지키고 네 마음을 다하며 성품을 다하여 여호와 네 하나님께 돌아오면 네 하나님 여호와께서 네 손으로 하는 모든 일과 네 몸의 소생과 네 육축의 새끼와 네 토지 소산을 많게 하시고 네게 복을 주시되 곧 여호와께서 네 열조를 기뻐하신 것과 같이 너를 다시 기뻐하사 네게 복을 주시리라"(신 30:9,10).

"너희는 여호와의 선하심을 맛보아 알지어다 그에게 피하는 자는 복이 있도다"(시 34:8).

"너희가 악한 자라도 좋은 것으로 자식에게 줄 줄 알거든 하물며 하늘에 계신 너희 아버지께서 구하는 자에게 좋은 것으로 주시지 않겠느냐"(마 7:11).

나는 30년 넘는 세월 동안 하나님의 선하심에 대해 설교를 해왔다. 우리가 하나님의 선하심을 알고 하나님이 어떤 분이신지를 아는 것은 지극히 중요하다. 하나님은 어떤 분이신가? 우리가 그리스도인이라는 이름으로 불릴 자격이 있으려면 이 질문에 분명히 대답할 수 있어야 한다. 당신이 이 질문의 답을 알고 있다는 착각에 빠져 경솔하게 "나야 물론 잘 알고 있지"라고 말해서는 안 된다.

"종교는 인간의 연약함이나 미신적 사고(思考) 때문에 그에게 붙은 혹 같은 것이다"라고 말하는 사람들이 있다. 그러나 모든 종족과 국가의 도덕적 수준이 종교의 수준을 결코 넘지 못했다는 것이 역사의 교훈이다. 저질적인 종교를 가진 민족은 저질적이었다. 어떤 민족이 저질적이 아니었다면 그들의 종교가 (비록 기독교나 유대교가 아니라 할지라도) 다른 종교에 비하여 상대적으로 수준 높은 종교였음을 의미한다. 하나님에 대한 개념의 수준, 즉 신관(神觀)의 수준이 종교의 수준을 결정한다. 이교도들이 '신'(神)에 대해서 교활하고 뚱하고 비열하고 속이는 존재라고 믿는다면, 그들의 종교도 그런 신관의 기초 위에 세워질 수밖에 없다. 이런 신관을 가진 사람들은 그들의 신을 속이려고 들 것이고, 그들의 신이 지닌 행동 양식을 모방할 것이다.

반면, 비록 그리스도의 구속(救贖)을 모르는 이교도들이라 할지라도 유일신론(唯一神論)을 받아들이고 신을 진실하고 고상한 존재로 믿는다면, 그들의 종교도 그런 신관의 기초 위에 세워지게 된다.

기독교도 그들이 하나님을 어떤 분으로 이해하느냐에 따라 강해질 수도 있고 약해질 수도 있다. 현재의 기독교가 가진 문제점은 그들의 신관이 하잘것없다는 것이다. 전에도 이를 주장했듯이 지금도 나는 이것을 분명히 주장한다. 여러 곳에서 식자(識者)들과 경건한 사람들을 만나서 얘기해본 결과, 나는 그들도 나와 똑같은 생각을 하고 있다는 것을 알게 되었다.

불신자들은 우리에게 "당신들의 '짝퉁 신'을 가지고 집으로 가십시오"라고 말한다. 이런 말을 들을 때 우리는 그들이 비열한 이교도이기 때문에 그렇게 말한다고 생각한다. 그러나 그렇지 않다. 그들은 비열한 이교도가 아니다. 백번 양보해서 그들이 비열하다 할지라도, 적어도 이 경우에 그들이 지적한 것은 옳다. 그들이 우리의 '짝퉁 신'을 존경하지 않는 것은 당연하다. 복음주의가 '짝퉁 종교'로 변질되었기 때문에 현재 복음주의의 신관은 하나님을 제대로 전달하지 못한다. 현재 우리의 기독교가 작은 것은 우리가 하나님을 작은 분이라고 믿기 때문이다. 우리의 기독교가 약한 것은 우리가 하나님을 약한 분이라고 믿기 때문이다. 우리의 기독교가 저급한 것은 우리가 하나님을 저급한 분이라고 믿기 때문이다. 요컨대, 우리는 하나님을 제대로 알지 못한다.

시편 34편 3절에서 시편기자는 "나와 함께 여호와를 크게 하자"

("O magnify the Lord with me." 개역한글성경에는 "나와 함께 여호와를 광대하시다 하자"라고 번역되어 있다 - 역자 주)라고 말했다. '크게 하다'(magnify)라는 말은 두 가지를 의미할 수 있다. 하나는 "어떤 것을 실제보다 더 커 보이게 만들다"라는 뜻이고, 또 하나는 "어떤 것을 그것의 실제 크기로 인식하다"라는 뜻이다. 여기 시편에서는 후자의 의미로 쓰이고 있다.

아주 작은 것을 정밀하게 조사하려면 그것을 현미경 아래 놓고 실제보다 더 커 보이게 만들어야 한다. 그러나 하나님을 그분의 실제 크기보다 더 커 보이게 만든다는 것은 불가능하다. '하나님을 크게 하다'라는 말은 그분이 얼마나 크신 분인지를 깨닫기 위해 노력하자는 뜻이다. 나는 하나님이 얼마나 크신 분인지를 알기를 원한다. 이제까지 나는 그분의 도움을 의지하여 그분이 얼마나 크신 분인지를 깨닫기 위해 혼신의 힘을 다했다.

교회는 하나님의 광대하심을 깨닫는 만큼 커질 것이다. 신자 각 사람은 하나님을 어떤 분으로 인식하느냐에 따라 성공적인 그리스도인이 될 수도 있고 실패한 그리스도인이 될 수도 있다. 우리가 거룩한 분을 인식하는 것은 지극히 중요하다. 우리가 하나님이 어떤 분인지를 아는 것은 지극히 중요하다. 하나님을 알려면 성경으로 가야 한다. 왜냐하면 하나님에 대한 정보를 얻을 수 있는 곳이 바로 성경이기 때문이다. "하늘이 하나님의 영광을 선포하고 궁창이 그 손으로 하신 일을 나타내는도다"(시 19:1)라는 말씀에서도 알 수 있듯이, 우리가 자연을 통해 하나님을 어느 정도 알 수 있는 것 또한 사실이다. 하지만 자연의 펜(pen)이 흐릿하게 그려놓은 하나님을 성경은 아주 분명하게 그려준다.

하나님이 선하신 분임을 인식하는 것은 아주 중요하다. 성경은 그 분이 선하시며 선(善)을 행하신다고 가르쳐준다. 그분의 인자하심은 그분이 이루신 모든 것들에 배어 있다. 하나님의 자비로우심은 앞에서 인용한 성경구절들에도 배어 있다. 성구사전에서 '선하다' 또는 '인자함' 이라는 단어를 찾아보라. 그러면 신구약이 하나님의 인자하심에 대해 얼마나 많이 언급하는지를 알 수 있을 것이다.

'선하다'라는 것은 무슨 뜻인가?

하나님은 인자하고 자비롭고 친절하고 인정 많은 분이시다. 하나님께서는 마음이 따뜻한 분이시라는 것을 우리 마음 깊이 새기자. 우리는 우리에게 믿음이 있다고 생각한다. 우리가 신자라는 것은 어떤 의미에서 맞는 말이다. 나 역시 우리에게 의롭다 함을 얻고 구원받을 만한 믿음이 있다고 믿는다. 그러나 하나님을 가깝게 느낄 정도로 강한 믿음이 우리에게는 없다. 만일 이런 믿음이 있다면 우리는 하나님이 인자하고 자비롭고 인정 많고 마음이 따뜻한 분이심을 믿을 것이다. 만일 이런 믿음이 있다면 우리는 하나님이 그 누구에 대해서도 나쁜 생각을 갖지 않으셨고 지금도 갖고 계시지 않다고 믿게 될 것이다.

내 말의 요점은 하나님이 선하신 분이라는 것이다. 하나님은 무한히 선하시다. 왜 내가 이 말을 하는가? 내가 이 말을 하는 이유는 무한성이 하나님의 속성(屬性)이기 때문이다. 하나님의 완전성과 무한성을 부정(否定)하는 것은 있을 수 없는 일이다. 태양이 밝지만 무한히 밝은 것은 아니다. 왜냐하면 모든 빛이 태양에게만 속한 것이 아니기 때문이다. 태산이 큰 것은 사실이지만 무한히 큰 것은 아니다. 천사가 선하지만 무한히 선한 것은 아니다. 무한성을 주장할 수 있는 분은 오직 하나님이시다. 내가 하나님이 선하시고 인자하시다고 말할 때, 나는 하나님이 무한히 선하시고 인자하시다고 말하는 것이다. 하나님이 자비로우시고 친절하시고 마음이 따뜻하시다고 말할 때, 나는 하나님이 무한히 그렇다고 말하는 것이다.

하나님은 무한히 선하실 뿐만 아니라 완전히 선하시다. 불완전성(不完全性)은 그분의 속성이 아니다. 그분이 자비로우시다는 것은 그분이 완전히 자비로우시다는 것이다. 그러므로 그분의 심기가 불편하여 그분의 마음이 냉랭해지는 경우는 없다.

하나님의 마음이 차가워지는 경우는 없다. 가장 훌륭한 그리스도인이라 할지라도 항상 마음이 따뜻한 것은 아니다. 예를 들어 그가 전날 밤 잠을 설쳤다면 비록 그가 인내하면서 그리스도인답게 행동한다 할지라도 그는 어느 정도 시무룩할 수 있다. 이런저런 이유 때문에 그의 마음이 차가워지고 그의 열심이 식고 그의 마음이 메마를 수 있다. 그러나 하나님이 그렇게 되시는 경우는 없다. 왜냐하면 하나님은 완전한 분이시기 때문이다.

나는 하나님이 불변의 하나님이시라는 것을 기쁜 마음으로 선포한다. 하나님은 결코 변하지 않으신다. 과거의 하나님이 현재의 하나님이시다. 과거의 하나님과 현재의 하나님이 곧 미래의 하나님이시다. 하나님은 결코 변하지 않으실 것이다. 내가 이렇게 말한다고 해서 나를 이단이라고 오해하지 말라. 내가 이단인지 아닌지 확인해보라. 성경을 펴서 내 말이 맞는지 틀리는지 확인해보라. 베뢰아 사람들처럼 신사적이 되려면 성경으로 돌아가 내 말을 확인해보라(행 17:10,11 참조). 그러면 더 이상의 확인 작업은 필요 없을 것이다.

하나님이 자신의 일들에 대해 열심을 품고 계시다는 것을 기억하라. 하나님은 현장에 없으면서 원격조종으로 공사를 관리하는 공학자 같은 분이 아니시다. 성경에 따르면 하나님은 "그의 능력의 말씀으로 만물을 붙드신다"(히 1:3). 눈에 보이지 않는 말씀이 우주 안에 존재하기 때문에 만물이 운행되는 것이다. 안전한 창조자이신 하나님은 자신이 만드신 것들에 임재하심으로써 그것들을 경영하신다. 이는 선지자들의 글과 시편과 욥기에서, 아니 구약 전체를 통해 드러나는 진리이다.

그런데 유감스럽게도 소위 과학의 시대가 도래하자, 사람들은 이 진리를 잊어버렸다. 그들은 하나님을 밀어내고 그 자리에 자연법칙을 앉혔다. 그러나 성경은 자연법칙이 우주를 경영한다고 말하지 않는다. 성경은 오직 하나님이 우주의 통치자가 되신다고 증거한다. 비가 내리는 것은 하나님이 자신의 산들 위에 물을 뿌리시는 것이다. 번개가 치는 것도 하나님이 하시는 일이다. 천둥이 울리는 것은 "암사슴으로 낙태케 하시는"(시 29:9) 여호와의 소리이다.

성경을 기록한 사람들은 하나님을 분명히 의식했다. 그들에게는 하나님이 계셨기 때문에 고독을 느낄 이유가 없었다. 야곱은 "여호와께서 과연 여기 계시거늘 내가 알지 못하였도다"(창 28:16)라고 말했다. 그러므로 하나님에 대해, 현장에 없으면서도 원격조종으로 공사를 관리하는 공학자 같은 분이라고 받아들이는 사상은 완전히 잘못된 것이다. 하나님은 천지에 충만히 임하여 끝없는 열정을 가지고 기쁨과 사랑 가운데 하나님의 거룩한 계획들을 추진하신다. 당신이 이 진리를 받아들이기 힘들다면 그것은 당신에게 믿음이 없기 때문이요 당신이 이 세상에 마음을 빼앗겼기 때문이다. 당신이 하나님을 믿으려면 이 진리를 받아들여야 한다.

하나님이 선하시다는 것은 하나님이 그 어떤 것에 대해서도 무관심하지 않으시다는 것을 의미한다. 사람들은 무관심해질 수 있지만, 하나님은 그렇지 않으시다. 하나님은 지칠 줄 모르는 열정으로 사랑하시거나 아니면 불같은 맹렬함으로 미워하신다. 성삼위(聖三位)의 제2위이신 예수님에 대해 성경은 "네가 의를 사랑하고 불법을 미워하였으니 그러므로 하나님 곧 너의 하나님이 즐거움의 기름을 네게 부어 네 동류들보다 승하게 하셨도다"(히 1:9)라고 말한다. 무한히 불타는 사랑으로 사랑하신 주 예수님은 또한 불같은 맹렬함으로 불법을 미워하셨다. 그리고 그분은 세대(世代)가 거듭되는 동안 계속 그렇게 하실 것이다. 하나님은 선하시기 때문에 죄를 사랑하실 수 없다.

우리가 살아야 할 이유는 무엇인가?

우리가 살아야 할 이유는 하나님이 선하시기 때문이다. 만물이 존재해야 할 이유도 하나님이 선하시기 때문이다. 당신은 스스로에게 "내가 태어날 자격이 있었기 때문에 태어났는가? 살아서 존재해야 할 자격이 내게 있는가?"라고 물은 적이 있는가? 기독교 신앙을 갖지 않았던 이슬람의 시인 오마르는 이렇게 말했다.

이 우주 안으로 들어왔노라.

왜 들어왔는지, 어디로부터 왔는지 모른다.

정처 없이 흐르는 물처럼 그저 들어왔을 뿐이다.

이 우주 밖으로 나가노라.

어디로 가는지 나는 모른다.

황무지를 스친 후 사라지는 바람처럼 어디론가 가버린다.

이렇게 말한 다음 오마르는 이런 인생의 허무함에 대해 하나님을
비난하면서 "오, 신(神)이시여! 내가 행한 모든 잘못된 것에 대해 나
를 용서하시고 또한 나의 용서를 받아주소서"라고 말했다. 그는 하
나님께서 자기에게 빚지고 있다고 생각했다. 그러나 우리는 하나님
께 잘못을 돌리는 자들의 모든 질문에 대해 "하나님께서 자신의 선
하심을 좇아 만물을 존재하게 하셨다. 하나님이 자신의 자애(慈愛)
에 따라 우리를 존재하게 하셨다"라고 대답해야 한다.

우리는 왜 창조되었는가? 창조될 만한 자격이 우리에게 있었기 때
문인가? 이 문제를 논할 때 우리는 '존재하지 않는 것'은 무엇을 얻
을 자격을 가질 수 없음을 기억해야 한다. 우리가 잘 알듯이, 인류가
존재하지 않은 때가 있었다. 그러므로 존재하지도 않는 인류가 어떤
것을 받을 자격을 가졌다는 것은 어불성설(語不成說)이다. 아직 창
조되지 않은 인간은 무엇을 얻을 수도 없었고 어떤 공로를 쌓을 수도
없었다. 그러므로 창조될 만한 자격이 우리에게 있었기 때문에 우리
가 창조되었다는 주장은 성립될 수 없다. 오직 하나님은 자신의 선

하심을 좇아 우리를 창조하신 것이다. 범죄했을 때 우리는 왜 멸망당하지 않았는가? 그것은 오직 하나님이 자신의 선하심을 좇아 우리를 아끼셨기 때문이다. 마음이 따뜻하고 인자하신 하나님께서 우리를 아끼셨던 것이다.

영원한 아들 하나님이 왜 우리를 위해 피를 흘리셨는가? 그것은 그분의 선하심과 인자하심 때문이었다. 시편에는 "인생이 주의 날개 그늘 아래 피하나이다"(시 36:7)라는 말씀이 나온다. 내가 범죄할 때, 왜 하나님은 나를 용서하시는가? 이럴 때마다 왜 거듭 용서하시는가? 하나님이 자신의 선하심 가운데 행하시기 때문이다. 다시 말해서, 사랑으로 가득한 하나님의 마음이 명하는 것을 하나님이 행하시기 때문이다.

왜 하나님은 기도에 응답하시는가? 기도한 사람이 선하기 때문에 하나님이 응답하신다고 생각하지 말라. 우리 개신교 신자들은 스스로 성인(聖人)들을 믿지 않는다고 생각하지만, 실상은 성인들을 믿는다. 우리는 그들을 성인으로 추앙한다. 우리는 조지 뮬러, 스펄전, 무디 그리고 심슨(A. B. Simpson, 1843~1919. 미국의 부흥운동가이자 찬송시 작가)을 성인으로 만든다. 우리는 이런 사람들이 선하기 때문에 하나님께서 그들의 기도에 응답하셨다고 믿는 경향이 있다. 그러나 만일 그들이 지금 이 자리에 있다면 우리가 하고 있는 잘못된 생각을 맹렬히 지적할 것이다.

하나님께 무엇을 얻을 자격이 있기 때문에 그분에게 그것을 얻은 사람은 없다. 인간은 타락했기 때문에 오직 심판과 죽임을 당해야 마땅하다. 그러므로 그분이 기도에 응답하신다면, 그분이 선하시기 때문이다. 그분이 선하시고 인자하시고 자비로우시기 때문에 우리의 기도에 응답하시는 것이다. 하나님의 선하심이 모든 선한 것의 뿌리이다.

창세 이래 누군가 구원을 받았다면, 오로지 하나님의 선하심 때문이다. 구약시대에는 사람들이 율법에 의해 구원을 받았으며 신약시대에 와서는 은혜로 구원을 받는다는 사상이 도처에 퍼져 있다. 그러나 신약시대에 은혜로 구원을 받는다는 사상은 맞지만, 구약시대에 율법으로 구원을 얻는다는 사상은 틀렸다. 집에서 쌓은 제단으로 양의 첫 새끼와 그 기름을 하나님께 드린 아벨로부터 시작하여 가장 최근의 회심자(回心者)에 이르기까지, 하나님의 선하심을 통하지 않고 구원받은 사람은 없다. 그분의 은혜, 긍휼, 사랑, 인자하심, 선하심, 자비로움, 따뜻함 그리고 자애로움 때문에 우리가 구원받는 것이다(그분의 성품을 나타내는 이런 많은 단어 중에서 우리는 '은혜'라는 말을 취하여 전문용어로 사용하게 되었다).

구약시대의 사람들이 율법을 지켰기 때문에 구원을 받은 것은 아니다. 왜냐하면 그들은 지옥에 떨어져야 마땅한 사람들이었기 때문이다. 만일 하나님께서 오직 공의(公義)에 따라 행동하셨다면 그분은 그분의 진노를 가로막는 빗장을 풀어버리시고 우리 모두를 지옥에 던지심으로 모든 것을 끝내셨을 것이다. 그러나 하나님의 인자함을 좇아 하나님은 그분이 제시한 방법에 의해 그분께 나아오는 사람들을 너그럽게 용서하셨다. 모든 사람은 은혜로 구원받는다. 아벨은 은혜로 구원을 얻었다. "노아는 여호와께 은혜를 입었더라"(창 6:8)라는 말씀에서도 알 수 있듯이, 노아도 은혜로 구원을 얻었다. 모세도 역시 그러했다. 예수님이 오셔서 십자가에서 죽으실 때까지, 구원받은 사람들은 모두 하나님의 선하심에서 나오는 은혜로 구원을 얻었다. 예수님이 오신 후에 구원받은 사람들도 모두 하나님의 선하심에서 나오는 은혜로 구원을 얻었다.

하나님의 선하심과 엄위로우심

하나님이 선하시다고 해서 우리는 그분의 선하심만을 보아서는 안 된다. 그분은 선하시면서도 동시에 엄위로우시다. 로마서 11장 22절은 하나님의 엄위로우심에 대해 "그러므로 하나님의 인자와 엄위를 보라"라고 말한다. 로마서에 따르면, 이스라엘 민족이 하나님을 거부했기 때문에 하나님은 그들에게 엄하게 대하셨다. 그 결과 하나님은 일시적으로 그들을 참감람나무에서 잘라버리시고 대신 이방인들을 그 나무에 접붙이셨다. 여기서 우리는 하나님의 선하심과 엄위로우심을 볼 수 있다.

하나님은 자신의 선하심을 받아들이는 모든 자들에게 선을 베푸신다. 그런데 전능하신 하나님께서도 자신의 선하심을 받아들이지 않는 자들에게 그것을 억지로 받아들이도록 하실 수는 없다. 왜냐하면 하나님께서 그들에게 자유의지를 주셨기 때문이다(나는 자유의지를 믿는다). 그분은 인간들에게 자유의지를 선물로 주셨다. 절대 주권을 가지신 하나님은 인간들에게 작은 임시적 주권을 주셨다. 말하자면 그분은 우리에게 "내가 너희로 하여금 작은 틀 안에서 너희의 주인이 되기를 허락한다. 그러므로 너희는 너희의 의지적 선택에 의해 천국에 갈 수도 있고 지옥에 갈 수도 있다"라고 말씀하신 셈이다. 만일 어떤 사람이 하나님의 선하심을 받아들이기를 거부한다면 그는 그분의 엄위로우심을 받아들여야 한다. 왜냐하면 하나님께서는 계속적으로 하나님의 주권에 반역하여 하나님의 법을 무시하는 모든 자들에게 엄하게 대하시기 때문이다. 하나님은 그들의 의지에 반(反)하여 그들을 억지로 변화시키지 않고 다만 하나님의 공의에 따라 그들을 다스리신다.

그렇다면 하나님의 사랑을 받아들인 사람들은 어떻게 되는가? 하나님은 선하실 뿐만 아니라 거룩하시며, 인자하실 뿐만 아니라 의로우시다. 이런 점을 생각할 때 우리는 "그렇다면 죄인인 우리는 반드시 멸망해야 하는가? 거룩하신 하나님 앞에서 죄인인 우리가 멸망하는 것은 논리적으로 당연하지 않은가?"라는 의문을 품게 된다.

줄리안의 말을 들어보자.

"자신의 선하심을 좇아 하나님께서는 우리를 돕기 위해 완전하고 공정하고 다양한 방법을 정하셨다. 그러한 방법 가운데 가장 중요한 것은 하나님이 인간의 본성을 취하시는 것이었다."

인간이 되어 이 땅에 오실 때 하나님은 우리가 있는 곳으로 오셨다. 그리고 우리가 있는 곳으로 오신 그분은 동정(同情)과 공감(共感)을 통하여 우리를 이해하셨다.

'동정'이라는 말은 투박하면서도 아름다운 구식(舊式) 용어인데, 이 단어를 어원적으로 한번 분석해보자. '동정'이 영어로는 '심퍼시'(sympathy)이다. '심퍼시'에서 '퍼시'(-pathy)의 어원은 "연민의 정을 자아내는 것"이라는 뜻을 가진 '파토스'(pathos)의 어원과 동일하다. '심퍼시'(sympathy)에서 '심'(sym-)은 "함께"라는 뜻을 갖는다. 그래서 여러 명의 연주자들이 조화를 이루어 '함께' 연주하는 곡을 '심포니'(symphony, 교향곡)라고 부른다. 그러므로 하나님께서 우리를 동정하신다는 것은 그분이 우리와 함께 느끼고 고통당하신 다는 뜻이다.

한편, '공감'(empathy)은 동정과 약간 다르다. 공감은 다른 사람의 입장이 되어 그 사람처럼 느끼는 것이다. 이는 아주 아름다운 것인데, 시골에 사는 친절한 할머니들은 이것이 어떤 것인지를 잘 안다. 이것은 그런 사람들이 자주 느끼곤 했던 것인데, 학자들이 나타나 '공감'이라는 이름을 붙였을 뿐이다.

그렇다면 이제 심리학자들이 말하는 공감이 아니라 성경에 나오는 공감에 대해 살펴보자.

"그러므로 저가 범사에 형제들과 같이 되심이 마땅하도다 이는 하나님의 일에 자비하고 충성된 대제사장이 되어 백성의 죄를 구속하려 하심이라 자기가 시험을 받아 고난을 당하셨은즉 시험 받는 자들을 능히 도우시느니라"(히 2:17,18).

"우리에게 있는 대제사장은 우리 연약함을 체휼하지 아니하는 자가 아니요 모든 일에 우리와 한결같이 시험을 받은 자로되 죄는 없으시니라 그러므로 우리가 긍휼하심을 받고 때를 따라 돕는 은혜를 얻기 위하여 은혜의 보좌 앞에 담대히 나아갈 것이니라"(히 4:15,16).

이 구절들에는 공감이 많이 나온다. 그리스도는 우리의 비참함을 함께 느끼실 뿐만 아니라 우리의 입장이 되실 수 있기 때문에 우리의 감정을 이해하실 수 있고 우리처럼 느끼실 수 있다. 이것은 놀라운 신학이다.

줄리안이 말했듯이, 하나님께서는 우리를 도우시기 위해 완전하고 공정하고 다양한 방법을 정하셨다. 그런데 하나님은 자신의 선하심을 좇아 그렇게 하셨다. 어떤 사람들은 "하나님의 공의가 그분을 향해 이렇게 또는 저렇게 하시도록 요구한다"라고 말하곤 한다. 그러나 절대 이런 말을 하지 말라. 나는 그들의 잘못을 지적하기 위해서 부득이 이 말을 했지만, 당신은 결코 이렇게 말해서는 안 된다. 하나님을 향해서 어떤 것을 행하시도록 요구하는 것은 없다. 하나님은 '자신의 존재됨을 따라서' 이렇게도 행하시고 저렇게도 행하실 뿐이다. 하나님 밖에 서서 그분에게 무엇을 행하시도록 요구하는 것은 없다. 하나님은 자신의 마음에 따라서 행하실 뿐이다. 삼위일체 하나님의 모든 속성은 그분이 어떤 분이신지를 말해준다.

하나님께서 자신의 백성을 위하여 완전하고 공정하고 다양한 방법을 정하신 이유는 무엇인가? 바로 우리의 죄를 사하여 우리로 영원히 하나님을 예배할 수 있도록 만들기 위함이다.

우리는 담대히 하나님께 나아갈 수 있다

때때로 나는 기도 중에 하나님께 지극히 대담한 표현을 사용한다. 너무 대담하여 거의 오만하다는 느낌을 줄 수도 있을 것 같다. 그러나 아직 나는 하나님께 책망을 듣지 않았다. 마르틴 루터에 대해서 다음과 같은 얘기가 전해진다(내가 이렇게 말한다고 해서 나를 루터에 비교하는 것은 아니다. 나는 그의 구두를 닦아서 그의 침실 앞에 놓는 일을 한다 해도 기뻐했을 것이다). 루터가 기도하는 것을 들은 사람들은 그의 기도에서 그가 가진 신학의 핵심을 보았다고 한다. 그가 기도를 시작할 때는 철저히 자기를 부정하고 겸손하게 회개했기 때문에 그에 대해 불쌍하다는 생각이 들 정도였다. 그러나 그의 기도가 계속될수록 그의 표현이 아주 대담하게 바뀌었기 때문에 사람들은 그가 잘못 말하지 않을까 하고 걱정을 해야만 했다.

때때로 개인 기도를 통해 하나님께 나아갈 때 어떤 생각이 떠오르는데, 나는 그런 생각을 하나님께 말씀드려야 할지 말아야 할지 망설이게 된다. 이런 생각 중 하나를 감히 말하자면, 지난 금요일에 하나님께 기도하는 가운데 "하나님, 저는 제가 죄를 지은 것이 기쁩니다. 왜냐하면 하나님께서 죄인들을 구원하려고 오셨기 때문입니다"(딤전 1:15 참조)라고 말씀드렸다(죄를 조장하려는 뜻에서가 아니라 그만큼 은혜에 감격했기 때문이다).

나는 선한 사람이 아니다. 그러니까 나는… 나는…. 내가 어떤 사람인지를 말하려면 아무래도 상스러운 표현을 써야 할 것 같다. 나는 타고난 본성이 그런 사람이다. 내 아들들이 나의 잘못된 것을 반복하는 것을 보았을 때, 나는 그 애들을 비난하지 않았다. 그들을 철썩 때리기는 했어도 잘못의 책임을 그들에게 돌리지는 않았다. 나는 하나님께 나아가 "하나님, 저는 저 애가 저지른 잘못을 저지르지 않았습니다"라고 말할 수 없는 사람이다. 나는 생각으로든 행동으로든 갈 데까지 갔던 사람이다.

내가 생각하지 못했던 악한 생각이라면 사단도 미처 생각하지 못했을 것이다. 그러므로 나는 나에 비하여 선한 사람들의 이름을 거명하면서 이렇게 기도한 적이 있다.

"오, 하나님! 이 사람들은 선한 사람들입니다. 하지만 그들은 제가 하나님을 사랑하는 것만큼 하나님을 사랑하지 못합니다. 왜냐하면 많이 용서받은 사람이 많이 사랑하기 때문입니다"(눅 7:47 참조).

만일 어떤 의사가 코에 콧물이 흐르는 증상을 치료해주었다면 그에 대해 책을 내지는 않을 것이다. 왜냐하면 그렇게 큰일을 한 것이 아니기 때문이다. 그런 병은 쉽게 고칠 수 있다. 하지만 어떤 의사가 뇌종양 환자를 마취시켜 잠들게 한 후, 기도하고 수술하여 고쳤다면 그는 큰일을 한 것이다.

하나님은 나 같은 죄인을 구원하셨다. 그분은 우리의 모든 죄를 용서하시고 우리로 그분을 영원히 예배할 수 있게 하셨다. 우리 주님이 암시하시고 사도 바울이 자세히 언급한 성경의 교훈이 하나 있는데, 이 교훈에 따르면 미래의 어느 날 사방에서 사람들이 우리를 향해 몰려와 "하나님의 놀라운 일들을 보라"라고 말할 날이 도래한다는 것이다. 사도행전 4장 14절에 따르면, 복음에 저항한 자들은 "병 나은 사람이 그들[사도들]과 함께 섰는 것을 보고 힐난할 말이 없었다." 그러나 그날에 사악한 죄인이 무리 중에 서 있는 것을 볼 때 우리는 "죽임을 당하신 어린양이 능력과 부와 지혜와 힘과 존귀와 영광과 찬송을 받으시기에 합당하도다"(계 5:12)라고 외칠 수 있을 뿐이다.

무한한 인자와 불변의 자비 가운데 하나님께서는 완전하고 공정하고 다양한 방법을 통하여 우리를 고치시고 우리의 죄를 사하여 우리로 영원한 예배자가 되게 하셨다. 그러므로 하나님의 선하심이 우리의 찬송과 경배의 주제가 되는 것은 지극히 합당하다.

하나님의 온유하심

예수님은 하나님이시다. 동시에 예수님은 이 땅에 살았던 사람들 중 가장 온유한 사람이시다. 우리는 주님의 온유함을 본받아야 한다. 다시 말해서 우리는 주님의 온유함을 반사하여 드러내는 거울이 되어야 한다. 장미를 담았던 꽃병이 깨진다 해도 그 향기는 꽃병 주위에서 은은히 감돈다. 이와 마찬가지로, 타락한 인류는 마치 포장도로 위에 떨어진 꽃병처럼 산산이 부서졌지만, 그럼에도 어느 정도 온유함을 지니고 있다.

미국 역사에서 가장 온유한 사람은 링컨 대통령이라고 생각한다. 언젠가 그가 병원을 방문했을 때 그곳에는 북군 젊은 장교가 입원해 있었다. 그 장교는 부상이 너무 심하여 생명을 잃을 위험에 처해 있었다. 간호사들은 링컨에게 "대통령 각하, 이 사람은 생존할 가능성이 없습니다"라고 낮은 목소리로 말했다. 키가 크고 검소하고 위대한 이 대통령은 병동으로 들어가 이곳저곳을 둘러보다가 죽어가는 젊은 장교의 병상으로 갔다. 그리고 허리를 굽혀 그 장교의 이마에 입을 맞추면서 "중위, 자네는 나를 위해 반드시 회복되어야 하네"라고 말했다. 그 장교는 "대통령 각하, 반드시 회복하겠습니다"라고 나지막하게 말했다(그가 나지막하게 말했지만 주변의 간호사들도 그의 말을 들었다). 그리고 결국 그는 회복하여 생명을 잃지 않았다.

또 언젠가 링컨 대통령의 보좌관들이 그의 집무실로 들어갔다. 대통령은 자리에 앉아 창문 밖에 펼쳐진 무성한 잔디를 응시하고 있었다. 그들은 그에게 "대통령 각하, 오늘은 매우 심각해 보이십니다"라고 말했다.

링컨은 "그렇소. 오늘은 심각합니다. 오늘은 사형 집행일입니다. 적의 공격을 받을 때 도망을 쳤거나 기타 큰 잘못을 저지른 군인들이 많이 사형될 것이오. 나는 그들을 비난하지 않소. 그들은 겁쟁이들이 아니었소. 다만 그들의 다리가 달음질쳤을 뿐이오"라고 말했다. 그리고 눈물을 흘리며 "나는 그들의 명단을 살펴본 다음 최대한 그들을 사면하여 살릴 생각이오"라고 덧붙였다.

우리가 링컨을 사랑하는 것은 그가 노예를 해방하고 미국의 분열을 막았기 때문만은 아니다. 그를 사랑하는 더 큰 이유는 그의 마음이 매우 넓었기 때문이다. 그런데 그에게도 한계는 있었다. 전해지는 얘기에 따르면, 백악관의 잔디밭을 거닐던 어떤 사람이 놀랄 만한 상황을 목격했다고 한다. 링컨의 아내 메리가 비명을 지르며 달리는 가운데, 그 뒤를 링컨이 쫓고 있었던 것이다. 링컨의 손에는 몽둥이가 들려 있었다. 그 사람이 "각하, 무슨 일입니까?" 하고 물었을 때, 링컨 대통령은 "아내가 내 말에 순종하려고 하지 않아!"라고 대답했다.

이처럼 링컨도 화를 낼 때가 있었다. 그도 우리처럼 온유함을 잃어버릴 때가 있었다. 그러나 예수님은 그렇지 않으셨다. 이 땅에서 숨을 쉬었던 사람들 중 가장 온유한 분은 예수님이셨다.

한 무리의 문인(文人)들이 문학작품에 나타난 "연민의 정을 불러일으키는 것", 즉 '파토스' (pathos)에 대해 이야기하고 있었다. 다시 말해서 그들은 눈물을 자아내는 책에 관해 논의했다. 매튜 아놀드 (Matthew Arnold, 1822~1888. 영국의 시인이며 비평가)는 로버트 번스 (Robert Burns, 1759~1796. 영국의 시인)의 시(詩)가 무척 아름다우면서도 가슴을 찌르는 듯이 슬프기 때문에 종종 끝까지 다 읽을 수 없다고 말했다. 그러자 누군가 찰스 디킨스(Charles Dickens, 1812~1870. 영국의 소설가)에게 "선생님은 어떤 작품에서 파토스가 가장 강렬하게 나타났다고 생각합니까?"라고 물었다. 이에 디킨스는 "아, 예. 거기에는 의문의 여지가 없습니다. 바로 성경에 나오는 탕자의 이야기입니다. 세상의 모든 문학을 다 뒤져봐도 탕자의 이야기만큼 강렬한 파토스를 지닌 것은 없습니다"라고 대답했다.

탕자의 이야기를 쓴 분이 누구인가? 바로 하나님이시다. 누가 이 이야기를 말씀하셨는가? 바로 이 세상에서 가장 온유한 분이 말씀하셨다. 성경을 통독하다가 "어떤 사람이 두 아들이 있는데…"(눅 15:11)라는 구절에 도달하면 나 자신도 모르게 고개를 숙인다. 내 속에 있는 무언가가 이 이야기를 만들어내신 분께 경의(敬意)를 표하고 고개를 숙이게 한다.

하나님은 우리의 비참한 모습을 보고 결코 혐오감을 갖지 않으신다. 하나님은 자신이 만드신 그 어떤 것도 멸시하지 않으신다. 하나님은 우리 교회의 초라한 사무실에서 이루어진 그 어떤 봉사도 경멸하지 않으신다. 주님은 우리를 보살피고 돌보고 돕는 분이시다. 그분은 당신의 그 어떤 것에 대해서도 혐오감을 갖지 않으신다. 그분은 당신이 그분과 함께 즐거워하기를 원하신다. 비록 우리가 완전하지 않지만 그분은 그분의 선하심을 좇아 우리를 완전한 자로 보신다. 왜냐하면 하나님의 사랑은 무한하시고 영원하시고 불가항력적(不可抗力的)이시기 때문이다. 하나님은 우리가 하나님 안에서 기뻐하기를 원하신다.

하나님은 우리를 기쁘게 하기를 원하신다

하나님은 인간의 눈물을 기뻐하지 않으신다. 그분이 와서 눈물을 흘리신 것은 인간의 눈물샘을 영원히 막기 위해서였다. 그분이 와서 그분의 어머니 마리아를 남기고 먼저 돌아가신 것은 인간의 모든 사별(死別)을 치유하기 위해서였다. 그분이 와서 모든 것을 잃어버리신 것도 우리가 경험하는 상실의 고통을 치유하기 위해서였다. 그분은 우리가 그분 안에서 기뻐하기를 원하신다. 그러므로 모든 의심을 던져버리고 그분을 신뢰하자.

하나님은 당신을 기쁘게 만들기를 원하신다. 당신이 하나님의 자녀가 될 때, 당신이 하나님의 뜻에 따를 때, 당신의 뜻이 하나님의 뜻이 되고 하나님의 뜻이 당신의 뜻이 될 때, 당신이 하나님께 거역하지 않고 당신의 뜻을 추구하지 않을 때, 그때 하나님은 기뻐하신다. 하나님은 자신의 백성을 즐겁게 해주기를 원하신다.

당신은 아버지가 자녀에게 선물을 주는 모습을 보았는가? 신랑이 신부에게 선물을 주는 것을 보았는가? 그들은 그들이 사랑하는 사람들을 기쁘게 해주기를 원하며, 그들을 사랑하는 사람들을 즐겁게 해주기를 원한다. 하나님께서 당신을 항상 비참하게 만드셔야 한다는 사상은 전혀 성경적 사상이 아니다. 예수님은 하나님을 아셨지만, 세상 사람들의 타락한 마음에서 나오는 증오와 박해 때문에 고통당하셨다. 그들은 예수님에게 고난을 강요했다. 하지만 예수님은 하나님을 기뻐하셨고, 하나님은 예수님을 기뻐하셨다. 하나님은 예수님을 가리켜 "이는 내 사랑하는 아들이요 내 기뻐하는 자라"(마 3:17)라고 말씀하셨다. 하나님은 지금도 자신의 자녀들에게 "잘하였도다 착하고 충성된 종아"(마 25:21)라고 말하기를 원하신다.

하나님은 당신이 비참해지는 것을 결코 기뻐하지 않으신다. 만일 당신이 순종하지 않으려고 한다면 그분이 당신을 비참하게 만드실 것이다. 하지만 당신이 당신의 뜻을 포기하고 그분께 순종하면 선하신 하나님은 당신을 기쁘게 해주기를 원하신다(하나님이 이렇게 하실 수 있는 것은 예수님을 통하여 구속을 이루셨기 때문이다). 하나님은 당신의 기도에 응답하여 당신에게 기쁨을 주기를 원하신다. 진정으로 그렇게 하기를 원하신다. 그러므로 모든 의심을 버리고 하나님을 신뢰하자.

게르하르트 테르스테에겐은 다음과 같이 썼다.

어둠과 폭풍과 슬픔 중에 한 줄기 밝은 빛이 보이네.
복된 내일이 오면 그리스도께서 나를 위해 오실 것을 나는 잘 안다네.

그런 다음 여섯 연(聯)을 더 썼는데, 마지막 네 행(行)은 다음과 같다.

주님과 나는 그 밝은 영광 중에
하나의 깊은 기쁨을 나눌 것이라네.
주님과 영원히 함께 있는 것이 나의 기쁨이 될 것이며,
내가 그곳에 있는 것이 주님의 기쁨일 것이라네.

당신이 천국에 있는 것을 기뻐하는 만큼 하나님은 당신과 함께 있

는 것을 기뻐하실 것이다. 당신은 발걸음을 멈추고 이 위대한 진리를 깊이 생각해본 적이 있는가? 하나님의 선하심과 긍휼히 여기심과 인자하심은 참으로 놀라운 것이다! 하나님은 우리를 그분과의 관계 속으로 이끄시는데, 이 관계 속에서 그분은 우리를 응석받이로 만들지 않으면서도 우리를 기쁘게 해주실 수 있다. 하나님은 우리를 기쁘게 해주신다. 우리가 기뻐할 때 하나님도 기뻐하신다. 우리가 하나님을 기뻐할 때 하나님도 기뻐하신다.

우리는 한 가지 공통적인 기쁨에 동참할 것이다. 테르스테에겐의 고백처럼, "주님과 영원히 함께 있는 것이 우리의 기쁨이 될 것이며, 우리가 그곳에 있는 것이 주님의 기쁨일 것이다." 하나님께 감사하라! 하나님께 감사하라! 하나님의 인자하심을 영원히 찬양하자! 하나님의 선하심에는 끝이 없도다! 아멘! 아멘!

하나님은
거룩한 분이시다

하나님은 털끝만큼도 흠이 없는 거룩한 분이시요 가까이할 수 없는 거룩한 분이시요 완전히 거룩한 분이시다. 우리는
하나님이 거룩함 자체이심을 알고 그에 따라 행동해야 한다.

"여호와여 신(神) 중에 주와 같은 자 누구니이까 주와 같이 거룩함에 영광
스러우며 찬송할 만한 위엄이 있으며 기이한 일을 행하는 자 누구니이까"
(출 15:11).

"하나님은 그 거룩한 자들을 믿지 아니하시나니 하늘이라도 그의 보시기
에 부정하거든"(욥 15:15).

"하나님의 눈에는 달이라도 명랑치 못하고 별도 깨끗지 못하거든 하물며
벌레인 사람, 구더기인 인생이랴"(욥 25:5,6).

"이스라엘의 찬송 중에 거하시는 주여 주는 거룩하시니이다"(시 22:3).

"여호와를 경외하는 것이 지혜의 근본이요 거룩하신 자를 아는 것이 명철
이니라"(잠 9:10).

"서로 창화하여 가로되 거룩하다 거룩하다 거룩하다 만군의 여호와여 그
영광이 온 땅에 충만하도다"(사 6:3).

레오나르도 다 빈치는 그의 유
명한 그림 '최후의 만찬'을 그릴 때 그림 속 등장인물의 얼굴을 제외
한 나머지 부분은 별 어려움 없이 그렸지만 인물의 얼굴은 마음먹은
대로 잘 그리지 못했다. 얼마간 고심하던 그는 얼굴을 그려 넣었다.
하지만 한 사람의 얼굴만은 도저히 그리지를 못했다. 그는 자신이
예수님의 얼굴을 그릴 자격이 없다고 느꼈다. 그는 예수님의 얼굴을
그리는 일을 자꾸 미루게 되었다. 예수님의 얼굴을 마저 그려야 한
다는 것을 알면서도 붓을 드는 일이 쉽지 않았다. 점점 시간을 끌다
가 절망감에 빠진 그는 순간적인 충동에 따라 그린 다음, 돌아서고
말았다. 그리고 "이래야 소용없어. 나는 예수님을 그릴 수 없어!"라
고 중얼거렸다.

나는 하나님의 거룩함을 설명하려고 할 때 레오나르도 다 빈치와
같은 심정이 된다. 나도 다 빈치처럼 절망감을 느낀다는 말이다. 나
뿐만 아니라 누구든지 하나님의 거룩함을 설명하려고 시도하는 것
은 소용없는 일이다. 하나님의 거룩함을 아주 잘 설명한다는 사람들
도 현란한 수사(修辭)로 가득한 하프를 연주하는 것에 불과하다. 그
러므로 그들의 설명이 끝났을 때는 당신은 음악을 들었을 뿐 하나님
을 본 것은 아니게 된다.

우리는 거룩함을 이해할 수 없다

우리가 지적(知的)으로 하나님을 이해하려고 할 때 가장 이해하기
힘든 부분은 그분의 무한성이라고 생각한다. 우리가 입으로는 하나
님의 무한성에 대해 이야기하지만 마음으로는 조금도 느끼지 못할

수 있다. 그러나 하나님의 거룩함에 대해 이야기할 때에는 우리의 지적 이해의 한계에 직면할 뿐만 아니라 우리 자신에 대해 혐오감을 느끼게 된다(이것은 정말 참기 힘든 일이다).

이렇게 되는 것은 우리가 타락한 존재이기 때문이다. 우리는 영적으로, 도덕적으로, 정신적으로 그리고 육체적으로 타락했다. 우리는 속속들이 타락했다. 우리 각자는 부패한 세상에 태어나 요람에서부터 더러움을 배운다. 우리는 어머니의 모유로써 더러움을 키우고, 우리를 둘러싼 공기를 통해 더러움을 들이마신다. 우리의 교육은 더러움을 심화(深化)하고, 우리의 체험은 그것을 굳게 다진다. 사악한 더러움이 도처에 널려 있다. 모든 것이 더럽다. 우리에게는 백설(白雪)처럼 흰 것도 실상은 거무스름한 회색일 뿐이다.

우리에게는 지극히 고상한 영웅들도 더러워진 영웅들이다. 그렇지 않은 영웅은 없다. 이런 사실을 잘 아는 우리는 그들을 너그러이 봐주고 그들의 결점을 못 본 체하고 그들에게 큰 기대를 갖지 않는다. 우리는 선생들이 모든 것을 다 가르쳐줄 것이라고 기대하지 않는다. 우리는 정치인들에게서 성실성을 기대하지 않는다. 우리는 그들이 거짓말을 해도 쉽게 용서해주고, 다음 투표 때가 되면 또 찍어준다. 우리는 장사하는 사람들이 정직할 것이라고 기대하지 않는다. 다른 사람을 완전히 믿는 사람은 없다. 우리는 우리를 보호하기 위한 법을 만들어서 세상에서 그럭저럭 살아간다. 우리가 법을 만드는 것은 범죄자들뿐만 아니라 심지어 선한 사람들로부터도 우리 자신을 지키기 위해서이다. 왜냐하면 아주 선한 사람들이라 할지라도 때로는 유혹에 못 이겨 우리에게 해를 끼칠 수 있기 때문이다.

이런 타락과 불신의 세상에 파묻혀 살다 보니, 우리의 머릿속에는 '거룩함'이라는 것이 떠오르지 않는다. 그럼에도 나는 하나님의 거룩함에 대해, 거룩한 분에 대해 이야기할 것이다. 우리는 하나님의 거룩함을 이해하거나 정의(定義)할 수 없다.

거룩함은 순수성을 의미하지만, 순수성이라는 것이 쉽게 이해되는 것은 아니다. 순수성은 무엇인가 섞이지 않은 것, 그 안에 이질적(異質的)인 것이 없는 것을 의미할 뿐이다. 순수성이라는 개념이 거룩함을 다 설명해주는 것은 아니다. 또한, 우리는 도덕적으로 탁월한 것이 거룩한 것이라고 말하기도 한다. 그러나 도덕적 탁월성이라는 개념이 거룩함을 다 설명해주는 것은 아니다. 도덕적으로 탁월하다는 것은 도덕적 성품에 있어서 다른 존재를 능가한다는 것을 뜻한다. 그러나 우리가 하나님이 도덕적으로 탁월한 분이라고 말한다면 그분은 누구를 능가하시는 것인가? 천사들? 스랍들? 물론 하나님은 천사들이나 스랍들을 도덕적 성품에서 능가하신다. 하지만 이로써 하나님의 거룩함이 다 설명되는 것은 아니다.

우리가 거룩함을 설명하기 위해 동원하는 개념은 또 있다. 예를 들면 정직성, 명예로움, 진실성 그리고 의(義) 같은 개념을 동원한다. 우리는 창조되지 않고 영원한 이런 모든 것들이 합해져서 거룩함을 이룬다고 설명한다.

하나님은 전보다 더 거룩해지신 것이 아니다. 하나님은 변하지도 않고 변할 수도 없기 때문에 지금보다 더 거룩해지지 않으신다. 하나님이 과거에 지금보다 더 거룩하셨던 것은 아니다. 미래에 하나님이 지금보다 더 거룩해지시는 것도 아니다. 하나님의 도덕적 탁월성은 그분의 자존성(自存性)을 전제로 한다. 왜냐하면 하나님은 자신의 거룩함을 어떤 다른 존재나 어떤 다른 곳에서 취하신 것이 아니기 때문이다. 하나님은 어딘가 무한히 먼 곳으로 가서 거기서 자신의 거룩함을 취하신 것이 아니다. 하나님 자신이 거룩함이시다. 하나님은 무한히 거룩하시다. 하나님은 거룩한 분이시다. 하나님은 거룩함 자체이시다. 하나님의 거룩함은 우리의 지적(知的) 이해와 표현 능력을 초월한다. 우리가 아무리 찬양해도 하나님의 거룩함을 다 찬양할 수 없다.

언어가 하나님의 거룩함을 찬양할 수 없기 때문에 그분은 연상(聯想)과 암시의 방법을 사용하신다. 하나님은 자신의 거룩함을 직접적으로 표현하실 수 없는데, 그럴 경우 그분의 언어를 우리가 알아들을 수 없을 것이기 때문이다. 하나님이 자신의 거룩함을 직접적으로 전달하려고 하신다면 우리는 하나님의 거룩함을 '거룩하지 않음'으로 오해할 것이다. 만일 하나님이 얼마나 흰지를 우리에게 말씀하신다면 우리는 그것을 겨우 거무스름한 회색으로 알아들을 것이다.

하나님은 우리에게 언어로써 말씀하실 수 없다. 그러므로 그분은 거룩함이 거룩하지 못한 것에 어떻게 영향을 미치는지를 연상과 암시를 통하여 보여주신다. 예를 들면 그분은 불타는 떨기나무 앞, 거룩한 하나님의 임재 앞에서 그것을 모세에게 보여주셨다. 즉, 그분은 모세가 무릎을 꿇고 신을 벗고 하나님 뵈옵기를 두려워하여 얼굴을 가렸을 때 그것을 그에게 보여주셨다.

"여호와께서 모세에게 이르시되 내가 **빽빽한** 구름 가운데서 네게 임함은 내가 너와 말하는 것을 백성으로 듣게 하며 또한 너를 영영히 믿게 하려 함이니라 모세가 백성의 말로 여호와께 고하였으므로 여호와께서 모세에게 이르시되 너는 백성에게로 가서 오늘과 내일 그들을 성결케 하며 그들로 옷을 빨고 예비하여 제 삼일을 기다리게 하라 이는 제 삼일에 나 여호와가 온 백성의 목전에 시내산에 강림할 것임이니 너는 백성을 위하여 사면으로 지경을 정하고 이르기를 너희는 삼가 산에 오르거나 그 지경을 범하지 말지니 산을 범하는 자는 정녕 죽임을 당할 것이라 손을 그에게 댐이 없이 그런 자는 돌에 맞아 죽임을 당하거나 살에 쐬어 죽임을 당하리니 짐승이나 사람을 무론하고 살지 못하리라 나팔을 길게 불거든 산 앞에 이를 것이니라 하라 모세가 산에서 내려 백성에게 이르러 백성으로 성결케 하니 그들이 자기 옷을 빨더라"(출 19:9-14).

모세는 최선을 다했다. 그는 내려가서 이스라엘 백성들의 거무스름한 회색을 깨끗케 하려고 노력했다.

"제 삼일 아침에 우뢰와 번개와 빽빽한 구름이 산 위에 있고 나팔소리가 심히 크니 진중 모든 백성이 다 떨더라 모세가 하나님을 맞으려고 백성을 거느리고 진에서 나오매 그들이 산기슭에 섰더니 시내산에 연기가 자욱하니 여호와께서 불 가운데서 거기 강림하심이라 그 연기가 옹기점 연기같이 떠오르고 온 산이 크게 진동하며 나팔 소리가 점점 커질 때에 모세가 말한즉 하나님이 음성으로 대답하시더라 여호와께서 시내산 곧 그 산꼭대기에 강림하시고 그리로 모세를 부르시니 모세가 올라가매 여호와께서 모세에게 이르시되 내려가서 백성을 신칙(申飭)하라 백성이 돌파하고 나 여호와께로 와서 보려고 하다가 많이 죽을까 하노라"(출 19:16-21).

나팔 소리, 음성, 불과 연기 그리고 산의 흔들림, 이런 모든 것들은 우리가 말로는 이해할 수 없는 것을 하나님께서 암시와 연상을 통해 우리에게 말씀하신 방법이었다.

실종된 거룩함

"여호와를 경외하는 것이 지혜의 근본이요 '거룩하신 자'를 아는 것이 명철이니라"(잠 9:10).

하나님은 '거룩하신 자'이다. 이제 거룩하신 자와 그분의 피조물에 대해 생각해보자. 우리가 잘 알듯이, 거룩하신 자는 거룩한 존재만을 그분의 존전에 있도록 허락하신다. 그러나 인본주의(人本主義)가 판치는 지금의 세상에서, 기독교가 약화되고 감상주의(感傷主義)에 빠져 있는 이 세상에서, 기독교가 큰 소리로 코를 풀고 하나님께 불쌍하고 약하고 눈물 많은 노인의 이미지를 덮어씌운 이 세상에서, 이토록 황당할 정도로 끔찍한 세상에서, 교회는 '거룩함'의 개념을 거의 잃어버렸다.

요즈음 많은 사람들이 소위 '전문화된' 사역에 힘을 쏟는다는 말이 들린다. 전문화된 사역? 좋다! 그런데 전문화하려면 올바른 것을 전문화해야 한다. 그러므로 내가 하나님을 강조하고, 하나님의 거룩함을 강조하고, '저 두려운 것'이라고 불릴 수 있는 가까이하기 어려운 하나님의 속성을 강조한다면 나는 올바른 것을 전문화한 것이다. '거룩함'의 개념이 완전히 사라진 것은 아니지만, 우리 시대에 이 개념은 사실상 거의 실종되었다. 안타깝지만, 우리가 '거룩하신 자'의 개념을 거의 다 잃어버린 것이 사실이다.

"모든 천사가 보좌와 장로들과 네 생물의 주위에 섰다가 보좌 앞에 엎드려 얼굴을 대고 하나님께 경배하여 가로되 아멘 찬송과 영광과 지혜와 감사와 존귀와 능력과 힘이 우리 하나님께 세세토록 있을지로다 아멘 하더라 장로 중에 하나가 응답하여 내게 이르되 이 흰옷 입은 자들이 누구며 또 어디서 왔느뇨 내가 가로되 내 주여 당신이 알리이다 하니 그가 나더러 이르되 이는 큰 환난에서 나오는 자들인데 어린양의 피에 그 옷을 씻어 희게 하였느니라 그러므로 그들이 하나님의 보좌 앞에 있고 또 그의 성전에서 밤낮 하나님을 섬기매 보좌에 앉으신 이가 그들 위에 장막을 치시리니"(계 7:11-15).

지금과 같은 시대에 나는 우리가 명목상의 그리스도인은 아닌지 걱정을 하게 된다. 우리는 자신을 그리스도인이라고 증명할 수 있다. 누구라도 헬라어 사전을 펴서 당신에게 당신이 성도임을 증명할 수 있다. 그러나 나는 이런 종류의 기독교를 걱정한다.

우리의 완악함을 느끼는 데에는 두 가지 방법이 있다.

하나는 '표현할 수 없고 가까이하기 어려운 하나님의 거룩함' 을 느끼면서 우리의 완악함을 느끼는 것이고, 또 하나는 하나님의 거룩함을 느끼지 못하고 그냥 우리의 완악함을 느끼는 것이다. 후자에 해당되는 사람들은 자신이 진정으로 회개할 만큼 강력한 충격을 받은 적이 있었는지 스스로에게 물어야 할 것이다. 회개하지 않은 사람이 정말 믿음을 가질 수 있을까?

오늘날 우리는 사람들에게 신속한 처방을 내리고, 그들에게 믿기만 하라고 충고하고, 그들의 이름과 주소를 받아 적고, 그들에게 "이제 모든 것이 해결되었습니다"라고 말한다. 그러나 내가 볼 때, 우리 믿음의 조상들은 하나님을 이런 식으로 알지 않았던 것 같다. 아일랜드의 대감독 제임스 어셔(James Ussher, 1581~1656. 앵글로 아일랜드계 고위 성직자로서 구약의 연대기 연구로도 유명하다)는 강가로 가서 통나무 옆에 무릎을 꿇고 토요일 오후 내내 그의 죄를 회개했다고 한다(사실 그 지역에서 그보다 더 거룩한 사람은 없었을 것이다). 그는 자신이 얼마나 완악한지를 철저히 느꼈다. 그는 자신이 거무스름한 회색이라는 것을 참을 수 없었다. 그가 볼 때 하나님은 가까이하기 힘들 정도로 빛나는 흰색이었다. 그는 자기는 흰색이 되려고 아무리 노력해도 거무스름한 회색밖에 못 되는 것을 견딜 수 없어 했다.

하나님의 불같은 거룩함

이사야서의 한 구절을 읽어보자.

"스랍들은 모셔 섰는데 각기 여섯 날개가 있어 그 둘로는 그 얼굴을 가리었고 그 둘로는 그 발을 가리었고 그 둘로는 날며"(사 6:2).

스랍들이 모셔 섰을 때 그들에게 경박한 언행은 없었다(현재 우리 주변에는 경박한 언행이 너무 많다!). 그들에게는 사람들을 웃기려고 어릿광대보다 더 애쓰는 가련한 모습이 없었다. 거룩한 피조물들은 하나님의 임재를 느낄 뿐이었고 그들의 발을 가리었다. 왜 그랬는가? 그들이 발을 가린 것은 겸손의 상징이었다. 얼굴을 가린 것은 경배의 뜻이었다. 그들은 날기 위해 오직 두 날개만을 사용했다. 그들은 스랍들이었다. 그들은 '불꽃을 내며 타는 자'라고 불린다. 그리고 에스겔서 1장을 보면, 생물들이 불로부터 나오는 것을 볼 수 있다.

하나님은 종종 자신을 가리켜 '불'이라고 말씀하신다. 히브리서 12장

29절은 "우리 하나님은 소멸하는 불이심이니라"라고 말한다. 이사야서 33장 14절에는 "우리 중에 누가 삼키는 불과 함께 거하겠으며 우리 중에 누가 영영히 타는 것과 함께 거하리요"라는 말이 나온다.

어떤 사람들은 "당신들 중 누가 지옥에 갈 것인가?"라고 묻기 위해 이 구절(사 33:14)을 사용한다. 하지만 전후문맥을 살핀 후에 이 구절을 읽으면, 지옥에 대해 말하는 것이 아님을 알 수 있다. 이에 대해 거의 모든 주석가들이 내 견해에 동의할 것이다. 왜냐하면 다음 절, 즉 이사야서 33장 15절에 "오직 의롭게 행하는 자, 정직히 말하는 자, 토색한 재물을 가증히 여기는 자, 손을 흔들어 뇌물을 받지 아니하는 자, 귀를 막아 피 흘리려는 꾀를 듣지 아니하는 자, 눈을 감아 악을 보지 아니하는 자"라는 말이 나오기 때문이다.

그렇다면, 이 '삼키는 불'은 무엇인가? 이것은 지옥이 아니라 하나님의 임재를 의미한다. 우리 중에 누가 영영히 불타는 분과 함께 거할 수 있는가? 이 질문에 답하기 위해서 우리는 불이 불과 함께 거할 수 있다는 사실을 잊지 말아야 한다! 쇠를 불 속에 집어넣으면 쇠는 불을 흡수하여 불 속에서 백열광(白熱光)을 내며 작열함으로써 불과 함께 거하게 된다. 이처럼 우리는 불 가운데 거하게 될 것이다. 에스겔서에 나오는 이 생물들은 불로부터 나왔으며, 경배하기 위해 날개를 드리웠다. 이 외경스럽고 거룩한 생물들에 대해 우리가 아는 것이 너무 적기 때문에 우리가 더욱 힘써 연구해야 할 것이지만, 아무튼 그들은 하나님의 명령에 따라 그분의 뜻을 이루기 위해 행했다.

하나님은 불타는 떨기나무 가운데서 모세에게 말씀하실 때 자신을 불로 나타내셨다(출 3:2). 그분은 불기둥으로 이스라엘 민족에게 비추사 주야로 진행하게 하셨다.

"여호와께서 그들 앞에 행하사 낮에는 구름기둥으로 그들의 길을 인도하시고 밤에는 불기둥으로 그들에게 비취사 주야로 진행하게 하시니 낮에는 구름기둥, 밤에는 불기둥이 백성 앞에서 떠나지 아니하니라"(출 13:21,22).

하나님은 그 외경스러운 불 안에 거하셨다. 그렇다면 성막이 만들어지고 금으로 만든 그룹들이 '시은좌'(施恩座)를 내려다보았을 때 그룹들의 날개 사이로 내려온 것은 무엇이었는가? 오직 한 사람이 피를 가지고 지성소 안으로 들어가 1년에 한 번만 볼 수 있었던 것은 무엇이었는가? 나는 얼마나 많은 대제사장들이 속죄의 피와 하나님의 계명의 보호 가운데 '세키나'(하나님의 임재의 가시적 현현)를 보았을까 하는 생각이 든다. 아무튼 대제사장은 그 크고 무거운 휘장을 젖히고 지성소 안으로 들어가곤 했다(휘장을 찢으려면 4명의 사람이 필요할 정도로 휘장은 크고 무거웠다). 대제사장은 떨면서 하나님의 존전으로 나아갔다.

유대인으로서 전능의 하나님(이스라엘의 거룩하신 자)을 경배할 때 20명 중 한 사람이 감히 그 불을 응시했을까? 물론 그가 그렇게 할 수 없다는 말을 들은 것은 아니지만, 그렇다고 해서 누가 감히 그렇게 했을까? 스랍들도 그들의 얼굴을 가리었다. 모세는 하나님 뵈옵기를 두려워하여 얼굴을 가렸다(출 3:6 참조). 요한은 구주(救主)를 보았을 때 엎드러져 죽은 자같이 되었기 때문에 그분이 오른손을 그에게 얹고 "두려워 말라"라고 말씀하셨다(계 1:17 참조).

하나님과의 만남은 인간이 감당할 수 없는 것이기 때문에 그분을 만나면 납작 엎드러져 실명(失明)하는 일도 생겼다. 바울은 다메섹으로 가는 길에 주님을 만났을 때 실명했다(행 9장 참조). 그를 눈멀게 한 빛은 무엇이었는가? 어떤 천체의 폭발이나 두 은하계의 충돌 때문에 생긴 빛이 우주로부터 날아든 것인가? 결코 그렇지 않다. 그것은 아브라함과 이삭과 야곱의 하나님, 즉 스랍들의 날개들 사이의 세키나에 거하신 하나님이었다.

사도행전 2장 1-3절은 "오순절날이 이미 이르매 저희가 다 같이 한 곳에 모였더니 홀연히 하늘로부터 급하고 강한 바람 같은 소리가 있어 저희 앉은 온 집에 가득하며 불의 혀같이 갈라지는 것이 저희에게 보여 각 사람 위에 임하여 있더니"라고 증거한다. 이는 무엇인가? 바로 하나님께서 자신의 불같은 거룩함으로 임하여 그들의 이마에 "이제 너희는 나의 것이다"라는 불도장을 찍으신 것을 뜻한다.

에스겔서 1장의 생물들이 불에서 나왔듯이 교회는 불로부터 탄생했다. 오늘날 우리에게는 회색 재만 남았지만, 우리는 불의 사람들이 되어야 한다. 왜냐하면 그것이 우리의 근원이기 때문이다.

베드로후서는 미래의 어느 날 하나님께서 하늘을 불에 태워 풀어지도록 하실 것이라고 증거한다.

"이제 하늘과 땅은 그 동일한 말씀으로 불사르기 위하여 간수하신 바 되어 경건치 아니한 사람들의 심판과 멸망의 날까지 보존하여두신 것이니라 … 그러나 주의 날이 도적같이 오리니 그날에는 하늘이 큰 소리로 떠나가고 체질이 뜨거운 불에 풀어지고 땅과 그중에 있는 모든 일이 드러나리로다 … 하나님의 날이 임하기를 바라보고 간절히 사모하라 그날에 하늘이 불에 타서 풀어지고 체질이 뜨거운 불에

녹아지려니와" (벧후 3:7,10,12).

이 불이 무엇인가? 수소폭탄에서 나오는 원자(原子)의 불인가? 과
학자들에게 속는 어리석음을 범하지 말라. 당신의 영적인 이해와 판
단이 과학실험실 수준으로 떨어지도록 하지 말라. 스랍들이 그것으
로부터 나온 저 외경스러운 불, 그룹들 사이에 거한 저 불, 사도 바울
을 납작 엎드리게 만든 저 밝은 빛, 바로 그 불이 장차 천지를 녹일
것이다. '저 거룩한 것' (that Holy Thing)의 두려운 임재, 즉 '저 두려
운 것' (that Awful Thing)이 천지를 녹일 것이다. 내가 지금 하나님을
가리켜 '것' (Thing)이라고 말한다고 해서 불쾌하게 여기지 말라. 왜
냐하면 나는 그분이 인격체(人格體)요 이스라엘의 거룩하신 자요 하
나님이심을 잘 알기 때문이다. 내가 이렇게 표현하는 이유는 하나님
께 외경스럽고 두려운 어떤 것이 있기 때문이다.

거룩하신 자와 죄인

이 거룩하신 자는 죄인을 만나기를 원하시지만 죄인은 자기가 언
제 그리스도를 섬길지를 결정하게 될 것이라고 생각한다. 죄인은 하
나님을 옆으로 밀어낸다. 그는 예수님을 받아들일 것인지 아닌지,
그분을 영접할 것인지 아닌지, 그분께 순종할 것인지 아닌지를 결정
하려고 한다. 그는 목에 힘을 주고 머리를 세우고 설교단을 향해 교
만하게 걸어가려고 한다.

죄인은 오늘밤 베개를 베고 누워 영원과 자신 사이에서 뛰고 있는
심장박동 소리를 들을 것이다. 그리고 자신에게 "내가 이 문제를 결
정할 것이다. 나는 자유의지를 가진 사람이다. 하나님은 내게 강요

하시지 않는다"라고 말할 것이다. 물론 하나님은 강요하시지 않는다. 그러나 이런 죄인에게 내가 읽어주고 싶은 말이 있다. 바로 선지자 하박국이 한 말이다. 그는 하나님께 "여호와 나의 하나님, 나의 거룩한 자시여 주께서는 만세 전부터 계시지 아니하시니이까 ⋯ 주께서는 눈이 정결하시므로 악을 차마 보지 못하시며 패역을 참아 보지 못하시거늘"(합 1:12,13)이라고 말씀드렸다.

사람들은 "당신의 문제는 당신이 감당하기에 너무 무겁지 않은가? 예수님이 그것을 처리해주실 것이다. 당신은 정신적으로 고통받고 있는가? 그렇다면 예수님이 당신에게 정신적 평안을 주실 것이다. 직장에서 어려움을 겪고 있는가? 염려하지 말라. 예수님이 도와주실 것이다"라고 말하곤 한다. 물론 예수님이 모든 문제의 해결자가 되시는 것은 사실이다. 하지만 그분께 문제 해결을 얻어내는 데에만 골몰하는 것은 성경이 말하는 신앙과는 거리가 멀다. 성경에 나오는 신앙인들은 그들의 중심에 하나님을 모셨다.

사도행전에서 사람들이 모였던 것을 볼 수 있는데, 사람들이 모인 이유는 무엇이었는가? 그들은 주(主)를 섬기며 금식하고 기도하기 위해 모였다. 주님의 외경스러운 존전에서 그들은 성령님이 "내가 불러 시키는 일을 위하여 바나바와 사울을 따로 세우라"(행 13:2)라고 말씀하시는 것을 들었다. 그러나 지금 우리는 어떤가? 우리는 교회에서 모이면 하나님이 우리 가운데 계심에도 우리가 가진 계획과 논리와 지혜를 의지한다.

이제 나는 당신에게 "주께서는 눈이 정결하시므로 악을 참아 보지 못하시며 패역을 참아 보지 못하십니다"라는 말을 가슴 깊이 새기라고 충고하는 바이다. 당신의 삶, 마음, 가정, 직장 그리고 기억에는 악(惡)이 있지만 당신은 이것을 고백하지 않았고 용서받지 못했고 깨끗케 함을 얻지 못했다. 당신이 진멸되지 않는 것은 하나님의 무한한 인내심 때문이라는 것을 기억하라(애 3:22 참조). 히브리서는 "우리 하나님은 소멸하는 불이심이니라"(히 12:29)라고 말하고, 또한 "거룩함을 좇으라 이것이 없이는 아무도 주를 보지 못하리라"(히 12:14)라고 말한다.

이곳저곳에서 성경해석자라는 사람들이 나타나 거무스름한 회색빛 해석을 내놓는다. 그들은 말씀을 약화시키고 사람들이 요리조리 빠져나갈 길을 만들어주면서 "더 궁금한 것이 있으면 내가 설명해놓은 주(註)를 보라"라는 말을 늘어놓는다. 그러나 하나님의 말씀은 "거룩함을 좇으라 이것이 없이는 아무도 주(主)를 보지 못하리라"(히 12:14)라고 선포한다.

이 말씀을 올바로 해석한 사람이 마음에 가책을 느끼지 않고 평안히 집으로 돌아갈 수 있다면, 나는 그의 눈이 '저 두려운 것'을 똑똑히 보았을 것이라고 생각한다. 아마도 그는 "거룩함"(잠 9:10, 개역한글성경에는 "거룩함" 대신 "거룩하신 자"라고 번역되어 있다)을 알 것이다. 아마도 그는 우리를 완전히 압도하고 납작 엎드리게 만드는 하나님의 거룩함을 느꼈을 것이다.

하나님이 예배의 중심이셨던 과거에는 사람들이 제단 앞에서 무릎을 꿇고 떠는 가운데 울면서 자기 죄를 깨닫고 진땀을 흘리는 일이 흔히 있었다. 그런 시대에는 이런 일이 당연한 것으로 여겨졌다. 그러나 현재는 이것이 결코 당연시되지 않는다. 왜냐하면 우리가 전하는 하나님은 영원하고 두려운 하나님이 아니요 "나의 거룩하신 자"

가 아니요 "눈이 정결하시므로 악을 참아 보지 못하시며 패역을 차마 보지 못하시는"(합 1:13) 하나님이 아니시기 때문이다.

우리는 이신칭의(以信稱義)와 그리스도의 전가(轉嫁)된 의(義)라는 법적 해석을 너무 즐겨 사용한 나머지 우리 영성(靈性)의 포도주에 물을 타버렸다. 나는 하나님께서 이 악한 시대에 우리를 도우시기를 간절히 기도한다.

우리는 더럽혀진 영혼을 가지고 하나님의 존전으로 나온다. 우리는 학교와 신문과 책에서 배운 도덕 개념을 가지고 하나님의 존전으로 나온다. 우리는 더러운 모습으로 하나님께 나아간다. 우리의 가장 흰 것조차 더럽고, 우리의 교회가 더럽고, 우리의 생각이 더럽다. 그런데도 우리는 더러움을 씻으려고 하지 않는다.

우리가 더러운 모습으로 하나님 앞에 나왔다 할지라도 그분의 존전에서 외경심과 두려움에 떨며 무릎을 꿇고 이사야처럼 "나여 망하게 되었도다 나는 입술이 부정한 사람이요"(사 6:5)라고 소리칠 수 있다면, 그것은 복된 것이다. 하지만 우리는 더러움을 깨닫지 못한 채 하나님의 존전으로 성급히 나아간다. 우리 자신은 더럽지만, 우리를 곤경에서 구해주는 책들을 가지고 있다.

예를 들면 인스턴트 식의 「구원에 이르는 일곱 단계」 같은 책이 7개의 성구를 사용하여 우리를 곤경에서 구해준다. 매년 그리스도인들이 증가하고 교인들이 더 늘고 교회 건물들이 더 건축되고 더 많은 헌금이 들어오지만, 우리의 영성과 거룩함은 점점 줄어든다. 성경은 "거룩함을 좇으라 이것이 없이는 아무도 주(主)를 보지 못하리라"(히 12:14)라고 분명히 가르치지만, 우리는 이런 거룩함을 잊고 살아간다.

분명히 말하지만, 우리는 하나님을 하나님으로 대우해드려야 한다. 하나님은 털끝만큼도 흠이 없는 거룩한 분이시요 가까이할 수 없는 거룩한 분이시요 완전히 거룩한 분이시다. 우리는 하나님이 거룩함 자체이심을 알고 그에 따라 행동해야 한다. 나는 그분이 변하시거나 그분이 요구사항을 완화하시는 것을 원하지 않는다. 이 우주에 거룩한 존재가 계신 것 때문에 내가 불이익을 당한다 할지라도 나는 우주에 그런 존재가 계시기를 원한다.

오늘날 안타깝게도, 우리 교회들은 사람들에게 거룩한 흰색을 요구하지 않고 오히려 거무스름한 회색 상태로 머물러 있다.

누군가 그리스도인들에게 거룩한 사람이 되라고 권하자마자 어떤 사람이 와서 그들에게 "형제여! 신경 쓸 것 없습니다. 광신자가 되지 마십시오. 하나님은 우리의 육신을 이해하십니다. 하나님은 우리가 흙이라는 것을 잘 아십니다"라고 속삭인다. 물론 하나님은 우리가 흙이라는 것을 잘 아신다. 하지만 또한 하나님은 "눈이 정결하시므로 악을 차마 보지 못하시며 패역을 차마 보지 못하시는"(합 1:13) 분으로서, "거룩함을 좇으라 이것이 없이는 아무도 주를 보지 못하리라"(히 12:14)라고 가르치신다.

토마스 비니(Thomas Binney, 1798~1874. 영국의 목사로서 탁월한 설교와 저술로 유명하다)가 남긴 다음 글은, 참으로 놀랍기 그지없다.

영원한 빛이시여! 영원한 빛이시여!
감찰하시는 하나님의 눈앞에서도 우리의 영혼이 위축되지 않고
차분한 기쁨 가운데 살아서 하나님을 볼 수 있을 때,

우리의 영혼이 얼마나 깨끗하겠습니까!

하나님의 보좌 주위의 영들은 소멸(燒滅)하는 불이신 하나님의 존전에 거할 수 있는 복을 누립니다.

이런 복은 오직 그들만의 것입니다.

이는 그들이 우리가 사는 이런 타락한 세상을 모르기 때문입니다.

본래 어두운 곳에서 태어난 제가,

본래 마음이 어두운 제가,

입에 올리기에도 황송한 분의 존전으로 어찌 나아갈 수 있겠습니까?

나의 자연적 영(靈)만으로는 '창조되지 않은 빛' 앞에 서 있을 수 없습니다.

그는 "나의 자연적 영(靈)만으로는 '창조되지 않은 빛' 앞에 서 있을 수 없습니다"라고 고백한다. 이 불타는 '창조되지 않은 빛'으로부터 거룩하게 불타는 존재들(스랍들)이 나왔으며, 그들은 "거룩하다, 거룩하다, 거룩하다, 전능한 여호와 하나님!"이라고 찬송한다. 그들도 이러할진대 내가 감히 어떻게 그 빛을 감당할 수 있겠는가?

신앙적으로 당신을 돕겠다고 나서는 사람들, 밑줄이 잔뜩 그어진 당신의 성경, 농담 잘하고 즐겁고 먹고 마시는 데 능한 그리스도인 친구들, 이 모든 것은 우리 각 사람이 "입에 올리기에도 황송한 분의 존전으로 나아가 우리의 자연적 영(靈)만으로, '창조되지 않은 빛' 앞에 서야 할 때" 아무 의미가 없을 것이다. 그러니 우리가 어떻게 감당할 것인가?

우리의 거룩한 거처가 되시는 주여!

우리가 하나님께 올라갈 수 있는 길이 있습니다.

주님이 우리를 위해 제물과 희생이 되셨기 때문에

성령님의 능력이 우리에게 임하셨나이다.

주님은 우리를 위해 하나님께 대언(代言)해주시는 분입니다.

주님의 희생과 대언 때문에 우리가 위에 계신 거룩한 분을 볼 수 있습니다.

무지(無知)와 밤의 아들들이 주님의 영원한 사랑 때문에 영원한 빛 가운데 거할 수 있습니다.

내가 볼 때, 이 글은 죽음을 면할 수 없는 인간이 쓴 위대한 글들 중 하나이다. 그러나 우리는 이것을 많이 노래하지 않는다. 그 이유는 여기에서 풍기는 장엄함과 외경스러움을 우리가 두려워하기 때문이다.

하나님의 보좌 주위의 영들, 즉 스랍들, 그룹들, 천사들, 천사장, 정사들, 권세들 그리고 타락하지 않은 생물들은 소멸하는 불이신 하나님의 존전에 거하는 복을 누릴 수 있다. 그 이유는 그들이 우리가 사는 이런 타락한 세상을 모르기 때문이다.

그러나 나는 그런 복을 어떻게 누릴 수 있을까? 누군가 밑줄을 잔뜩 그은 신약성경을 내게 보여주며 내 눈이 핑핑 돌 정도로 그것을 읽도록 시키고 나를 위로한다고 해서 내가 그런 복을 누릴 수 있는 것은 아니다. 나는 위로받기를 원하지 않는다. 나는 내 아내와 자식들과 손자들과 친구들을 남겨두고 이 땅을 떠났을 때 내게 닥칠 일에 관심이 있을 뿐이다. 그들은 내가 입에 올리기에도 황송한 분의 존전에 섰을 때, '창조되지 않은 빛'이 벌거벗은 내 영 위에 쏟아질 때, 이토록 두려운 때에 나를 도울 수 없다.

하지만 나를 돕는 분이 계신다. 예수님은 나를 위한 제물과 희생이 되는 분이시요 나를 위해 하나님께 대언해주는 분이시다. 그러나 우리는 삼가 조심해야 한다. 왜냐하면 과거에는 회심(回心)이 혁명적이고 철저하고 놀랍고 두렵고 영광스러운 것이었지만 지금은 이런 회심을 찾아보기 힘들기 때문이다. 우리는 하나님이 이스라엘의 거룩하신 자라는 것을 잊어버렸다.

오, 하나님!

시간이 살같이 흐르고, 놀란 새처럼 날아갑니다. 시간이라는 새는 지금 날고 있지만, 그 갈 길이 금방 끝납니다. 생명이라는 포도주는 조금씩 조금씩 사라지고 있습니다. 인생의 낙엽이 하나씩 하나씩 떨어지고 있습니다. 머지않아 모든 사람들은 입에 올리기에도 황송한 분 앞에 서서 이 땅에서 몸으로 행한 것들에 대해 해명해야 할 것입니다.

오, 아버지여!

우리가 거룩함을 깊이 느끼게 하소서. 그리하시면 우리가 죄짓고 변명하는 일이 계속되지 않을 것이며, 우리의 회개가 삶을 고치는 참 회개가 될 것입니다. 이 모든 것을 그리스도의 이름으로 구합니다. 아멘.

하나님은
공의로운 분이시다

하나님은 공의이시다. 그분은 언제나 공의롭게 행동하실 것이다. 그분이 그렇게 행동하시는 것은 외부에서 가해지는 어떤 강압 때문이 아니라 그분 자신이 공의이시기 때문이다.

"주께서 이같이 하사 의인을 악인과 함께 죽이심은 불가하오며 의인과 악인을 균등히 하심도 불가하니이다 세상을 심판하시는 이가 공의를 행하실 것이 아니니이까"(창 18:25).

"너희의 하나님 여호와는 신(神)의 신이시며 주(主)의 주시요 크고 능하시며 두려우신 하나님이시라 사람을 외모로 보지 아니하시며 뇌물을 받지 아니하시고"(신 10:17).

"여호와를 경외하는 도(道)는 정결하여 영원까지 이르고 여호와의 규례는 확실하여 다 의로우니"(시 19:9).

"여호와의 정직하심을 나타내리로다 여호와는 나의 바위시라 그에게는 불의가 없도다"(시 92:15).

"구름과 흑암이 그에게 둘렸고 의(義)와 공평이 그 보좌의 기초로다"(시 97:2).

"나는 공평으로 줄을 삼고 의로 추를 삼으니 우박이 거짓의 피난처를 소탕하며 물이 그 숨는 곳에 넘칠 것인즉"(사 28:17).

"내가 들으니 물을 차지한 천사가 가로되 전에도 계셨고 시방도 계신 거룩하신 이여 이렇게 심판하시니 의로우시도다 저희가 성도들과 선지자들의 피를 흘렸으므로 저희로 피를 마시게 하신 것이 합당하니이다 하더라 또 내가 들으니 제단이 말하기를 그러하다 주 하나님 곧 전능하신 이시여 심판하시는 것이 참되시고 의로우시도다 하더라"(계 16:5-7).

당신은 하나님을 아는가? 만일 안다면 당신은 하나님이 절대적으로 그리고 완전히 공의로우시다는 것을 알 것이다. 그렇다면 '공의' (公義)는 무엇인가?

공의가 무엇인지 알기 위해 나는 성경을 샅샅이 뒤졌다. 그 결과, 나는 구약에서 '공의' (justice)가 '의' (義, righteousness)와 구별되지 않는다는 것을 알게 되었다. 이들은 사용된 품사(品詞)에 따라 어미가 변화하지만 서로 동일한 어근을 공유한다. '공의'는 "곧고 올바른 것"을 의미한다. "하나님은 공의로운 분이시다"라고 말하는 것은 "하나님은 곧고 올바른 분이시다"라고 말하는 것이다. 시편 89편 14절은 "공의와 심판이 주의 보좌의 기초라"(개역한글성경에는 "의와 공의가 주의 보좌의 기초라"라고 번역되어 있다 - 역자 주)라고 말하고, 시편 97편 2절은 "의와 심판이 그 보좌의 기초로다"(개역한글성경에는 "의와 공평이 그 보좌의 기초로다"라고 번역되어 있다 - 역자 주)라고 말한다. 공의와 의는 서로 구별되지 않는다.

"하나님은 공의로운 분이시다"라고 말하는 것은 "하나님은 공평한 분이시다. 그분은 도덕적으로 공평한 분이시다"라고 말하는 것이다. 에스겔서 18장 25절에서 하나님은 이스라엘 민족을 다음과 같이 꾸짖으신다.

"그런데 너희는 이르기를 주의 길이 공평치 않다 하는도다 이스라엘 족속아 들을지어다 내 길이 어찌 공평치 아니하냐 너희 길이 공평치 않은 것이 아니냐."

'공평치 않은'(unequal)이라는 말은 문자 그대로 '불공정'(inequity)을 의미한다. 당신은 '불공정'(inequity)이라는 말과 '죄악'(iniquity)이라는 말이 동일한 말이라는 것을 아는가? 죄악된 사람은 도덕적으로 공평치 않은 것이요 도덕적으로 균형을 잃은 것이요 자신에게 공평치 않은 것이다.

시편 89편 14절과 시편 97편 2절에 사용된 '심판'이라는 말은 도덕과 관련된 상황에 공의를 적용하는 것을 의미한다. 물론 공의는 상황에 따라서 당사자에게 유리하게 적용될 수도 있고 불리하게 적용될 수도 있다. 하나님이 어떤 사람을 심판하신다는 것은 그 사람의 삶에 공의의 잣대를 들이대는 것이다. 다시 말해서, 그 사람이 만들어놓은 도덕적 상황에 공의를 적용하는 것을 의미한다. 그가 만들어놓은 상황이 공평하면 공의는 그에게 유리하게 작용할 것이다. 반면 그가 만들어놓은 상황이 불공평하면 하나님은 그에게 유죄 판결을 내리실 것이다.

공의는 하나님이 소유하신 그 어떤 것이 아니다. 공의는 바로 그분이시다. 문법학자는 "'하나님이 공의로우시다'라고 말해야 올바른 표현이다"라고 주장할지 모르겠다. 하지만 나는 굳이 "하나님이 공의(公義)이시다"라고 말하겠다. 하나님은 사랑이시다. 그분이 사랑이신 것처럼 그분은 또한 공의이시다.

때때로 어떤 사람들은 "공의가 하나님을 향해 이렇게 또는 저렇게 행하시도록 요구한다"라고 말한다. 이 말이 의미론적(意味論的)으로는 적절하지 못하지만 나 자신도 이런 표현을 사용했던 것 같다. 우리가 인간의 언어를 사용하여 하나님을 표현하려고 할 때 인간의 언어는 비틀거린다. 구약의 선지자들과 신약의 사도들도 유한한 인간의 언어로 하나님을 표현하려고 애썼기 때문에 그들의 언어는 신음 소리와 삐걱거리는 소리를 냈다. 분명히 말하지만, 공의는 하나님께서 순응하셔야 하는 그분의 외부에 있는 어떤 것이 아니다. 그분께 무엇을 요구할 수 있는 것은 아무것도 없다. 만일 당신의 신(神)이 그 무엇의 요구에 따라서 어떤 것을 행해야 하는 신이라면, 당신의 신은 약한 신이다. 왜냐하면 당신의 신은 머리를 숙여 멍에를 메고 외부의 압력에 굴복하는 신이기 때문이다. 공의의 요구에 굴복하는 신이라면 공의보다 작은 신이 되는 셈이다. 하나님은 그런 신이 아니시다.

하나님이 어떤 행동을 하실 때에는 그분의 내부에서 생긴 이유 때문에 그렇게 하신다. 외부에서 가해진 압력 때문에 그렇게 하시는 것이 결코 아니다. 그분이 행동하시는 모든 원인은 그분의 내부에 있다. 사실 그 원인은 그분 자신이시다. 그분이 어떤 행동을 하시는 것은 그분 자신의 본질에 따라서 행하시는 것이다. 영원으로부터 그분께 덧붙여지는 것은 없다. 영원으로부터 그분에게서 제거되는 것도 없다. 원자(原子) 하나도 창조되기 전에 존재하셨던 하나님이 조금도 변하지 않고 지금도 그대로 존재하신다. 우주가 없어진 다음에도 그분은 현재와 조금도 변함없이 존재하실 것이다. 그분은 어떤 면에서도 바뀌지 않으셨다. 왜냐하면 그분은 불변의 하나님이시기 때문이다.

완전하신 하나님은 무엇을 잃어버릴 수도 없고 무엇을 얻을 수도 없다. 그분은 더 커질 수도 없고 더 작아질 수도 없다. 그분의 지식이 늘어날 수도 없고 그것이 줄어들 수도 없다. 그분은 하나님일 뿐이다. 그분은 자신의 본질에 따라 행동하실 뿐 어떤 가상적(假想的) 법칙에 따라 행동하지 않으신다. 그분은 모든 법칙을 만들어내시는 분이다. 그렇기 때문에 언제나 자신의 본질에 따라 행동하신다.

우리는 존경했던 사람들로부터 거짓말로 속임을 당하고 그들이 하는 배신행위를 너무 자주 겪어왔기 때문에 우리의 냉소주의를 하나님의 보좌에까지 투영하곤 한다. 우리는 자신도 모르는 사이에 하나님 또한 우리가 존경했던 사람들과 같은 분이라고 느낄 수 있다. 그러나 하나님은 언제나 자신의 본질에 충실하게 행동하신다. 천사장과 검(劍)을 가진 만 명의 천사, 그룹들과 스랍들이 모두 모여 그분을 설득하려고 노력한다 할지라도 하나님은 자신의 본질에 어긋나게 행동하지 않으신다. 언제나 하나님은 자신의 성품에 부합되게 행동하신다. 그리고 영원히 그러하실 것이다.

하나님은 저 강력하고 무한한 틀 안에서 인간을 구속(救贖)하셔야 했다. 그분은 변하실 수 없었다. 그렇지 않았다면 그분은 좀 더 나은 상태로 향상되거나 좀 더 나쁜 상태로 악화되었을 것이다. 완전한 하나님이셨기 때문에 그분은 향상될 수도 악화될 수도 없었다. 그분은 언제나 하나님으로 머물 수밖에 없었다. 그렇기 때문에 (요한계시록에 따르면) 그분의 성도들은 그분의 공의를 찬양하는 것이다.

유대교 신학자들과 기독교 신학자들은 공의가 하나님의 속성 중 하나라고 말한다. 하나님은 공의이시다. 그분은 언제나 공의롭게 행동하실 것이다. 그분이 그렇게 행동하시는 것은 외부에서 가해지는 어떤 강압 때문이 아니라 그분 자신이 공의이시기 때문이다. 언제나 공의가 다스려야 한다. 왜냐하면 하나님은 언제나 다스리시는 주권적 하나님이시기 때문이다.

이 모든 것이 사실이라면 당신과 내가 설 자리는 어디인가?

과거에 안셀름(Anselm, 1033~1109. 이탈리아 태생으로 '스콜라신학의 아버지'라는 평판을 얻었다)이라는 신학자가 있었다. 요즘 사람들이 그의 책을 많이 읽지는 않지만 그는 당시 위대한 교부(敎父), 위대한 신학자, 위대한 성자(聖者) 그리고 위대한 사상가였다. 그는 제2의 어거스틴이라고 불리기도 했다. 안셀름은 하나님께 "하나님이 완전히 공의로우신 분이라면 어찌하여 악인들을 그냥 내버려두십니까?"라고 물었다.

오늘날 우리는 이 질문에 대해 걱정하지 않는데, 구원을 싸구려로 만들어버렸기 때문이다. 우리는 싸구려 신관(神觀)을 받아들였다. 그 결과, 우리는 비틀거리는 모습으로 진주문(珍珠門)으로 올라가 문을 두드리며 "하나님, 제가 여기에 왔습니다"라고 말하면 그분이 버선발로 뛰어나와서 영접하실 것이라고 착각한다. 우리가 주제넘게 천국 문까지 갔다가 쫓겨나는 일이 없으려면 안셀름이 던진 질문의 깊은 의미를 알아야 한다.

안셀름은 "우리는 강이 어디로 흐르는지를 볼 수 있지만, 샘물이 어디에서 솟아오르는지는 볼 수 없다"라는 말로 스스로를 위로했다. 그는 하나님께서 하실 수 있다는 것을 알았지만, 그분이 어떻게 하실 수 있는지는 알지 못했다. 그는 "하나님께서 사악한 사람을 의롭다고 하신다면 어떻게 공의로울 수 있습니까?"라고 물었다. 이 질문에 대한 세 가지 대답이 있다.

하나님의 유일성

한 가지 대답은 하나님께서 단일적(單一的) 존재라는 것이다. 이것이 무슨 말인가? 이는 그분이 '부분들'로 구성되어 있지 않다는 것이다. 당신은 단일적 존재가 아니다. 당신은 영(靈)과 육(肉)으로 구성되어 있다. 당신은 어떤 것을 기억할 수도 있고 잊어버릴 수도 있다. 당신은 하나님께로부터 속성(屬性)을 부여받았다. 일부분의 속성이 당신에게서 없어진다 해도 당신은 여전히 당신이다. 당신의 뇌 가운데 어떤 부분이 파괴된다 해도 당신은 계속 생존할 수 있다. 당신은 암기할 수도 있고 잊어버릴 수도 있지만, 어쨌든 계속 생존한다. 그 이유는 당신이 단일적 존재가 아니기 때문이다. 다시 말해서, 하나님이 당신을 만드셨기 때문이다. "하나님이 만드셨다"라는 것은 "당신이 구성되었다"라는 것을 의미한다. 하나님은 당신을 구성하셨다. 하나님은 몸통 위에 머리를 붙이고 몸통 아래에 다리를 붙인 다음, 대동맥, 혈액, 심실(心室), 정맥, 동맥, 신경 그리고 인대를 몸통에 심으셨다. 우리는 이런 식으로 구성된 것이다. 그러므로 인체의 일부가 절단되어 없어진다 해도 인간은 계속 생존할 수 있다.

그러나 하나님은 우리와 다르시다. 왜냐하면 그분은 단일적 존재이시기 때문이다.

유대 민족은 언제나 하나님의 단일성(유일성)을 믿었다. 구약은 "이스라엘아 들으라 우리 하나님 여호와는 오직 하나인 여호와시니"(신 6:4)라고 가르쳤다. 유대 민족은 하나님이 한 분이시라고 가르치는 데서 끝나지 않고 그분이 단일적 존재이심을 가르쳤다. 교회도 물론 그렇게 가르친다(하지만 실제로 현재 교회는 신학을 별로 가르치지 않는다. 평생 동안 교회를 다녀도 교리를 배우지 못하는 경우가 허다하다). "하나인 여호와가 계시다"라는 말은 오직 한 분 하나님이 계신다는 뜻일 뿐만 아니라 하나님이 하나이심을 뜻하기도 한다.

당신은 내 말을 이해하는가? 우리는 하나님이 서로 조화롭게 작동하는 부분들로 구성된 분이라고 생각해서는 안 된다. 우리는 그분을 단일한 존재로 생각해야 된다. 그분이 하나이시기 때문에 그분의 속성은 서로 충돌하지 않는다. 인간은 단일적 존재가 아니라 만들어진 존재이기 때문에, 다시 말해서 구성된 존재이기 때문에 좌절을 겪을 수 있다. 그는 정신분열증에 걸릴 수도 있고, 그의 한 부분이 다른 부분과 갈등을 일으킬 수도 있다. 공의를 추구하는 마음이 긍휼을 추구하는 마음과 충돌할 수도 있다. 판사석에 앉은 재판관은 공의와 긍휼 사이에 갈등이 일어나 어느 쪽을 택해야 할지 망설일 수도 있다.

조국을 위해 전쟁터에 나가는 젊은이가 가기 전날 그의 약혼녀에게 했다는 유명한 말이 있다. 그녀를 사랑하여 훗날 결혼할 생각을 품고 있던 그는 그녀를 향해 "나는 조국을 당신만큼 사랑하고, 당신을 조국만큼 사랑합니다"라고 말했다. 그의 마음은 여자에 대한 사랑과 조국에 대한 사랑으로 나뉘어 있었던 것이다. 그의 마음이 이렇게 나뉜 것은 그가 부분으로 구성된 존재이기 때문이다. 우리가 부분으로 구성되어 있기 때문에 우리에게 정신과 의사가 필요한 것이다. 정신과 의사를 찾는 것은 분열된 부분을 다시 조화시키려는 노력에서 비롯된다. 그러나 정신과 의사는 우리의 분열된 부분을 다시 통일시키지 못하고 다만 그렇게 하기 위해 노력할 뿐이다(그렇다 할지라도 물론 우리는 그들의 노력을 인정해주어야 한다).

다이아몬드에 부분이 없듯이 하나님께는 부분이 없다. 그분은 완전히 하나이시다. 그분이 행하시는 모든 것은 그분이 행하시는 다른 모든 것과 조화를 이룬다. 왜냐하면 하나님께는 조화를 깨뜨릴 만한 부분도 없고 서로 충돌하여 싸울 만한 속성도 없기 때문이다. 하나님의 모든 속성은 하나이고 서로 조화를 이룬다.

복음전도를 위한 설교를 할 때 종종 나는 똑같은 의미론적(意味論的) 실수를 범한다. 당신과 나는 이렇게 상상하는 경향이 있다.

하나님께서 공의의 법을 어긴 죄인을 재판하는 법정에 앉아 계신다. 공의는 저쪽 어딘가에, 즉 하나님 밖에 있다. 죄인은 이 하나님의 외부에 있는 공의를 어긴 죄를 범했기 때문에 수갑이 채워진 채 피고석으로 끌려온다. 하나님의 긍휼은 죄인을 용서하기를 원하지만, 이 외적(外的) 공의는 "그를 용서해서는 안 됩니다. 그는 내 법을 어겼기 때문에 죽어야 합니다"라고 말한다. 하나님의 긍휼이 그를 용서하기를 원하지만 공의가 반대하기 때문에 그분은 눈물을 흘리며 그에게 사형선고를 내리신다.

이런 식의 생각은 이교도(異教徒)가 되어 이교도의 신관(神觀)을 갖는 것과 조금도 다를 바가 없다. 이것은 기독교 신학이 아니다. 과거에도 아니었고, 미래에도 아닐 것이다. 이런 식의 생각은 잘못된 것인데, 하나님을 인간 같은 분으로 착각하는 것이기 때문이다.

하나님은 "네가 나를 너와 같은 줄로 생각하였도다"(시 50:21)라고 말씀하셨다. 판사석에 앉은 인간 재판관들은 죄인을 용서해주고 싶은 마음이 있어도 법이 허락하지 않기 때문에 긍휼과 법 사이에서 갈등을 일으킬 수 있다. 때때로 판사들은 사형선고를 내릴 때 창백해진 얼굴로 판사석을 꽉 붙잡는다고 한다. 긍휼을 원하는 마음이 공의를 원하는 마음과 잘 조화되지 못하기 때문이다. 그들의 경우, 외부에 있는 공의는 하나의 법으로서 작용하기 때문에 "저 사람은 죽어야 한다"라고 말하고, 긍휼은 "제발, 저 사람을 살려주시오"라고 말하는 것이다.

하나님도 이런 인간 재판관들처럼 행동하신다고 생각하는 것은 그분을 오해하는 것이다. 하나님의 모든 본질이나 행동은 그분의 다른 모든 본질이나 행동과 조화를 이룬다. 어쩌면 나는 심지어 '조화'라는 말조차 사용하면 안 될 것이다. 왜냐하면 '조화를 이룬다'는 것은 두 편이 의견의 일치를 이루어 일시적으로 하나가 된다는 뜻을 내포하기 때문이다. 그러나 하나님께는 이런 식의 조화가 필요치 않으시다. 왜냐하면 그분은 그냥 존재하시기 때문이다. 당신은 기도할 때 "하늘에 계신[존재하시는] 우리 아버지"라고 기도하라. 그분은 그냥 존재하신다!

그러므로 "공의로우신 하나님이 어떻게 사악한 자들을 용서하실 수 있는가?"라는 질문에 대한 첫 번째 대답은 하나님의 단일성에 기초하여 얻을 수 있다. 그분의 공의와 긍휼은 서로 충돌하지 않는다.

그리스도의 수난

두 번째 대답은 그리스도의 수난의 유효성(有效性)에서 발견된다. '패션'(passion)이라는 말이 지금은 "성적(性的) 욕구"를 의미하지만, 과거에는 "견딜 수 없는 고난"을 의미했다. 그렇기 때문에 사람들은 '그리스도의 수난일'을 '패션 타이드'(Passion Tide), 즉 '수난의 때'라고 부르는 것이고, 우리가 '그리스도의 수난'(the Passion of Christ)이라는 말을 사용하는 것이다. 제사장 되신 그리스도께서, 우리를 위하여 자신의 피를 제물로 드리시고자 고난을 당하셨다.

예수 그리스도는 하나님이시다. 그러므로 내가 하나님에 대하여 말한 것은 모두 예수께도 적용된다. 하나님과 마찬가지로 그리스도도 단일적 존재이시다. 그리스도는 인간의 본성을 취하셨지만, 사실 인간보다 먼저 계셨고 인간을 창조하셨다. 영원한 말씀이며 하나님이신 예수 그리스도는 단일적 존재이기 때문에 그분의 본질이 구분되지 않는다. 이렇게 거룩한 분이 고난을 당하셨다. 우리를 위해 보혈을 흘린 그분의 고난에는 세 가지 성격이 있는데, 바로 무한성, 전능성 그리고 완전성이다.

무한성은 끝도 없고 한도 없고 밑으로 가도 끝이 없고 위로 가도 끝이 없으며 그 무엇으로도 측량할 수 없는 것을 의미한다. 그러므로 어두워지는 하늘 아래 십자가에서 일어난 예수님의 고난과 속죄는 무한한 능력을 지닐 수밖에 없다.

그리스도의 고난에는 무한성뿐만 아니라 전능성도 있다. 인간의 경우에는 아무리 선한 인간이라고 해도 '어느 정도' 까지는 선한 행동을 하며 선한 존재가 될 수 있지만, 완전히 선한 행동을 하거나 선한 존재가 될 수 없다. 그들은 인간이기 때문에 이런 한계에 빠질 수밖에 없다. 그러나 하나님께는 '어느 정도'라는 것이 없다. 언제나 그분은 바로 그분 자신이시다. 그분은 전능하신 분이시다. 아이작 왓츠는 그분의 십자가 죽음에 대해 "능하신 창조주 하나님이 피조물인 인간의 죄 때문에 죽으셨다"라고 말했다. 전능한 창조주 하나님이 죽으셨을 때 그분의 모든 능력은 그분의 속죄에 포함되었다. 그분이 가진 속죄의 유효성은 아무리 강조해도 지나치지 않다. 십자가의 능력은 아무리 강조해도 지나치지 않다.

그리스도의 고난이 보여주는 세 번째 성격은 완전성이다. 하나님은 무한하시고 전능하실 뿐만 아니라 완전하시다. 그리스도의 보혈로 이룬 속죄는 완전하다. 그에 더 덧붙일 것은 없다. 그것은 흠 없고 점 없고 결함이 없다. 하나님이 완전하시듯이 그것도 완전하다. 그러므로 "하나님이 공의로우시다면 어떻게 사악한 자들을 용납할 수 있습니까?" 라는 질문에 대한 답은 그리스도의 수난의 유효성에서 발견할 수 있다. 그리스도의 거룩한 고난과 죽은 자들로부터의 부활은 우리의 죄를 소멸하고 우리의 유죄 판결을 무효로 만든다.

우리의 유죄 판결은 어디서, 어떻게 내려졌는가? 그것은 도덕적 상황에 공의가 적용되었을 때 내려졌다. 당신이 스스로를 아무리 친절하고 세련되고 사랑스러운 존재라고 생각할지라도 당신은 도덕적 책임을 면할 수 없다. 과거에도 그랬고, 지금도 그렇고, 앞으로도 그럴 것이다. 하나님이 당신을 찾아오셨을 때 그분은 당신의 도덕적 책임을 문제 삼으셨고, 당신이 공평치 못하고 사악하다는 것을 아셨다.

당신의 사악함을 보신 하나님은 당신이 죽어야 한다고 판결하셨다. 모든 사람은 사형선고를 당한 상태이다. 사형선고를 당한 사람들이 저토록 즐겁게 사는 것을 볼 때 나는 신기하다는 생각이 든다. 에스겔서에는 "범죄하는 그 영혼은 죽을지라"(겔 18:20)라는 말씀이 나온다. 공의가 찾아와 남녀노소의 도덕적 책임을 문제 삼을 때, 그들은 의롭다 함을 얻거나 아니면 정죄를 당하게 된다. 그런데 유감스럽게도 우리는 유죄 판결을 받았다.

다시 강조하지만, 하나님께서는 자신의 공의를 좇아 죄인에게 사형선고를 내리실 때 자신의 긍휼이나 인자나 자비와 갈등을 일으키지 않으신다. 왜냐하면 그것이 모두 하나님의 속성이며 서로 충돌하지 않기 때문이다. 하나님은 자신의 모든 속성을 좇아 인간에게 사형선고를 내리지 않으실 수 없다. 하늘의 천사들은 "전에도 계셨고 시방도 계신 거룩하신 이여 이렇게 심판하시니 의로우시도다 … 그러하다 주 하나님 곧 전능하신 이시여 심판하시는 것이 참되시고 의로우시도다"(계 16:5,7)라고 소리쳤다.

천국에서는 그 어떤 거룩한 존재도 하나님이 행하시는 방법을 문제 삼지 않을 것이다. 전능하신 하나님은 자신의 세계를 경영하시고, 모든 도덕적 피조물은 "심판하시는 것이 참되시고 의로우시도다"(계 16:7), "공의와 심판이 주의 보좌의 기초라"(시 89:14, 개역한글성경에는 "의와 공의가 주의 보좌의 기초라"라고 번역되어 있다 - 역자 주)라고 말한다. 하나님께서 사람에게 사형선고를 내리실 때 그분의 궁휼, 동정, 자비, 지혜 그리고 능력이 모두 그분의 판결에 동의한다. 그분의 모든 지성적 작용은 그분의 선고에 동의한다.

그런데 그리스도의 속죄는 너무나 신비롭고 놀랍다! 그분의 속죄를 의지하여 그 속죄에 자신을 온전히 맡기는 영혼에게는 상황이 완전히 바뀌어버린다. 하나님은 바뀌지 않으셨다. 그리스도께서 돌아가신 것은 하나님을 바꾸기 위해서가 아니었다. 그리스도는 도덕적 상황을 바꾸기 위해 돌아가셨다. 하나님의 공의가 아무 보호책(保護策)이 없는 죄인에게 떨어질 때, 그 공의는 그에게 사형선고를 내린다. 그리고 그분의 모든 속성은 이 선고에 동의한다. 그러나 하나님이신 그리스도께서 나무에 달려 무한한 고통 중에, 넘치는 고통 중에 돌아가셨을 때, 이 크신 하나님도 무한한 고통을 당하셨다. 하나님은 지옥의 모든 고통보다 더 큰 고통을 당하셨다. 그분은 하나님의 고통을 당하셨다. 왜냐하면 그분이 행하시는 모든 것에는 그분의 모든 존재가 동참하기 때문이다. 나의 친구여! 하나님이 당신을 위해 고통을 당하셨을 때 그분은 당신의 도덕적 상황을 바꾸기 위해 그렇게 하신 것이다.

하나님의 궁휼을 의지한 사람의 도덕적 상황은 바뀐다. 하나님은 "우리는 이 사람을 용서하겠다. 그가 결심했으니 우리는 그를 용서할 것이다. 그가 기도실로 들어갔으니 그를 용서할 것이다. 그가 교회에 등록할 것이니 우리는 그의 죄를 봐주겠다"라고 말씀하지 않으신다. 결코 그렇게 하지 않으신다. 그분이 속죄 받은 죄인을 바라보시는 눈길은, 죄를 여전히 사랑하는 죄인을 바라보시는 눈길과 다르다. 왜냐하면 전자의 도덕적 상황과 후자의 도덕적 상황은 완전히 다르기 때문이다. 여전히 죄를 사랑하면서 속죄의 신비를 거부하는 죄인을 바라보실 때, 그분의 공의는 그에게 사형선고를 내린다. 그분이 영원한 언약의 보혈을 받아들인 죄인을 바라보실 때 공의는 그에게 생명의 판결을 내린다. 전자이든 후자이든 하나님은 공의로우시다.

하나님이 죄인을 의롭다고 하실 때 그분의 모든 것은 죄인 편에 선다. 그분의 모든 속성이 죄인 편에 선다는 말이다. 공의가 그에게 사형선고를 내리려고 애쓰는 중에 궁휼이 그를 위해 변호하는 것이 아니다(종종 설교자들이 이런 식으로 말하는데, 그것은 잘못이다). 하나님의 모든 것이 그분이 행하시는 모든 것을 행하신다. 어떤 죄인이 그리스도의 속죄가 자기와 아무 관계가 없다고 판단하여 그것을 받아들이지 않을 때, 공의는 그가 죽어야 한다고 말한다. 반면, 어떤 죄인이 그리스도의 속죄를 받아들여서 자신이 속죄 받았음을 안다면, 공의는 그가 살아야 한다고 말한다. 의롭다 함을 얻은 죄인이 지옥에 갈 수 없듯이, 불의한 죄인은 천국에 갈 수 없다. 친구들이여! 왜 우리는 가만히 있는가? 왜 우리는 이토록 조용한가? 우리는 온 힘을 다해 기뻐하며 하나님께 감사해야 한다.

다시 말하지만, 공의는 하나님께 돌아온 죄인의 편이다. 요한일서 1장 9절에서는 "만일 우리가 우리 죄를 자백하면 저는 미쁘시고 의로우사 우리 죄를 사하시며 모든 불의에서 우리를 깨끗케 하실 것이요"라고 말한다. 십자가 위에서 벌어진 하나님의 고통의 신비가 우리의 도덕적 상황을 바꾸어버렸기 때문에 공의는 이제 우리 편으로 넘어왔다. 공의가 우리에게서 불공평을 보지 않고 공평을 보기 때문에 우리가 의롭다 함을 얻은 것이다. 이것이 바로 '칭의'(稱義)이다.

내가 "믿음으로 의롭다 함을 얻는 것", 즉 '이신칭의'(以信稱義)를 믿는가? 오, 나의 형제여! 당신은 내가 이것을 믿는지 궁금한가? 다윗은 이것을 믿었고, 이를 시편 32편에 기록했다. 그리고 후에 선지자 중 한 사람이 이를 인용했다. 바울이 이것을 주제로 갈라디아서와 로마서를 썼다. 그후 이것은 오랫동안 잊힌 채 쓰레기통에 들어가 있었다. 그러는 중에 루터, 모라비아 교도(the Moravians, 1457년 보헤미아에서 시작된 연합 형제단), 장로교인들이 이것을 다시 살려 온 세상에 외쳤다. 이신칭의! 우리는 지금 이 진리 위에 서 있다!

칭의에 대해 이야기할 때, 우리 멋대로 칭의의 교리를 만들어내서는 안 된다. 우리는 하나님이 누구신지를 알아야 하며, 칭의와 관련된 것이 왜 진리인지를 알아야 한다. 우리가 믿음으로 의롭다 함을 얻을 수 있는 것은 십자가에서 당하신 하나님의 고통이 도덕적 상황을 바꾸어버렸기 때문이다. 우리가 바로 그 도덕적 상황이다. 하나님의 고통이 그분을 바꾸어놓은 것이 아니다. 십자가 때문에 하나님께서 찡그린 얼굴을 펴고 마지못해 미소 짓기 시작하셨다는 사상은 기독교적 사상이 아니라 이교적(異敎的) 사상이다.

다시 말하지만, 하나님은 하나이시다. 이 말에는 오직 한 하나님이 계시다는 뜻뿐만 아니라 그 한 하나님이 단일적 존재이시다는 뜻이 담겨 있다. 그분은 그분 자신과 하나이시다. 다시 말해서, 그분은 분할되지 않으신다. 하나님의 긍휼은 그분이 긍휼이시라는 것을 의미한다. 하나님의 공의는 그분이 공의이심을 뜻한다. 하나님의 사랑은 그분이 사랑이시라는 것이다. 하나님의 자비는 그분이 자비이시라는 것이다. 이런 것들은 그분에게서 흘러나오는 그 무엇이 아니다. 이런 것들이 바로 그분 자신이시다!

변하지 않는 하나님

하나님께서 죄인을 의롭다 하신다면 어떻게 공의로우실 수 있는가? 이 질문에 대한 세 번째 대답을 살펴보자. 자비가 선함에서 흘러나오지만, 공의가 없는 선함은 선함이 아니다. 공의롭지 않으면 결코 선할 수 없다. 그러므로 하나님이 선하신 분이라면 그분은 공의로우셔야 한다. 하나님이 사악한 자들에게 벌을 내리시는 것은 정당한 일이다. 왜냐하면 그들은 마땅히 벌을 받아야 하기 때문이다. 그런데 그분이 사악한 사람을 용서하시는 것도 역시 정당한 일이다. 왜냐하면 그것은 그분의 본질에 부합하기 때문이다. 그러므로 우리에게는 언제나 하나님의 본질에 부합하게 행동하시는 성부, 성자, 성령이 계신다. 당신의 아내가 토라질 때가 있고, 당신의 제일 친한 친구가 차갑게 변할 때가 있고, 국가와 국가 사이에 전쟁이 일어날 때도 있지만, 하나님은 언제나 변치 않으신다. 언제나 그분은 사랑과 공의와 긍휼 같은 그분의 속성에 따라 행동하신다.

언제나, 언제나, 언제나 하나님은 하나님답게 행동하신다. 당신이 지하실 창문을 통해 몰래 천국으로 들어가는 것이 아니라는 사실이 기쁘지 않은가? 학위를 팔아먹는 사람들에게 500만 원을 주고 몰래 학위를 사는 일부 설교자들처럼, 몰래 천국에 들어가는 것이 아니라는 사실이 기쁘지 않은가? 하나님이 못 보시는 중에 구렁이 담 넘어 가듯이 슬쩍 천국으로 들어가는 것이 아니라는 사실이 기쁘지 않은 가? 하나님이 세상을 경영하느라고 바쁘신 틈을 이용하여 당신이 슬쩍 천국으로 들어가는 것이라고 생각하는가? 만일 그렇다면 그곳에 들어간 후 천 년이 지나야 당신이 하나님의 눈에 띌 것이다.

예수님은 예복 없이 결혼식에 온 사람의 비유를 말씀하셨다. 이 사람이 결혼식에 나타나자 사람들은 "저 사람이 여기서 무엇을 하는 가?"라고 말하며 놀랐다. 결국 그는 수족을 결박당하여 바깥 어두움에 내던져지는 신세가 되고 말았다(마 22:11-13 참조). 그러나 하나 님나라에서는 이런 일이 일어나지 않을 것이다. 왜냐하면 모든 것을 아시는 하나님께서 그 어느 것도 놓치지 않고 살피시기 때문이다. 그분은 모든 사람을 아신다. 당신도 아신다. 완전히 공의로우신 하 나님은 '공평치 못한'(unequal) 사람이 천국으로 들어오는 것을 허락하지 않으신다. 엘리야는 "너희는 왜 계속 '균형이 안 맞는'(unequal) 다리로 걷느냐?"(왕상 18:21, 이것은 토저가 풀어 쓴 것이다. 개역한글성경에는 "너희가 어느 때까지 두 사이에서 머뭇머뭇 하려느냐"라고 번역되어 있다 - 역자 주)라고 물었다. 여기서 '균형이 안 맞는 것'은 '공평치 못한 것'이고, '공평치 못한 것'은 '사악한 것'이다. 사악한 사람은 결코 천국에 들어가지 못할 것이다. 결코!

우리가 천국에 들어갈 자격이 있는지를 확인하기 위해 사도 베드로가 천국의 수문장으로 우리를 테스트 한다는 교리를 주장하는 사람들이 있는데, 이것은 황당하기 짝이 없는 말이다. 언제나 단일성을 유지하는 전능하신 하나님은 도덕적 상황을 보신 후, 그것에 '생명' 아니면 '죽음'이라는 판결을 내리신다. '생명'이라는 판결을 내리시면 그분의 모든 것이 그 판결에 동의하며, '죽음'이라는 판결을 내리시면 그분의 모든 것이 역시 그 판결에 동의한다. 속죄와 정결함과 보호함을 받지 못하는 사악하고 불공평한 죄인이 그분의 눈에 들어오면 그분의 판결은 오직 '죽음과 지옥'이며, 그분의 모든 것이 이 판결에 동의한다. 그렇게 되면 하늘의 모든 존재가 나선다 해도 그를 지옥에서 끌어올릴 수 없다.

그러나 죄인이 가슴을 치며 "하나님이여 불쌍히 여기옵소서 나는 죄인이로소이다"(눅 18:13)라고 외치며 하나님께서 베푸시는 십자가의 무한한 은혜를 받아들이면, 하나님께서 그의 도덕적 상황을 내려다보시고 '생명'의 판결을 내리신다. 그렇게 되면 지옥의 모든 세력이 나선다 해도 그를 지옥으로 끌어내릴 수 없다. 하나님의 존재는 무한히 놀랍고 신비롭고 영광스럽다!

하나님은
자비로운 분이시다

우리에게 갈보리를 허락하신 것이 하나님의 자비이다. 갈보리가 우리에게 자비를 베푼 것이 아니다. 하나님의 자비가 없었다면 성육신, 구유에 눈 아기, 십자가에 달린 분 그리고 빈 무덤도 없었을 것이다.

"여호와는 자비로우시며 은혜로우시며 노하기를 더디 하시며 인자하심이 풍부하시도다 항상 경책지 아니하시며 노를 영원히 품지 아니하시리로다 우리의 죄를 따라 처치하지 아니하시며 우리의 죄악을 따라 갚지 아니하셨으니 이는 하늘이 땅에서 높음같이 그를 경외하는 자에게 그 인자하심이 크심이로다 동이 서에서 먼 것같이 우리 죄과를 우리에게서 멀리 옮기셨으며 아비가 자식을 불쌍히 여김같이 여호와께서 자기를 경외하는 자를 불쌍히 여기시나니 이는 저가 우리의 체질을 아시며 우리가 진토임을 기억하심이로다 인생은 그날이 풀과 같으며 그 영화가 들의 꽃과 같도다 그것은 바람이 지나면 없어지나니 그곳이 다시 알지 못하거니와 여호와의 인자하심은 자기를 경외하는 자에게 영원부터 영원까지 이르며 그의 의는 자손의 자손에게 미치리니"(시 103:8-17).

"찬송하리로다 그는 우리 주 예수 그리스도의 하나님이시요 자비의 아버지시요 모든 위로의 하나님이시며"(고후 1:3).

"보라 인내하는 자를 우리가 복되다 하나니 너희가 욥의 인내를 들었고 주께서 주신 결말을 보았거니와 주는 가장 자비하시고 긍휼히 여기는 자 시니라"(약 5:11).

"주의 약속은 어떤 이의 더디다고 생각하는 것같이 더딘 것이 아니라 오 직 너희를 대하여 오래 참으사 아무도 멸망치 않고 다 회개하기에 이르기 를 원하시느니라"(벧후 3:9).

자비는 하나님의 속성이다.

구약의 출애굽기는 하나님의 속성 중 하나가 자비라는 것을 탁월 하게 선포한다.

"모세가 돌판 둘을 처음 것과 같이 깎아 만들고 아침에 일찍이 일 어나 그 두 돌판을 손에 들고 여호와의 명대로 시내산에 올라가니 여 호와께서 구름 가운데 강림하사 그와 함께 거기 서서 여호와의 이름 을 반포하실새 여호와께서 그의 앞으로 지나시며 반포하시되 여호 와로라 여호와로라 자비롭고 은혜롭고 노하기를 더디 하고 인자와 진실이 많은 하나님이로라 인자를 천 대까지 베풀며 악과 과실과 죄 를 용서하나 형벌 받을 자는 결단코 면죄하지 않고 아비의 악을 자여 손 삼사 대까지 보응하리라"(출 34:4-7).

구약의 역대하를 보면 성전에서 하나님의 자비를 선포했다는 기 록이 나온다.

"나팔 부는 자와 노래하는 자가 일제히 소리를 발하여 여호와를 찬송하며 감사하는데 나팔 불고 제금 치고 모든 악기를 울리며 소리를 높여 여호와를 찬송하여 가로되 선하시도다 그 자비하심이 영원히 있도다 하매 그때에 여호와의 전에 구름이 가득한지라 제사장이 그 구름으로 인하여 능히 서서 섬기지 못하였으니 이는 여호와의 영광이 하나님의 전에 가득함이었더라"(대하 5:13,14).

출애굽기 34장 4-7절과 역대하 5장 13,14절은 하나님의 자비를 공표한다. 이미 하나님의 다른 속성에 대해 언급하면서 한 말이지만, 하나님의 자비도 그분이 소유한 그 무엇이 아니라 그분의 본질이다. 만일 자비가 그분이 소유한 그 무엇이라면 우리는 그분이 그것을 잃어버리거나 다 써버릴 수도 있다는 추측을 해볼 수 있다. 만일 자비가 그분의 소유물이라면 그것은 증가하거나 감소할 수도 있을 것이다. 그러나 자비가 하나님의 본질이기 때문에 그것은 '창조되지 않은' 것이다. 다시 말해서, 전에는 없었던 하나님의 자비가 어느 순간 생겨난 것은 아니다. 하나님의 자비에는 시작이 없었다. 왜냐하면 그것이 하나님의 본질이고 하나님이 영원한 분이시기 때문이다. 하나님은 무한하시다.

이제까지 많은 사람들은 구약에는 엄격함과 율법이 담겨 있고 신약에서는 사랑과 은혜가 드러난다고 잘못 가르쳐왔다. 구약과 신약이 모두 하나님의 자비를 선포하지만, '자비'라는 단어가 신약에서보다 구약에서 네 배 이상 더 많이 나타난다. 믿기 힘든 얘기지만, 사실이다. 구약의 하나님과 신약의 하나님을 다르게 보는 것은 잘못인데, 구약의 하나님과 신약의 하나님은 하나의 하나님이시기 때문이다. 그분은 변하지 않으셨다. 그분은 동일한 하나님이시다. 변하지 않는 동일한 하나님이시기 때문에 그분은 신약에서나 구약에서 모두 동일하다. 그분은 변하지 않으신다. 하나님은 완전하시기 때문에 그분에게 무엇이 덧붙여질 수 없다. 구약에 나타난 하나님의 자비는 신약에 나타난 그것만큼 크다.

하나님의 선하심은 하나님이 가지신 자비의 원천이다. 이제 나는 하나님에 대해 말하기 위해서 인간의 언어를 부득이 사용해야 하는 나의 입장을 이해해줄 것을 당신에게 요청한다. 인간의 언어는 유한한 것을 다루지만, 하나님은 무한하시다. 하나님에 대해 말하거나 하나님을 기술(記述)할 때, 우리는 언제나 우리 자신의 규칙을 깨뜨린 채 저 작은 의미론적 덫에 걸려들고 만다. 우리는 이렇게 되기를 원하지 않지만, 어쩔 수 없이 그렇게 되고 만다. 나는 정확한 언어를 사용하는 것이 아님에도 당신의 이해를 돕기 위해 하나님이 지니신 하나의 속성이 다른 속성의 원천이라고 말할 수밖에 없다. 만일 내가 절대적 개념을 사용하여 설명하려고 시도한다면 당신은 깊은 잠에 빠질 것이다.

하나님의 무한한 선하심을 가르치는 교훈은 성경의 도처에서 발견된다. 선하심은 하나님이 창조하신 피조물의 행복을 원하는 속성이요 피조물에게 복을 주지 않고는 견딜 수 없는 속성이다. 하나님의 선하심은 하나님의 백성이 기쁨을 누리기를 원한다. 나는 하나님의 자녀들이 이 진리를 알기를 정말 바란다. 오랜 세월 동안 우리는 "우리가 행복해지면 하나님께서 우리를 근심스러운 눈빛으로 바라보신다"라는 가르침을 귀가 따갑도록 들어왔다. 그리하여 우리가 행복할 때 하나님이 100퍼센트 기뻐하시는 것은 아니라고 믿는 경향이 있다. 그러나 성경의 진정한 교훈에 따르면, 하나님은 자신의 백성이 (하나님을 기뻐한다는 전제하에) 기뻐하는 것을 기뻐하신다.

"내가 여호와께서 우리에게 베푸신 모든 자비와 그 찬송을 말하며 그 긍휼을 따라, 그 많은 자비를 따라 이스라엘 집에 베푸신 큰 은총을 말하리라 여호와께서 말씀하시되 그들은 실로 나의 백성이요 거짓을 행치 아니하는 자녀라 하시고 그들의 구원자가 되사 그들의 모든 환난에 동참하사 자기 앞의 사자로 그들을 구원하시며 그 사랑과 그 긍휼로 그들을 구속하시고 옛적 모든 날에 그들을 드시며 안으셨으나"(사 63:7-9).

하나님은 자신의 친구들이 기뻐하는 것을 기뻐하시며, 그 친구들과 함께 고통을 당하신다. 하나님은 자신의 원수들이 고통받는 것을 기뻐하지 않으신다.

"주 여호와의 말씀에 나의 삶을 두고 맹세하노니 나는 악인의 죽는 것을 기뻐하지 아니하고 악인이 그 길에서 돌이켜 떠나서 사는 것을 기뻐하노라"(겔 33:11).

이 땅을 내려다보실 때 하나님은 누군가 고통에 몸부림치는 것을 보고 기뻐하지 않으신다. 만일 하나님이 누군가에게 형벌을 내려야 한다면 하나님은 그것이 즐거워서 그렇게 하시는 것이 아니다. 그렇기 때문에 하나님은 "나는 악인의 죽는 것을 기뻐하지 아니한다"라고 말씀하신다.

자비의 의미

구약에 따르면, '자비'라는 말에는 몇 가지 의미가 포함된다. 다시 말해서 이 말에는 "자기를 낮추어 아랫사람에게 친절을 베풀다",

"불쌍히 여기다" 그리고 "적극적으로 긍휼을 베풀다"라는 뜻이 포함된다. 이 말은 '긍휼'이라는 단어의 동사형(動詞形)이었지만, 이것은 현재 더 이상 사용되지 않는다. 그 이유는 아마 우리에게 '긍휼'이라는 개념이 더 이상 존재하지 않기 때문인 것 같다. 하나님은 고통당하는 사람들에게 적극적으로 긍휼을 베푸신다(나는 이것이 너무나 기쁘다). 하나님이 어느 정도 거리를 둔 상태에서 불쌍히 여기시는 것과 하나님이 사람들에게 적극적으로 긍휼을 베푸시는 것은 별개의 문제이다. 이에 대해 성경이 어떻게 말하는지 읽어보자.

"여러 해 후에 애굽 왕은 죽었고 이스라엘 자손은 고역으로 인하여 탄식하며 부르짖으니 그 고역으로 인하여 부르짖는 소리가 하나님께 상달한지라 하나님이 그 고통 소리를 들으시고 아브라함과 이삭과 야곱에게 세운 그 언약을 기억하사 이스라엘 자손을 권념하셨더라"(출 2:23-25).

이 구절은 출애굽기 2장의 마지막 부분이다. 출애굽기 3장은 불타는 떨기나무에 대한 기사(記事)로 시작하여 모세가 애굽으로 가서 이스라엘 민족을 구하라는 사명을 받는 기사로 이어진다.

하나님께서 이스라엘 민족에게 적극적으로 긍휼을 베푸실 때, 그분은 네 가지를 행하셨다. 즉, 그분은 그들의 신음 소리를 들으셨고, 그분의 언약을 기억하셨고, 그들의 고통을 내려다보며 동정하셨고, 그들을 구하기 위해 즉시 내려오셨다. 이와 똑같은 일이 신약에도 기록되었는데, 바로 우리 주 예수님에 대한 기록이다. 예수님은 "큰 무리를 보시고 그 목자 없는 양 같음을 인하여 불쌍히 여기셨다"(막 6:34). 예수님은 제자들에게 "너희가 먹을 것을 주라"(막 6:37)라고 말씀하셨는데, 이는 적극적 긍휼의 행동이었다.

침대에서, 호화로운 거실에서 그리고 새로 산 승용차 안에서 다른 사람들에 대해 긍휼의 감정을 품는 사람들은 아주 많다. 그들은 긍휼의 감정(명사)을 품지만, 긍휼을 베풀지는(동사) 않는다. 그들은 어떤 사람이 고통을 당한다는 신문기사를 읽고 "아! 참으로 가슴 아픈 얘기이다. 집에 불이 나서 온 가족이 길바닥에 나앉았구나"라고 말한 다음, 텔레비전을 켜서 다른 프로그램을 본다. 그들은 1분 30초 동안 불쌍히 여기는 마음을 품지만, 긍휼을 베풀지는 않는다. 다시 말해서 고통당하는 사람을 돕기 위해 아무 행동도 하지 않는다. 그러나 하나님은 불쌍히 여기는 마음에 따라 적극적으로 긍휼을 베푸신다. 이스라엘이 고통당하는 것을 불쌍히 여기셨을 때, 그분은 그들을 구하기 위해 모세를 보내셨다.

우리는 하나님의 자비에 대해 그 시작이 없었다는 사실을 알아야 한다. 고통당하는 사람에 대해 무관심하거나 냉담했던 사람들이 마음에 감동을 받아 자비로운 마음을 갖게 되었다는 얘기는 많다. 본래 그들에게 없던 자비심이 생긴 것이다. 그러나 하나님의 경우는 전혀 그렇지 않다. 그분이 긍휼의 마음 없이 무기력하게 계셨던 적은 단 한 번도 없었다. 하나님의 자비는 그분의 본질이다. 그러므로 자비는 '창조되지 않은' 것이요 영원한 것이다. 하나님의 자비에는 시작이 없었다. 하나님의 자비는 언제나 있었다. 천지가 창조되기 전에, 별들이 만들어지기 전에, 하나님의 자비가 있었다. 지금 사람들의 입에 오르내리는 온 우주가 단지 그분의 마음속에 생각으로만 존재했을 때에도 그분의 자비가 있었다. 그분은 지금처럼 과거에도 자비로 가득하셨다. 그러나 그분이 과거에 언제나 자비로우셨다고 해서 지금보다 과거에 더 자비로우셨던 것도 아니다.

과학자들에 따르면, 지구에서 수천 광년(光年) 떨어진 별들이 있다고 한다. 이 별들의 경우, 우리가 현재 거기에서 나온 빛을 보고 있지만 그 빛은 사실 수천 년 전에 나온 빛이다. 그러므로 그 별들이 이미 수천 년 전에 큰 폭발로 사라졌을 가능성도 있다. 만일 그렇게 사라졌다면, 우리는 현재 그 별들의 빛을 보지만 별은 이미 존재하지 않는 것이다. 이렇게 별들조차 사라질 수 있다. 그러나 하나님의 자비는 과거나 지금이나 동일하시다. 왜냐하면 하나님의 자비는 무한하시기 때문이다. 무한한 것은 줄어들 수도 없고 늘어날 수도 없다. 하나님의 자비는 한도 끝도 경계도 없다. 그 자비의 길이와 크기와 양(量)을 측정하는 것은 불가능하다. 길이와 크기와 양은 창조된 것이지만, 하나님은 창조된 분이 아니시다.

하나님의 자비가 과거보다 줄어든 것도 아니며, 앞으로 줄어들 것도 아니다. 심판의 날이 왔을 때 태양이 구름 뒤로 사라지듯이 하나님의 자비가 언젠가 사라질 것이라고 생각하지 말라. 우리가 물통의 마개를 틀어막듯이 하나님이 자신의 자비를 틀어막으실 것이라고 상상하지 말라. 하나님의 자비가 현재보다 줄어드는 날이 결코 찾아오지 않는다. 왜냐하면 무한한 분이 유한한 분으로 변하는 것이 불가능하며 완전한 분이 불완전한 분으로 바뀌는 것도 불가능하기 때문이다. 그 어떤 일이 일어난다 해도 하나님의 자비가 늘어나거나 줄어들거나 변질되는 일은 일어나지 않는다.

그리스도의 십자가를 예로 들어 말해보자. 그분이 십자가에서 돌아가셨을 때 하나님의 자비가 더 늘어난 것은 아니다. 하나님의 자비가 더 늘어난다는 것 자체가 불가능한데, 그분의 자비는 본래 무한하기 때문이다. 우리는 예수님이 돌아가셨기 때문에 하나님이 자비를 보이신다는 황당한 착각에 종종 빠진다. 우리에게 갈보리를 허락하신 것이 하나님의 자비이다. 갈보리가 우리에게 자비를 베푼 것이 아니다. 하나님의 자비가 없었다면 성육신(成肉身), 구유에 뉜 아기, 십자가에 달린 분 그리고 빈 무덤도 없었을 것이다.

한없는 자비

하나님의 자비는 너무 크기 때문에 온 우주를 그분의 마음 안에 품으실 수 있다. 인간이 행한 그 어떤 일 때문에 그분의 자비가 줄어든 적은 없다. 이스라엘 민족이 그랬듯이, 아담과 하와가 일시적으로 그랬듯이, 열국이 그랬듯이, 소돔과 고모라가 그랬듯이, 우리는 하나님의 자비의 그늘에서 빠져나와 도망칠 수도 있다. 우리는 자유의지를 가진 도덕적 주체이기 때문에 하나님이 베푸시는 자비의 물줄기가 우리에게로 흘러오는 것을 틀어막을 수도 있다. 그러나 우리가 그 물줄기를 틀어막는다 해도 하나님의 말씀의 능력과 하나님의 자비가 줄어들거나 변질되지 않는다.

그리스도께서 하나님의 우편에서 중보기도를 하신다고 해서 그 백성을 향한 하나님의 자비가 늘어나는 것은 아니다. 먼저 하나님의 자비가 없다면 그리스도께서 하나님의 우편에서 중보기도를 드리는 일도 없을 것이다. 하나님이 자비로우시다는 것은 하나님의 자비가 무한하시다는 것을 의미한다. 다시 말하지만, 그리스도께서 하나님의 우편에서 중보기도를 드리신다고 해서 하나님의 자비가 늘어나는 것은 아니다.

우리는 하나님의 어떤 한 속성이 다른 속성보다 크다고 생각하는 경향이 있다. 그러나 하나님이 지니신 모든 속성이 바로 하나님이시기 때문에 그분 안의 어떤 것이 그분 안의 다른 어떤 것보다 더 클 수는 없다. 이것이 올바른 신학이다. 이것을 부정하려고 논쟁을 일삼는 것은 부질없는 짓이다. 이것은 진리이다.

그러나 하나님의 어떤 속성이 다른 속성보다 더욱 요구되는 경우도 있다. 예를 들어보자. 강도에게 두들겨 맞고 쓰러져 있는 사람을 선한 사마리아인이 보았을 때, 사마리아인에게 가장 요구되는 속성은 자비였다. 누군가 쓰러진 사람에게 와서 긍휼을 베풀어야 했는데, 그 모습을 본 선한 사마리아인이 타고 있던 짐승에서 내려 긍휼을 베풀었다. 그때 그에게 필요한 것은 자비였다.

하나님께 돌아온 죄인에게 하나님의 자비는 너무나 크게 나타나기 때문에 그런 죄인은 그분의 자비를 영원히 찬송하게 된다. 그가 돌아왔을 때 그에게 가장 필요한 것은 그분의 자비였다. 우리가 "나 같은 죄인 살리신 주 은혜 놀라와"라고 찬송하지만, 하나님의 은혜가 하나님의 공의나 거룩함보다 더 큰 것은 아니다. 그런데 당신과 나 같은 사람들에게 가장 절박하게 필요한 것은 하나님의 자비이다. 달라진 것은 하나님이 아니라 우리이다. 당신이 하늘나라에 가서 천사에게 "하나님의 자비가 놀랍지 않습니까?"라고 묻는다면 천사는 "물론 놀랍습니다"라고 대답할 것이다. 하지만 천사는 우리처럼 하나님의 자비를 이해하지는 못할 것이다.

찰스 피니(Charles Finney, 1792~1875. 변호사 출신의 부흥사로서 미국에서 부흥의 불길을 일으켰다)가 쓴 짧지만 탁월한 찬송시에는, "보좌 둘레의 이 생물(천사)들, 그들은 결코, 결코 이같이 죄악된 세상을 알지 못했다"라는 가사가 나온다. 이 생물들은 우리처럼 하나님의 사랑과 자비를 알지는 못한다. 물론 그들은 하나님의 거룩함과 심판과 공의에 대해 이야기하고 그분을 향해 "심판하시는 것이 참되시고 의로우시도다"(계 16:7)라고 찬송한다. 그들이 이렇게 할 수 있는 것은 죄를 모르기 때문이다. 그러므로 그들은 당신이나 나처럼 자비를 필요로 하지 않는다.

하나님의 어떤 속성이 다른 속성보다 크거나 작은 것이 아니다. 그러나 당신이 곤경에 처해 있을 때, 당신은 하나님의 어떤 속성을 다른 속성보다 더욱 필요로 하게 된다. 내가 병원에 있다면 내게는 동정(同情)이 필요하다. 병원에서 벽에 걸린 의사자격증을 보면 내가 진찰 받으려는 의사가 충분한 교육을 받은 사람이라고 확신할 수는 있지만, 그것이 전부는 아니다. 나는 병원에 가는 게 두렵기 때문에 의사가 내게 친절히 대해주기를 바란다. 우리는 하나님께 나아갈 때, 우리의 필요에 의해 그분의 어떤 속성을 찬양할지를 결정한다. 그럴 때 우리는 필요를 채워주는 그분의 속성을 한없이 찬양할 것이다.

하나님의 자비의 활동

하나님의 심판은 그분의 공의가 도덕적 불공평과 사악함에 적용되는 것이다. 공의의 눈에 사악함이 들어오면, 심판이 임한다. 자비는 하나님의 선하심이 인간의 죄와 고통에 적용되는 것이다. 그분의 선하심이 인간의 죄와 고통에 적용될 때 그분의 귀에는 연약한 신자의 우는 소리가 들리고, 아기의 신음 소리가 그분의 마음속으로 파고들고, 이스라엘의 부르짖음이 그분의 보좌에 상달(上達)된다. 다시 말하지만, 하나님의 선하심이 인간의 죄와 고통에 적용되는 것이 자비이다.

모든 사람들은 하나님의 자비의 수혜자이다. 당신이 회개하고 돼지우리에서 하나님 아버지의 집으로 돌아왔을 때, 하나님의 자비가 활동하기 시작했다고 생각하지 말라. 하나님의 자비는 그 이전에도 언제나 활동했다. 예레미야애가 3장 22절은 "여호와의 자비와 긍휼이 무궁하시므로 우리가 진멸되지 아니함이니이다"라고 말한다. 그러므로 하나님의 자비가 당신을 불쌍히 여겨 심판을 막지 않았다면 당신은 이미 오래전에 멸망했을 것이라는 사실을 기억하라.

하나님은 심지어 잔인한 독재자에게도 자비를 베푸신다. 사악한 살인자도 그분이 베푸시는 자비의 수혜자이다. 우리나라에서 가장 추악한 죄악의 수렁에 빠져 있는 속 검은 사람에게도 하나님이 베푸시는 자비의 빛이 비친다. 하지만 이렇게 말한다고 해서 그들이 무조건 구원받고 회심하여 결국 천국에 갈 것이라는 뜻은 아니다. 내 얘기는 하나님의 자비 때문에 그분의 공의가 아직 집행되지 않는다는 뜻이다. 구주 예수님이 십자가에서 돌아가셨기 때문에 하나님은 기다리고 계신다. 다시 말하지만, 하나님이 비추시는 자비의 빛은 모든 사람들에게 비친다.

당신은 "내가 용서받고 깨끗케 되고 구원받았다면 그것이 하나님

의 자비가 아닌가?"라고 물을지 모르겠다. 맞는 말이다. 그것이 당
신에게 주어진 하나님의 자비이다. 그러나 당신이 하나님을 거역하
여 죄를 짓는 동안에 하나님은 줄곧 당신을 불쌍히 여기셨다.

"[주께서는] 아무도 멸망치 않고 다 회개하기에 이르기를 원하시
느니라"(벧후 3:9).

사도 바울은 "혹 네가 … 그의 인자하심과 용납하심과 길이 참으
심의 풍성함을 멸시하느뇨"(롬 2:4)라고 묻는다. 하나님은 기다리고
계신다. 하나님께 자비가 없다면 그분은 어린애가 울새의 알을 손
안에 넣고 부숴버리듯이 이 세상을 그분의 손 안에 넣고 부숴버리신
후, 영원히 잊으실 것이다. 그러나 하나님의 모든 사랑과 자비 가운
데 그분은 우리의 눈물을 보고 우리의 신음 소리를 들으신다. 하나
님은 이 세상에서 벌어지는 고통스러운 일들을 모르시지 않는다.

모든 사람들은 하나님이 베푸시는 자비의 수혜자이다. 하나님은
공의의 집행을 미루신다. 하나님의 공의가 인간의 죄에 적용되면 사
형선고가 내려지지만, 하나님은 형의 집행을 미루신다. 왜냐하면 하
나님의 자비도 하나님의 속성이기 때문이다(그분의 자비는 그분의
공의와 충돌하지 않고 다만 그것과 함께 활동한다).

속죄(贖罪)가 없다면 자비는 심판을 막지 못한다. 공의의 눈에 사
악함이 보이면 반드시 심판이 따라야 한다. 그러나 하나님의 자비는
그리스도를 십자가로 보냈다. 나는 십자가를 다 이해한다고 감히 주
장하지 않는다. 나는 내가 아는 것들을 매우 기뻐하며, 내가 모르는
것들에 대해서도 아주 기뻐한다.

나는 십자가의 신비를 정확히 알지는 못하지만, 그리스도께서 십

자가에서 돌아가셨다는 것을 안다. 능하신 창조주 하나님께서 피조물인 인간의 죄 때문에 죽으신 것이다. 나는 하나님이 십자가에 달린 저 지극히 거룩한 사람에게서 등을 돌리셨다는 것을 안다. 나는 그분의 영혼이 떠나셨을 때 그분이 돌아가셨다는 것을 안다. 나는 하늘에서 온 인류를 위한 그분의 속죄를 인정했다는 것을 안다. 나는 분명히 안다! 하지만 나는 왜 그랬는지는 모른다.

단지 내가 아는 것은 하나님께서 자신의 무한한 선하심과 지혜를 좇아 구원의 계획을 이루셨다는 것이다. 하나님의 계획은, 성삼위(聖三位) 가운데 제2위이신 성자(聖子)께서 인간으로 와서 죽으심으로 말미암아 공의의 요구를 충족시키면서도 인류 구원의 자비로운 문을 여는 것이었다.

이것이 바로 기독교의 진리이다. 당신의 교파가 무엇이든 간에 당신은 이 진리 때문에 천국에 갈 수 있는 것이다. 교회 일을 하고 찬송가를 부르고 푼돈이라도 하나님께 드리기 때문에 천국에 가는 것이 아니라 그리스도 안에서 나타난 하나님의 자비 때문에 천국에 가는 것이다. 이것이 성경의 가르침이다. 칭의(稱義)가 무엇인가? 그것은 하나님의 자비와 공의가 협력하여 만들어낸 것이다. 하나님의 자비와 공의가 협력한 결과, 하나님은 인간의 사악함을 보셨음에도 그가 십자가로 달려간 뒤에는 그의 사악함에서 눈을 돌려 그의 의(義)를 보신다.

하나님의 고난

내가 이미 앞에서 말했듯이, 하나님께서는 자신의 백성이 기뻐하는 것을 기뻐하시고, 자신의 친구들과 함께 고통당하신다.

"[여호와께서는] 그들의 모든 환난에 동참하사"(사 63:9).

당신이 치밀하게 생각하는 사람이라면 이렇게 말할지 모르겠다.

"완전하신 하나님이 어떻게 고난을 당하실 수 있는가? 고난당한다는 것은 어딘가에 이상(異常)이 생겼다는 것을 의미한다. 우리는 심리적, 정신적 또는 육체적 정상 상태를 유지하는 한 고통을 당하지는 않는다. 정상 상태가 깨어질 때 고통을 당한다."

당신의 말에도 일리가 있다. 하지만 성경은 분명히 하나님이 고난당하셨다고 말한다. 그러므로 당신은 성경말씀을 믿음으로 받아들이고 "아버지시여, 제가 믿습니다"라고 말해야 한다. 그런 다음, 당신이 믿기 때문에 그것을 이해하려고 노력해야 한다. 그리고 이해가 된다면 하나님께 감사하라. 그러면 당신의 작은 이해력은 하나님을 즐거워하며 기뻐 뛸 것이다.

그러나 "[여호와께서는] 그들의 모든 환난에 동참하사"(사 63:9)라는 말씀을 읽고도 이해하지 못한다면 당신이 할 수 있는 것은 하나님을 향하여 "주 여호와여 주께서 아시나이다"(겔 37:3)라고 기도하는 것밖에 없다. 우리가 모르는 것들은 너무 많다. 사실 우리 복음주의자들의 문제는 우리가 너무 많이 안다는 것이다! 우리는 빈틈이 없다. 질문이 떨어지기 무섭게 우리는 대답을 내놓는다. 나는 "주 여호와여, 저는 모릅니다. 주께서 아시나이다"라고 말하는 사람이 그립다. 이런 사람이 영적으로 지혜로운 사람인 것 같다.

다시 본론으로 돌아가보자. 하나님께서 어떻게 고난당하실 수 있는가? 고난당한다는 것은 무엇인가 불완전하다는 얘기인데, 주지하듯이 하나님은 완전한 분이 아니신가? 고난당한다는 것은 무언가를 잃어버리거나 무언가 부족하다는 얘기인데, 그분께는 손실이나 부족함이 없지 않은가? 모든 부분에서 무한히 완전하신 분이 어떻게 손실이나 부족함을 용납할 수 있는가? 사실 나는 이런 질문에 어떻게 대답해야 좋을지 모르겠다. 내가 아는 것은 그분이 그분의 자녀들과 함께 고난당하시고 그들의 모든 환난에 동참하셨다고 성경이 분명히 밝히고 있는 점이다. 사랑과 자비 가운데 하나님은 그들을 안으시고, 그들이 아플 때 병상을 마련하신다. 나는 이를 안다. 하지만 이런 일이 어떻게 가능한지는 모른다.

과거에 어떤 위대한 신학자는 "방법이 이해되지 않는다고 해서 사실을 부인하지 말라"라고 말했다. 그렇다. 어떤 것이 진리라면 그것이 어떻게 가능한지를 모른다고 해서 그것을 부인해서는 안 된다. 당신이 설명할 수 없는 일들은 많다. 만일 당신이 내게 와서 이런저런 일들이 어떻게 해서 가능하냐고 묻는다면 나는 당신에게 당신의 몸, 마음, 머리카락, 피부, 눈 그리고 귀 같은 것에 대해 25개의 질문을 하겠다. 아마 당신은 내 질문에 하나도 대답하지 못할 것이다. 그럼에도 당신은 정신과 신체를 사용한다. 나도 하나님께서 어떻게 고난을 당하실 수 있는지 모르겠다. 나는 언제까지나 이 신비를 결코 이해하지 못할 것 같다.

잔디 깎기에 열중할 수도 있는 시간에 잔디를 깎지 않고 대신 찬송시를 지은 사람들이 많다. 이런 사람들 중 어떤 사람은 "참 알 수가 없습니다. 참 알 수가 없습니다. 왜 하나님이 나를 그토록 사랑했는지…. 나는 사랑할 것입니다. 나는 하나님이 왜 나를 그토록 사랑했는지를 깨닫게 해달라고 기도할 것입니다"라고 썼다. 당신도 모를 것이다. 하나님이 왜 당신을 사랑하셨는가에 대한 답은 오직 하나이다. 하나님이 사랑이시기 때문이다. 하나님이 왜 당신에게 자비를 베푸셨는가에 대한 답은 오직 하나이다. 하나님이 자비이시기 때문이다. 하나님께 왜냐고 묻지 말라. 다만 그 사실에 감사하고, 그 놀라운 신비에 감사하라.

프레드릭 페이버는 하나님이 어떻게 고난당하실 수 있는가에 대해 짧은 사행시를 지었다. 나는 당신의 이해를 돕기 위해 그의 시를 내 어투로 표현해보겠다.

오, 나의 하나님!
고난당하시고도 어떻게 여전히 하나님이실 수 있습니까?
이 신비가 저의 지성에는 어두움이지만,
저의 마음에는 햇빛입니다.

나도 이 신비를 이해할 수 없다. 하지만 나는 내가 아플 때 하나님이 슬퍼하신다는 것을 안다. 나는 내가 고난당할 때 하나님이 나와 함께 고난당하신다는 것을 안다. 그리고 내 모든 병중에 하나님이 나의 병상을 마련하신다는 것을 안다. 왜냐하면 선하심이 하나님의 이름이요 자비가 하나님의 이름이기 때문이다.

하나님의 자비는 어떤 것인가?
"아비가 자식을 불쌍히 여김같이"(시 103:13) 하나님께서 우리를 불쌍히 여기시는 것이 하나님의 자비이다. 한 가지 예화를 들어보자. 제1차 세계대전이 끝난 후, 유럽의 고아들이 탈구(脫臼) 때문에 고통받는 것을 불쌍히 여긴 미국에서는 그들을 위해 많은 돈을 보내주었다. 하지만 그 돈으로도 고아들의 필요를 다 채워줄 수는 없었다. 어느 날 고아들을 돌보는 곳에 어떤 남자가 찾아왔다. 팔과 뺨이 마른 그의 눈은 크고 비정상적으로 밝았다. 그와 같이 찾아온 어린 소녀 또한 마찬가지로 영양실조 증세를 보였다. 너무 크고 밝은 눈, 불룩 튀어나온 배, 작고 여윈 다리, 나이에 비해 너무 작고 마른 팔, 이런 것들이 그 애의 나쁜 영양 상태를 말해주었다.

남자는 아이를 데리고 들어와 담당자에게 "내 어린 소녀를 맡아주었으면 좋겠습니다"라고 말했다. 그러자 담당자는 "이 아이가 선생님의 딸입니까?"라고 물었다.

"그렇습니다"라고 남자가 대답했다.

"그렇다면… 대단히 죄송합니다만… 이곳의 규정상 부모가 없는 고아들만 도움을 받을 수 있습니다. 부모 중 한 사람이라도 있으면 도움을 드릴 수 없습니다. 이곳 형편이 넉넉지 못하기 때문입니다. 부모를 잃은 고아들이 너무 많기 때문에 한쪽만 잃은 아이를 돌볼 여력이 우리에게는 없습니다."

담당자의 말에 남자는 어린 소녀를 내려다보았고, 아이는 일이 어떻게 되어가는지 궁금하다는 듯한 표정으로 크고 밝은 눈을 한 채 남자를 올려다보았다.

남자는 다시 담당자에게 말했다.

"아시겠지만, 나는 일할 수 없습니다. 병에 걸렸기 때문입니다. 나는 학대를 받았고, 감옥에도 있었습니다. 굶기를 밥 먹듯이 했습니다. 이젠 늙었고, 일도 할 수 없습니다. 나는 비틀거리며 겨우 걸을 수 있을 정도입니다. 이렇게 어려운 발걸음을 한 것은 이 애를 돌봐달라고 부탁하기 위해서입니다."

"미안합니다. 우리가 할 수 있는 일이 없습니다."

"그러니까 당신의 말은, 내가 죽으면 당신들이 내 딸을 돌보고 먹이고 재울 수 있다는 뜻이군요."

"그렇습니다."

이 말을 들은 남자는 팔을 뻗어 뼈만 남은 아이를 들어 올려 꼭 껴안고 입을 맞추었다. 그리고 책상 위에 얹은 담당자의 손에 아이의 손을 쥐어주면서 "그렇게 되도록 하겠습니다"라고 말한 다음, 방에서 나가 스스로 목숨을 끊었다.

나는 이 이야기를 몇 년 전에 들었지만 아직도 잊지 못하고 있다. 병들어서 일할 수 없는 남자, 딸의 의식주를 해결해주는 데 오히려 방해가 되었던 남자…. 그 남자의 모습이 아직도 내 눈에 선하다. 그는 "그렇게 되도록 하겠습니다"라고 말하고, 실제로 행했다. (물론 자살은 잘못된 행동이지만, 딸을 위해 자신을 버리는) 이것이 자비이다! 아비가 자식을 불쌍히 여김같이 여호와께서는 그분을 두려워하는 자들을 불쌍히 여기신다.

예수님은 "인자(人子)가 사람들의 손에 넘기워 죽임을 당하고"(막 9:31)라고 말씀하셨다. 그러나 베드로는 "주여… 이 일이 결코 주에게 미치지 아니하리이다"(마 16:22)라고 말했다. 예수님의 말씀에는 "내가 죽지 않으면 네가 살 수 없다"라는 깊은 뜻이 담겨 있었다. 그분은 자신을 죽이기 위해 나가신 것이 아니라, 사람들이 그분을 죽일 수 있는 상황 속에 자신을 던져 넣기 위해 나가신 것이다. 예수님의 자비는 긍휼을 베풀 수 있는 유일한 방법을 선택했는데, 그것은 바로 '죽는 것'이었다. 그리하여 우리 주 예수님은 십자가에서 죽으셨다. 이것은 예수님이 우리를 사랑하시고 아비가 자식을 불쌍히 여김같이 우리를 불쌍히 여기셨기 때문이다.

하나님의 자비에 대한 우리의 반응

자비를 얻은 우리는 다른 사람들에게 자비를 베풀어야 한다. 우리는 다른 사람들에게 자비를 베풀 수 있도록 도와달라고 하나님께 기도해야 한다. 우리가 받았으니 우리도 베풀어야 한다. 하나님의 자비가 우리에게 주어질 수 있는 것은 오직 속죄 때문이다. 속죄가 있었기 때문에 자비가 우리를 위해 활동할 수 있는 것이다. 속죄를 이루신 분은 그리스도이시다.

이제 히브리서의 내용을 주제로 삼은 어떤 찬송시의 가사를 살펴보자.

하늘 성전이 있는 곳에서
손으로 만들지 아니한 하나님의 집이 있는 저 높은 곳에서
우리의 대제사장이 인간의 본성을 취하고
인류의 수호자로 나타나신다.
그분은 비록 지금 높은 곳에 계시지만
형제의 사랑으로 가득한 눈빛으로 이 땅을 내려다보신다.

우리처럼 인간의 이름을 가지셨기 때문에
우리의 연약함을 잘 아신다.
우리처럼 고난당하셨던 분이
이제는 우리의 고통을 함께 느끼신다.
비록 지금 하늘에 계시지만
이 땅에서 맛보았던 눈물과 고뇌와 울부짖음을 기억하신다.

슬픔의 사람은
가슴을 찢어놓는 모든 고통에 동참하신다.
그분은 우리의 슬픔을 동정하고
고난당하는 자에게 구원을 보내신다.

그러므로 담대히 보좌로 나아가
우리의 모든 슬픔을 말씀드리자.
하늘의 능력이 임하여
우리의 고통의 시간을 종식시켜달라고 기도하자.

얼마나 훌륭한 찬송시인가! 인간의 보호자이신 우리의 대제사장
이 하나님의 보좌 앞에서 우리의 본성을 취하신다. 만일 당신이 하
늘로 올라가 하나님의 보좌 가까이 간다면, 그리고 그분이 당신에게
보도록 허락하신다면, 거기에는 당신이 알지 못하는 피조물들이 있
을 것이다. 즉, 하나님의 보좌 앞에는 천상의 피조물들이 있을 것이
다. 그것들은 얼굴이 넷이며, "여섯 날개가 있어 그 둘로는 그 얼굴

을 가리었고 그 둘로는 그 발을 가리었고 그 둘로는 날 것이다"(사
6:2). 당신은 아브라함이 보았던 그런 기이한 천사들을 볼 것이다.
당신은 야곱의 눈에 사다리를 오르락내리락하는 모습으로 나타났던
천사들을 보게 될 것이다. 당신은 천사를 본 적이 없기 때문에 그들
을 알아보지 못할 것이다. 내 추측에는 그들 말고도 다른 피조물들
이 또 있을 것이다. 왜냐하면 다니엘서와 요한계시록에 그것들이 나
오기 때문이다.

당신이 보좌에 가까이 가면 한 무리의 존재를 알아보고 이렇게 외
칠 것이다.

"보세요! 보세요! 나는 이 존재들을 압니다. 그 모양을 잘 알아요.
내가 아는 형태입니다. 그들은 인간입니다. 두 다리와 두 팔이 있는
그들은 인간입니다."

앞에서 인용한 찬송시 가사를 통해 알 수 있듯이, "우리의 대제사
장이 인간의 본성을 취하고 인류의 수호자로 나타나신다." 천상의
피조물들 틈에서 당신은 아주 낯선 존재가 될 것이지만, 그래도 당신
이 아는 존재들이 있을 것이다. 그리고 당신은 "나는 그들 중에서 성
장했고, 그들을 압니다. 나는 그들이 거리를 오가는 것을 보았습니
다. 그들은 작기도 하고 크기도 하고 검기도 하고 노랗기도 하고 붉
기도 했습니다. 그들은 바로 인간들입니다"라고 말할 것이다.

그때, 보좌에 앉아 계신 분이 아래쪽을 내려다보며 미소 지을 것이
다. 왜냐하면 "그분은 비록 지금 높은 곳에 계시지만 형제의 사랑으
로 가득한 눈빛으로 이 땅을 내려다보시며, 우리처럼 인간의 이름을
가지고 우리의 연약함을 잘 아시기 때문이다."

자기연민에 빠지지 말라. 하나님께 당신의 고통에 대해 말씀드리는 것을 두려워 말라. 하나님은 당신의 고통을 다 아신다. "아무도 내 고통을 모른다"라는 노랫말과 달리 당신의 고통을 아는 분이 계신다. 그러므로 걱정할 것이 무엇인가? 전능하신 아버지의 우편에서 영광 중에 앉아 계신 우리의 대제사장은 장차 임할 저 큰 대관식을 기다리고 계신다. 하지만 우리처럼 고난당하셨던 분은 이제 우리의 고통을 함께 느끼신다. 비록 지금 하늘에 계시지만 이 땅에서 맛보았던 눈물과 고뇌와 울부짖음을 기억하신다. 지금 예수님이 하늘에 계시고 사방에서 예수님을 향해 "죽임을 당하신 어린양이 능력과 부와 지혜와 힘과 존귀와 영광과 찬송을 받으시기에 합당하도다"(계 5:12)라고 찬양할지라도 예수님은 우리를 잊지 않으셨고, 자신의 손의 못 자국과 눈물과 고뇌와 울부짖음을 잊지 않으셨다.

예수님은 당신의 모든 것을 아신다. 정말 아신다! 의사가 당신의 중병을 말해줄 때, 당신의 친구들이 찾아와 어색한 말투로 당신을 위로하려고 노력할 때, 바로 그때 예수님은 당신의 심정을 헤아리신다. 정말 그렇다!

그러므로 담대히 보좌로 나아가
우리의 모든 슬픔을 말씀드리자.
하늘의 능력이 임하여
우리의 고통의 시간이 끝나도록 기도하자.

"하나님의 자비는 거룩한 대양(大洋)이요 경계도 없고 밑바닥도 없는 바다이다."

이 바다, 이 대양 속으로 뛰어들자. 하나님의 자비를 맛보자. 당신이 하나님의 자비를 아직 모른다면 그 자비를 절박하게 원할 때가 올 것이다. 나는 당신이 그 자비를 맛보기를 원한다. 그 자비는 그리스도 예수 안에서 얼마든지 주어진다. 아멘! 아멘!

하나님은
은혜의 하나님이시다

하나님의 선하심이 인간의 죄를 상대하는 것을 자비라고 한다면, 하나님의 선하심이 인간의 결점을 상대하는 것은 은혜이다. 마땅히 호의를 받을 수 없는 사람에게 하나님께서 호의를 베푸시는 것이 은혜이다.

"그러나 노아는 여호와께 은혜를 입었더라"(창 6:8).

"여호와께서 모세에게 이르시되 너의 말하는 이 일도 내가 하리니 너는 내 목전에 은총을 입었고 내가 이름으로도 너를 앎이니라"(출 33:17).

"진실로 그는 거만한 자를 비웃으시며 겸손한 자에게 은혜를 베푸시나니" (잠 3:34).

"우리가 다 그의 충만한 데서 받으니 은혜 위에 은혜러라 율법은 모세로 말미암아 주신 것이요 은혜와 진리는 예수 그리스도로 말미암아 온 것이 라"(요 1:16,17).

"그리스도 예수 안에 있는 구속으로 말미암아 하나님의 은혜로 값없이 의 롭다 하심을 얻은 자 되었느니라"(롬 3:24).

"그러나 이 은사는 그 범죄와 같지 아니하니 곧 한 사람의 범죄를 인하여 많은 사람이 죽었은즉 더욱 하나님의 은혜와 또는 한 사람 예수 그리스도의 은혜로 말미암은 선물이 많은 사람에게 넘쳤으리라"(롬 5:15).

"이는 그의 사랑하시는 자 안에서 우리에게 거저 주시는바 그의 은혜의 영광을 찬미하게 하려는 것이라 우리가 그리스도 안에서 그의 은혜의 풍성함을 따라 그의 피로 말미암아 구속 곧 죄 사함을 받았으니"(엡 1:6,7).

"모든 은혜의 하나님 곧 그리스도 안에서 너희를 부르사 자기의 영원한 영광에 들어가게 하신 이가 잠깐 고난을 받은 너희를 친히 온전케 하시며 굳게 하시며 강하게 하시며 터를 견고케 하시리라"(벧전 5:10).

앞에서도 말했지만, 하나님의 속성은 하나님이 소유한 무엇이 아니라 바로 하나님의 본질이다. 그러므로 은혜(grace)도 하나님의 본질이다. '은혜'라는 말의 뜻은 '자비'라는 말과 가깝지만 완전히 똑같은 것은 아니다. 자비가 하나님의 선하심에서 흘러나오듯 은혜도 하나님의 선하심에서 흘러나온다.

은혜는 하나님의 선하심에서 흘러나온다

하나님의 선하심이 인간의 죄를 상대하는 것을 자비라고 한다면, 하나님의 선하심이 인간의 결점을 상대하는 것은 은혜이다('장점이 없는 것'과 '결점'은 서로 다르다. 전자는 말 그대로 '장점이 없는 것'이다. 하지만 후자는 장점이 없을 뿐만 아니라 한 걸음 더 나아가 '나쁜 점'이 있는 것이다). 공의가 도덕적 상황에 개입하면 공의는 죽음을 선고한다. 왜냐하면 하나님께서 정죄하시지 않을 수 없기 때문이다. 인간에게는 죄가 있고 공의는 심판해야 하므로 하나님은 인간에 맞설 수밖에 없다. 그럼에도 하나님의 선하심은 인간에게 복을 주기를 원하신다. 심지어 이 복을 받을 자격이 없을 뿐만 아니라 결점을 가지고 있는 사람들에게도 베풀기를 원하신다. 이 복이 바로 은혜이다.

은혜는 하나님의 선한 기쁨이며, 하나님의 본질이다. 이미 거듭 말했듯이, 교회가 안고 있는 큰 문제들 중 하나는 하나님이 어떤 분이신지 제대로 알지 못한다는 것이다. 만일 교회가 지금이라도 하나님을 제대로 안다면 수많은 설교자들이 전국을 누비며 하나님이 어떤 분이신지를 설교할 것이다. 또한 목회자들과 교사들이 하나님의 본질에 대해 다시 얘기하기 시작할 것이다. 그리고 우리의 신앙이 반석 위에 올려져 큰 힘을 발휘할 것이다.

마땅히 호의를 받을 수 없는 사람에게 하나님께서 호의를 베푸시는 것이 은혜이다. 이는 히브리어 정의(定義)와 헬라어 정의에 아주 충실한 것이다. 말이 나온 김에 계속하자면, 은혜와 호의는 영어성경에서 종종 같은 의미로 사용되기도 한다. 구약에서는 신약보다 자비에 대해 네 배나 많이 언급한다. 그런데 놀랍고 감사하게도, 신약에서는 구약보다 은혜에 대해 세 배 이상 많이 언급한다.

"율법은 모세로 말미암아 주신 것이요 은혜와 진리는 예수 그리스도로 말미암아 온 것이라"(요 1:17).

은혜는 그리스도를 통해 주어진다. 그런데 잘못하면 우리는 이 말을 오해할 수 있다. 다시 말해서 모세는 오직 율법만을 알았고 그리스도는 오직 은혜만을 아신다고 생각할 수 있다. 이런 잘못된 생각이 많이 퍼져 있지만 과거 믿음의 조상들은 이런 오해를 하지 않았다. 존 번연(John Bunyan, 1628~1688. 영국의 청교도로서 불후의 명작 「천로역정」

을 썼다), 존 오웬(John Owen, 1616~1683. 청교도 신학자로서 '청교도의 황태자'라는 평가를 받았다), 헨리 스쿠걸(Henry Scougal, 1650~1678. 청교도 신학자로서 「인간의 영혼 안에 있는 하나님의 생명」이라는 저서로 유명하다) 그리고 청교도들 중 어느 누구도 그렇게 생각하지 않았다. 심지어 칼빈도 그렇게 생각하지 않았다. 위대한 부흥사들, 교부(敎父)들 그리고 종교개혁가들도 그런 오해를 하지 않았다.

율법이 모세를 통해 주어졌기 때문에 모세는 은혜를 몰랐으리라고 생각하는 것은 요한복음 1장 17절을 잘못 해석하는 것이다. 창세기 6장 8절은 "노아는 여호와께 은혜를 입었더라"라고 말하는데, 이는 율법이 주어지기 전의 일이다. 율법이 주어진 후에, 모세가 사십 주야를 산에 있고, 하나님께서 불과 폭풍으로부터 내려와 돌판에 손가락으로 십계명을 새기신 후에 "너는 내 목전에 은총을 입었고 내가 이름으로도 너를 앎이니라"(출 33:17)라고 말씀하셨다.

하나님은 모세를 율법에 근거하여 상대하지 않으셨다. 하나님은 은혜에 근거하여 모세를 상대하셨다. 모세도 이를 알았기 때문에 "내가 참으로 주의 목전에 은총을 입었사오면 원컨대 주의 길을 내게 보이사 내게 주를 알리시고 나로 주의 목전에 은총을 입게 하시며"(출 33:13)라고 말했다.

하나님께서 구약에서는 율법에 의해서만 사람들을 상대하시고 신약에서는 은혜에 의해서만 그들을 상대하셨다는 주장은, 하나님의 불변성에도 맞지 않는다. 불변성이 하나님의 속성이라면 그분은 언제나 그 속성에 맞게 행동하셔야 한다. 은혜는 밀물처럼 왔다가 썰물처럼 빠져나가는 것이 아니다. 변덕스러운 날씨처럼 수시로 변하는 것이 아니다. 하나님은 언제나 자신의 본질에 따라 행동하신다. 노아 홍수 이전이나 이후, 율법이 주어지기 이전이나 이후에도 하나님은 동일하시다. 은혜는 그분의 속성이다. 다시 말해서 그분의 본질이다. 그것은 그분에게서 제거될 수 없다. 그 때문에 그분은 언제나 하나님이시다. 그분의 마음 안에는 언제나 은혜가 있었다. 과거보다 지금 하나님의 은혜가 더 늘어난 것도 아니고, 앞으로 미래에 하나님의 은혜가 지금보다 더 증가하는 것도 아니다.

은혜는 구원의 유일한 수단이다

이제 중요한 두 가지 진리에 대해 생각해보자(이 두 진리를 깊이 명심하라. 만일 앞으로 어떤 설교자나 교수가 다른 얘기를 한다면 그를 찾아가 이 두 진리를 말해주어라).

첫째 진리는, 누구도 은혜 없이는 구원받을 수 없다는 것이다. 과거에도, 현재에도, 미래에도 없다. 모세 이전에 은혜 없이 구원받은 사람은 없다. 모세 시대에 은혜를 떠나서 구원받은 사람은 없다. 모세 이후, 십자가 사건 전에, 십자가 사건 후에, 어느 세대(世代)에나, 어디에서나, 어느 때나, 다시 말해서 아벨이 연기 나는 제단에서 하나님께 양의 첫 새끼를 드린 이후 이제까지, 은혜를 통하지 않고 구원받은 사람은 하나도 없다.

둘째 진리는, 은혜는 언제나 예수 그리스도를 통해서 온다는 것이다. 율법은 모세를 통해 주어졌지만, 은혜는 예수 그리스도를 통해서 왔다. 이렇게 말한다고 해서 예수님이 동정녀 마리아에게서 나시기 전에는 은혜가 없었다고 오해하지 말라. 예수님이 오시기 전에도 하나님은 성육신(成肉身)과 십자가를 미리 내다보고 은혜에 근거하여 인류를 대하셨다. 그리스도께서 이 땅에 왔다가 아버지 우편으로 돌아가신 후에는 하나님께서 (우리가 십자가를 뒤돌아보듯이) 십자가를 뒤돌아보신다. 은혜는 그리스도를 통해서 왔다. 십자가 사건 이후에 구원받은 사람들은 모두 십자가를 돌아봄으로써 구원받은 것이다.

은혜는 언제나 예수 그리스도를 통하여 온다. 은혜는 예수님의 출생 때 온 것이 아니라 하나님의 영원한 계획 가운데 왔다. 은혜를 받은 모든 사람은 오직 예수 그리스도에 의해, 그분을 통해 그리고 그분 안에서 은혜를 받았다. 아담과 하와에게 자식이 없을 때 하나님께서는 은혜 때문에 그들을 살려두셨다. 그들에게 두 아들이 생겼을 때 한 아들은 양의 첫 새끼를 드렸는데, 아마도 그때 그는 "나는 하나님의 어린양이 오실 것을 믿는다"라고 말했을 것이다. 그는 그리스도께서 태어나기 수천 년 전에 그리스도의 은혜를 받아들였으며, 하나님으로부터 의롭게 되었다는 증거를 받았다.

다시 말하지만, 그리스도께서 마구간에서 태어나셨을 때 은혜가 찾아온 것이 아니다. 그분이 세례를 받거나 성령의 기름부음을 받았을 때 은혜가 온 것이 아니다. 그리스도께서 십자가에서 돌아가셨을 때 은혜가 온 것이 아니다. 그분이 죽은 자들로부터 부활하셨을 때에도, 그분이 아버지의 우편으로 가셨을 때에도 아니다. 은혜는 영원한 아들 예수 그리스도를 통해 영원 전부터 왔으며, 갈보리의 십자가 위에서 피와 눈물과 땀과 죽음을 통해 드러났다. 은혜는 창세로부터 언제나 활동해왔다. 만일 하나님이 은혜를 통해 일하지 않으셨다면 그분은 인류를 다 쓸어버리셨을 것이다. 은혜가 없었다면 하나님은 아담과 하와에게 무서운 심판을 내려 그들을 그분의 뒤꿈치로 짓밟으셨을 것이다(그들은 그런 심판을 당해야 마땅한 죄인들이었다).

그러나 하나님은 은혜의 하나님이시기 때문에 이미 영원까지 다 계획을 세워놓고 계셨다. 그것은 "[창세 이후로] 죽임을 당한 어린 양"(계 13:8)을 통해 이루어지는 은혜의 계획이었다. 하나님이 계획을 추진하다가 당혹감을 느끼시는 일은 발생하지 않았다. 그러므로 하나님은 한 걸음 뒤로 물러서면서 "미안한데, 여기서 일이 꼬이고 말았네"라고 말씀하실 필요가 없었다. 하나님은 본래 계획대로 추진하셨을 뿐이다.

모든 사람들은 어느 정도 하나님의 은혜를 받는다. 이 세상에서 가장 천한 사람도, 이 세상에서 가장 악하고 잔인한 사람도, 가룟 유다와 히틀러도, 어느 정도 하나님의 은혜를 받는다. 하나님이 은혜를 베풀지 않으셨다면 그들은 일찌감치 죽임을 당했을 것이다. 그들뿐만이 아니다. 당신과 나도 마찬가지이다. 아니, 이 세상 모든 사람들이 다 똑같다. 사실 우리는 모두 똑같은 죄인일 뿐이다.

어떤 사람이 집 안 청소를 한다고 가정해보자. 그가 치우는 쓰레기 중 일부는 검고 일부는 회색이고 일부는 밝은 색이지만, 모두 쓰레기라는 사실은 동일하다. 쓰레기는 빗자루에 쓸려갈 뿐이다. 하나님이 인류를 내려다보실 때 그분 눈에는 여러 부류의 사람들이 보일 것이다. 어떤 사람들은 도덕적으로 밝은 색이고 어떤 사람들은 도덕적으로 어두운 색이고 또 어떤 사람들은 도덕적으로 얼룩덜룩할 것이다. 하지만 온 인류가 모두 더러운 것은 사실이다. 그들은 모두 하나님이 내미시는 공의의 빗자루에 쓸려나갈 뿐이다.

다시 말하지만, 하나님의 은혜는 모든 사람들에게 미친다. 그러나 하나님께서 베푸시는 구원의 은혜는 그렇지 않다. 그분의 은혜가 예수 그리스도를 믿는 믿음을 통하여 작용할 때 중생(重生)이 일어난다. 그리고 하나님의 은혜는, 그분이 인자를 베풀어 모든 사람들에게 회개할 기회를 주실 때까지는 심판을 억제한다.

은혜는 하나님의 본질이다

은혜는 하나님의 선하심이요 그분의 마음에서 나오는 인자하심이요 호의요 진정한 선의(善意)이다. 은혜는 하나님의 본질이다. 언제나 그분은 은혜의 하나님이시다. 당신은 하나님에게서 엄하고 무정한 부분을 절대 찾을 수 없을 것이다. 당신이 하나님을 언제 보더라도 그분은 언제나, 모든 민족을 향해 영원히 은혜로운 분이시다. 하나님에게서 비열함, 분개, 원한 그리고 악의 같은 것들은 절대 볼 수 없다. 그분은 어떤 존재를 향해서도 악의를 품지 않으신다. 그분은 친절, 성심성의, 호의 그리고 선의의 하나님이시다. 그러나 이 모든 것들은 하나님의 공의와 심판과 완전한 조화를 이루며 활동한다. 나는 지옥의 존재와 심판을 믿는다. 회개하지 않아서 하나님께 버림받는 사람들이 있지만 그래도 은혜가 있을 것이다. 하나님은 여전히 자신의 우주 전체를 향해 은혜의 마음을 품으실 것이다. 그분은 하나님이시기 때문에 달리 다른 것을 하실 수 없다.

은혜는 무한하다. 하지만 나는 당신이 무한을 이해하기 위해 얼굴을 찡그리며 고민하는 것을 원하지 않는다. 과거에 서너 번 나는 무한을 주제로 설교하는 만용을 부린 적이 있었는데, 그럭저럭 설교가 잘되었다고 믿는다. 어쩌면 나 혼자만 잘되었다고 생각하는 것인지도 모르겠다. 아무튼 무한을 이해하려고 할 때 하나님을 기준으로 하지 말고 우리 자신을 기준으로 하자. 하나님께서는 자신 안의 어떤 것을 측정할 때, 그분 안에 있는 어떤 다른 것을 기준으로 측정하지 않으신다. 하나님께서는 자신의 공의를 기준 삼아 자신의 은혜를 측정하지 않으신다. 하나님께서는 자신의 사랑에 비추어 자신의 자비를 측정하지 않으신다. 하나님은 완전히 하나이시다. 하지만 하나님은 우리의 죄에 비추어 자신의 은혜를 측정하신다. 성경은 "그의 은혜의 풍성함을 따라"(엡 1:7) "[은혜가] 많은 사람에게 넘쳤으리라"(롬 5:15)라고 말한다. 그리고 성경은 다시 "죄가 더한 곳에 은혜가 더욱 넘쳤나니"(롬 5:20)라고 말한다. 하나님은 "더욱 넘친다"라고 말씀하시지만, 그분께는 정도(程度)의 차이가 없다. 정도의 차이는 인간들에게 있을 뿐이다.

가장 좋지 않은 일들 중 하나는 사람들에게 아이큐(IQ) 테스트를 실시하는 것이다. 군대에서 아이큐 검사를 받은 적이 있는데, 나의 아이큐는 매우 높았다. 그후 지금까지 살아오면서 나의 지능 지수를 잊고 하나님 앞에서 겸손해지려고 노력했다. 당시 내 아이큐는 군대에서 상위 4퍼센트 안에 들었는데, 아마도 당신은 이것이 무엇을 뜻하는지 잘 알 것이다. 머리가 좋다는 사람들은 자신을 낮추기 위해 노력해야 한다. 그리고 하나님께서는 그런 사람들을 계속 낮추기 위해 징계를 하지 않으실 수 없다.

그러나 하나님 안에 있는 그 어떤 것도 그분 안에 있는 다른 어떤 것과 서로를 비교하지 않는다. 하나님은 하나님이시다. "은혜가 더욱 넘친다"라는 성경말씀은 "은혜가 하나님 안에 있는 어떤 다른 것보다 더욱 넘친다"라는 뜻이 아니라 "은혜가 우리 안에 있는 어떤 것보다도 더욱 넘친다"라는 뜻이다. 어떤 사람이 아무리 많은 죄를 범했다 할지라도 말 그대로 그리고 진실로 은혜가 그 사람에게 넘친다.

존 번연은 그의 삶에 대한 이야기를 쓰고 책의 제목을 「죄인 괴수에게 넘치는 은혜」(Grace Abounding Toward the Chief of Sinners)라고 붙였다(내가 볼 때 이것은 역사상 가장 탁월한 책 제목 중 하나이다). 번연은 자기가 하나님의 은혜를 받을 자격이 가장 적은 사람이라고 진심으로 믿었다. 그러나 은혜가 넘쳤다! 하나님께 인정받을 수 없는 우리, 죄 때문에 그분의 영원한 진노와 추방의 판결을 받아야 마땅한 우리, 이런 우리에게 은혜는 이해를 초월할 정도로 무궁무진한 그분의 친절함과 선하심을 의미한다. 이 사실을 기억하기만 해도 우리는 설교단을 무대로 바꾸면서까지 짜릿한 재미를 보려고 안달하는 짓을 중단하게 될 것이다. 죄밖에 아무것도 없는 우리를 향한 하나님의 은혜를 생각만 해도 상상을 초월하는 이 하나님의 속성에 압도될 것이다. 하나님의 이 속성은 너무나 넓고 크기 때문에 그 누구도 이해할 수 없고 이해하기를 소망하지도 않을 정도이다.

만일 하나님의 은혜에 한계가 있다면 그분이 우리를 그토록 오랫동안 참으실 수 있겠는가? 그분의 속성의 양(量)에 한계가 있다면 그분이 하나님이실 수 없다. 사실 엄밀히 말해서 나는 양(量)이라는 말도 사용해서는 안 된다. 왜냐하면 양(量)이라는 것은 측정을 전제로 하는 말인데, 하나님은 어떤 면에서도 측정될 수 없는 분이시기 때문이다. 하나님은 물리적 차원에 거하시는 것이 아니기 때문에 어떤 방법으로도 측정될 수 없다. 측정될 수 있는 것은 인간이나 별 같은 존재들이다.

천체들이 점유한 공간을 설명하거나 천체들 사이의 관계를 설명하는 개념이 바로 '거리'이다. 달은 지구로부터 40만 킬로미터 떨어져 있다. 태양은 1억 5,000만 킬로미터 떨어져 있다. 천체들은 이렇게 거리로 측정될 수 있다. 하지만 하나님은 그 누구에게도 그분의 속성에 대해 설명하지 않으신다. 그분이 광대하시다는 것, 그분이 무한하시다는 것은 그분의 은혜가 언제나 측정을 초월할 정도로 충만하시다는 것을 의미한다. 우리는 "놀라운 하나님의 은혜!"라고 칭송한다. 맞다! 너무나 놀라운 은혜이다. 우리가 하나님의 은혜의 충만함을 어떻게 이해할 수 있겠는가?

하나님의 은혜를 어떻게 바라볼 것인가?
하나님의 은혜를 바라보는 방법은 두 가지이다.

하나는 당신 자신을 보고, 당신이 과거에 얼마나 큰 죄인이었는지를 보고, "하나님의 은혜는 너무나 크다. 나 같은 죄인을 용서하신 것을 보니 그분의 은혜는 우주만큼 크다"라고 말하는 것이다. 이것이 한 가지 방법인데, 사실 좋은 방법이다. 아마도 사람들을 통해 가장 흔히 발견되는 방법인 것 같다.

하나님의 은혜를 바라보는 또 다른 방법이 있다. 은혜를 그분의 존재방식으로 보는 것이다. 다시 말해서 하나님의 본질로 보는 것이다. 하나님이 죄인에게 은혜를 보여주실 때 그분은 잠시 극적(劇的)으로 행동하시는 것이 아니라 그분의 본질에 따라 행동하시는 것이다. 하나님은 오직 자신의 본질에 따라 행동하실 뿐이다. 공의에 의해 정죄 받고도 하나님의 은혜와 구원을 거부하는 사람에게는 언젠가 반드시 하나님의 심판이 임할 것이다. 그분이 심판을 내리시는 것은 그분의 본질에 따른 행동이다. 그분이 인류에게 사랑을 베푸시는 것도 그분의 본질에 따른 행동이다. 그분이 "자기 처소를 떠난 천사들"(유 6절)에게 심판을 내리시는 것도 그분의 본질에 따른 행동이다.

언제나 하나님은 자신의 완전하고 균형 잡힌 본질의 충만함에 따라 행동하신다. 언제나 하나님은 자신의 모든 다른 속성과 조화를 이루는 가운데, 무한히 넘치는 이 선하심을 느끼신다. 하나님께 좌절은 없다. 그분의 모든 것들은 조화를 이룬다. 그러므로 하나님께 좌절은 없다. 하나님은 자신의 영원한 아들 안에서 은혜를 베푸신다.

많은 사람들은 하나님의 선하심에 대해 이야기하면서 감상적 태도를 취하기 때문에 "하나님은 선하시기 때문에 아무에게도 형벌을 내리지 않으신다"라고 주장한다. 그 결과 그들은 지옥을 부인한다. 그러나 하나님을 제대로 아는 사람은 그분의 사랑을 믿을 뿐만 아니라 그분의 거룩함도 믿는다. 그분의 자비뿐만 아니라 그분의 공의도 믿는다. 당신은 하나님이 거룩하고 완전한 단일체(單一體)이심을 믿는가? 당신은 한 하나님이 심판을 내리신다는 것을 믿는가? 그렇게 믿는다면, 당신은 악(惡)을 선택하는 사람이 거룩한 하나님의 존전에 거할 수 없다는 것을 받아들여야 한다.

안타깝게도, 극단적 사고에 빠진 많은 사람들이 하나님의 사랑과 온유와 자애만을 저작물과 시를 통해 강조하는 나머지, 사람들을 잘 못된 방향으로 이끌고 있다. 물론 하나님이 측정을 거부할 만큼 무한히 친절하시고 사랑으로 충만하신 것은 사실이지만, 동시에 하나님은 거룩하고 공의로운 분이시다.

하나님의 은혜는 오직 예수 그리스도만을 통하여 우리에게 주어진다는 진리를 명심하라. 성삼위(聖三位) 가운데 제2위이신 그리스도께서 은혜의 문을 여셨기 때문에 은혜가 우리에게 흘러왔다. 은혜는 아담이 범죄한 날부터 구약시대에 걸쳐 항상 그리스도만을 통하여 흘렀다. 은혜가 흐르는 다른 길은 없다. 그러므로 하늘에 계신 우리 아버지의 선하심에 대해 몽상적(夢想的) 시를 쓰면 안 된다. 예를 들면, "사랑은 하나님이고, 하나님은 사랑이시고, 사랑이 모든 것이고, 모든 것이 하나님이므로 아무것도 걱정할 것 없다"라는 식으로 시를 쓰면 안 된다. 오늘날 이런 식의 가르침이 많이 퍼져 있지만, 이는 진리가 아니다.

은혜는 십자가에서 드러났다

이 측량할 수 없는 하나님의 은혜를 알기 원하는가? 깜짝 놀랄 만한 하나님의 자애(慈愛)를 깊이 느끼길 원하는가? 그렇다면 십자가의 그늘 밑으로 들어가라. 우리는 하나님이 은혜의 문을 활짝 열어 놓으신 곳으로 가야 한다. 인류는 십자가를 내다보거나 아니면 뒤돌아보아야 한다. 인류는 예수님이 돌아가신 십자가를 이 두 가지 방법 중에서 한 가지로 보아야 한다. 은혜는 창에 찔린 예수님의 허리에서 흘러나왔다. 그 은혜가 아벨을 구원했고, 또한 당신을 구원한다. 우리 주 예수 그리스도는 "나로 말미암지 않고는 아버지께로 올 자가 없느니라"(요 14:6)라고 말씀하셨다. 베드로는 예수 그리스도의 이름 이외에 "천하 인간에 구원을 얻을 만한 다른 이름을 우리에게 주신 일이 없음이니라"(행 4:12)라고 말했다.

왜 오직 예수 그리스도만을 통해서 구원이 주어지는가? 바로 그분이 하나님이시기 때문이다. 율법은 모세를 통해 주어졌는데, 오직 율법만이 모세를 통해 주어질 수 있었다. 그러나 은혜는 그리스도를 통해서 주어졌다. 은혜는 태초부터 주어졌다. 은혜는 오직 그리스도만을 통해서 주어질 수 있었는데, 우리를 위해 죽을 수 있는 하나님은 오직 그리스도뿐이었기 때문이다. 인간의 육체를 취했으면서도 계속 무한한 하나님으로 머물 수 있는 분은 오직 그리스도뿐이었다. 그리스도는 이 땅에서 두루 다니는 동안 아이들을 사랑하고 창녀들을 용서하고 사람들에게 복을 주셨는데, 이 모든 일은 특정한 상황에서 하나님의 본질에 따라 행동하신 것이었다(하나님은 무슨 일을 하시든지 항상 자신의 본질을 좇아 행하신다).

예수님이 하나님으로서 행한 이 행동은 동시에 인간으로서 행한 행동이기도 하다. 인간들을 위한 것이었기 때문에 신적(神的) 행동만은 아니었으며, 오직 하나님만이 그런 구원의 행동을 하실 수 있기 때문에 인간적 행동만도 아니었다. 그것은 신적 행동인 동시에 인간적 행동이었다. 그것은 역사적 행동이요 한 번에 이루어진 행동이요 저 신비의 십자가에서 이루어진 행동이었다. 십자가의 신비 가운데 이루어진 그 깊은 행동은 결코 반복되지 않았다. 사흘 만에 예수를 죽은 자들로부터 다시 살려서 자신의 오른편에 앉히신 전능하신 아버지 하나님은 그것을 인정하고 받아들이셨다.

그러므로 우리는 속죄를 저급하게 설명함으로써 우리 자신의 품위를 떨어뜨리는 짓을 더 이상 하지 말아야 한다. 지난 한두 세대에 걸쳐 일부 인기 있는 설교자들이 속죄를 상업화했다. 물론 그들은 선한 사람들이고 어느 정도 전도에 성공한 것도 사실이다. 나는 그들을 통해 그리스도를 믿게 된 사람들이 있다는 것에 대해 하나님께 감사한다. 그러나 그들이 사람들을 그리스도께 인도한다 할지라도, 심지어 많은 사람들을 그리스도께 인도한다 할지라도 잘못된 가르침과 편협한 강조를 통해 나쁜 경향을 끌어들일 수 있다.

지금 말한 그런 설교자들은 '대가(代價) 지불'의 교리를 주장함으로써 속죄를 상업화했다. 물론 나는 예수님이 대가를 모두 지불하셨다는 것을 믿는다. 나는 "예수님이 내가 빚진 분에게 모두 갚으셨습니다"라고 찬송한다. 하지만 예수님의 속죄를 단순화하여 극단적 예를 통해 설명해서는 안 된다. 왜냐하면 그것은 속죄를 저급하게 만드는 것이기 때문이다. 나는 그분이 어떻게 속죄를 이루셨는지 알지 못한다. 다만 나는 마른 뼈가 가득한 골짜기에 선 에스겔처럼 서서 하나님을 향해 내 머리를 들고 "주 여호와여 주께서 아시나이다"(겔 37:3)라고 말할 뿐이다. 구약의 선지자들이 메시아가 와서 많은 사람들을 위하여 자신을 속전(贖錢)으로 주실 것이라고 예언할 때, 그들 자신도 자기들의 예언을 완전히 이해한 것은 아니었다고 베드로는 증언한다(벧전 1:10,11 참조). 천사들은 선지자들이 깃촉 펜을 쥐고 고대의 구식 종이 위에 장차 오실 메시아의 예언을 써내려가는 모습을 보았을 것이다. 그리고 천사들은 그들의 어깨 너머를 통해 그것을 살펴보기를 원했다(벧전 1:12 참조). 하나님의 보좌를 둘러싸고 있는, 눈이 날카로운 천사들조차 예수님이 속죄를 어떻게 이루셨는지 알지 못했다.

우리가 알지 못하는 것들도 있다

은밀히, 거기 어둠 속에서 그리스도는 단번에 일을 이루셨다. 그 일은 이전이나 이후에 이루어질 수 없었다. 그리스도께서 그 일을 이루셨기 때문에 하나님의 은혜가 모든 사람들에게 흘러들어갈 수 있었다. 천사들과 선지자들과 심지어 사도 바울조차 "크도다 경건의 비밀이여, 그렇지 않다 하는 이 없도다 그는 육신으로 나타난바 되시고 영으로 의롭다 하심을 입으시고 천사들에게 보이시고 만국에서 전파되시고 세상에서 믿은바 되시고 영광 가운데서 올리우셨음이니라"(딤전 3:16)라고 말했다. 진지하고 자격 있는 많은 학자들은 완전한 예수님을 제외한다면 사도 바울이 역사상 가장 위대한 지성(知性)의 소유자라고 말할 것이다. 그런데 이렇게 탁월한 바울조차 그리스도의 신비를 이해하려고 애쓰지 않고 다만 "크도다 경건의 비밀이여"(딤전 3:16)라고 외쳤을 뿐이다.

우리는 그리스도의 보혈로 구원을 얻었다. 그런데 우리가 어떻게 그분의 보혈로 구원을 얻는가? 우리는 그분의 죽음에 의해 살아 있다. 하지만 왜 우리가 그분의 죽음에 의해 살아 있는가? 그분의 죽음을 통해 속죄가 이루어졌다. 하지만 어떻게 속죄가 그분의 죽음을 통해 이루어졌는가? 우리는 이런 의문을 풀기 위해 노력함으로써 속죄를 저급하게 만들어서는 안 된다. 다만 우리는 서서 십자가를 바라보며 "주 여호와여 주께서 아시나이다. 죽임을 당하신 어린양이 합당하시도다"라고 말해야 한다.

만일 천사들이 우리를 부러워한다면 그들은 우리 같은 구속(救贖) 받은 죄인들을 보며 구속의 신비를 알기 원할 것이다. 그러나 하나님께서는 천사들에게, 즉 그분의 보좌 앞에서 불타는 듯한 행복을 누리며 이런 죄악된 세상을 알지 못하는 영들에게 "가서 내 백성을 도우라"라고 말씀하신다. 하나님이 천사들을 보내시는 것은 그들이 구원 얻을 후사들을 섬기는 영이 되도록 하기 위함이다. 그러나 하나님은 천사들에게 구속의 신비를 설명해주지 않으신다. 나는 십자가에서 무슨 일이 일어났는지 이해할 수 있는 천사나 천사장이 천국에 없다고 믿는다.

우리는 그리스도께서 죽으신 것을 안다. 우리는 그분이 죽으셨기 때문에 우리가 죽을 필요가 없다는 것을 안다. 우리는 그분이 죽은 자들로부터 다시 사셨다는 것을 안다. 우리는 그분이 부활하셨기 때문에 그분을 믿는 우리도 부활할 것임을 안다. 우리는 그분이 하나님 우편으로 가서 하나님의 완전한 승인(承認) 가운데 수많은 천상의 존재들에게 갈채를 받으며 자리에 앉으셨다는 것을 안다. 우리는 그리스도가 그렇게 하셨기 때문에 우리도 그분과 함께 그곳으로 갈 것임을 안다. 그런데 우리는 어찌하여 그렇게 되는지는 알지 못한다. 왜냐하면 하나님께서 이 비밀을 그분의 큰 마음 안에 영원히 묻어놓으셨기 때문이다. 그러므로 우리는 오직 "어린양이 합당하시도다"라고 외칠 수 있을 뿐이다.

오직 믿어야 한다

이해하려고 하지 말고 오직 믿자. 그리스도의 속죄가 이루어진 후 100년이 지났을 때 교회는 그것을 설명하려고 노력하기 시작했다. 그러나 믿음의 조상들은 그렇게 하지 않았다. 바울도, 베드로도 그렇게 하지 않았다. 그리스의 영향이 교회에 침투했을 때 비로소 사람들은 속죄의 신비를 이해하고 설명하려고 애쓰기 시작했다. 물론 내가 그들의 이런 노력이 왜 시작되었는지를 모르는 것은 아니다. 하지만 나는 그들처럼 하지 않고 다만 서서 그리스도를 보며 "저는 알지 못합니다"라고 외칠 뿐이다.

나는 예수님이 어떻게 속죄를 이루셨는지, 그 모든 것이 무엇을 의미하는지 알지 못한다. 이는 두 살짜리 아기가 엄마의 얼굴을 쳐다보고 "엄마, 내가 어떻게 이 세상에 있게 된 거야?"라고 물으며, 알지 못하는 것과 똑같다. 아기의 물음에 엄마는 미소를 지으며 "나중에 알게 된단다"라고 대답한다. 엄마는 두 살짜리 아기의 지능으로서는 이해하지 못할 것임을 잘 안다. 그러나 내가 볼 때, 우리가 "하나님, 이 모든 것이 어떻게 이루어졌습니까?"라고 묻는다고 해서 그분이 "나중에 알게 된단다"라고 대답하실 것 같지는 않다. 내가 볼 때, 하나님은 "내 아들을 믿어라"라고 말씀하실 것 같다. 왜냐하면 그분은 우리가 땅에 속한 것은 알도록 허락하시지만 하늘에 속한 것을 알도록 허락하시지는 않기 때문이다. 하나님은 천사들에게 알려주지 않는 것을 우리에게도 알려주지 않으실 것이다.

그리스도의 속죄는 놀라운 것이다! 그것은 외경(畏敬)스러운 것이다! 그리스도의 속죄에 대해 아무리 많이 설교를 해도 지나치지 않는다. 아무리 찬양해도 지나치지 않는다. 그것에 대해 아무리 많이 기도하고 아무리 많이 강조해도 지나치지 않는다. 하지만 우리는 그리스도의 속죄에 대해 이해하려는 노력을 중단해야 한다. 대신 우리는 무한한 은혜와 자비의 주님이 들려주시는 은혜의 이야기를 자꾸 들어야 한다. 우리는 겸손하고 소박한 마음을 가진 사람들이 믿은 은혜의 이야기를 계속 들어야 한다.

"또 가라사대 어떤 사람이 두 아들이 있는데 그 둘째가 아비에게 말하되 아버지여 재산 중에서 내게 돌아올 분깃을 내게 주소서 하는지라 아비가 그 살림을 각각 나눠주었더니 그후 며칠이 못 되어 둘째 아들이 재물을 다 모아가지고 먼 나라에 가 거기서 허랑방탕하여 그 재산을 허비하더니 다 없이한 후 그 나라에 크게 흉년이 들어 저가 비로소 궁핍한지라"(눅 15:11-14).

감사를 모르는 이 젊은이는 아버지가 죽기도 전에 유산의 몫을 달라고 요구했다. 이것은 인간사회의 아름다운 관습을 깨는 어리석은 행동이었다. 우여곡절을 겪은 후에 그는 돼지 치는 일을 하는 처지로 전락했다(이 젊은이는 돼지를 부정한 동물로 여기는 유대인이었다). 상황은 점점 악화되어 먹을 것조차 없게 된 그는 돼지를 밀어내고 쥐엄 열매라도 먹기를 원했다. 하지만 돼지를 먹이는 자들은 그에게 먹을 것조차 주려고 하지 않았다. 그들은 "쥐엄 열매에 손을 대지 말라. 돼지들이 먹을 것이다"라고 말했다. 하지만 어쨌든 그는 목숨을 부지했다.

그러다가 어느 날, 그는 "스스로 돌이켰다"(눅 15:17). 그때까지는 마치 다른 사람 같았는데, 이제 제정신을 차린 것이다. 이것이 회개이다! 정신을 차린 후 그는 집에 대해, 아버지에 대해 생각했다. 그리고 아버지는 변하지 않았다고 생각했다. 그렇다! 이것이 예수님이 우리에게 가르쳐주신 것이다. 예수님은 아버지께서 변하지 않으셨다는 것을 가르치셨다.

아주 오래전에, 그러니까 내가 20대 초반이었을 때 누군가 예수님이 비유로 말씀하신 탕자는, 배교자(背敎者)를 가리키는 것이라고 말해준 적이 있다. 그때까지 탕자의 비유가 나오는 누가복음 15장을 읽어본 적이 없었던 나는 그것을 읽어보았다. 그리고 나는 이 비유의 모든 상황을 고려할 때 탕자가 배교자를 의미할 수는 없다고 결론을 내렸다. 또 어떤 사람은 이 비유에서 탕자는 죄인을 가리킨다고 내게 말해주었다. 하지만 나는 하나님께서 죄인에게 "이 내 아들은 죽었다가 다시 살아났다"(눅 15:24)라고 말씀하실 수 없다고 생각했다. 이 해석도 이 비유의 상황과 맞지 않았다.

나는 하나님께 "하나님, 제가 탕자의 비유를 제대로 깨닫도록 도와주소서"라고 기도했다. 그런 다음, 나 혼자 어떤 장소를 찾았다. 그런데 거기서 갑자기 깨달음이 찾아왔다. 하나님은 내 마음에 이렇게 말씀하셨다.

"내 아들아! 탕자는 배교자도 죄인도 아니다. 탕자는 인류이다. 인류는 아담 안에서 돼지우리로 나갔다가 그리스도 안에서 돌아왔다."

그분의 말씀을 들은 이후 이제까지 나는 이 깨달음이 하나님께서 나를 가르치신 것이라고 굳게 믿어왔다. 내게 이렇게 가르쳐준 사람은 아무도 없었다. 사실 나는 사람들의 가르침을 중시하지도 않았다.

누가복음 15장에는 탕자의 비유 말고도 다른 비유가 2개 더 나온다. 하나는 잃은 양의 비유이고 다른 하나는 잃은 동전의 비유이다. 목자를 떠나 방황한 양은 인류 중에서 구원받을 사람을 상징한다. 양이 돌아왔다는 것은 그가 구속(救贖)받은 것을 상징한다. 세계의 도처에 사는 모든 인종 중에서 하나님께 돌아오는 사람들은 그리스도 안에서 돌아오는 것이다. 그들은 탕자처럼 돌아온 것이다.

그들이 돌아왔을 때 그들 눈에는 아버지가 어떤 분으로 보였을까? 그들은 아버지가 전혀 변하지 않았다는 것을 발견했다. 그동안 모욕도 받고 악한 일도 경험했지만 아버지는 변하지 않았다. 이웃사람들이 "저 젊은이가 늙은 아버지에게 한 일이 너무 끔찍하다"라고 말하며 동정했지만, 아버지는 전혀 변하지 않았다. 그의 아버지는 굴욕감을 맛보았고 부끄러웠고 슬펐고 상심했지만, 아들이 돌아올 때까지 전혀 변함이 없었다.

바로 예수님은 우리에게 이렇게 말씀하신 것이다.

"너희가 아담 안에서 나갔지만, 그리스도 안에서 돌아오고 있다. 집에 오면 너희는 아버지가 전혀 변하지 않으셨음을 알게 될 것이다. 그분은 너희가 모두 나가서 각기 제 길을 갔을 때와 전혀 달라진 것 없이 너희를 맞아주실 것이다. 너희가 그리스도 안에서 아버지께 돌아가면 아버지께서 과거와 전혀 변함이 없으시다는 것을 알게 될 것이다."

탕자의 비유에서 아버지는 달려가 아들을 끌어안고 제일 좋은 옷을 입히고 손에 가락지를 끼우고 "이 내 아들은 죽었다가 다시 살아났으며"(눅 15:24)라고 말했다. 이것이 하나님의 은혜이다. 이 세상이 끝날 때까지 이 은혜를 믿고 전하고 가르치고 찬양하는 것은 너무나 귀하고 아름다운 일이다.

은혜는 어디에 있는가?

당신은 하나님의 은혜 밖에 있는가? 당신은 그 은혜가 어디에 있는지 알고 싶은가? 그렇다면 당신의 눈을 그리스도께 향하게 하라. 그러면 당신에게 필요한 모든 하나님의 은혜가 당신 앞에 흐르고 있음을 알게 될 것이다. 혹시 당신은 이를 악물고 하나님께 저항하는가? 그렇다면 하나님의 은혜는 당신과 아무 상관이 없다. 그리스도께서 돌아가신 것이 당신과 아무런 관계가 없게 된다. 그러나 당신이 하나님께 굴복하고 집으로 돌아온다면 상상을 초월할 정도로 무한한 선하심과 자애가 당신에게 주어질 것이다. 하나님의 본성에서 무한히 흘러나오는 은혜가 당신 것이 될 것이다. "저는 미쁘시고 의로우사 우리 죄를 사하시며 모든 불의에서 우리를 깨끗케 하실 것이요"(요일 1:9)라는 말씀에서도 알 수 있듯이 심지어 공의조차도 회개한 죄인의 편에 선다. 우리가 하나님의 은혜를 믿고 집으로 돌아오면 하나님의 무한하신 속성이 함께 기뻐한다.

아버지여!
우리가 우리 모두를 위해 기도하오니 우리의 자기의(自己義)를 모두 없애주소서.
혹시 우리에게 누더기 옷 같은 자기의가 조금이라도 남아 있다면 그것을 없애주소서.

우리를 우리 자신으로부터 구하소서.

갈보리로부터 은혜의 강물이 한없이 흐르게 하소서.

은혜에 무엇을 덧붙일 필요가 없이 오직 은혜로만 충분하다는 것을 우리가 깨닫게 하소서.

그리스도 예수 안에서 아버지의 선하심과 자애를 우리에게 허락하소서.

이 모든 것을 우리를 사랑하시는 주님의 이름으로 구합니다. 아멘.

하나님은
무소부재한 분이시다

무소부재는 하나님이 어디에나 계시다는 뜻이다. 그분은 모든 곳에 가까이 계신다. 그분은 모든 사물과 모든 사람에게
가까이 계신다. 그분은 여기에 계신다. 당신이 어디에 있든지 간에 하나님은 당신 곁에 계신다.

"하나님이 참으로 땅에 거하시리이까 하늘과 하늘들의 하늘이라도 주(主)
를 용납지 못하겠거든 하물며 내가 건축한 이 전(殿)이오리이까"(왕상
8:27).

"나 여호와가 말하노라 나는 가까운 데 하나님이요 먼 데 하나님은 아니
냐"(렘 23:23).

"이는 사람으로 하나님을 혹 더듬어 찾아 발견케 하려 하심이로되 그는
우리 각 사람에게서 멀리 떠나 계시지 아니하도다 우리가 그를 힘입어 살
며 기동하며 있느니라 너희 시인 중에도 어떤 사람들의 말과 같이 우리가
그의 소생이라 하니"(행 17:27,28).

"내가 여호와를 항상 내 앞에 모심이여 그가 내 우편에 계시므로 내가 요
동치 아니하리로다"(시 16:8).

"내가 주의 신(神)을 떠나 어디로 가며 주의 앞에서 어디로 피하리이까 내

가 하늘에 올라갈지라도 거기 계시며 음부(陰府)에 내 자리를 펼지라도 거기 계시니이다 내가 새벽 날개를 치며 바다 끝에 가서 거할지라도 곧 거기서도 주의 손이 나를 인도하시며 주의 오른손이 나를 붙드시리이다" (시 139:7-10).

이 구절들은 하나님의 무소부재(無所不在)를 다루는 성경의 수많은 구절 가운데 일부에 지나지 않는다. 그러나 나는 모든 것의 배후에 계신 하나님에 대해 언급함으로써 그리고 성경에서 전하는 교훈의 근원은 하나님의 본질임을 증명함으로써, 무소부재의 문제에 접근하려고 한다. 성경의 교훈이 의미를 가질 수 있는 것은 하나님의 본질 때문이다. 성경의 교훈은 하나님의 성품에 근거하며, 전능한 여호와 하나님, 즉 "옛적부터 항상 계신 이"(단 7:9)의 불변적 속성에 의해 보증된다.

무소부재란 무엇인가?

나는 먼저 무소부재가 무엇인지를 간략하게 설명하고 그 다음에는 이러한 특성이 우리 인간의 경험에서 무슨 의미를 갖는지에 대해 논하려고 한다. 성경을 믿는 모든 교회는 하나님의 무소부재를 믿는다. 그러므로 지금 나는 어떤 새로운 얘기를 하려는 것이 아니다. 무소부재는 하나님이 어디에나 계시다는 뜻이다. 그분은 모든 곳에 가까이 계신다. 그분은 모든 사물과 모든 사람에게 가까이 계신다. 그분은 여기에 계신다. 당신이 어디에 있든지 간에 하나님은 당신 곁에 계신다. 당신이 분노에 차서 하늘을 향해 "오, 하나님! 어디에 계십니까?"라고 묻는다면 "나는 네가 있는 곳에 있다. 나는 여기에 있다. 나는 네 곁에 있다. 나는 모든 곳에 가까이 있다"라는 대답이 돌아올 것이다. 이것이 성경이 전하는 교훈이다.

성경의 증거만 하나님의 무소부재를 말하는 것이 아니다. 우리의 이성(理性)도 그것을 말한다. 물론 우리에게 이성이 없고 성경만 있다 할지라도 우리는 하나님의 무소부재를 믿을 것이다. 하지만 성경이 그것을 선포할 뿐만 아니라 이성이 "그것은 진리이다. 나는 그것이 진리임을 안다"라고 외치기 때문에 우리는 하나님이 무소부재하시다고 확신할 수 있다. 만일 하나님께 가장자리가 있다면, 만일 그분이 계시지 않는 곳이 존재한다면, 그런 곳은 그분의 경계나 한계가 될 것이다. 그리고 그분께 경계나 한계가 있다면 그분은 무한한 하나님이실 수 없다.

어떤 신학자들은 하나님의 무한성을 '광대함'이라고 부르지만, 광대함은 하나님의 무한성을 표현하기에는 부족한 단어이다. 광대함은 단지 어마어마하게 큰 것을 의미할 뿐이다. 그러나 무한성은 하나님이 얼마나 크신 분인지를 말하는 것이 불가능하다는 것을 의미한다. 하나님이 무한하시기 때문에 우리는 "그분에게는 '크기'(size)가 없다. 어떤 방향으로든 그분을 측정할 수 없다"라고 말할 수밖에 없다. 하나님은 무한하고 완전하시다. 유한성은 오직 피조물에게만 해당될 뿐 하나님께는 해당되지 않는다.

하나님은 우주의 모든 부분에 똑같이 가까이 계신다. 하나님과 영적인 것들에 대해 올바르게 사고하려면 '공간'의 개념에 얽매이지 말아야 한다. 하나님은 무한하시기 때문에 공간 안에 거하지 않으신다. 모든 공간은 하나님께 무한히 작은 점에 불과하다. 하나님께서는 "나는 천지에 충만하지 아니하냐"(렘 23:24)라고 말씀하셨다. 이 말씀을 들을 때 우리는 하나님이 천지에 담겨 있다고 오해할 수도 있다. 그러나 물이 컵 안에 담겨 있듯이 하나님이 그렇게 천지에 담겨 있는 것이 아니다.

하나님이 천지에 충만하신 것을 설명하기 위해 비유를 하나 들겠다. 양동이가 대양 속으로 1킬로미터 가라앉았다고 상상해보라. 양동이 안에 물이 충만하지만 대양은 양동이를 사방에서 거의 무한히 감싸고 있다. 하나님께서 천지에 충만하신 것도 이와 유사하다. 양동이가 대양에 푹 잠겨 있듯이 천지는 하나님 안에 푹 잠겨 있다. 모든 공간도 역시 마찬가지이다.

"하늘과 하늘들의 하늘이라도 주를 용납지 못하겠거든"(대하 2:6).

하나님이 그 무엇에 담겨 있는 것이 아니라, 하나님이 모든 것을 담고 계신다. 우리는 이 차이를 분명히 구분해야 한다.

"우리가 그를 힘입어 살며 기동하며 있느니라"(행 17:28).

종종 우리는 "하나님이 우리에게 가까이 계신다"라고 말하거나 "하나님이 멀리 계신 것이 문제이다"라고 말한다. 우리는 지리적으로 또는 천문학적으로 사고(思考)하기 때문에 올바른 사고를 할 수 없다. 다시 말해서 우리는 광년(光年), 미터, 인치, 마일 같은 개념으로 생각하기 때문에 올바로 사고할 수 없다. 우리는 하나님이 공간 안에 거하시는 것처럼 생각하지만, 그분은 공간 안에 거하지 않으신다. 오히려 그분이 공간을 담고 계시기 때문에 공간이 그분 안에 있다. 하나님께서 어디에나 계신 것이 전혀 문제 될 수 없는데, 앞에서 인용한 구절들이 말하듯 그분은 모든 곳에 계시기 때문이다.

나는 하나님이 말씀하신 것을 믿는다. 그러므로 나는 하나님의 말씀을 믿지 않는 사람들이 그분에 대해 잘못된 개념을 품고 살아갈 수밖에 없다고 생각한다. 시편기자는 "내가 하늘에 올라갈지라도 거기 계시며 음부에 내 자리를 펼지라도 거기 계시니이다" (시 139:8)라고 말한다. 나는 이 말씀을 이해하지 못한다. 하지만 "어떤 것을 이해하지 못한다고 해서 거부하지 말라"라는 존 웨슬리의 충고를 기억하라. 하나님의 무소부재는 무엇이 있는 곳이라면 어디에나 (심지어 음부에도) 하나님이 계시다는 것을 의미한다.

그렇다면 어찌하여 세상 사람들은 하나님이 무한히 멀리 계신 것처럼 생각하는가? 왜 그들은 어떤 노랫말처럼 하나님이 "별이 빛나는 하늘 너머 아득히 먼 곳에" 계신다고 생각하는가? 대개의 경우, 그들은 기도할 때 하나님이 가까이 계신다고 전혀 느끼지 못한다. 그들이 볼 때, 하나님은 언제나 어딘가 다른 곳에 계신다. 그들에게는 하나님이 언제나 멀리 계신다. 도대체 왜 그런가?

사람들은 하나님으로부터 멀리 있다

세상이 하나님을 멀리 계신 분으로 여기는 까닭은 영적인 일들에서 가까움과 닮음은 동일한 것이기 때문이다. 반면, 멀리 있음은 닮지 않음을 의미한다.

인격체(人格體)의 경우, 영(靈)들의 경우, 비물질적인 것들의 경우에는 물리적인 거리란 아무 의미가 없다. 예수님은 성부 하나님의 우편으로 가셨지만 이 땅 위에 있는 사람들에게 "내가 … 너희와 항상 함께 있으리라"(마 28:20)라고 말씀하실 수 있다. 그 이유는 예수님이 하나님이시고 하나님은 영이시므로 동시에 모든 곳에 계실 수 있기 때문이다.

그러나 우리는 하나님으로부터 멀리 떨어져 있다. 그 이유는 하나님이 먼 은하계처럼 공간적으로 우리에게서 멀리 계시기 때문이 아니라 우리의 본성이 하나님의 본성을 닮지 않았기 때문이다. 우리는 영적인 것들을 생각할 때 인간적인 개념을 투영하는 경향이 있다. 성경 교사가 해야 할 중요한 일들 중 하나는 바로 이런 인간적인 개념을 깨부수는 것이다(안타깝게도 이런 작업을 하는 성경 교사들이 많지 않은 것이 현실이다). 성령님이 하시는 중요한 일들 중 하나는, 하나님의 백성을 영적으로 성장시켜서 더 이상 물질적인 개념으로 사고하지 않도록 만드는 것이다.

예를 들어보자. 당신의 친구들은 당신과 아주 가까운 사람들이다. 친밀할수록 두 사람은 더욱 가까이 있게 된다. 그런데 당신의 원수는 당신과 친구 사이를 최대한 떨어뜨려놓으려고 한다. 그리하여 우리는 가까이에 친구들이 있다고 생각하며 원수들은 멀리 있다고 생각하는 경향이 있다. 세상적인 사고방식으로 말하자면 원수들은 멀리 있을수록 좋은 것이다. 이런 모든 것은 우리가 공간적인 개념으로 사고하기 때문이다.

그러나 우리는 하나님에 대해서 이런 식으로 사고하면 안 된다. 왜냐하면 하나님이 계시지 않은 곳은 없기 때문이다. 시편기자는 "내가 혹시 말하기를 흑암이 정녕 나를 덮고 나를 두른 빛은 밤이 되리라 할지라도 주에게서는 흑암이 숨기지 못하며 밤이 낮과 같이 비춰나니 주에게는 흑암과 빛이 일반이니이다"(시 139:11,12)라고 말했다. "주께서 나의 앉고 일어섬을 아시며 멀리서도 나의 생각을 통촉하시오며"(시 139:2)라는 고백에서도 알 수 있듯이 우리가 하나님을 피하여 숨을 곳은 없다. 그러므로 우리와 하나님 사이에서 '거리' 의 문제는 없다. 다시 말해서, '떨어져 있음' 의 문제는 없다. 우리가 이렇게 모인 것을 '기독교 집회' 라고 부를 수 있는 것도 하나님이 여기에 계시기 때문이다.

두 피조물이 한 방에 있다 할지라도 그들이 수백만 킬로미터를 사이에 두고 떨어져 있을 수 있다. 예를 들어, 원숭이와 천사가 같은 방에 있다고 가정해보자. 그들 사이에는 조화, 교제, 이해 그리고 우정이 있을 수 없고, 오직 '거리' 만이 있다. 밝은 빛을 내는 천사와 침을 흘리며 깩깩거리는 원숭이는 정신적으로 너무 멀리 떨어져 있는 것이다. 지적인 것이나 영적인 것에 있어서는 공간, 물질, 무게 그리고 시간이 전혀 의미가 없다.

나는 속도나 거리의 차원에서 사고하지 않는데, 영(靈)이신 하나님이 바로 여기에 계시기 때문이다. 하나님은 지금 계신 곳보다 더 가까이 오실 수도 없고 더 멀리 떨어지실 수도 없다.

우리가 하나님이 멀리 떨어져 계신다고 느끼는 이유는, 도덕적 성품이 하나님과 닮지 않았기 때문이다. 지금 인간과 하나님은 서로 닮지 않았다. 하나님이 인간을 하나님의 형상으로 만드셨지만 인간이 범죄했기 때문에 하나님의 도덕적 본성을 닮지 않게 되었다. 인간이 하나님과 다르기 때문에 하나님과의 교제가 깨어졌다. 서로 원수 사이인 두 사람이 있다면, 그들이 부득이하게 일시적으로 함께 있는 경우가 생길 수도 있지만, 그렇지 않은 경우에는 서로 떨어져 지내며 미워하게 된다. 이것이 '소원' (疎遠)이다. 성경은 이를 가리켜 하나님과 인간 사이의 '도덕적 불일치(不一致)' 라고 부른다.

하나님이 거리상 멀리 떨어져 계신 것이 아님에도 그렇게 느껴지는 것은 그분의 성품과 우리의 성품이 서로 멀리 떨어져 있기 때문이다. 하나님이 인간과 다른 이유는 인간은 죄를 범했지만 그분은 거룩하시기 때문이다. 이런 도덕적 불일치, 즉 영적으로 닮지 않음을 가리켜 성경은 '소원' 이라고 한다.

세상 사람들은 하나님이 "별이 빛나는 하늘 너머 저 멀리" 계신다고 느끼는데, 그 이유에 대해 에베소서에서는 이렇게 설명한다.

"너희의 허물과 죄로 죽었던 너희를 살리셨도다 그때에 너희가 그 가운데서 행하여 이 세상 풍속을 좇고 공중의 권세 잡은 자를 따랐으니 곧 지금 불순종의 아들들 가운데서 역사하는 영이라 전에는 우리도 다 그 가운데서 우리 육체의 욕심을 따라 지내며 육체와 마음의 원하는 것을 하여 다른 이들과 같이 본질상 진노의 자녀이었더니" (엡 2:1-3).

다시 에베소서 4장을 보자.

"그러므로 내가 이것을 말하며 주 안에서 증거하노니 이제부터는 이방인이 그 마음의 허망한 것으로 행함같이 너희는 행하지 말라 저희 총명이 어두워지고 저희 가운데 있는 무지함과 저희 마음이 굳어짐으로 말미암아 하나님의 생명에서 떠나 있도다 저희가 감각 없는 자 되어 자신을 방탕에 방임하여 모든 더러운 것을 욕심으로 행하되" (엡 4:17-19).

이 구절은 누구를 묘사하는가? 예수님인가? 성육신(成肉身)하신 하나님인가? 하나님과 동일한 성품을 소유한 분을 묘사하는가? 절대 그렇지 않다. 이는 하나님과 소원한 관계에 빠져 총명이 어두워진 죄인들을 묘사한다. 영광스러운 하나님의 아들이, 무지하고 마음이 어두워지고 무감각해지고 자신을 방탕에 방임한 채 더러움과 탐욕에 따라 행동하실 리 없다. 그분은 이와는 정반대로 행하셨다.

이 구절에 따르면, 죄인은 하나님을 완전히 닮지 않았기 때문에 하나님과 죄인 사이에는 공간적 차원의 거리가 아닌 성품적 차원의 거리가 생기게 되었다. 하나님은 죄인으로부터 1센티미터도 떨어져 계시지 않는다. 그럼에도 하나님은 죄인으로부터 멀리 계신다. 나의 이 말이 모순인가? 전혀 그렇지 않다. 하나님은 무소부재하시기 때문에, 즉 어디에나 가까이 계시고 모든 곳의 옆에 계시기 때문에, 그분과 죄인 사이에는 공간적 차원의 거리가 아닌 성품적 차원의 거리가 존재한다.

죄인이 "오, 하나님! 예수님의 이름으로 저를 구원하시고 저를 용서하소서"라고 기도할 때, 그는 하나님을 높은 보좌에서 내려오시도록 부르는 것이 아니다. 하나님은 이미 죄인이 있는 곳에 계신다. 죄인도 하나님이 이미 자기가 있는 곳에 계시다는 것을 안다. 문제는 죄인의 성품이 하나님을 닮지 않은 것이다.

아주 경건한 사람과 아주 방탕하고 파렴치하고 악한 사람이 여행 길에서 부득이 동행하게 되었다고 가정해보자. 그들은 어떻게 대화를 나누겠는가? 그들 스스로 공통의 화제(話題)를 찾아야 할 것이다. 예를 들면 아름다운 경치나 푸른 숲에 대해 대화를 할 수 있을 것이다. 하지만 그들 사이에 진정한 교제는 가능하지 않다. 만일 경건한 사람이 급히 죄인에게 복음을 증거하고 죄인이 그 증거에 귀를 기울인다면 그들 사이에 교제가 가능하다. 하지만 만일 죄인이 마음의 문을 닫고 "내게 하나님에 대해 이야기하지 마십시오"라고 말한다면 교제는 불가능하다. 그들이 같은 국적을 갖고 있으며 서로 동갑이고 같은 차에 타고 있다고 할지라도 영적으로는 몇 킬로미터 떨어져 있는 것이다.

하나님과 인간 사이도 마찬가지이다. 하나님은 인간에게서 떨어져 계시고, 인간은 그분에게서 떨어져 있다. 그렇기 때문에 세상은 "하나님을 혹 더듬어 찾아 발견케 하려"(행 17:27) 애쓴다. 그러나 그들은 하나님을 발견할 수 없는데, 그분의 도덕적 본성과 인간의 도덕적 본성이 서로 닮지 않았기 때문이다. 하나님은 완전히 거룩하시지만 인간은 완전히 죄악 가운데 빠져 있기 때문에 서로 만날 수 없다. 그 결과, 인간은 하나님이 아주 멀리 계신다고 느끼게 된다.

성경에 나오는 예

아담이 범죄했을 때 그는 하나님의 존전으로부터 도망하여 숨었다. 나는 유대교 랍비가 라디오에서 다음과 같이 말하는 것을 들은 적이 있다.

언젠가 아주 경건한 유대교 랍비가 감옥에 있었다. 간수는 이 늙은 랍비에게 관심이 많았다. 그는 랍비에게 가서 "랍비여, 당신에게 신학적 질문을 하나 하고 싶습니다. 나는 당신들이 믿는 성경을 읽다가 의문이 생겼습니다. 당신은 하나님이 모든 것을 아신다고 믿습니까?"라고 물었다. 그러자 랍비가 "물론이지요"라고 대답했다.

"그렇다면 어찌하여 하나님께서 아담에게 '네가 어디 있느냐?' 라고 물으셨습니까? 아담이 어디에 있는지를 아셨다면 왜 그분이 물으셨습니까?"

"젊은 양반! 그것은 문제 될 것이 없소. 하나님이 '아담아, 네가 어디 있느냐?' 라고 물으신 까닭은 아담이 어디에 있는지 모르시기 때문이 아니었소. 하나님이 그렇게 물으신 것은, 아담 스스로가 어디에 있는지 모르기 때문이었소. 하나님의 질문은 아담을 위한 것이었다오. 하나님이 아니라 아담이, 자기가 어디에 있는지 몰랐던 거요."

하나님은 아담이 어디에 있는지 아셨지만, 아담은 자기가 어디에 있는지 몰랐다. 아담은 하나님과 소원한 관계에 빠지고 말았다. 내가 볼 때 랍비가 제대로 설명했다. 창세기 18장 21절에서 하나님은 "내가 이제 내려가서 그 모든 행한 것이 과연 내게 들린 부르짖음과 같은지 그렇지 않은지 내가 보고 알려 하노라"라고 말씀하셨는데, 이는 하나님이 신문기자처럼 정보를 얻기 위해 내려오신다는 말이 아니다. 크신 하나님은 모든 것을 완전히 알고 계신다. 그럼에도 하나님은 우리 가운데 내려와서 우리처럼 행하고 "내가 이제 내려가서 … 보고 알려 하노라"라고 말씀하신다.

요나가 하나님께 순종하기를 거부하고 그의 마음을 닫고 스스로 그분에게서 멀어졌을 때, 그는 하나님의 존전에서 도망치기 위하여 배를 탔다. 그는 자기가 하나님으로부터 도망칠 수 있을 것이라고 생각했다. 이런 생각을 했다니 얼마나 어리석은가! 이와 비슷한 사람이 또 있는데, 바로 베드로이다. 그는 예수님의 무릎 아래 엎드려

"주여 나를 떠나소서 나는 죄인이로소이다"(눅 5:8)라고 말했다.

하나님과 우리 사이에 거리를 두는 것은 바로 우리의 마음이다. 우리는 그분이 멀리 계시다고 생각해서는 안 된다. 왜냐하면 하나님은 공간 안에 거하시는 것이 아니기 때문이다.

"하늘들의 하늘이라도 주를 용납지 못하겠거든"(대하 2:6).

오히려 하나님이 하늘들의 하늘을 포함하신다. 그러므로 하나님은 지금 당신에게 가까이 계신다. 하나님은 당신이 당신에게 가까이 있는 것보다 더 가까이 계신다.

그런데 죄인은 하나님에게서 멀리 떨어져 있다. 그는 하나님에게서 멀리 떨어져 있지 않지만, 그럼에도 멀리 떨어져 있다. 하나님은 저 높은 거룩한 산 위에 있는 로마의 신(神)처럼 멀리 계시지 않다. 그분은 죄악된 것이라면 그 어떤 것과도 닮지 않은 거룩한 분이시기 때문에 멀리 떨어져 계신다. 하나님은 죄인들과 소원한 관계에 빠지고 '불화(不和)하다'라는 의미에서 멀리 계신다. 성령과 무관한 자연인(自然人)은 그분을 기쁘게 해드릴 수 없는데(롬 8:8 참조), 그와 그분 사이가 멀어졌기 때문이다. 멀어짐, 즉 소원은 우주의 무서운 법칙이다.

도덕적 피조물의 복

하나님은 자신과 도덕적 유사성이 없는 존재를 거룩한 천국에 두실 수 없다. 그러므로 하나님 닮기를 거부하는 존재를 둘 장소가 있어야 한다. 우리는 천국에 들어가기 위해서 하나님을 닮아야 한다. 요한은 성령의 감동을 받아 "그가 나타내심이 되면 우리가 그와 같을 줄을 아는 것은 그의 계신 그대로 볼 것을 인함이니"(요일 3:2)라고 말했다. 하나님의 존전에 있는 것이 모든 도덕적 피조물의 복이다. 우리 믿음의 조상들은 이를 가리켜 '하나님을 보는 지복(至福)'이라고 불렀다.

빛나는 태양은 태양을 좋아하는 모든 피조물의 복이다. 태양이 뜨면 피조물은 은신처에서 나와 날거나 기거나 헤엄친다. 태양이 피조물에게 복이듯이 거룩한 하나님의 임재는 모든 도덕적 피조물의 복이다. 그분이 계시지 않는 것은 모든 타락한 피조물의 두려움과 슬픔이다. 나는 지금 단순히 하나님의 임재에 대해 말하는 것이 아니라 그분의 '드러난' 임재에 대해 말하는 것이다. 우리는 이 차이를 분명히 인식해야 한다.

성령의 감동을 받아 기록된 시편 139편이 말하듯이, 하나님은 심지어 음부(陰府)에도 임재하신다. 그러나 하나님의 '드러난' 임재는 오직 천국과 선한 영혼들이 있는 곳에서 발견된다. 그렇기 때문에 우리는 지극히 작은 속삭임조차 하나님께서 들으실 수 있을 정도로 그분께 가까이 있다. 하지만 그분을 너무나 멀리 있는 분으로 느끼는 사람들은 우주에 그분이 계시지 않는다고 믿기 때문에 강으로 가서 자살을 한다.

사람들은 왜 그토록 바쁘게 활동하는가? 왜 세상 사람들은 그토록 오락에 미치는가? 왜 사람들은 각종 오락거리를 만들어내는가? 그 까닭은 자기들이 하나님에게서 멀리 떨어져 있다는 것을 안 다음에는 맨 정신으로는 살아갈 수 없기 때문이다. 하나님을 도덕적으로 닮지 않은 그들은, 그분과 자기들 사이에 존재하는 무한한 거리를 영원히 좁힐 수 없다는 것을 알고 난 뒤에는 살아갈 수가 없다. 그래서 오락에 심취하는 것이다.

지옥에 불도 없고 죽지 않는 구더기도 없다 할지라도(막 9:48 참조), 지옥은 지옥일 수밖에 없다. 지옥에서는 도덕적 피조물이 하나님의 얼굴에서 비치는 밝은 빛으로부터 차단된 상태에서 영원히 살아야 하기 때문이다. 천국에 금(金)으로 만든 거리, 벽옥(碧玉)으로 만든 담, 천사, 하프, 생물, 장로 그리고 유리 바다가 없다 할지라도 천국은 천국일 수밖에 없다. 왜냐하면 우리가 하나님의 얼굴을 볼 것이며 하나님의 이름이 우리의 이마에 있을 것이기 때문이다.

천국을 천국으로 만드는 것은 하나님의 '드러난' 의식적(意識的) 임재이다. 지옥이 왜 지옥인가? 세상이 왜 세상인가? 선한 사람이 되기를 원하지 않는 사람들에게 하나님이 자신의 임재를 드러내시지 않기 때문에 지옥이 지옥이 되는 것이며, 세상이 세상이 되는 것이다. 만일 하나님께서 이 땅의 모든 사람들에게 하나님 자신을 나타내신다면 모든 나이트클럽은 텅텅 비거나 복된 기도회 장소로 바뀔 것이다. 추악한 것으로 소문난 곳들은 5분 안에 텅텅 빌 것이고, 모든 사람들이 슬픈 마음으로 하나님 앞에 무릎 꿇고 회개하며 용서를 구하고 기쁨의 눈물을 흘릴 것이다. 도덕적 피조물에게 복을 주는 것은 하나님의 임재이고, 그들에게 영원한 고통을 주는 것은 하나님의 부재(不在)이다.

사람들은 태양을 부인하면서도 빛을 원한다. 그리하여 머리를 짜내어 온갖 종류의 빛을 만들어낸다. 또한 그들은 머리 위로 온갖 종류의 폭죽을 터뜨려서 약간의 불빛을 낸 다음, 그것을 오락이라고 부른다. 그들은 이런 오락에서 끝내지 않고 극장이나 나이트클럽 같은 곳을 찾아 나선다. 그리고 이렇게 함으로써 자기들에게 하나님이 계시지 않다는 것을 잊어버린다.

인간의 본성과 하나님의 본성은 너무 다르기 때문에 이 둘 사이에는 건널 수 없는 영원한 간극(間隙)이 생겼다. "구스인이 그 피부를, 표범이 그 반점을"(렘 13:23) 바꿀 수 없듯이, 죄 가운데 태어난 사람은 죄에서 벗어날 수 없다. 하나님은 변하지 않으시며, 인간은 그분을 변화시킬 수 없다. 그렇다면 하나님과 인류가 어떻게 화해할 수 있을까?

서로 닮지 않은 두 존재의 화해

인류와 하나님이 화해할 수 있는 길은, 인간이며 하나님이신 분을 통해서만 가능하다. 인간은 교육이나 교화를 통해 하나님을 닮을 수 없다. 인간이 화랑을 방문하고 셰익스피어의 작품을 읽고 오페라 공연을 부지런히 관람한다 할지라도, 읽고 쓰고 셈하는 법을 모두 익히고 에이(A) 학점을 받고 아주 교양 있게 말한다 할지라도 그 본질은 전혀 변하지 않는다. 여전히 그는 허영심에 이끌려 살고, 영적 무지 때문에 보지 못하고, 하나님의 생명에서 떠나 있고, "세상에서 소망이 없고 하나님도 없다"(엡 2:12).

인간은 자신을 고칠 수 없다. 종교, 철학, 학교 교육, 정부의 정책이 인간을 고치려고 시도하기도 한다. 우리는 하나님으로부터 무한히 떨어져 있다는 느낌에서 벗어나서 야곱처럼 "여호와께서 과연 여기 계시거늘"(창 28:16)이라고 말할 수 있는 입장이 되기 위해 도처에서 노력한다. 우리는 하나님을 닮았다는 것을 그분께 인정받기 위해 많은 방법을 동원한다. 그러나 성공하지 못한다. 그렇다면 우리에게 남은 방법은 무엇인가?

성경은 "하나님께서 그리스도 안에 계시사 세상을 자기와 화목하게 하시며"(고후 5:19)라고 말한다. 그리스도 안에서 나타난 하나님의 사랑이 화목하게 한다. 하나님은 서로 다른 자신의 본성과 인간의 본성을 어떻게 화목하게 하시는가? 화목을 이룰 수 있는 방법은 두 가지이다.

한 가지 방법은 서로 소원(疏遠)해진 양쪽이 서로 양보하여 의견 일치에 도달하는 것이다. 나와 어떤 사람이 네 가지 면에서 의견이 달라 소원해졌다고 가정해보자. 이럴 경우 그 사람과 내가 서로 만나서 기도한 후에 내가 "나는 당신과의 우정을 잃고 싶지 않기 때문에 이 점에서 내가 양보하겠습니다"라고 말하고, 그 사람도 "좋습니다. 그렇다면 나도 이 점에서 양보하겠습니다"라고 말한다면 우리는 화목해질 수 있다. 그가 한 걸음 뒤로 물러서고 내가 한 걸음 뒤로 물러선다면 우리는 화목해진다.

그러나 어찌 하나님께서 죄인에게 "내가 한 걸음 뒤로 물러서겠다"라고 말씀하실 수 있겠는가? 어찌 그분이 "너는 눈이 멀었다. 그러므로 내가 절반 눈이 멀 터이니 네가 절반 눈이 멀어라", "너는 죽었다. 그러므로 내가 절반 죽을 테니 네가 절반 죽어라"라고 말씀하실 수 있겠는가? 이런 식으로 하나님이 자신의 원칙을 희생하면서 한 걸음 뒤로 물러서신다고 해서 하나님과 우리가 화목해질 수 있는가? 이렇게 하려면 하나님은 자신의 신성(神性)을 버리고 하나님이기를 포기하셔야 할 것이다.

나는 죄와 타협한 신(神)이 관리하는 천국에 가느니 차라리 지옥에 가겠다. 진실한 사람들은 모두 나처럼 생각할 것이다. 나는 하나님이 거룩한 분이시기를 원한다(실제 그분은 거룩한 분이시다). 하나님은 결코 타협하지 않으신다. 그분이 타협하는 일은 결코 일어날 수 없다. 탕자와 그의 아버지가 집과 멀리 떨어진 나라의 중간 지점에서 만난 것이 아니다. 탕자는 그가 과거에 있던 곳으로 완전히 돌아왔다. 이와 마찬가지로, 회개한 죄인은 하나님이 계신 곳으로 완전히 돌아온다. 하나님은 자신의 무한한 거룩함과 의(義)와 영광의 자리에서 영원히 조금도 움직이지 않으신다.

하나님은 자신의 원칙을 희생하지도 않고 한 걸음 뒤로 물러서지도 않으신다. 하나님은 본래의 자신의 자리에서 조금도 움직이지 않으신다. 이런 하나님을 우리가 숭모(崇慕)하는 것이다. 그분은 성실하고 변하지 않는 우리의 친구이시다. 그분의 사랑은 그분의 능력만큼 크고 한계와 끝을 모르신다. 우리는 하나님이 자신의 원칙을 희생하시는 것을 원하지 않는다. 우리는 그분이 우리의 죄악을 눈감아주시는 것을 원하지 않는다. 우리는 그분이 우리의 죄악에 대해 적절한 조치를 취해주시기를 원한다.

하나님은 우리의 죄악을 어떻게 처리하셨는가? 그분은 육체로 이 땅에 오셔서 신인(神人)이 되셨다(인간이 되셨지만 죄는 없으셨다). 그리고 십자가에서 죽으심으로, 그분은 인간이 하나님께로 돌아가는 데 방해가 되는 모든 것을 제거하셨다. 그리스도께서 이 땅에 와서 죽지 않으셨다면 인간은 하나님께 돌아갈 수 없었다. 그러나 그리스도께서 와서 죽으셨기 때문에 인간이 하나님께 나아가는 것을 가로막던 장애물이 제거되었고 인간은 영혼의 고향으로 돌아갈 수 있게 되었다.

베드로는 이를 다른 관점에서 설명했다. 그는 하나님께서 우리에게 복음의 약속을 주셨는데, 이것은 "이 약속으로 말미암아 [우리로] … 신의 성품에 참예하는 자가 되게"(벧후 1:4) 하기 위함이라고 말한다. 이것이 무슨 뜻인가? 이는 죄인이 집으로 돌아와 회개하고 그리스도를 믿을 때 하나님께서 그의 마음에 그분 성품의 일부를 심어주신다는 뜻이다. 이렇게 되면, 하나님 안에 있는 성품과 죄인 안에 있는 성품은 더 이상 차이를 보이지 않고 똑같아진다. 죄인으로 집에 돌아왔고, 죄인과 하나님 사이의 '닮지 않음'은 사라졌다. 하나님의 본성이 인간 안에 심어졌기 때문에 하나님과 인간이 교제를 나누어도 도덕적으로 전혀 문제 될 것이 없다.

자신의 원칙을 전혀 희생하지 않으면서도 하나님은 돌아온 죄인을 받아들이고 자신의 본성과 생명을 그에게 심어주신다. 이것이 바로 '중생'(重生)이다. 교회에 등록하거나 세례 받는 것이 중생이 아니다. 이런저런 나쁜 습관을 버리는 것이 중생이 아니다(물론 거듭난 사람들은 그런 것들을 버리게 된다). 하나님의 생명이 심어지는 것이 중생이다.

앞에서 이미 내가 사용했던 다소 투박한 비유를 다시 사용하여 설명해보자. 원숭이와 천사가 같은 방에서 서로 얼굴만 바라보고 있다. 이런 상황에서 그들이 서로 교제하도록 만들 수 있는 방법은 무엇일까? 만일 전능하신 하나님이 천사의 영광스럽고 고상한 본성을 원숭이에게 심어주신다면, 원숭이는 벌떡 일어나 천사와 악수를 하면서 천사의 이름을 부를 것이다. 이런 일이 가능한 것은 원숭이와 천사의 본성이 같아졌기 때문이다. 그러나 원숭이는 계속 원숭이의 본성을 갖고 있고 천사는 계속 천사의 본성을 갖고 있다면 그들은 영원히 같아질 수 없다.

세상에 돈, 문화, 교육, 과학 및 철학이 아무리 넘쳐난다 해도 세상은 원숭이와 같다. 성경이 그렇게 가르친다. 거룩하신 하나님은 자신의 원칙을 희생해가면서까지 인간과 교제하지 않으시며, 인간도 하나님을 이해할 수 없다. 자연인은 하나님을 이해할 수 없기 때문에 하나님과 교제를 나눌 수 없다.

그러나 하나님은 그리스도 안에서 이 땅에 오신 후, 십자가에서 죽으심으로써 하나님과 인간 사이의 장애물을 제거하셨다. 중생을 통하여 하나님은 하나님이 지닌 본성의 일부를 죄인에게 주신다. 그 결과, 죄인은 난생 처음으로 하나님을 보며 "아바 아버지"라고 부른다(롬 8:15; 갈 4:6). 이제 그는 회심(回心)한 것이다.

이런 일이 야곱에게 일어났다. 그는 하늘까지 닿은 사닥다리를 보았을 때 회심했다(창세기 28장). 그리고 얍복 강가에서 성령으로 충만해졌다(창세기 32장). 회심과 성령 충만은 하나님께서 은혜 가운데 이루시는 두 가지 일이다. 야곱은 과거에 형을 속인 전과가 있는 사람이었다. 그의 이름 '야곱'은 "발꿈치를 잡았다"라는 뜻인데, 그는 마음이 비뚤어진 사람이었다.

"야곱이 브엘세바에서 떠나 하란으로 향하여 가더니 한 곳에 이르러는 해가 진지라 거기서 유숙하려고 그곳의 한 돌을 취하여 베개 하고 거기 누워 자더니 꿈에 본즉 사닥다리가 땅 위에 섰는데 그 꼭대기가 하늘에 닿았고 또 본즉 하나님의 사자가 그 위에서 오르락내리락하고"(창 28:10-12).

하나님과 야곱이 만났으며, 야곱은 그의 하나님을 믿었다.

"야곱이 잠이 깨어 가로되 여호와께서 과연 여기 계시거늘 내가 알지 못하였도다 … 이는 하늘의 문이로다 하고"(창 28:16,17).

그곳은 야곱이 깨어났을 때에도 하늘의 문이었지만, 그가 누워 잠을 자고 있을 때에도 하늘의 문이었다. 다만 전에는 야곱이 그것을 몰랐을 뿐이다. 하나님은 그곳에 언제나 임재하셨는데, 이제 그분의 활동에 의해 그는 하나님의 임재를 의식하게 되었다.

하나님과의 교제

그러므로 확실히 회심한 죄인, 즉 자신이 예수 그리스도를 믿는 믿음으로 말미암아 하나님의 본성을 마음에 이식받았음을 아는 사람은 큰 기쁨으로 충만할 것이다. 이런 사람은 야곱처럼 "이곳이 하늘의 문이다. 여호와께서 과연 여기 계시거늘 내가 알지 못하였도다"라고 말하게 된다. 하나님의 의식적(意識的) 임재가 그에게 회복된 것이다.

천국이 왜 천국인가? 천국에서는 하나님의 임재가 방해받지 않고 우리에게 온전히 허락되기 때문이다. 지옥이 왜 지옥인가? 지옥에는 하나님의 임재에 대한 의식이 부재하기 때문이다. 이것이 또한 기도회와 나이트클럽의 차이점이다. 무소부재하신 하나님은 천지를 채우시고 천지를 품으시고 어디에나 계신다. 그런데 기도회에서는 늘은 여자가 무릎을 꿇고 "오, 예수님! 주님을 믿는 두세 사람이 모인 곳에 주님도 계십니다"라고 고백한다(마 18:20 참조). 하나님이 그곳에 계신다. 한편, 만일 하나님의 임재가 나이트클럽에 나타난다면 거기서 춤추던 사람들은 꽤 당혹감을 느낄 것이다.

오늘날 회심이란 것은 맥 빠진 것이 되어버리고 말았다. 우리는 집 안에 틀어박혀 있는 사람들을 끌어내어 그들이 회심했다고 믿게 하려고 중요한 성경구절을 계속해서 들려준다. 그러나 그들에게는 하나님의 생명이 심어지지 않았기 때문에(그들은 하나님을 닮지 않았다) 그들은 불타는 떨기나무에서 하나님을 만나지 못한다. 그러나 하나님과 인간이 만나면 언제나 인간의 영혼이 기쁨 가운데 살아난다. 하나님을 만나면 인간은 하나님을 다시 닮게 되며, 하나님이 백만 광년(光年) 떨어진 곳에 계신 것처럼 느끼지 않게 된다. 오히려 인간은 "하나님께서 과연 여기 계시거늘 내가 알지 못하였도다"라고 말하면서, 자신이 이렇게 말할 수 있게 되었다는 것에 놀라워한다.

회심에 대해 조금 더 생각해보자. 나는 우리 믿음의 조상들이 체험했던 것 같은 그런 진정한 회심을 많이 보지는 못하고 조금 보았다. 진정한 회심을 체험하는 사람은 눈물과 고통에 못 이겨 무릎을 꿇고 자기의 죄를 하나님께 고백하고 예수 그리스도를 믿고 밝은 얼굴로 일어서서 돌아다니며 모든 사람들과 악수한다. 진정한 회심자는 눈물을 감추려고 최선을 다하지만 자기도 모르게 눈에 눈물이 고인다. 그러나 그 눈물 사이로 기쁨의 미소가 빛난다. 이런 진정한 회심은 의식적(意識的)으로 죄를 버리는 것뿐만 아니라 우리의 마음에 계시된 하나님의 의식적 임재를 통해 가능해진다.

　회심의 기쁨은 아주 멀리 있는 별로부터 하나님을 오시도록 만드는 것이 아니라 본성의 변화를 통하여 하나님을 아는 것으로써 가능해지는 것이다.

하나님은
내재하는 분이시다

하나님은 내재하는 분이신데, 이는 하나님이 모든 것에 침투하신다는 뜻이다. 하나님은 내재하신다. 다시 말해서 하나님은 만유를 담고 계시면서도 동시에 만유에 침투하신다.

"하나님이 참으로 땅에 거하시리이까 하늘과 하늘들의 하늘이라도 주를 용납지 못하겠거든 하물며 내가 건축한 이 전이오리이까"(왕상 8:27).

"이는 사람으로 하나님을 혹 더듬어 찾아 발견케 하려 하심이로되 그는 우리 각 사람에게서 멀리 떠나 계시지 아니하도다 우리가 그를 힘입어 살며 기동하며 있느니라 너희 시인 중에도 어떤 사람들의 말과 같이 우리가 그의 소생이라 하니"(행 17:27,28).

"내가 주의 신을 떠나 어디로 가며 주의 앞에서 어디로 피하리이까 내가 하늘에 올라갈지라도 거기 계시며 음부에 내 자리를 펼지라도 거기 계시니이다 내가 새벽 날개를 치며 바다 끝에 가서 거할지라도 곧 거기서도 주의 손이 나를 인도하시며 주의 오른손이 나를 붙드시리이다"(시 139:7-10).

하나님이 무소부재하다는 것은 그분이 어디에나 계시다는 뜻이다. 하나님은 또한 내재(內在)하는 분이신데, 이는 하나님이 모든 것에 침투하신다는 뜻이다. 이것이 기독교의 정통교리인데, 심지어 초기 유대교도 이것을 믿었다. 하나님은 내재하신다. 다시 말해서 하나님은 만유(萬有)를 담고 계시면서도 동시에 만유에 침투하신다. 대양(大洋)의 깊은 곳에 빠진 양동이는 대양 안에 있다. 즉, 양동이는 대양에 둘러싸여 있다. 하지만 동시에 양동이는 대양으로 가득하다. 즉, 대양이 양동이 안에 있는 것이다. 이 비유는 우주가 하나님 안에 거하지만 동시에 하나님이 자신의 우주 안에 거하신다는 진리를 가장 탁월하게 설명해준다.

바로 앞장에서 나는 하나님과 우리 사이의 거리에 대해 논했다. 그 얘기를 다시 하자면, 거리는 '닮지 않음'을 의미하며, 지옥은 하나님을 닮지 않은 사람들이 가는 곳이다. 인간이 도덕적으로 하나님을 닮지 않았기 때문에 지옥이 생긴다. 다시 말하지만 하나님과 도덕적으로 닮지 않은 사람들의 종착지(終着地)가 바로 지옥이다. 반면, 도덕적으로 하나님을 닮은 사람들이 가는 곳이 천국이다. 왜냐하면 그들의 본성이 어울리는 곳이 바로 그곳이기 때문이다. 인간이 하나님과 화목하게 되는 것은 그분의 세 가지 사역 때문에 가능하다. 그 세 가지는 속죄(贖罪), 칭의(稱義) 그리고 중생(重生)이다.

주지하듯이, 속죄는 그리스도께서 객관적으로 이루신 일이다. 속죄는 현재 이 땅에서 살고 있는 우리가 태어나기도 전에 그분이 십자가에서 이루신 일이다. 속죄는 그리스도께서 어둠 가운데 홀로 이루신 일이며, 객관적인 것이다. 다시 말해서, 우리 밖에서 이루어진 것이다. 속죄는 우리 안에서 일어난 일이 아니다. 로마 군인의 창은 우리의 허리를 뚫은 것이 아니라 그리스도의 허리를 뚫고 들어갔다. 십자가에 못 박힌 것은 우리의 손과 발이 아니라 그리스도의 손과 발이다. 이렇게 우리의 외부에서 그리스도께서 객관적으로 이루신 것이 속죄이다.

속죄는 그 누구에게도 영향을 끼치지 않고 이루어질 수 있었다. 속죄는 이루어졌지만, 그 속죄에 영향을 받지 않고 죽은 사람들이 수백만 명이 된다. 그러나 속죄는 그리스도께서 어둠 가운데 이루신 일로 칭의를 가능케 했다는 점에서 그 아름다움을 지닌다.

칭의는 하나님께서 인간과의 화목을 이루기 위해 행하신 두 번째 사역이다. 칭의는 죄인을 의롭다고 선언하는 것인데, 이도 역시 우리 외부에 있다. 다시 말해서 칭의도 우리 외부에서 일어난 것이다. 만일 하나님의 사역이 칭의에서 끝난다면 칭의의 은혜를 받은 사람들이 아무 유익을 얻지 못할 수도 있다. 왜냐하면 칭의는 법적(法的)인 것이기 때문이다. 만일 하나님의 사역이 칭의에서 끝난다면 그들은 재판정에 서서 무죄 선고를 받을지라도 변화되지는 못한다. 그럴 경우, 그들은 전과 달라진 것이 없고 그들이 맺는 관계도 달라진 것이 없게 된다. 그들이 법 앞에서 무죄 선고를 받아 법적으로 해방되었다는 것을 제외한다면 그들은 모든 면에서 전과 동일한 사람들이다. 물론 그들이 속죄 받은 것을 알고 기뻐한다면 속죄가 그들에게서 주관적 효과를 나타내는 것이다.

그러나 속죄 사건 자체는 어디까지나 그들 밖에서 이루어진 일이다. 무죄 판결은 법 앞에서 그리고 배심원단의 마음속에서 일어날 뿐이다. 이는 법적인 성격만 지닌다. 다시 말하지만 칭의는 하나님이 우리와 화목하기 위해 행하신 두 번째 사역이다.

하나님의 세 번째 사역은 중생, 즉 거듭남이다. 중생은 칭의와 동시에 일어난다. 조금 전에 내가 지적했듯이, 하나님께서 우리를 의롭다고 하실 때 우리가 의롭다 함을 얻지만 우리의 상태가 나아지지 못할 수도 있다. 그런데 이는 '이론적(理論的)으로' 그렇다는 것이지 '실제로' 그렇다는 것은 아니다. 왜냐하면 하나님이 우리를 의롭다 하실 때 그분은 또한 우리를 거듭나게 하시기 때문이다. 의롭다 함을 얻었지만 거듭나지 못한 사람은 아무도 없다. 칭의와 중생을 이론적으로는 구분할 수 있지만, 실제로 이 둘을 분리할 수는 없다.

물론 그렇다고 해서 칭의와 중생이 동일하다는 것은 아니다. 중생은 모든 사람들이 알아야 할 기독교의 가장 기초적이고 일반적인 신학이다. 중생은 우리의 생명 안에서, 우리의 마음 안에서 일어난다. 중생은 주관적인 것이고, 우리의 본성과 관계된 것이다. 예수님이 어둠 가운데 죽으시고 하나님이 그것을 속죄로 받아들이셨기 때문에 우리가 그리스도를 믿는다면 하나님은 우리를 의롭다고 선언하시고, 우리에게 그분의 본성을 주심으로써 우리를 거듭나게 하신다. 우리가 하나님의 본성(성품)에 참여하는 자가 될 수 있는 것은 이 약속 때문에 가능하다고 하나님은 우리에게 말씀하신다(벧후 1:4 참조).

도덕적 유사성의 회복

거듭난 사람은 하나님의 본성에 참여한 사람이요 하나님과 새로운 관계를 맺은 사람이다. 이로써 그는 영생을 얻은 것이다. 이렇게 됨으로써 그와 하나님은 화목하게 된 것이고, 그는 하나님을 도덕적으로 어느 정도 닮게 된 것이다. 오늘 거듭난 회심자라 할지라도 하나님을 도덕적으로 어느 정도 닮는다('거듭남'과 '중생'은 동의어이다). 그렇기 때문에 그와 하나님 사이에는 어느 정도 유사성이 생긴다.

천국에서는 우리와 하나님 사이의 도덕적 유사성이 완전해질 것이다. 죄는 하나님과 죄인 사이의 유사성을 깨뜨린다. 죄는 하나님과 인간 사이를 불화(不和)하게 만들기 때문에 죄가 개입되면 하나님과 인간 사이에 유사성이나 교제가 불가능해진다. 그러나 죄인이 속죄의 보혈을 믿고 그리스도를 의지하면 하늘에서 의롭다 함을 얻고 땅에서 거듭난다. 우리가 거듭날 수 있는 곳은 오직 이 땅 위에서이다. 그러므로 죽을 때까지 기다리지 말라. 죽은 후에는 거듭남이 가능한 장소가 없기 때문이다.

당신이 그리스도를 믿으면 거듭나게 되고, 하나님의 성품을 어느 정도 부여받게 된다. 그렇게 되면 하나님의 형상이 당신 안에서 회복되기 때문에 당신은 하나님을 닮게 된다. 하나님은 당신이 하나님을 닮은 것을 보고 당신에게 사랑 가운데 다가오신다. 이렇게 되면 당신과 하나님 사이에 지속적인 교제가 가능해진다.

닮은 점이 조금도 없다면 교제는 불가능하다. 당신이 강아지의 머리를 만져주면서 귀여워할 수는 있지만 강아지와 교제할 수는 없다. 왜냐하면 당신의 본성과 강아지의 본성이 너무 다르기 때문이다. 하나님은 죄인과 교제할 수 없는데, 죄인과 하나님 사이에는 닮은 점이 조금도 없기 때문이다. 다시 말하지만, 유사성이 없으면 교제가 불가능하다.

그러나 골로새서 3장 10절은 "새 사람을 입었으니 이는 자기를 창조하신 자의 형상을 좇아 지식에까지 새롭게 하심을 받는 자니라"라고 말한다. 당신 안에 있는 새 사람이 중생한 사람이다. 당신이 새 사람이 되었다면 당신은 하나님을 닮기 위한 긴 여행을 시작한 것이다. 회심한 지 얼마 안 되는 사람이라 할지라도 그와 하나님 사이에는 유사성이 있기 때문에 하나님은 그와 불화(不和) 없이 교제하실 수 있다.

하나님의 본질은 하나님을 닮지 않은 존재와 교제하는 것을 용납하지 않는다. 다시 말해서, 어떤 존재와 하나님 사이에 유사성이 없다면 그 존재와 하나님은 서로 교제할 수 없다. 골로새서 3장 10절은 우리가 새 사람을 입었다고 말한다. 골로새 교인들은 완전해지려면 아직 갈 길이 먼 사람들이었지만, 그럼에도 이미 새 사람을 입은 사람들이었다. 왜냐하면 하나님과 맺은 유사성의 씨가 그들 마음속에 이미 심어졌기 때문이다. 그들이 거듭났기 때문에 하나님은 그들 안에 있는 자신의 형상과 교제하고, 거기서 하나님 자신의 얼굴을 약간 보고, 그들과 교제하실 수 있었다. 그렇기 때문에 거듭난 사람들은 "아바 아버지" (롬 8:15; 갈 4:6)라고 부르짖을 수 있는 것이다.

젊은 아버지가 새로 태어난 그의 상속자를 보려고 병원에 간다. 그는 신생아실의 유리를 통해 안을 들여다본다. 그는 아직 흥분하지도, 두려워하지도 않으며, 놀라지도, 실망하지도 않는다. 그의 눈길이 신생아실에 누워 있는 25~50명의 갓난아기를 하나씩 하나씩 스쳐간다. 그러다가 어떤 귀여운 아기를 향해 눈길이 멈추면서, 그 애가 자기의 자식이기를 바라기 시작한다. 그러나 간호사들이 그 아기의 얼굴을 그에게 보여줄 때, 그는 자기 자식이 아니라고 판단한 뒤 실망한다.

얼마 후 주위 사람들이 그에게 "저 아기가 당신을 꼭 닮았군요"라고 말하자 그의 얼굴이 밝아진다. 그런데 사실, 그 애가 그를 닮았다는 말을 칭찬으로 여기기는 힘들다. 왜냐하면 아기는 아직 형체가 뚜렷하지 않고 꼼지락거리고 손가락을 빨고 몸을 뒤틀고 피부는 붉고 머리카락은 없기 때문이다. 그럼에도 그 애는 아빠를 약간 닮았다. 유사성이 있었던 것이다.

이 비유를 통해 우리는 깊은 영적 진리를 이해할 수 있다. 회심한 지 얼마 안 된 사람, 즉 거듭난 지 얼마 안 된 사람이 하나님을 많이 닮지 않을 수도 있다. 하지만 그에게 하나님을 닮은 부분이 어느 정도 있기 때문에 하나님은 그를 자신의 자녀로 인정하신다. 천사들은 그와 하나님 사이에서 가족적 유사성을 알아볼 수 있을 것이다.

그렇다면 진정한 그리스도인들이 하나님께서 자기들로부터 멀리 계시다고 느끼거나 자기들이 하나님으로부터 멀리 떨어져 있다고 느끼는 것은 무슨 이유 때문인가? 이런 심각한 문제가 왜 일어나는 것인가? 당신이 하나님과의 거리가 멀다고 느끼기 때문에 힘들어한다면 기쁨을 느끼기 어려울 것이다.

내가 볼 때, 대부분의 그리스도인들은 하나님이 멀리 계시다고 느끼기 때문에 고통을 받는다. 그들은 하나님이 자기들과 함께 계시다는 것을 알고 있으며, 자기들이 하나님의 자녀라고 확신한다. 그들은 밑줄이 잔뜩 그어진 신약성경을 당신에게 보여주면서 그들이 의롭다 함을 얻고 거듭나고 하나님께 속하고 장차 천국에 갈 것이고 그리스도께서 그들을 위해 하나님 우편에서 간구하고 계시다고 진지하고 침착하게 증명할 것이다. 그러나 그들은 이런 것들을 머리로는 잘 알고 있지만 하나님에게서 멀리 떨어져 있다는 느낌 때문에 고통을 받는다.

어떤 것을 머리로 아는 것과 마음으로 느끼는 것은 전혀 다르다. 내가 볼 때, 대부분의 그리스도인들은 하나님의 임재를 느끼지 않고 행복해지려고 애쓴다. 이것은 태양 없는 밝은 날을 기대하는 것과 똑같다. 태양이 뜨지 않았는데도 그들이 "내 시계로 지금이 낮 12시 15분이니까 태양이 높이 떠 있다. 태양의 밝은 빛을 즐기며 기뻐하자. 태양이 떠 있으니 밝고 아름답지 않은가? 이것을 믿음으로 받아들이고, 태양이 떠 있는 것을 기뻐하자. 모든 것이 잘되고 있으니 기뻐하자. 태양이 높이 떠 있다"라고 말하는 일이 실제로 일어날 수 있다. 그들이 손으로 하늘을 가리키며 "태양이 떠 있다"라고 말하지만, 그들은 스스로를 속이고 있다. 비가 오고 하늘이 어둡고 젖은 나뭇잎들에서 물이 뚝뚝 떨어진다면 절대 밝은 날이 아니다. 그러나 태양이 모습을 드러내면 그들은 태양의 밝은 빛을 즐거워할 수 있다.

하나님을 향한 갈망

현재 대부분의 그리스도인들은 교조적(教條的) 그리스도인들이다. 그들은 자기들이 구원받았다는 것을 안다. 누군가 그들에게 중요 구절에 밑줄을 그은 성경을 주었을 것이다(이것이 잘못된 것은 아니다. 사실 우리는 사람들이 교리를 올바로 알 때까지 이렇게 해야 한다). 그런데 그들은 하나님의 임재를 느끼지 않고 행복해지려고 애쓴다. 그들은 한편으로는 하나님의 임재를 느끼지 못하면서 또 한편으로는 하나님께 더 가까이 가기를 갈망한다.

하나님을 향한 갈망은 두 가지에서 잘 드러나는데, 하나는 기도이고 또 하나는 찬송이다. 나의 이 말이 내 머리에서 나온 황당한 소리라고 느껴진다면 다음번 기도회 때 참석해보라. 거기에 가서 형제들과 함께 무릎을 꿇고 그들이 기도하는 것을 들어보라. 그들은 모두 하나같이 "오, 주여! 오소서. 오, 주여! 가까이 오소서. 오, 주여! 주님을 나타내소서. 저에게 가까이 오소서. 주여!"라고 기도한다. 기도회에 참석하여 확인한 것만으로는 부족하다고 느낀다면 사람들이 찬송하는 것을 들어보라. 그들은 "복의 근원 강림하사 찬송하게 하소서" 또는 "내가 매일 십자가 앞에 더 가까이 가오니"라고 찬송한다.

하나님께 가까이 가고 하나님을 우리에게 가까이 오시도록 하고 싶어 하는 것은 거듭난 그리스도인들이 가지는 보편적 갈망이다. 그런데 우리는 하나님이 멀리 계시다가 일정한 거리를 가로질러 우리에게 오신다고 생각한다. 하지만 성경과 기독교 신학은 하나님이 이미 여기에 계시다고 선포한다(이 진리를 강조한 대표적인 사람이 다윗이다). 하나님은 공간 안에 거하시지 않는다. 그러므로 하나님은 마치 광선(光線)이 먼 곳에서 오듯이 그렇게 찾아오시는 것이 아니다. 하나님 안에는 '먼 곳'이 없다. 하나님의 광대한 마음 안에 모든 먼 곳들과 모든 거리들이 다 들어 있다.

그런데 왜 우리는 하나님이 멀리 계시다고 느끼는가? 왜냐하면 우리의 본성 안에 하나님을 닮은 것이 없기 때문이다. 즉, 하나님과의 유사성이 없기 때문이다. 하나님께서 우리와 교제하시고 우리를 하나님의 자녀라고 부르시고, 우리는 하나님을 향해 "아바 아버지"라고 부르짖을 수 있을 정도의 유사성이 우리에게 있다. 하지만 이 유사성을 실제적 체험으로 만들려고 할 때 우리는 하나님과 닮지 않았다고 느낀다. 그 결과, 우리는 하나님이 멀리 계시다고 느끼게 된다.

내가 강조하고 싶은 것은 하나님과의 가까움은 지리적 또는 천문학적 개념이 아니라는 것이다. 다시 말해서 공간적인 개념이 아니다. 하나님과의 가까움은 본성과 관계된 영적인 것이다. 그러므로 우리는 "하나님! 저를 하나님께 가까이 인도하소서" 또는 "하나님! 저에게 가까이 오소서"라고 기도할 때, 하나님이 저 먼 곳에서 이곳으로 내려오신다고 생각해서는 안 된다. 우리는 하나님이 지금 여기에 계신 것을 알아야 한다. 예수님은 "볼지어다 내가 세상 끝 날까지 너희와 항상 함께 있으리라"(마 28:20)라고 말씀하셨다. 주님은 여기에 계신다. 야곱은 "여호와께서 과연 여기 계시거늘 내가 알지 못하였도다"(창 28:16)라고 말했다. 그는 "하나님께서 이곳으로 오셨다"라고 말하지 않고 "하나님이 이곳에 계시다"라고 말했다.

그렇다면 우리는 무엇을 위해 기도하는가? 우리는 하나님의 임재의 현현(manifestation)을 위해 기도한다. 단순히 하나님의 임재가 아니라 하나님의 임재의 나타남이다. 그렇다면 왜 우리에게는 이 나타남이 없는가? 그것은 우리가 하나님을 닮지 않았기 때문이다. 우리는 하나님과의 유사성을 용납하지 않는다. 우리가 하나님의 부재를 느끼는 것은 우리 안에 하나님과의 유사성을 용납하지 않기 때문이다.

하나님께 가까이 가려는 갈망은 하나님을 닮으려는 갈망이다. 이것은 구속받은 사람이 하나님처럼 변하여 하나님과 온전히 교제하려는 갈망이다. 이것은 인간이 하나님을 닮아 하나님과 거룩한 교제를 나누려는 갈망이다.

하나님과 하나님의 자녀들 사이에는 유사성이 있기 때문에 하나님은 그들과 교제하실 수 있다(하나님은 자신의 자녀들 중에서 가장 약하고 가련한 사람들과도 교제하신다). 그러나 하나님과 그들 사이에는 서로 닮지 않은 점들도 있기 때문에 그들과 그분 사이의 교제는 더 깊어지지 못하고 약한 단계에 머물러 있기도 한다. 그 결과, 우리는 하나님의 임재를 온전히 느끼기를 갈망하고 그것을 위해 기도하고 그것에 대해 찬송하지만, 실제로는 그에 도달하지 못한다.

우리가 하나님을 닮았는지 아닌지를 확인하려면 먼저 하나님이 어떤 분이신지를 알아야 한다. 그렇다면 하나님은 어떤 분인가? 그 대답은 간단하다. 하나님은 그리스도 같은 분이시다. 왜냐하면 그리스도는 인류를 찾아오신 하나님이시기 때문이다. 당신은 하나님이 어떤 분이신지 알고 싶은가? 하나님의 임재를 계속적으로 체험하기 위해서는 당신이 어떻게 변해야 하는지 알고 싶은가? 그렇다면 우리 주 예수님을 바라보라.

하나님께서 우리에게 임재하시지만, 우리는 그 임재를 느끼지 못한다. 비유를 들어보자. 태양이 하늘 높이 떠 있고 우리가 그것을 안다 할지라도 구름이 손에 잡힐 듯 가까이 떠서 우리와 태양 사이를 가로막을 수 있다. 이럴 경우, 우리는 운전을 할 때 안전을 위해 차의 헤드라이트를 켜야 한다. 구름이 가로막고 있기 때문에 우리는 태양을 느끼지도 보지도 못한다.

지극히 유감스럽게도, 우리 그리스도인들은 하나님이 여기에 계신 것을 알지만 하나님의 임재를 느끼지는 못한다. 해가 하늘에 떠 있고 우리 또한 그것을 분명히 알지만, 구름 때문에 해가 완전히 서산을 넘어간 것 같다고 느끼며 우울해한다. 우리는 하나님이 임재하신다는 것을 알면서도 하나님이 멀리 계시다고 느낀다. 하나님은 우리에게 자신을 나타내기를 원하시지만 이런저런 이유 때문에 그렇게 하지 못하신다.

그리스도는 거룩한 분이시다

예수님이 어떤 분이신지에 대해 몇 가지 점에서 살펴보자. 우선 예수님은 거룩한 분이시다. 우리의 하나님은 거룩하시고 우리의 주님도 거룩하시고 성령님도 거룩하시다. 평균적 수준의 그리스도인들은 얼룩지고 때가 묻어 있고 육신적이다. 우리는 몇 달씩 회개하지 않고 그냥 지낸다. 우리는 깨끗케 해달라고 구하지도 않고 깨끗함을 받지도 않으면서 몇 년씩 지낸다. 그러면서도 우리는 "내가 매일 십자가 앞에 더 가까이 가오니"라고 찬송하거나, "주여, 오소서. 이 모임에 임하소서"라고 기도한다. 물론 주님은 그 모임에 계신다.

우리는 "오, 주여! 주님을 나타내소서"라고 기도하지만, 주님은 그렇게 하실 수 없다. 거룩한 하나님이 거룩하지 못한 그리스도인에게 나타나 온전히 교제하시는 것은 불가능하다. 당신이 "거룩하지 못한 그리스도인이 있을 수 있는가?"라고 묻는다면, 나는 "육신적 그리스도인이 있을 수 있다"라고 대답하겠다. 거듭나고 의롭다 함을 얻고 하나님의 씨를 자신 안에 가지고 있는 사람의 내적(內的) 감정과 욕구와 의지의 어떤 부분이 실제로 거룩하지 못할 수 있다.

그리스도는 이타적인 분이시다

그리스도의 두 번째 속성은 이타성(利他性)이다. 당신은 그리스도께서 완전히 이타적인 분이기 때문에 자신을 내어주셨다는 것을 알고 있는가? 그런데 대부분의 그리스도인들은 얼마나 자기중심적인가! 그들은 자기들 좋을 대로 살아간다. 심지어 부흥에 대한 책을 읽을 때에도 자기중심적이다. 그들이 부흥을 위해 기도할 때에도 자기들 좋을 대로 행동한다. 부흥이 무엇인가? 부흥에는 여러 측면이 있겠지만, 그중에서도 가장 중요한 부흥의 특징은 '갑작스러운 나타남'이다. 해가 구름을 뚫고 나타나는 것 같은 나타남이다. 해가 뜨는 것이 아니라 해가 구름을 뚫고 나타나는 것같이 나타난다는 말이다.

나는 구역질이 난다. 내 자신에게, 내 친구들에게, 설교자들과 그들의 사역에 대해 구역질이 난다. 우리는 철저히 이기적이다. 우리는 우리 자신을 위해 살아간다. 우리는 하나님의 영광을 드러내야 한다고 말하지만 사실은 우리 자신을 자랑한다. 이것이 우리의 이기적인 삶이다. 만일 누군가 당신의 뜻에 반대한다면 당신은 화를 낼 것이다. 이것이야말로 당신이 이기적이라는 증거이다. 나의 이 말을 듣고 씩 웃어넘기지 말라. 나는 지금 농담을 하는 것이 아니라 진지한 얘기를 하는 것이다.

내가 볼 때, 평균적 수준의 교회들은 교회를 유지할 뿐만 아니라 선교비 지출을 두 배로 늘릴 수 있는 재정적 능력을 가지고 있다. 그러므로 교회들이 자기들 좋을 대로 돈을 펑펑 써대지 않는다면 돈이 모자란다고 불평하는 일도 일어나지 않을 것이다. 자신을 아끼지 않고 우리를 위해 내어주신 완전히 이타적인 그리스도께서 자기중심적으로 자기 좋을 대로 사는 그리스도인을 좋아하지 않으시는 것은 당연하다. 그분이 우리를 사랑하고, 그분이 우리의 목자이고, 그분이 하늘에서 우리를 위해 간구하는 우리의 '대언자'(代言者)이신 것은 사실이다. 그리고 우리가 그분의 형제들이고 그분의 아버지 하나님께서 우리의 아버지이신 것도 사실이다. 하지만 우리의 이기심 때문에 우리는 그분과 교제를 나누지 못한다. 과거의 어떤 사람들은 그분과 달콤한 교제를 나누었기 때문에 이 땅에 살면서도 성인(聖人)으로 변할 수 있었다(내가 말하는 성인은 형식적 의미의 성인의 수준을 넘어서는 성인이다).

그리스도는 사랑이 많은 분이시다

그리스도의 세 번째 속성은 사랑이다. 그리스도께서는 자신의 모든 것을 내어주실 정도로 사랑이 많으셨다. 하지만 우리 중 많은 사람들은 지극히 계산적이다. 우리는 "나는 이 모임에는 갈 수 있지만 저 모임에는 갈 수 없습니다. 왜냐하면 의사가 내게 과로하지 말라고 조언했기 때문입니다"라고 말한다. 우리는 모든 것을 이리저리 따져보고 자기에게 유리한 쪽으로 행동한다. 가계(家計) 예산을 빠듯하게 짜듯이 영적 생활을 위한 투자도 빠듯하게 짠다. 하나님께 드리는 것이 가계의 적자를 증가시킬 것 같으면 더 이상 그분께 드리지 않는다. 우리는 얼마나 인색하고 육신적인가! 하나님의 사람들이 이렇게 마음이 좁다!

그러나 주 예수 그리스도의 사랑은 너무나 크고 넓고 뜨거웠기 때문에 그분은 자신을 온전히 내어주셨다. 성경은 "그리스도께서 자기를 기쁘게 하지 아니하셨나니"(롬 15:3)라고 말한다. 우리 주님은 자기를 기쁘게 하지 않으셨다. 그러나 우리의 문제는 우리 자신을 기쁘게 한다는 것이다. 우리는 우리를 위해 산다.

교회가 파산하여 문을 닫는 한이 있더라도 기필코 새 차를 사는 사람들이 있다. 선교회들이 문을 닫고 선교사들이 귀국하는 상황이 벌어질지라도 기어이 최신 유행의 옷을 사야 직성이 풀리는 여성들이 있다. 그러면서도 우리는 성도이고, 거듭난 사람들이고, 밑줄 그은 성경을 가지고 다니는 신자들이다.

우리가 그리스도인이라 할지라도 우리의 사랑은 계산적이고 좁은 사랑이요 자신을 내어주지 않는 사랑이다. 그러므로 자신을 내어준 분이 어떻게 우리와 교제를 할 수 있겠는가? 당신은 이에 대한 성경의 예를 듣기를 원하는가? 그렇다면 내가 소개하겠다. 그것은 아가서 5장에 나온다. 아가서는 우아하고 부드럽고 놀랍고 아름다운 책이다. 아가서에 나오는 깊은 사랑이 우리에게 없음을 한탄하면서 스코필드 박사는 "죄는 저 불타는 떨기나무 앞에 무릎을 꿇을 수 있는 능력을 우리에게서 거의 다 빼앗아갔다"라고 탄식했다.

이제 아가서 5장의 내용을 살펴보자. 여기에서 신랑은 그의 장래 신부에게 선물을 주었다(신랑은 그리스도를 상징한다). 신랑은 밖에 나가서 그의 양들을 돌보며 백합들 가운데 있었다. 이슬이 내렸고, 그의 머리채는 밤이슬로 젖었다(아 5:2). 그가 밖에 나갔던 것은 그가 관심을 가졌던 일을 행하기 위함이었다. 다시 말해서, 그의 마음이 원하는 것을 행하기 위해서였다.

그는 돌아와서 그의 장래 신부의 문을 두드리며 "이리 와서 나와 함께하지 않겠소?"라고 물었다. 그러자 그녀는 "내가 어떻게 그리할 수 있습니까? 나는 외출을 위한 옷차림을 하지 않았습니다. 나는 잠자리에 들기 위한 옷을 입고 있습니다. 심지어 내 손에서는 당신이 준 몰약이 방울져 떨어지고 있습니다. 나는 나갈 수 없습니다"라고 대답했다. 이에 신랑은 사라졌다(아 5:3-6). 그럼에도 그는 여전히 그녀의 연인이었고 여전히 그녀와 결혼하기를 원했다(결국 그는 그녀와 결혼했고, 모든 것이 좋은 결말을 맺었다).

신랑은 밖에서 땀을 뻘뻘 흘리며 일했지만, 그녀는 집 안의 거울 앞에서 자기도취에 빠져 있었다. 그녀는 그가 선물한 향수의 냄새를 깊이 음미했고, 그가 준 옷과 보석에 넋을 잃고 있었다. 그의 마음은 그녀를 향하고 있었지만, 그녀의 마음은 그의 보석과 향수를 향하고 있었다. 그러다가 그녀는 문득 자기의 잘못을 깨달았고, 황급히 옷을 입었다. 하지만 그녀는 외출을 위해 제대로 차려입은 것이 아니라 대충 옷을 입고 그 위에 긴 겉옷을 걸쳤을 뿐이다. 아무튼 그녀는 연인을 찾아 나섰다.

그녀는 파수꾼에게 "내 연인이 어디에 있습니까?"라고 물었지만, 파수꾼은 그녀를 때리고 그녀를 창녀라고 부르며 집으로 가라고 말했다. 그녀는 매를 맞아 비틀거리면서도 계속 연인을 찾았으나 그를 발견하지 못했다. 이러는 그녀의 모습을 본 친구들이 그녀에게 "무슨 일이냐? 왜 집으로 돌아가지 않느냐?"라고 말하면서 "너의 사랑하는 자가 남의 사랑하는 자보다 나은 것이 무엇인가?"(아 5:9)라고 물었다. 그러자 그녀의 입에서는 연인의 아름다움을 기리는 노래가 흘러나왔다.

"나의 사랑하는 자는 희고도 붉어 만 사람에 뛰어난다"(아 5:10).

그녀는 그의 머리끝에서 발끝까지를 모두 아름답게 보았다!

그는 그녀와 교제하기를 원했지만, 그녀는 너무 이기적이고 자기 중심적이었다. 그가 밖에 나가서 일을 하는 동안에 그녀가 집 안에서 이기적인 자아도취에 빠져 있었기 때문에 교제가 불가능했다. 우리도 이 여자와 비슷하지 않은가?

그리스도의 다른 속성들

그리스도의 또 다른 속성은 '온유'이다. 우리 주 예수님이 얼마나 온유한 분이신지를 생각해보라. 하나님의 사랑에서 나오는 온유함은 인간의 상상을 초월할 정도로 크다. 예수님의 온유함은 그토록 많은 사람들의 삶에서 발견되는 가혹함, 엄함, 날카로움, 신랄함 그리고 심술궂음과 완전히 대조된다. 온유한 구주(救主)께서 가혹한 그리스도인을 대하신다면 결코 마음이 편하지 않으실 것이다.

그리스도의 또 다른 속성은 '용서'이다. 용서의 주님은 자신을 치는 자들을 용서하셨다. 그분은 자기를 십자가에 못 박는 자들을 용서하셨다. 그러나 하나님의 자녀 중 많은 사람들은 여전히 가혹하며 복수심에 불타 있다. 당신은 20년 전에 당신이 당한 일을 기억하는가? 그렇다면 당신은 그것을 극복하지 못했다. 말로는 용서했다고 하지만 실제로는 용서하지 않았다. 당신은 복수를 원한다. 그러나 주님은 용서하셨다. 주님은 피를 흘리고 죽으심으로써 자기의 용서를 입증하셨다. 그러나 당신은, 모진 마음을 품고 복수를 갈망하고 있다는 것이 당신의 행동과 말을 통해 나타난다.

예수님의 또 다른 속성은 '열심'이다.

"주의 집을 위하는 열성이 나를 삼키고"(시 69:9).

하나님의 열심에 대해 생각해보라.

"만군의 여호와의 열심이 이를 이루시리라"(사 9:7).

내가 아는 한, 가장 열정적인 것은 불이다. 어디에서든 불은 뜨겁게 타오른다. 예수님의 마음도 이와 같았다. 그러나 미지근한 그리스도인들을 생각해보라. 몇 년이 지나도 기도회에 단 한 번도 참석하지 않는 그리스도인들을 생각해보라. 그들은 관심도 없고 활력도 없다. 하나님의 교회는 무기력에 빠져 잠만 자고 있다.

그리스도의 또 다른 속성은 '겸손'이다. 그분은 지극히 높으신 분이었지만 이 땅으로 내려와서 지극히 낮은 자처럼 행하셨다. 반면, 우리는 지극히 낮은 자임에도 때로는 지극히 높은 자처럼 교만히 행한다. 우리는 그분과 철저하게 다르다. 우리는 하나님을 너무나 닮지 않았다.

닮음이 칭의는 아니다

우리는 하나님을 닮음으로써 의롭다 함을 얻는가? 당신은 내가 이렇게 주장한다고 믿는가? 내가 이렇게 주장한다고 믿지 말라. 전능하신 하나님이 우리를 의롭다고 선언하셨기 때문에 우리는 의로운 존재가 된 것이다. 그분은 예수님이 골고다 언덕에서 어둠 가운데 죽으신 것을 보고 우리를 의롭다고 선언하셨다. 다시 말해서, 그리스도께서 속죄를 이루셨기 때문에 하나님께서 의롭다고 하시는 것이다. 그리고 하나님은 우리를 의롭다고 하심으로써 우리를 거듭나게 하신다. 우리는 칭의와 중생을 통해 구원받은 것이다.

하지만 거듭났다고 해서, 즉시 하나님의 형상이 우리 안에서 완전케 되는 것은 아니다. 하나님의 형상은 계속 자라서 드러나야 한다. 이는 화가의 그림이 완성되는 과정에 비유될 수 있다. 화가가 그림을 그리기 시작할 때에는 무슨 그림인지 분명하지 않고 다만 큰 윤곽만이 존재한다. 그렇지만 화가는 자기가 어떤 그림을 그릴지 잘 알기 때문에 계속 그리게 되고 결국 그림이 완성된다(하나님이 우리로부터 멀리 계신 것처럼 느껴지는 것은 우리가 하나님을 닮지 않았기 때문이다).

언젠가 호레이스 부시넬(Horace Bushnell, 1802~1865. 미국의 목사 및 신학자)과 그의 친구가 산으로 기도하러 갔다. 그들이 잔디에 앉아서 하나님에 대한 이야기를 나누는 가운데, 어느덧 해가 지기 시작했고 어둠이 깔리며 별이 나타났다. 자리에서 일어나기 전에 부시넬은 친구에게 "형제여, 이곳을 떠나기 전에 기도합시다"라고 말했다. 그리고 어둠 속에서 부시넬은 하나님을 향하여 그의 마음 문을 열고 기도했다. 훗날, 그 자리에 함께 있었던 그의 친구는 "부시넬이 기도하는 동안 나는 두 팔을 내 몸에 착 붙이고 있었습니다. 팔을 뻗으면 하나님을 만지게 될까 봐 두려웠기 때문입니다"라고 회상했다.

언젠가 나는 들판의 사과나무 아래에서 무릎을 꿇고 기도한 적이 있었다. 그 자리에는 다른 목사들과 구세군 소속의 아이얼런드도 함께했다. 우리 모두가 기도한 후 아이얼런드가 기도를 시작했다. 그때 갑자기 나는 하나님의 임재를 느꼈다. 그곳에는 우리 말고도 다른 분이 계셨던 것이다! 그분은 겉으로 드러나지 않으셨지만 그 자리에 줄곧 계셨다.

"나 여호와가 말하노라 나는 가까운 데 하나님이요 먼 데 하나님
은 아니냐"(렘 23:23).

겸손하기 때문에 자신을 낮추시는 분은, 교만한 자들에게 그분의
임재를 계속 나타내시지 않는다. 열정으로 불타는 분이 어찌 무관심
과 무기력에 빠진 자들에게 그분의 임재를 계속 나타내실 수 있겠는
가? 용서의 마음으로 가득한 분이 복수의 칼을 가는 자들에게 어찌
그분의 임재를 계속 나타내실 수 있겠는가? 그토록 온유한 분이 어
찌 엄하고 가혹한 사람들에게 그분의 임재를 계속 나타내실 수 있겠
는가? 사랑 때문에 십자가의 죽음을 받아들인 분이 그토록 계산적인
사람들에게 어찌 그분의 임재를 계속 나타내실 수 있겠는가? 점과
흠으로 가득한 우리가 어찌 그분과 교제할 수 있겠는가?

예수님은 하늘의 마음을 품은 분이셨다. 이 땅에 계시는 동안 예수
님은 아버지와 함께 계셨다. 다시 말해서, 아버지의 품속에 계셨다.
성경은 "아버지 품속에 있는 독생하신 하나님"(요 1:18)이라는 표현
을 사용한다. 여기서 "아버지 품속에 '있었던'(was)"이라고 말하지
않고 "아버지 품속에 '있는'(is)"이라고 말하는 것에 주목하라. 이
땅에 계실 동안 예수님은 아버지의 품속을 떠나지 않으셨다. 예수님
은 아버지 품속을 떠난 적이 딱 한 번 있었는데, 바로 하나님께서 십
자가에 달린 그분을 버리셨을 때였다. 그때 그분은 속죄를 이루기
위해 무한한 고통을 당하셨다. 이 한 번을 제외한다면 그분이 아버
지의 품속을 떠난 적은 결코 없다.

예수님은 다른 세계에 대해 말씀하셨다. 예수님은 "나는 위에서

났으며"(요 8:23), "내가 하늘로서 내려온 것은"(요 6:38)이라고 말씀하셨다. 예수님은 하나님의 마음속에서, 다른 세계에서 사셨다. 위의 세계는 예수님이 거하신 세계였다. 그러나 지금 그리스도인들은 얼마나 세상적이고 얼마나 세속적인가! 그들은 가구, 텔레비전, 야구, 축구, 골프, 자동차, 호화 주택 그리고 정치에 대해 이야기한다. 하지만 천국과 하나님에 대해서는 이야기하지 않는다.

그러면서도 우리는 "하나님, 저를 더욱 가까이 이끄소서. 더 가까이 이끄소서"라고 기도한다. 그러나 하나님과 우리 사이의 거리에 관한 한, 우리는 하나님께 가장 가까이 있다. 문제는 우리의 본성이 하나님의 본성을 닮지 않았기 때문에 하나님이 우리에게 자신을 나타내실 수 없는 것이다. 우리가 의롭다 함을 얻고 거듭난 것은 사실이지만, 우리는 하나님과의 교제를 완전케 하지 않는다. 그러나 우리에게 절대적으로 필요한 것은 하나님과의 교제를 완전케 하는 것이다.

어떤 사람이 주님을 멀리서 따랐다. 하지만 그는 주님을 계속 따를 수 없었다. 어떤 사람들은 주님을 계속 따르는 삶을 살아간다. 그러나 당신은 그렇지 못할지도 모른다. 나이를 먹은 당신은 박명(薄明) 속에서 살면서도 그것에 신경 쓰지 않는 법을 배웠다. 당신은 냉기(冷氣) 속에서 살면서도 그것에 신경 쓰지 않는 법을 배웠다. 내가 당신을 돕기 위해 어떻게 해야 하는가? 나는 모르겠다. 베드로는 멀리서 주님을 따랐지만, 그것을 감당할 수 없었고, 주님은 몸을 돌이켜 그를 보셨다. 그러자 베드로는 밖으로 나가 심히 통곡했다.

당신은 자신이 하나님을 닮지 않은 것을 애통해하는가? 당신과 하나님 사이에 거리가 없다는 것을 머리로는 알지만 마음으로는 하나님이 멀리 계시다고 느끼는 당신 자신을 보고 눈물이 나지 않는가? 당신은 하나님이 이미 당신의 삶 속에서 이루신 것들을 어떤 면에서도 잃어버리지 않았다. 당신은 의롭다 함을 얻은 것, 당신의 삶에 임한 하나님의 선한 은혜 그리고 하나님의 모든 축복에 대해 감사한다. 그럼에도 당신은 하나님에게서 멀리 떨어져 있다는 느낌을 지울 수 없다. 하나님이 멀리 계시다고 느끼기 때문에 당신의 하루하루는 힘들게 여겨진다. 하나님이 가까이 계시다는 것을 머리로는 알지만 왠지 마음으로는 그렇게 느끼지 못한다. 하나님은 당신에게 자신의 얼굴을 보여주실 수 없다. 왜냐하면 당신의 방종, 가혹함, 복수심, 미지근함, 교만 그리고 세상적인 마음이 구름이 되어 하나님의 얼굴과 당신 사이를 가로막았기 때문이다.

그러므로 이제 회개가 있어야 한다. 우리가 하나님을 닮지 않은 것, 거룩한 분의 존전에서 거룩하지 못한 삶을 사는 것, 이타적인 그리스도의 존전에서 방종의 삶을 사는 것, 온유한 그리스도 앞에서 다른 사람들을 가혹하게 대하는 것, 용서의 주님이 보시는 가운데 다른 사람들을 용서하지 않는 것, 불같이 뜨거운 열정으로 충만하신 그리스도와 달리 미지근한 것, 하늘에 속한 그리스도를 믿으면서도 세상적이고 세속적인 삶을 사는 것, 이런 모든 것들을 회개해야 한다. 정말로 회개해야 한다.

이제 당신은 어떻게 하려는가? 하나님이 당신의 마음을 여셨는가?

하나님은
스스로 존재하는 분이시다

하나님은 그 어떤 것에서 유래한 분이 아니시다. 모든 사람들은 그들이 아닌 다른 사람으로부터 유래하며, 모든 것들은 그것들이 아닌 어떤 다른 것들로부터 유래한다. 그러나 하나님은 다르시다. 하나님은 그 무엇으로부터 유래한 분이 아니시다.

"모세가 하나님께 고하되 내가 누구관대 바로에게 가며 이스라엘 자손을 애굽에서 인도하여 내리이까 하나님이 가라사대 내가 정녕 너와 함께 있으리라 네가 백성을 애굽에서 인도하여 낸 후에 너희가 이 산에서 하나님을 섬기리니 이것이 내가 너를 보낸 증거니라 모세가 하나님께 고하되 내가 이스라엘 자손에게 가서 이르기를 너희 조상의 하나님이 나를 너희에게 보내셨다 하면 그들이 내게 묻기를 그의 이름이 무엇이냐 하리니 내가 무엇이라고 그들에게 말하리이까 하나님이 모세에게 이르시되 '나는 스스로 있는 자니라' 또 이르시되 너는 이스라엘 자손에게 이같이 이르기를 스스로 있는 자가 나를 너희에게 보내셨다 하라 하나님이 또 모세에게 이르시되 너는 이스라엘 자손에게 이같이 이르기를 나를 너희에게 보내신 이는 너희 조상의 하나님 곧 아브라함의 하나님, 이삭의 하나님, 야곱의 하나님 여호와라 하라 이는 나의 영원한 이름이요 대대로 기억할 나의 표호니라"(출 3:11-15).

영어성경 흠정역(KJV) 번역자들은
출애굽기 3장 14절에 나오는 '나는 스스로 있는 자니라' (I AM THAT
I AM)라는 말씀을 대문자로 표현했다. 왜냐하면 이는 하나님의 이름
이요 대대로 기억할 하나님의 표호(表號)이기 때문이다. 물론, '스스
로 있는 자' 라는 말은 "자존(自存)하는 자" 라는 뜻이다. 나는 '자존
성' (自存性)이라는 하나님의 속성에 대해 이야기하기를 원한다. 나
는 자존성이라는 말과 그 밖의 몇몇 단어들을 사용할 것이다. 그런
데 본격적인 이야기를 시작하기 전에 우선 나는 무엇이 하나님의 속
성이고 무엇이 하나님의 속성이 아닌지에 대해 이야기하겠다.

하나님의 속성

하나님의 속성은 하나님을 구성하고 있는 부분들이 아니다. 하나
님이 하나님이시라는 사실을 생각할 때 우리는 하나님이 '구성된'
분이 아니시라는 사실을 받아들이지 않을 수 없다. 당신과 나는 구
성된 존재이다. 우리는 몸, 정신, 영(靈), 상상력, 사고(思考) 그리고
기억으로 구성되어 있다. 우리는 구성된 존재인데, 저 높은 곳에 계
신 분이 우리를 구성하셨기 때문이다. 하나님은 흙과 생기를 준비하
셨다. 그리고 캔버스 위에 물감을 칠하는 화가처럼 하나님의 모든
지혜로써 흙과 생기를 사용하여 인간을 구성하셨다. 그러므로 인간
의 속성은 인간을 이루는 구성요소들이다.

그러나 하나님의 속성에 대해 이야기할 때 우리는 그것들이 하나
님을 구성한다고 생각하지 않는다. 왜냐하면 하나님이 "나는 스스로
있는 자니라" 라고 말씀하셨기 때문이다. 구성된 존재는 누군가에 의

해 구성된 것이다. 그러므로 구성한 존재는 구성된 존재보다 크다. 만일 전능하신 하나님 아버지가 구성되셨다면 그분보다 큰 어떤 존재가 그분을 만드셨다는 얘기가 된다. 그러나 하나님은 만들어진 분이 아니시다. 그러므로 우리는 "하나님의 속성은 하나님을 이루는 부분들이다"라고 말해서는 안 된다. 다시 말하지만, 하나님은 부분들로 이루어진 분이 아니시다.

하나님은 완전한 통일성 가운데 존재하신다. 당신도 알겠지만, 나는 하나님이 한 분이라고 믿고, 또한 하나님이 성삼위(聖三位) 하나님이라고 믿는다. 나는 하나님의 유일성을 믿는다. 우리는 "하나님은 하나이시다"라고 말한다. 이 말에는 "오직 한 하나님이 계시다"라는 뜻뿐만 아니라 "하나님은 부분들로 구성된 분이 아니라 단일체이시다"라는 뜻이 들어 있다. 이것이 성경적 해석이다. 하나님은 다이아몬드 같은 분이시다. 왜냐하면 다이아몬드는 구성되지 않은 단일체이기 때문이다. 하나님은 정금(精金) 같은 분이시다. 왜냐하면 정금은 구성되지 않은 단일체이기 때문이다. 물론 이런 비유는 싸구려 비유이다. 엄밀히 말해서 하나님을 어찌 다이아몬드나 정금에 비유할 수 있겠는가?

하나님의 속성이 하나님은 아니다. 내가 "하나님은 스스로 존재하는 분, 즉 자존(自存)하는 분이시다"라고 말한다고 해서 이 말에 "자존성(自存性)이 하나님이다"라는 뜻이 담겨 있는 것은 아니다. 다시 말해서 자존성이 하나님은 아니다. 내가 하나님은 거룩한 분이라고 말하지만, 거룩함이 하나님은 아니다. 내가 하나님은 지혜이시다라고 말하지만, 지혜가 하나님은 아니다. 하나님은 하나님이시다!

당신은 내가 속성이라는 말을 어떻게 정의(定義)하는지 알고 싶은가? 하나님의 속성은 하나님이 자신에 대해서 밝히신 것이다. 하나님이 자신에 대해 밝히신 것들 중 하나가 "나는 스스로 있는 자니라"(I AM THAT I AM)라는 말씀이다. 즉, 하나님은 "나는 존재한다"라고 밝히신 것이다. "나는 존재할 것이다" 또는 "나는 존재하였다"가 아니라 "나는 존재한다"라고 밝히신 것이다. 실존주의 철학은 "나는 존재한다"라는 명제와 "신은 존재하지 않는다"라는 명제에서 출발한 철학이다. 그러나 그리스도인은 하나님이 근원적 존재이심을 믿는다. 그리스도인은 하나님이 "나는 존재한다"라고 말씀하셨다고 믿는다. 하나님이 존재하시기 때문에 다른 모든 것들이 존재할 수 있는 것이다.

하나님의 속성은 우리가 하나님에 대해 알 수 있는 어떤 것이다. 하나님의 속성을 안다는 것은 하나님이 어떤 하나님이신지를 아는 것이다. 이제 나는 하나님이 어떤 분이신지를 이야기할 것이다.

불가지론자인가 이성주의자인가?

인간의 이성(理性)은 언제나 하나님께 도달할 수 없다. 최근에 나는 복음주의 진영에서 지적(知的)으로 아주 탁월한 사람과 이야기를 나눈 적이 있다. 그때 나는 그에게 "우리의 지성(知性)이 하나님의 모든 것을 이해할 수 있다고 믿으십니까?"라고 물었다. 그러자 그는 "우리의 지성이 하나님의 모든 것을 이해할 수 있다고 믿지 않는다면, 나는 불가지론자(不可知論者)가 될 것입니다"라고 대답했다.

나는 기가 막혀서 그에게 다른 말을 하지 못했다. 하지만 나중에 혼자 생각해보니 내가 그에게 "우리의 지성이 하나님의 모든 것을 알 수 있다고 당신이 믿는다면, 당신은 불가지론자가 아니라 이성주의자(理性主義者)입니다"라고 말해주었어야 했다. "만일 신(神)이 존재한다면, 나는 신이 말한 모든 것과 신의 모든 것을 이해할 수 있다"라고 믿는 것이 이성주의이다. 내 두뇌가 모든 것을 판단하는 기준이라고 믿는 것이 이성주의이다. 대개 이성주의는 경직되고 엄격한 정통주의(正統主義)를 추종하는데, 사실상 그것은 "나는 하나님을 안다. 나는 하나님을 전부 이해한다. 나는 하나님을 속속들이 파악할 수 있다"라고 믿기 때문이다.

그러나 하나님은 우리가 이해할 수 있는 모든 것을 초월하신다. 인간의 정신은 전능하신 하나님 앞에 무릎 꿇어야 한다. 인간의 정신은 하나님이 어떤 분이신지를 완전히 깨달을 수 없다. 성령님의 계시가 없다면 인간은 하나님을 알 수 없다. 내가 지금 당신에게 말하고자 하는 것을 성령님이 계시하시지 않으면 당신은 '하나님에 대하여'(about God) 알 수 있을 뿐이다.

"나는 '예수님에 대하여'(about Jesus) 더 알기를 원합니다"라는 노래가 있는 것은 사실이지만, 우리의 깊은 마음은 '예수님에 대하여' 더 많이 알기를 갈망하는 것이 아니라 '예수님을' 더 많이 알기를 갈망한다. 우리는 '하나님에 대한' 지식이 아니라 '하나님을' 아는 지식을 원한다.

내가 캐나다의 수상에 '대하여' 다 안다 할지라도 나는 그 '를' 모른다. 왜냐하면 그를 만난 적이 없기 때문이다. 그에 대하여 들리는 얘기들, 그에 대한 신문기사 그리고 그의 연설 등을 고려할 때 나는 그가 점잖은 신사일 것이라고 추측한다. 만일 내가 그와 함께 얼마 동안 생활한다면, 예를 들어 그와 함께 여행을 하고 식사를 하고 그와 대화를 나눈다면 나는 그를 알게 될 것이다. 하지만 지금으로서는 내가 그에 '대하여' 알 뿐이다. 나는 그에 '대하여', 즉 그의 나이라든지 그의 배경 등에 대하여 알 뿐이지 그 '를' 알지는 못한다.

그러므로 하나님의 속성에 대해 이야기할 때 우리는 하나님의 본질에 대하여 이야기하는 것이다(하나님은 자신의 본질을 가리켜 '스스로 있는 자'라고 말씀하셨다). 그런데 우리는 우리의 지성(知性)이 이해할 수 있는 것에 대해서만 이야기한다. 감사하게도, 우리의 지성이 하나님에 대해서 알 수 있는 것들이 몇 개 있다. 성령님을 통하지 않고는 우리의 지성이 하나님에 대해 알 수 없는 것이 사실이지만, 그럼에도 우리의 지성은 이 전능하신 큰 하나님을 알려고 노력할 때 자기의 가치를 가장 드높이게 된다.

하늘에 계신 우리 아버지에 대한 불완전한 지식이 우리에게 큰 기쁨을 안겨주고 우리 존재의 깊은 곳까지 만족감을 준다면 장차 우리가 그분의 얼굴을 볼 때에는 그 기쁨과 만족이 얼마나 더 크겠는가! 장차 우리의 지성과 묵상을 의지하지 않고 우리 눈으로 직접 하나님을 볼 때 그 기쁨과 감사는 하늘을 찌를 것이다! 정말 놀랍고 아름다운 일이 될 것이다! 그때 당신이 하나님의 존전에서 당황하지 않으려면 지금부터 하나님께 더욱 가까이 나아가서 하나님을 더욱 깊이 알라.

아타나시우스 신경의 하나님 고백

이제 나는 하나님께 해당되는 모든 것이 성삼위(聖三位)의 각 위격(位格)에도 해당된다고 강조하고 싶다. 예수님이 하나님이시라는 진리를 교회의 한 분파가 믿었지만 다른 분파는 믿지 않았던 때가 있었다. 아리우스(Arius, 280~336. 성부만을 하나님으로 인정하고 성자와 성령의 신성을 부정하는 아리우스주의의 창시자)라는 사람이 나타나 예수님이 선한 사람이고 탁월한 사람이지만 하나님은 아니라고 가르쳤다. 그러자 교회 지도자들이 교회회의를 열어 연구를 거듭한 끝에 '아타나시우스 신경'을 만들어 교회에 물려주었다. 그들은 교회를 진리로 이끌었다. 그러므로 경건성과 학문성을 겸비한 이 놀라운 사람들을 허락하신 하나님께 아무리 감사해도 지나치지 않는다. 그들은 "우리는 삼위(三位)로 존재하시는 한 하나님을, 하나이신 삼위를 예배한다"라고 고백했다.

하나님이 한 분이라고 믿기 때문에 나는 유일신론자(唯一神論者)이다. 또한 하나님이 삼위로 존재하신다고 믿기 때문에 나는 삼위일체론자이다. 이 두 가지 사이에는 모순이 없다. 이제 아름다운 아타나시우스 신경을 읽어보자.

우리는 삼위(三位)로 존재하시는 한 하나님을,
하나이신 삼위를 예배한다.
우리는 삼위를 혼동하지도 않으며, 하나님을 분할하지도 않는다.
성부의 위격(位格)이 있고, 성자의 위격이 있고, 성령의 위격이 있다.
성부의 신성(神性)과 성자의 신성과 성령의 신성은 완전히 하나이다.

삼위의 영광은 똑같고, 삼위의 위엄은 모두 영원하다.

당신이 나와 똑같은 생각을 하는지 어떤지 잘 모르겠지만, 나로서
는 이 경건하고 진지한 교부(敎父)들이 다음 세대들을 위해 남겨준
이 아름다운 신앙고백이 마치 지극히 아름다운 음악처럼 느껴진다.
지난 1,600년 동안 기독교가 그들의 신경(信經) 때문에 얻은 유익은
말로 다 표현할 수 없다. 계속 이 신경을 음미해보자.

성부가 어떠하시면, 성자도 그러하시고, 성령도 그러하시다.
성부는 창조된 분이 아니시고, 성자도 창조된 분이 아니시고,
성령도 창조된 분이 아니시다.
성부는 우리의 이해를 초월한 분이시고, 성자도 우리의 이해를 초월한
분이시고, 성령도 우리의 이해를 초월한 분이시다.
성부는 영원한 분이시고, 성자도 영원한 분이시고,
성령도 영원한 분이시다.
그러나 영원한 분이 세 분이 아니고 한 분이시다.
우리의 이해를 초월한 분도 세 분이 아니고 한 분이시며,
창조되지 않은 분도 세 분이 아니고 한 분이시다.
성부는 전능하시고, 성자도 전능하시고, 성령도 전능하시지만,
전능한 분이 세 분이 아니고 한 분이시다.
그러므로 성부는 하나님이시고, 성자도 하나님이시고,
성령도 하나님이시다. 그러나 하나님은 세 분이 아니라 한 분이시다.

형제들이여! 이것이 우리가 믿는 것이다. 우리는 삼위를 믿지만, 한 하나님을 믿는다.

위격(位格)은 셋이지만, 하나님은 한 분이시다. 이것이 우리가 믿는 것이다. 그러므로 내가 하나님에 대해 말할 때 나는 삼위일체의 삼위에 대해 말하는 것이다. 우리는 삼위를 나눌 수 없다. 고대의 교부(教父)들이 고백했듯이, 우리는 "하나님을 분할하지 않는다." 우리는 성자 하나님을 빼고 성부 하나님을 믿을 수 없다. 또한 우리는 성부와 성자를 빼고 성령 하나님을 믿을 수도 없는데, "성령께서 성부와 성자로부터 발출(發出)하시기 때문이다." 그러므로 내가 하나님에 대해 말할 때, 나는 성부와 성자와 성령에 대해 말하는 것이다. 하나님에 대해 말할 때 나는 세 위격(位格)을 혼동하지 않는데, 세 위격이 계시기 때문이다. 성부에게 해당하는 것은 모두 성자와 성령에게도 해당한다. 그리고 성자와 성령에게 해당하는 것은 모두 성부에게도 해당한다. 이런 얘기는 앞으로 더 깊은 내용을 살펴보기 전에 우리가 반드시 알아야 할 내용이므로 꼭 명심하자.

하나님의 자존성

하나님은 스스로 존재하는 분이시다. 교부 노바티안(Novatian, 200~258. 로마의 신학자)은 "하나님께는 기원(起源)이 없다"라고 말했다. 노바티안의 이 짧은 한 문장이 보통 사람들에게 많은 것을 가르쳐줄 수 있다. 주지하듯이, '기원'이라는 말은 피조물에 대해서만 사용될 수 있는 단어이다. 만물은 어딘가 다른 곳으로부터 왔다. 아이들이 즐겨 하는 질문 중 하나는 "내가 어디에서 왔어요?"이다. 이런 질문이 떨어지면 그때부터 당신은 진땀깨나 흘려야 할 것이다. 왜냐하면 "너는 예수님에게서 왔다"라고 말해준다 할지라도 아이가 조금 더 자라면 다시 "내가 어떻게 예수님에게서 왔어요?"라고 물을 것이기 때문이다.

모든 것에는 기원이 있다. 새의 노랫소리가 당신의 귀에 들릴 때 그 새가 과거의 언젠가 작은 알에서 나왔다는 생각이 당신의 머리를 스칠 것이다. 그것은 어딘가에서 왔는데, 그 어딘가는 바로 알이다. 그렇다면 그 알은 또 어디에서 왔는가? 물론 그 알은 또 다른 새로부터 왔다. 그 또 다른 새는 그 이전의 또 다른 새로부터 왔다. 이런 식으로 자꾸 거슬러 올라가면 우리는 하나님께서 "하늘이 생겨라. 땅이 생겨라. 마른 땅이 나타나라"라고 말씀하신 때까지 거슬러 올라가게 된다(창세기 1장 참조).

'기원'이라는 말은 피조물에 대해서만 사용할 수 있는 단어이다. 나무들 또한 기원이 있었다. 공간에도 기원이 있었다. 산도, 바다도 기원이 있었다. 만물에는 기원이 있다. 그런데 당신이 하나님께 돌아온다면 당신은 '기원이 없는 분'에게 돌아오는 것이다. 그분은 만물의 원인이시다. 그분은 '원인이 없는 원인'이시다.

모든 것은 인과관계(因果關係) 속에 놓여 있다. 손을 잡고 나란히 길을 걸어가는 아버지와 아들을 예로 들어보자. 아버지는 원인이고 아들은 결과이다. 하지만 이 아버지는 그의 아버지의 결과이다. 다시 말해서 그는 그의 아버지에 의해 태어난 존재이다. 이런 식으로 인과관계를 따져서 지극히 장구한 세월을 거슬러 올라가면 모든 원인의 원인이신 하나님을 만나게 된다. 하나님은 만물의 '원인이 없는 원인'이시다. 하나님은 '기원이 없는 기원'이시다.

아타나시우스 신경은 이렇게 고백한다.

성부는 누구에 의해서 만들어지거나 창조되거나 태어나지 않으셨다.
성자는 오직 성부에게서 오셨다. 성자는 만들어지거나 창조되지 않으
시고 다만 태어나셨다.
성령은 성부와 성자에게서 오셨다. 성령은 만들어지거나 창조되거나
태어나지 않으시고 다만 발출(發出)하셨다.

나는 사색하고 기도하기를 원하며, 하나님을 연구하고 묵상하기를
원한다. 나는 장차 천국에 가면 그곳의 언어를 배우게 되기를 원한다.
나는 성부와 성자와 성령이 계신 그곳으로 가게 될 것이다. 주님의 보
혈로 씻기고 거듭나고 거룩하게 된 성도들의 큰 무리가 거기에 있을
것이다. 나는 그곳에 당도했을 때 그곳의 언어를 말하게 되기를 원한
다. 미국식 발음이 전혀 섞이지 않은 천국의 언어를 말이다!

나는 내가 갈 그곳의 언어를 배우게 되기를 원한다. 하나님은 그
언어의 기원이시며 천국의 기원이시다. 그분에게는 기원이 없지만,
그분은 모든 것들의 기원이 되신다. 그렇기 때문에 그분은 "나는 스
스로 있는 자니라"라고 말씀하신 것이다. '본질'(essence)이라는 단
어의 라틴어 어원은 '있다(존재하다)'라는 동사이다. 하나님은 '근
원적이고 창조되지 않은 본질'이시다.

하나님은 그 어떤 것에서 유래한 분이 아니시다. 모든 사람들은 그
들이 아닌 다른 사람으로부터 유래하며, 모든 것들은 그것들이 아닌

어떤 다른 것들로부터 유래한다. 그러나 하나님은 다르시다. 하나님은 그 무엇으로부터 유래한 분이 아니시다. 하나님은 창조된 분이 아니시다. 만일 하나님이 어떤 존재로부터 유래했다면 그 존재가 하나님보다 먼저 존재했을 것이다.

그러므로 인류 역사상 들을 수 있었던 지극히 어리석은 말들 중 하나는 마리아가 '하나님의 어머니'라는 말이다. 하나님이 모든 것의 근원이신데 어떻게 마리아가 그분의 어머니가 될 수 있다는 말인가? 그분이 존재하기 전에 마리아가 존재했던 것이 결코 아니다. 그녀는 예수님의 몸을 이룬 어머니일 뿐이다. 절대 그 이상이 아니다.

동정녀 마리아의 거룩한 태 안에서 전능의 하나님이 자신을 아기로 만드셨다. 그렇기 때문에 우리는 그녀를 깊이 공경하고 존중하는 것이다. 여자들 중에서 복을 받은 그녀는 하나님이 이 세상으로 오실 때 통로 역할을 했다. 그러나 그녀가 하나님보다 먼저 있었던 것은 아니다. 아브라함이 있기 전에 하나님이 계셨다. 아담이 있기 전에 하나님이 계셨다. 별, 산, 바다, 강, 평원 그리고 숲이 있기 전에, 요컨대 세상이 있기 전에 하나님이 계셨다. 하나님은 지금도 계시고, 앞으로도 영원히 계실 것이다. 하나님은 만물의 근원이시다. 거룩한 존재가 하나님의 자아(自我)이다. 하나님은 누군가에게 의지할 필요가 없는 독립적 존재이시다.

하나님은 산타클로스인가?

무릎 꿇고 간구하는 자세를 취하지 않고 하나님에 대해 생각하는 사람들이 있다. 당신도 혹시 이런 사람들 중 하나인가? 대개의 경우 우리는 기도할 때 쇼핑 목록 같은 것을 가지고 하나님께 가서 "주님, 이런 것, 저런 것 그리고 또 이런 것을 주십시오"라고 말한다. 다시 말해서 우리는 쇼핑센터에 물건 사러 갈 때처럼 하나님께 나아간다. 우리는 하나님을 우리 수준으로 끌어내린다. 다시 말해서 우리는 우리에게 시급히 필요한 것을 청구하면 그것을 공급하시는 분이 하나님이시라고 생각한다.

물론 하나님은 우리의 필요를 채워주신다. 그분은 선한 하나님이시기 때문이다. 선하심은 하나님의 속성 중 하나이다. 그러나 우리는 하나님이 단지 우리의 기도에 응답하기 위해 존재하신다고 생각해서는 안 된다. 계약을 따내기를 원하는 사업가는 하나님께 가서 "하나님, 제가 계약을 따내도록 도와주십시오"라고 기도한다. 높은 학점을 얻기를 원하는 학생은 하나님께 "하나님, 시험을 잘 볼 수 있도록 도와주십시오"라고 기도한다. 결혼하기를 원하는 젊은 남자는 무릎을 꿇고 하나님께 "하나님, 그녀가 저의 청혼을 받아들이게 해주십시오"라고 기도한다. 우리는 우리에게 필요한 것을 얻기 위해 하나님을 이용할 뿐이다.

물론 하늘에 계신 우리 아버지는 지극히 친절하시기 때문에 우리에게 "구하라, 그러면 얻을 것이다"라고 말씀하신다. 우리가 하나님의 아들의 이름으로 무엇을 구할 경우 그것이 하나님의 뜻에 합당한 것이라면 하나님은 그것을 주실 것이다. 하나님의 뜻은 온 세상만큼 넓다. 그러나 우리는 하나님이 우리의 필요를 채워주시는 분이라고만 생각해서는 안 된다. 우리는 하나님이 거룩한 분이심을 알아야 한다. 하나님은 '인기 좋은 산타클로스'가 아니시다. 다시 말해서,

하나님은 우리가 원하는 모든 것을 주고 어디론가 사라져서 그후에는 우리 마음대로 살 수 있게 해주는 산타클로스가 아니시다. 하나님은 우리가 원하는 것을 우리에게 주신다. 하지만 그렇게 하실 때 하나님 자신도 함께 주신다. 하나님이 우리에게 주시는 최고의 선물은 바로 하나님 자신이다. 하나님이 우리의 기도에 응답하여 이런저런 것들을 주시는 것은 사실이다. 하지만 우리가 그것들을 다 써버리거나 우리에게 그것들이 더 이상 필요 없게 되었을 때에라도 우리에게 남는 분은 바로 하나님이시다.

하나님의 자아 안에는 죄가 없다. 피조물인 우리는 우리의 자아와 이기심 속에 도사리고 있는 죄를 인정하고 비판할 수밖에 없다. 이렇게 하는 것이 성경적이고 적절하고 옳다. 그러나 하나님의 자아에는 죄가 없다. 하나님이 우리 모두를 지으셨지만 죄악된 것은 우리의 타락한 자아이기 때문이다. 그분의 자아에는 죄가 없는데, 그분은 만물의 근원이요 타락하지 않은 존재요 거룩한 분이시기 때문이다. 어떤 시인은 이렇게 말했다.

하나님께서 언제나 스스로 영광을 취하시는 중에 하나님의 완전함이 빛납니다.
자족(自足)하며 스스로 높아지는 생명을 가진 분은 하나님이십니다.
스스로에게 영광을 돌리지만 비난받을 수 없는 분, 온전히 부끄러울 것이 없이 거룩한 분은 바로 하나님이십니다.

하나님의 자기 사랑

하나님은 자신을 사랑하신다. 성부는 성자를, 성자는 성부를 사랑하신다. 그리고 성자와 성부는 성령을 사랑하신다. 과거의 성도들은 이 진리를 이해했다. 왜냐하면 그들은 지금 사람들처럼 남을 흉내내지 않고 오직 성경이 주는 교훈의 틀 안에서 사고(思考)했기 때문이다.

사고에 대한 얘기가 나왔으니 하는 말인데, 내가 분명히 해두고 싶은 것이 있다. 하나님의 속성에 대해 논할 때 나는 내 사고로써 하나님께 도달하려고 발버둥 치지 않는다. 사다리를 타고 달까지 갈 수 없듯이 우리의 사고로써 하나님께 이를 수 없다. 우리는 사고함으로 하나님의 나라에 들어가는 것이 아니라 믿음으로 들어간다. 하지만 일단 그 나라에 들어간 사람은 그 나라에 대해 사고할 수 있다. 사고함으로 영국에 들어갈 수는 없지만 일단 영국에 들어간 사람은 영국에 대해 사고할 수 있듯이 말이다.

다시 하나님의 자기 사랑의 얘기로 돌아가보자. 조금 전에 말했듯이, 하나님은 자신을 사랑하신다. 왜냐하면 그분이 사랑의 기원이시기 때문이다. 그분은 사랑의 자존자(自存者)이시다. 그분은 모든 거룩함의 정수(精髓)이시며, 모든 자의식적(自意識的) 빛의 샘이시다.

"나" 또는 "나는 …이다"라는 말은 언제나 자아를 가리킨다. 내가 잘 알고 지내던 한 형제가 있었다. 나는 하나님이 그에게 은혜를 베푸시기를 원한다. 지금 그는 천국에 있는데, 나는 그가 장차 어깨까지 닿을 정도로 큰 면류관을 쓰게 될 것이라고 믿는다. 생전에 중국에서 선교사로 일했던 그는 "나"라는 말을 쓰는 것을 별로 좋아하지 않았다. 그는 "나"라는 것은 자아를 뜻하며 인간의 타락한 자아는 곧 죄에 빠진 존재라고 믿었다. 그래서 그는 항상 "어떤 사람"이라는 표현을 사용했다. 예를 들어 그는 "어떤 사람이 중국에 있을 때 그는 이런 얘기를 하고 저런 행동을 했다"라고 말하곤 했다. 그가 말하는 이 "어떤 사람"은 물론 그 자신을 가리키는 표현이었다. 그는 "나"라는 말을 사용하기를 싫어했던 것이다. 만일 그가 시편 23편을 썼다면 아마도 "여호와는 어떤 사람의 목자시니 그가 부족함이 없으리로 다 …"라고 썼을 것이다.

"나" 또는 "나는 …이다"라는 표현을 쓴다고 해서 잘못될 것은 없다. 그러나 "나는 …이다"(I am)라는 표현을 글로 쓴다면 "…이다"(am)를 반드시 소문자로 써라(이것은 토저가 영어를 기준으로 하는 얘기이기 때문에 한글에는 해당되지 않는다 - 역자 주). 그러나 하나님께서 "나는 …이다"(I AM)라고 말씀하실 때, 하나님은 "…이다"(AM)를 대문자로 쓰셨다. "이다"를 소문자로 쓰는 것과 대문자로 쓰는 것에는 큰 차이가 있다. "나는 …이다"(I AM)라는 하나님의 말씀에는 하나님이 그 어떤 것으로부터도 유래하지 않으셨다는 뜻이 담겨 있다. 하나님이 모든 것을 시작하셨다. 왜냐하면 그분이 하나님이시기 때문이다. 그러나 내가 "나는 …이다"(I am)라고 말할 때 나는 하나님의 작은 메아리에 불과하다.

하나님의 자존성을 반영하는 인간

나는 하나님께서 자신의 자녀들을 매우 자랑스럽게 여기신다고 믿는다. 내가 볼 때, 이 광대무변(廣大無邊)한 우주에서 하나님은 자신의 백성을 자기 백성이라고 부를 수 있는 것을 매우 기뻐하실 것이다. 당신은 하나님께서 욥에 대하여 하신 말씀을 기억하는가? 욥기 1장을 보면, 하루는 하나님의 아들들(천사들)이 와서 하나님 앞에 섰다. 그런데 그들 중에는 사단도 끼어 있었다. 얼마나 뻔뻔스럽고 오만한 행동인가! 감히 사단이 하나님의 타락하지 않은 아들들 가운데 있었던 것이다! 사단이 무리 중에서 앞으로 나왔을 때 하나님께서는 그에게 "네가 내 종 욥을 유의하여 보았느냐 그와 같이 순전하고 정직하여 하나님을 경외하며 악에서 떠난 자가 세상에 없느니라"(욥 1:8)라고 말씀하셨다. 하나님은 욥을 자랑스럽게 여기셨다.

하나님은 자신의 백성을 자랑스럽게 여기신다. 그분은 우리가 그분의 뜻에 따라 "나는 …이다"라고 작은 메아리로 말하는 것을 기뻐하신다. 물론 그분은 "나는 스스로 있는 자니라"라고 말씀하신 본래의 목소리이시다. 인간이 하나님의 형상으로 창조되었다는 기독교 교리는 성경의 가장 중요한 교리 중 하나이다. 이것은 내가 아는 가장 고상하고 고결하고 영광스럽고 광대한 교리 중 하나이다. 우리가 "나는 …이다"라고 먼저 말씀하신 근원적 존재의 작은 메아리임을 기억한다면, 우리의 모든 언행을 소문자로 쓴다면, 우리가 자존심을 갖는 것은 잘못이 아니며, 우리가 "나는 …이다", "나는 …일 것이다" 그리고 "나는 …을 행한다"라고 말하는 것도 잘못이 아니다.

성자(聖子) 하나님이 '말씀'이라고 불렸다는 것과 하나님께서 인간에게 말할 수 있는 능력을 주셨다는 것은 참으로 묘한 일이다. 하나님은 말할 수 있는 능력을 인간 이외의 다른 피조물에게는 주지 않으셨다. 아무리 훈련을 잘 받은 개라도 말은 할 수 없다. 아무리 탁월한 구관조(九官鳥)라도 말은 할 수 없다. 구관조가 말을 한다고 생각하는 사람들이 있지만, 구관조는 자기가 하는 말이 무슨 뜻인지 알지 못한다. 오직 인간만이 말을 할 수 있는데, 오직 인간에게만 '로고스'(logos), 즉 '말씀'이 있기 때문이다.

분수를 망각한 인간

죄의 본질은 인간의 자아가 하나님으로부터 독립하려는 것이다. 스스로 존재하는 분이신 하나님이 보좌에 앉아 계셨다. 그런데 인간이 나타나더니 하나님의 보좌보다 더 높아지려고 했다. 그는 하나님께 불순종하고 제멋대로 행동하더니 자기 힘에 의지하여 작은 신(神)이 되었다. 죄에 빠진 세상 사람들은 자기들의 능력으로 살 수 있을 것 같은 착각에 빠져 "나는 …이다"라고 말한다. 그들은 자기들이 위에 계신 분의 작은 메아리에 불과하다는 것을 잊고 있다.

무솔리니(B. Mussolini, 1883~1945. 이탈리아의 독재자로서 히틀러의 동맹자이기도 했다)는 "나는 내 인생을 걸작으로 만들겠다"라고 큰소리쳤다. 그러나 그 자신이 정말 걸작이었다! 크고 거만하고 우쭐대는 폭한(暴漢)인 그가 정말 걸작이 아니던가! 이제 그는 무덤 속에서 썩고 있다. 한때는 발코니에 서서 시끄럽게 허풍을 떨며 연설을 했지만, 이제는 벌레들이 그의 시체로 배를 불리고 있다. 그는 죄인일 뿐이다!

나는 죄를 '타락한 자아'라고 정의(定義)하고 싶다. 하나님은 우리를 마치 행성처럼 만드셨다. 행성은 태양의 인력(引力)에 의해 태양 주위를 계속 돈다. 하나님은 "의로운 해"(말 4:2)이시다. 하나님의 모든 피조물, 즉 스랍들, 그룹들, 천사들, 천사장, 하나님의 자녀들 그리고 하늘을 호위하는 자들은 그분에게서 따뜻함과 치유와 복(福)과 빛을 얻으면서 그분 주위를 돌고 있다. 하나님의 피조물 중에서 단연 최고는 하나님의 형상으로 지음 받은 인간이었다. 행성이 태양의 둘레를 돌듯이 우리는 하나님의 둘레를 돌았다.

그러나 어느 날 이 작은 행성은 "이제부터 나의 태양은 바로 나 자신이다. 하나님은 필요없다"라고 말했다. 이렇게 인간은 타락했다. 우리는 이것을 '인간의 타락'이라고 부른다. 인간의 타락으로 인하여 죄가 들어왔다. 죄는 하늘로 올라가 하나님의 자리를 자기 것으로 착각하고 "이제부터는 내가 나의 주인이다"라고 말했다. 죄는 하나님을 인정하지 않았다. 사도 바울이 말했듯이, 사람들은 그들의 마음에 하나님을 두기를 싫어했기 때문에 그분은 그들을 부끄러운 욕심에 내어버려두셨다(롬 1:26 참조). 경찰, 교육자, 박사 그리고 정신과 의사가 걱정스러운 눈길로 쳐다보는 모든 악, 즉 성적 도착(性的 倒錯), 남색, 노출증 같은 것들은 인간이 그의 마음과 정신에 하나님을 두기를 싫어하고 그분을 하나님으로 인정하기를 거부하기 때문에 생겼다. 그는 자기 멋대로 일탈(逸脫)하여 스스로의 신(神)이 되었다.

사실 보통의 죄인들도 이렇게 살지 않는가? 그들은 스스로 자신의 신이 되었다. 그들은 작은 태양이 된 것이다. 그들은 대문자로 "나는 …이다"라고 쓰면서 장차 자기를 심판할 분이 하늘에 계시다는 것을 잊고 살아간다.

죄는 증상과 징후를 동반하는데, 이는 마치 암에 걸렸을 때 징후가 나타나는 것과 같은 이치이다. 나는 이제까지 살아오면서 몇 사람의 암 환자를 보았다(사실 나의 아버지가 암으로 돌아가셨다). 그들에 게서 나타나는 증상이 있었지만, 그 증상이 암 자체는 아니다. 증상 을 다 없앤다 해도 암은 그대로 남아 있다. 죄에도 징후가 있다. 많은 징후가 있다. 그에 대해 사도 바울은 이렇게 말한다.

"육체의 일은 현저하니 곧 음행과 더러운 것과 호색과 우상 숭배 와 술수와 원수를 맺는 것과 분쟁과 시기와 분냄과 당 짓는 것과 분 리함과 이단과 투기와 술 취함과 방탕함과 또 그와 같은 것들이라" (갈 5:19-21).

그런데 여기에서 바울은 죄를 말한 것이 아니라 죄의 증상을 말한 것이다. 이런 증상은 그것들보다 더 깊이 있는 그 어떤 것이 밖으로 드러난 것일 뿐이다. 그 어떤 것이란 바로 '자기의 뜻을 꺾지 않는 자아(自我)'이다. 죄는 '창조되고 유래된 자아'를 꺾지 않고, 자신을 보좌에 앉히고, "내가 나의 주인이다. 나는 스스로 있는 자이다"라고 말한다.

나는 실존주의(實存主義) 철학에 대한 책을 읽었다. 실존주의 철 학자들이 그토록 비극적인 오류에 빠질 수 있다는 사실에 대해 나는 떨며 슬퍼했다. 그런데 그들의 사상이 오류투성이라는 것을 알 수 있었던 것은 내가 성경을 읽었기 때문이다. 그들은 "인간은 스스로 존재한다. 인간은 창조되지 않았고, 그저 존재할 뿐이다. 우리는 이 사실에서 출발해야 한다"라고 주장한다. 인간에게는 창조주도 없고, 그들을 위해 계획을 세운 분도 없고, 지혜로써 그들을 만들어낸 분도 없다는 것이 그들이 가진 사상이다. "나는 스스로 있는 자이다"라고 말할 수 있는 분이 하나님 한 분뿐임에도 그들은 인간에게 그렇게 말하도록 만든다. 그러나 "나는 스스로 존재하는 자이다"라고 대문자로 쓸 수 있는 분은 오직 하나님 한 분이시기 때문에 인간은 그 마음을 겸비하게 하고 소문자로 "나는 …이다"라고 써야 한다. 인간은 이 진리를 잊어버렸는데, 이런 망각이 죄이다.

'화를 내는 것'이 죄가 아니다. 죄는 그보다 더 깊은 것이다. 정욕이 죄가 아니다. 죄는 그보다 더 깊은 것이다. 정욕은 단지 죄의 증상이다. 이 세상의 모든 범죄, 즉 강도, 강간, 처자(妻子) 불법 유기, 암살 같은 것들은 모두 '죄'라는 내부의 병이 외적으로 나타난 징후일 뿐이다.

그런데 엄밀히 말해서, 죄는 병이라기보다는 태도이며 질서 파괴이다. 스스로 있는 자이신 하나님께서 보좌에 앉아 계셨다. 영원히 자존하며 자족(自足)하신 하나님은 인간을 하나님의 형상으로 만들고 그에게 의지(意志)를 주며 "인간이 내 뜻에 순종하기만 한다면 나머지는 그의 뜻대로 행할 수 있다"라고 말씀하셨다. 행성이 태양의 둘레를 돌듯이, 인간이 하나님 보좌의 둘레를 돌도록 하는 것이 하나님의 뜻이었다. 그러나 인간은 "나는 스스로 있는 자이다"라고 말하며 그분에게 등을 돌렸고, 그후 타락한 자아가 그의 주인이 되었다. 죄가 수만 가지 모양으로 나타날지라도, 그 속에 도사리고 있는 본질은 언제나 타락한 자아이다.

진정 거듭났는가?

이제 당신에게 문제의 본질이 서서히 드러나고 있는가? 우리는 천지를 지으신 전능하신 하나님께서 이렇게 말씀하셨다고 해석하면 된다.

"나는 스스로 있는 자이다. 이는 나의 영원한 이름이요 대대로 기억할 나의 표호이다. 나는 창조되지도 않았고 만들어지지도 않았다. 나는 스스로 존재한다. 내가 너희를 만든 것은 내 사랑 때문이다. 내가 너희를 만든 것은 너희로 나를 예배하고 나를 높이고 내게 영광을 돌리도록 하기 위함이다. 내가 너희를 만든 것은 내가 너희를 사랑하고 너희를 붙들고 나를 너희에게 주기 위함이다. 그러나 너희는 내게서 돌아섰다. 너희는 너희 자신을 신(神)으로 만들고, 너희를 보좌에 앉혔다."

하나님을 버리고 스스로 신이 되려고 한 것이 바로 죄이다.

그렇기 때문에 예수님은 "사람이 거듭나지 아니하면 하나님나라를 볼 수 없느니라"(요 3:3)라고 말씀하신 것이다. 그렇다면 거듭난다는 것은 무엇인가? 무엇보다도 이것은 새롭게 됨(재탄생)을 의미하지만, 또한 자기 마음의 보좌에서 내려와 하나님을 그 자리에 다시 앉혀드리는 것을 의미하기도 한다. 이것은 스스로 존재하는 분을 하나님으로 인정하고 받아들이는 것을 의미한다.

나는 공경과 겸손을 마음 가득히 품은 채, 십자가에서 죽고 부활하셔서 우리를 위해 간구하시는 하나님의 아들 앞에 무릎을 꿇은 다음, 이렇게 기도했다.

"오, 주 예수님! 저는 이제 굴복합니다. 저는 보좌에 앉아 내 인생을 내 마음대로 경영하던 잘못을 더 이상 반복하지 않을 것입니다. 이제부터 저는 내 의(義)를 의지하지 않을 것입니다. 내 의는 더러운 누더기 같습니다. 앞으로 저는 나의 선행과 종교적 봉사를 의지하지 않을 것입니다. 저는 은혜의 하나님, 아들을 내어주셔서 죽게 하신 하나님을 의지할 것입니다."

이렇게 나에게 중생(重生)이 일어났고, 나는 영광의 사람이요 나의 구주(救主)와 주(主)이신 예수 그리스도를 의지했다. 이렇게 해서 나는 구원받았다.

아주 오래전에 루시퍼(계명성)라는 자가 있었다. 하나님은 그에게 어떤 다른 피조물보다도 높은 지위를 허락하셨기 때문에 그는 하나님의 보좌 앞으로 나아갈 수 있었다. 그러나 어느 날 그는 교만해져서 "내가 하늘에 올라 하나님의 뭇별 위에 나의 보좌를 높이리라" (사 14:13)라고 말했다. 하나님은 교만해진 그를 던지셨고(사 14:12-14 참조), 루시퍼는 마귀가 되었다.

지금 세상을 이끄는 자는 마귀이다. 마귀는 공중의 권세 잡은 자요 지금 불순종의 아들들 가운데서 역사하는 영이다(엡 2:2 참조). 그는 사회의 지도자, 정치인 그리고 학자 같은 사람들을 움직인다. 그는 단지 우리나라만을 지배하는 것이 아니다. 그는 아담이 범죄한 날부터 온 세상을 지배해왔다. 그러므로 마귀를 따르는 것은 하나님을 거스르는 것이며, 영원한 보좌에 앉아 계신 왕을 모욕하는 것이고, 신성모독적 반역의 죄를 범하는 것이다.

아직도 당신은 교회에 나와서 크게 씩 웃으며 교인등록카드에 서명하는 것이 예수님께 큰 호의를 베푸는 것이라고 착각하는가? 이런 착각에 빠져 있다면 당신이 이제까지 하나님의 보좌를 불법으로 점유하고 있었다는 사실을 깨달아라. 본래 그 자리는 성부(聖父)의 아들 예수 그리스도께 속한 보좌이다. 당신이 마땅히 겸손함과 공경심에 가득 차, "오, 하나님! 제가 존재할 수 있는 것은 하나님이 계시기 때문입니다"라고 고백해야 함에도, 당신은 지금까지 대문자로 "나는 스스로 있는 자이다"라고 써왔다. 그러나 중생은 "오, 하나님! 제가 존재할 수 있는 것은 하나님이 계시기 때문입니다"라고 고백하는 것이다. 회개하고 믿는 것이 중생이다.

하나님은 어떤 분이신가? 그분은 당신이 알고 있는 그 어떤 존재와도 같지 않은 분이시다. 왜냐하면 그분은 스스로 존재하는 분, 즉 자존(自存)하는 분이시기 때문이다.

이 천지 만물 있기 전, 주(主) 먼저 계셨고
온 세상 만물 변해도 주 변함없도다.

하늘과 땅이 만들어지기 전에,
시간이 존재하기 전에,
당신은 더없는 기쁨과 위엄 가운데
혼자 살고 혼자 사랑하셨습니다!

당신은 태어나지 않으셨습니다.
당신의 존재를 흘려 내보낸 샘은 없었습니다.
당신이 도달하실 끝은 없습니다.
당신은 하나님이십니다.

하늘에 계신 우리 아버지, 아버지는 하나님이십니다. 영원히 아버지의 이름은 '스스로 있는 쟈'이십니다. 아버지의 인자하심 가운데 아버지께서는 저를 창조하셨지만, 저는 죄를 지었습니다. 우리는 다 양 같아서 그릇 행하며 각기 제 길로 갔습니다(사 53:6). 이것이 죄의 본질입니다. 우리 모두는 각기 제 길로 갔으며, 우리가 가는 길의 끝은 지옥입니다. 우리의 주님은 "누구든지 나를 따르려거든 자기를 부인하라"라고 가르치셨습니다. 아버지시여! 나의 회사를 경영할 권리, 나의 가정을 경영할 권리, 나의 삶을 인도할 권리 그리고 나의 모든 것이 되실 권리가 아버지께 있다는 것을 저는 인정합니다. 제가 아니라 그리스도께서 높아지고 사랑받고 영광 받으시게 하소서. 사람들이 저를 보고 듣고 아는 것이 아니라 그리스도를 보고 듣고 알게 하소서. 저는 사라지고 그리스도께서 나타나게 하소서.

하나님은
초월적인 분이시다

하나님은 이성을 초월하신다. 그분과 이성적인 것들 사이의 간격은 그분과 물질적인 것들 사이의 간격만큼 벌어져 있다. 그분의 본질은 우주에서 유일무이하기 때문에 그분과 똑같은 본질을 가진 존재는 없다.

"여호와여 광대하심과 권능과 영광과 이김과 위엄이 다 주께 속하였사오니 천지에 있는 것이 다 주의 것이로소이다 여호와여 주권도 주께 속하였사오니 주는 높으사 만유의 머리심이니이다"(대상 29:11).

"네가 하나님의 오묘를 어찌 능히 측량하며 전능자를 어찌 능히 온전히 알겠느냐 하늘보다 높으시니 네가 어찌 하겠으며 음부보다 깊으시니 네가 어찌 알겠느냐"(욥 11:7,8).

"이런 것은 그 행사의 시작점이요 우리가 그에게 대하여 들은 것도 심히 세미한 소리뿐이니라 그 큰 능력의 우뢰야 누가 능히 측량하랴"(욥 26:14).

"여호와는 광대하시니 크게 찬양할 것이라 그의 광대하심을 측량치 못하리로다"(시 145:3).

"여호와의 말씀에 내 생각은 너희 생각과 다르며 내 길은 너희 길과 달라서 하늘이 땅보다 높음같이 내 길은 너희 길보다 높으며 내 생각은 너희 생각보다 높으니라"(사 55:8,9).

"오직 그에게만 죽지 아니함이 있고 가까이 가지 못할 빛에 거하시고 아무 사람도 보지 못하였고 또 볼 수 없는 자시니 그에게 존귀와 영원한 능력을 돌릴지어다 아멘"(딤전 6:16).

'하나님의 초월성'이라는 말을 들을 때 우리는 많은 학식이나 심오한 사색이 없으면 이 말을 이해할 수 없다고 느낄 수도 있다. 하지만 많은 학식이나 심오한 사색 없이도 이 말을 이해할 수 있다. 어렵게 생각할 것 없이, '어떤 것을 초월한다'라는 말은 "어떤 것 위로 간다", "어떤 것 위로 솟아오른다", "어떤 것 위에 있다"라는 뜻이다. 물론, 하나님께서 초월하시는 동시에 내재(內在)하신다는 것을 이해하는 것은 쉬운 일이 아니다. 그분이 초월하면서 동시에 무소부재(無所不在)하시다는 것을 이해하는 것은 어려운 일이다. 하나님이 여기에서 우리와 함께, 우리 안에 계시면서 만물을 충만케 하시면서도 동시에 만물을 초월하신다는 것은 이해하기에 어려운 교리이다. 언뜻 보면 이 교리는 모순처럼 느껴진다. 그러나 모순처럼 느껴지지만 사실은 모순이 아닌 것들이 이 세상에 많이 있는데, 이 교리가 그들 중 하나이다. 하나님의 내재성과 초월성은 서로 완전히 조화를 이룬다.

언제나 하나님은 당신이 상상하는 것보다 더 가까이 계신다. 당신에게 더 가까이 있는 것은 당신의 생각일까, 아니면 하나님이실까? 당신에게 더 가까이 있는 것은 당신의 호흡일까, 하나님이실까? 당신에게 더 가까이 있는 것은 당신의 영혼일까, 아니면 하나님이실까? 하나님이 당신에게 더 가까이 계신다. 그럼에도 하나님은 당신보다 훨씬 높이 계신다. 어느 정도로 높이 계신가 하면… 당신의 상상력과 표현력을 초월할 만큼 높이 계신다.

하나님에 대한 표현의 비유성

여기서 내가 분명히 밝혀두고 싶은 것이 있다. 하나님이 당신보다 훨씬 높이 계신다고 말할 때 나는 그분이 지리적으로나 천문학적으로 높이 계시다고 말하는 것이 아니다. 나는 비유(比喩)로써 말하는 것이다. 우리가 인간으로서 이 세상에 살고 있기 때문에 우리는 비유로써 말하는 법을 배워야 한다.

사실, 우리가 말하는 것들 중 거의 전부는 비유로써 표현된다. 속담이 말하듯이, "모든 사람은 (자기가 의식하지 못하지만) 시인(詩人)이다." 시인은 비유로써 말하고, 한 시간 속에서 영원을 보고, 모래 알갱이 하나 속에서 세계를 본다. 당신과 나는 언제나 비유로써 말한다.

그러므로 "하나님은 높은 곳에 멀리 계시다"라고 말할 때 우리는 비유를 사용하고 있는 것이다. "별이 우주 저 멀리 높은 곳에 있다"라고 말할 때 우리는 실제로 별이 저 높은 곳에 있다고 생각한다. 그러나 하나님에 대해서는 이렇게 생각하면 안 된다.

나의 이런 얘기를 이해하지 못한다면 당신은 이 책을 읽지 않는 것이 좋을 것이다. 왜냐하면 이런 얘기를 이해하지 못하면 앞으로 내가 하는 얘기를 이해할 수 없기 때문이다. 하나님의 초월성은 '높이 계심'을 의미한다고 할 때에 이 말은 천문학적 거리나 물리적 크기를 의미하는 것이 아니다. 하나님께는 '크기'(size)라는 것이 무의미한데, 그분이 모든 것을 포함하고 계시기 때문이다. 그분께는 '거리'가 무의미한데, 그분은 어느 곳에나 계시기 때문이다. 그분은 한 장소에서 다른 장소로 가실 필요가 없는데, 그분께는 거리가 무의미하기 때문이다. '크기'나 '거리' 같은 말들이 하나님에 대해 사용된다면, 그것은 우리 인간들의 사고(思考)를 돕기 위해 필요한 비유이며 예증(例證)이다.

산속에서 길을 잃은 여자아이가 있다고 상상해보자. 가족이 야외로 소풍을 나왔는데, 이 아이가 혼자 돌아다니다가 가족으로부터 이탈하게 되었다. 가족은 수색대를 보내고 블러드하운드(bloodhound, 후각이 예민한 영국산 경찰견)를 풀어놓는 등 모든 수단을 동원하여 아이를 찾으려고 노력한다. 잃어버린 아이는 겨우 두 살에 불과하다. 혼자서 밖에 나간 적이 거의 없기 때문에 어디가 어딘지 잘 알지 못한다. 체구가 큰 것도 아니다. 살이 쪘다 해도 체중이 18킬로그램 정도밖에 안 될 것이다. 세상의 입장에서 말하자면, 이 아이가 사라졌다 할지라도 애통하는 가족을 제외하고는 세상이 전혀 알지 못할 것이다. 그렇다면 아이가 사라진 장소인 산에 대해 생각해보자. 이 산의 무게는 수백만 톤, 아니 수십억 톤일 것이다. 이 산에는 수천억 원에 달하는 광물이 매장되어 있다. 이 산에는 목재가 많고 배회하는 짐승도 많다. 이 산은 아름답고 너무나 거대하다. 만일 우리가 이 산 앞에 선다면 우리는 시내 산 앞에 섰던 이스라엘 민족처럼 그 거대함에 완전히 압도당할 것이다.

그러나 몸무게가 18킬로그램 정도밖에 안 되는 두 살짜리 여자아이는 이 산보다 더욱 귀한 존재이다. 산이 매우 거대하다 해도, 거대함을 빼면 산에는 아무것도 남지 않는다. 산은 "엄마", "아빠" 또는 "이만 누워서 자야겠다"라고 말할 수도 없다. 산은 당신에게 입 맞출 수도 없고, 토실토실 살찐 팔을 벌려 당신에게 안길 수도 없다. 기도 하거나 웃거나 기뻐 뛸 수도 없다. 밤에 침대에서 축 늘어져서 편히 잘 수도 없다. 산에는 하나님께서 소중히 여기시는 것이 전혀 없다.

산은 흔들림이 없고 단단하고 무겁고 크고 뚜렷한 형체가 있고 다양한 색이 있다. 그러나 산에는 마음이 없다. 하나님께서 사람들을 생각하실 때에 그분이 중요하게 여기시는 것은 크기가 아니라 마음이다. 우리는 "하나님은 높이 들리신 분이며, 거룩한 분이며, 초월적인 분이시다"라고 말하는데, 이렇게 말할 때 우리는 그분과의 거리를 문제 삼지 않는다. 왜냐하면 거리는 전혀 중요하지 않기 때문이다. 중요한 것은 존재의 질(質)이다. 바로 이 질의 차이 때문에 아이는 중요한 존재가 되고 산은 그렇지 못한 것이 된다. 산도 하나의 존재이지만, 높은 초월적 질이 없다. 아이의 크기는 산보다 훨씬 작지만, 아이가 가진 존재의 질은 산보다 무한히 더 높다.

무한한 간격

하나님은 천사장(天使長)보다 높으시고 또한 풀쐐기보다 높으시다. 그런데 그분과 천사장 사이의 간격은 그분과 풀쐐기 사이의 간격만큼 벌어져 있다. 믿기 힘든 얘기지만 사실이다. 당신은 풀쐐기가 어떤 것인지 잘 알 것이다. 그것은 당신의 손가락만 한 벌레로서 온몸에 털이 나 있다. 사실, 풀쐐기는 저급(低級)한 생물이다. 그것은 사람들이 즐겨 찾는 존재가 아니다. 단지 보잘것없는 벌레일 뿐이다. 벌레가 이동할 때 서쪽으로 가는지, 동쪽으로 가는지를 알려면 그것을 뚫어지게 쳐다봐야 한다. 왜냐하면 그것은 어느 방향에서 보나 비슷하게 생겼기 때문이다. 그것은 풀쐐기일 뿐이다.

반면, 천사장은 하나님의 보좌 앞에 있는 거룩한 피조물이다. 인간은 천사들보다 잠시 동안 조금 낮은 존재로 만들어졌지만, 천사장은 천사들보다 조금 높은 존재이다. 천사장은 가려지지 않은 하나님의 얼굴을 볼 수 있는 존재이다. 천사장은 이토록 높은 지위에 있는 피조물이다. 천사장은 죄에 빠진 적이 없으며, 사실 천사장이 얼마나 큰 존재인지 아는 사람조차 없다. 그러나 하나님과 천사장 사이의 간격은 그분과 풀쐐기 사이의 간격만큼 벌어져 있다.

왜 그런가? 풀쐐기나 천사장이나 모두 피조물이지만, 하나님은 창조되지 않은 분이시기 때문이다. 하나님은 시작이 없는 자존자이시다. 그분은 만물을 만드신 분이시다. 반면 천사장은 피조물이다. 하나님은 천사장을 지으셨다. 그분은 "천사장이 존재하라"라고 말씀하심으로써 천사장이 존재하게 하셨다. 천사장은 하나님이 아니다. 천사장은 하나님이 될 수 없고, 하나님께서 천사장이 되실 수도 없다.

하나님과 피조물 사이에는 무한한 간격이 있다. 천사장으로부터 시작하여 육안으로는 볼 수 없는 가장 작은 바이러스에 이르기까지 피조물이 다양하지만, 피조물의 공통점은 '스스로 존재하는 자'와 질적으로 무한히 다르다는 것이다. 이 피조물, 저 피조물 할 것 없이 모든 피조물과 하나님 사이에는 무한한 간격이 존재한다. 그분은 창조되지 않은 생명의 소유자이시기 때문에 모든 피조물 위에 존재하는 초월적인 분이시다.

우리는 생명을 진화론적(進化論的)으로 설명하는 잘못을 범하지 않도록 주의해야 한다. 유감스럽게도, 때때로 그리스도인들조차 이런 잘못을 범하곤 한다. 우리는 생명이 단세포동물로 시작되어 그 다음에는 물고기가 되고 그 다음에는 새가 되고 그 다음에는 짐승이 되고 그 다음에는 사람이 되고 그 다음에는 천사가 되고 그 다음에는 천사장, 그룹, 스랍이 되고 그 다음에는 하나님이 된다고 생각한다. 이런 사고에 따르면 하나님께서는 피라미드 구조로 된 피조물의 발전 단계에서 맨 꼭대기에 계신 분밖에 안 된다. 그러나 그분은 피조물이 아니시다. 그분과 스랍 사이의 간격은 그분과 세포 사이의 간격만큼 벌어져 있다. 왜냐하면 하나님은 하나님이시기 때문이다. 그분의 본질은 유일무이(唯一無二)하다.

그렇다면 내가 유일무이한 본질을 가지신 하나님에 대해 어떻게 계속 이야기할 수 있을까? 나를 포함하여 어느 누가 그렇게 할 수 있을까? 어떻게 내가 모든 사고(思考)를 초월하는 분에 대해 사고할 수 있을까? 내가 침묵하는 것이 더 좋을 것 같은 상황에서 내가 어떻게 계속 말해야 하는가? 어거스틴은 "오, 하나님! 제가 하나님에 대해서 말하려고 할 때 저는 할 수 없습니다. 하지만 제가 말하지 않는다면 누군가 하나님에 대해 말해야 합니다"라고 고백했다. 그리고 그는 입을 벌려 말했다.

어떤 고결한 피조물이 수 세기 동안 하나님의 거룩한 얼굴을 보았다면, 그는 사람들의 쓸데없는 얘기들, 세상 일로 바쁜 이 땅 사람들의 얘기들, 심지어 일부 설교단에서 흘러나오는 무의미한 얘기에 귀를 기울이지 않을 것이다. 그렇다면 이 피조물이 하나님의 속성에 관한 나의 메시지에 귀를 기울일까? 그가 내 메시지를 듣는다면 한편으로는 이상하게 느낄 것이고 또 한편으로는 반갑게 느낄 것이다. 아무튼 내 메시지는 하나님에 대한 깊은 진리를 전달하는 데 턱없이 부족하다. 마치 두 살짜리 아이가 바이올린을 연주해봤자 신통한 소리가 나지 않는 것처럼 말이다. 그러나 두 살짜리 아이가 아빠의 제안에 따라 바이올린을 집어 들고 연주를 시도한다면 아빠의 입가에는 미소가 번질 것이다. 집에서 멀리 떠나 있는 아버지가 학교에 다니는 어린 자식이 비뚤비뚤한 글씨로 써 보낸 편지를 받을 때 어떤 감정을 가질지를 상상해보라. 비록 그 편지가 오자(誤字)로 가득하고 괴발개발 씌었다 해도 아버지는 기쁨을 감추지 못할 것이다. 왜냐하면 그가 매우 사랑하는 어린 자식이 보낸 편지이기 때문이다.

하나님의 초월성을 설명하는 나의 이 글이 지극히 부족한 것임을 잘 안다. 그럼에도 하나님께서는 이 글을 기뻐하실 것이다. 왜냐하면 이 세상에 넘치는 쓸데없는 얘기들과 달리, 높이 들린 거룩하신 하나님을 전하려는 아름다운 시도이기 때문이다.

공경심

이런 상상을 한번 해보자. 어떤 고결한 존재, 즉 수 세기 동안 하나님의 보좌 옆에서 모셔 선 존재가 이 땅으로 내려와 설교단에 서서 설교를 하게 되었다고 가정해보자. 이럴 경우, 그의 설교 내용은 우리가 평소에 수없이 듣던 설교 내용과 크게 다를 것이다. 그는 하나님에 대해 이야기함으로써 우리의 귀를 그의 설교에 붙잡아둘 것이고, 우리 마음을 빼앗을 것이고, 우리 마음에 새 힘을 불어넣을 것이다. 그는 크신 하나님, 기쁨으로 충만하신 하나님, 우리를 위해 아들을 죽음에 내어주신 하나님에 대해 설교할 것이다(감사하게도 우리는 이런 하나님의 존전에서 영원히 살게 될 것이다).

이 존재가 이런 하나님을 주제로 설교하는 것을 들은 사람들은 신문기사나 텔레비전 뉴스 보도를 적당히 짜깁기해서 하는 설교를 듣지 않으려고 할 것이다. 그들은 "우리에게 설교함으로써 우리의 시간을 감히 빼앗으려는 사람은 이 세상의 정치적 또는 경제적 문제에 대한 해법을 내놓는 설교를 하지 말고 오직 하나님에 대해서만 설교를 해야 한다"라고 할 것이다.

오, 하나님!
우리가 하나님을 찬양하나이다.
우리는 하나님을 주님으로 인정하나이다.
온 땅이 영원한 아버지이신 하나님을 경배하나이다.
모든 천사들이, 하늘이 그리고 하늘에 있는 모든 천사들이
하나님께 큰 소리로 찬양하나이다.
그룹들과 스랍들이 하나님께 끊임없이
"거룩, 거룩, 거룩, 만군의 여호와 하나님!"이라고 부르짖나이다.
천지에 하나님의 영광의 엄위가 가득하나이다.
영광스러운 사도들의 무리가 하나님을 찬양하나이다.
아름다운 선지자들의 무리가 하나님을 찬양하나이다.
고결한 순교자들의 무리가 하나님을 찬양하나이다.
온 세계에 퍼져 있는 거룩한 교회가 하나님을 인정하나이다.

오, 무한한 엄위의 아버지!

오, 영광스럽고 진실하신 독생자!

오, 보혜사 성령님!

우리 믿음의 조상들은 테 데움(Te Deum, 하나님께 감사와 찬양을 드리는 라틴 성가)이라고 알려진 것을 통하여 이렇게 찬양했다. 그러나 우리는 이를 잊어버리고 산다. 왜냐하면 우리는 이것을 이해할 수 있는 영적 능력이 없기 때문이다. 우리는 귀를 즐겁게 해주는 것들을 듣고 싶어 한다.

하나님의 거룩한 사람은 "이런 것은 그 행사의 시작점이요 우리가 그에게 대하여 들은 것도 심히 세미한 소리뿐이니라"(욥 26:14)라고 말했다. 우리의 사고와 언어적 표현은 이성적(理性的) 차원을 벗어나지 못한다. 하지만 하나님은 이성(理性)을 초월하신다. 그분과 이성적인 것들 사이의 간격은 그분과 물질적인 것들 사이의 간격만큼 벌어져 있다. 그분의 본질은 우주에서 유일무이하기 때문에 그분과 똑같은 본질을 가진 존재는 없다. 하나님은 모든 것을 초월하신다(물론, 우리는 하나님의 행사의 적은 부분을 알 수는 있다).

내가 하나님의 존재, 그분의 속성에 대해 설교할 때 나는 멀리서 공경스러운 태도로 접근한다. 그분이 어떤 분이신지, 그분이 어떤 하나님이신지에 대해 이야기할 때에도 나는 멀리서 공경스러운 태도로 접근한다. 하나님을 가리키는 나의 손가락은 공경심으로 가득한데, 하나님은 나의 이해력을 무한히 초월하시기 때문이다. 우리는 하나님에 대해 아주 적은 것밖에 모른다. 나머지는 우리의 이성을 초월한다. 그러므로 우리가 하나님의 행사를 다 알 수는 없다.

나는 교회가 영적 신비를 다시 회복해야 한다고 믿는다. 나는 우리가 하나님과 함께 행하고 그분과 대화하고 그분의 존전에서 살기 위해 노력해야 한다고 믿는다. 우리는 복음적 기독교를 변질시켜서 프로그램화 된 기독교로 만들어버렸다. 지능과 재능만을 갖춘 사람들이 거룩한 자리를 차지해버렸으며, 우리는 하나님을 예배하기 위해 이곳에 있다는 사실을 망각하고 살아간다. 그러나 하나님은 만물의 근원이요 중심이요 기초이시다. 이 진리를 노래한 다음과 같은 찬송시가 있다.

죄로 물든 죽을 수밖에 없는 존재들이
어찌 감히 하나님의 영광과 은혜를 찬송할 수 있겠습니까?
우리는 멀리서 하나님의 발아래 엎드려
하나님의 얼굴의 그림자만 볼 수 있습니다.

우리가 교회에서 예배를 드릴 때에도, 하나님 얼굴의 그림자만을 볼 수 있을 뿐이다. 왜냐하면 천사들조차 그들의 얼굴을 가릴 정도로 하나님은 만물 위에 높이 계시기 때문이다. 천상의 생물들은 그들의 얼굴을 가리고 "거룩하다 거룩하다 거룩하다 만군의 여호와여"(사 6:3)라고 찬양할 뿐이다(사 6:2,3; 계 4:8 참조).

그러나 이토록 외경스럽고 두려운 하나님의 존전에서 아무런 감동을 느끼지 못하는 사람들이 있다는 것은 정말 끔찍한 일이 아닐 수 없다. 하나님은 얼마나 두렵고 무섭고 외경스러운 분이신가! 그럼에도 우리는 하나님에 대한 이야기를 듣고 싶어 하지 않는다. 우리는 변덕스러운 욕구, 우리의 병적인 호기심, 낭만을 위한 우리의 동경심을 충족시켜주는 것을 원한다. 그러나 하나님은 하늘에 계시고, 우리는 장차 그분 앞에 서야 한다.

하나님과의 직면

불타오르듯 거대한, 우주같이 크신 하나님께서 장차 우리 앞에 나타나 우리의 방어물(防禦物)을 무너뜨리실 때, 우리는 그분을 상대해야 할 것이다. 하지만 대부분의 사람들은 이에 대해 전혀 걱정하지 않는다. 그들은 자기 일에 대해 생각하고 낮에는 일에 몰두하고 밤에는 두 다리 뻗고 잘 잔다. 먹고 자고 생활하고 자녀를 양육하고 늙고 죽는다. 그렇지만 모든 것을 초월하는, 크신 하나님에 대해서는 생각하지 않는다.

그러나 이 크신 하나님에 대해 성경은 "여호와여 광대하심과 권능과 영광과 이김과 위엄이 다 주께 속하였사오니 천지에 있는 것이 다 주의 것이로소이다 여호와여 주권도 주께 속하였사오니 주는 높으사 만유의 머리심이니이다"(대상 29:11)라고 말하고 있다. 문제는 우리가 하나님에 대해 거의 관심을 갖지 않고 살아간다는 것이다. 사람들이 돈, 사업, 식욕 그리고 야망의 노예가 되어 정욕과 교만한 마음에 따라 사는 것은 참으로 비극이다.

사람들의 마음속에 영적 죽음이 자리 잡고 있다는 것을 증명하기 위해 많은 증거를 끌어다댈 필요는 없을 것 같다. 사도 바울은 "일락을 좋아하는 이는 살았으나 죽었느니라"(딤전 5:6)라고 분명히 못 박는다. 야망, 정욕, 식욕 그리고 교만 가운데 살면서 돈과 명예를 추구하는 사람들도 역시 죽은 것이다. 비록 그들이 젊고 멋있고 건강하고 총명하고 유복하다 할지라도 죽은 것이다. 그들은 부패한 시체의 냄새를 풍긴다. 그들은 떠오르는 태양을 볼 수 없는 시각장애인과 같다. 왜냐하면 크신 하나님은 그들이 가진 이해력의 수준을 초월하시기 때문이다. 그들은 장차 하나님 앞에 서야 한다는 것을 모른 채 평생을 지낸다. 마치 동굴 속의 벌레나 바위 아래의 두꺼비가 그것을 모른 채 평생을 지내듯이 말이다.

그러나 나는 그날을 위해 산다. 그날에 하나님께서는 나의 방어물을 부수고 나의 인간적 이해력을 초월하여 나를 찾아오실 것이다. 물론 이런 일이 이 세상에서 지금 당장 일어날 수도 있다. 복음을 믿는 사람에게 회심이 일어날 때에도 이런 일이 일어날 수 있다. 다시 말해서, 구원받고 회개하고 죄 사함을 얻고 마음속으로 하나님을 보고 십자가에 달리신 예수님과 하늘 보좌에 앉으신 예수님을 보고 거룩한 하나님의 존전에 거하게 된 사람에게는 이런 일이 일어날 수 있다는 말이다.

그러나 당신이 교회를 오래 다니고 교회에서 진행하는 프로그램에 참여한다 할지라도 하나님을 만나지 못할 수 있다. 당신은 아주 어릴 적에 "하나님은 사랑이시다"라고 말하는 법을 배울 수 있다. 당신은 성경책을 끼고 여러 등급의 성경강좌를 전전할 수 있다. 당신은 적당히 나이를 먹으면 교회에 등록하고 세례를 받고 성가대의 일원이 될 수 있다. 당신은 주일학교 교사로서 봉사하고 선교사들을 대접하고 십일조를 드리고 주님의 일을 위해 헌금할 수 있다. 당신은 성실한 교인이 될 수 있다. 하지만 그러한 가운데서도 당신은 크신 하나님이 당신의 의식(意識) 안으로 들어오는 체험을 하지 못하고 하나님에게서 항상 멀리 떨어진 상태로 살아갈 수도 있다.

구약을 보면, 일종의 유배 생활에서 돌아온 압살롬은 2년 동안 꼬박 왕의 얼굴을 보지 못하고 살았다(삼하 14:28 참조). 이와 같은 일이 교회에서도 일어난다. 그러나 하나님께서 우리에게 실재(實在)로서 다가오실 때 우리는 변하지 않을 수 없다. 그럴 때 우리는 '두려운 신비' 이신 하나님의 영향 아래 놓이게 된다.

이번 주에 나는 누군가 "토저는 너무 부정적이기 때문에 나는 그의 글을 읽지 않습니다"라고 말했다는 기사를 읽었다. 나는 그에게 "형제여! 병을 치료하기 위해서는 먼저 진찰이 있어야 합니다"라고 말해주고 싶다. 당신이 병 때문에 의사를 찾아갔다고 하자. 커피를 마시고 있던 의사가 고개를 들어 당신을 보자마자 미소를 지으며 "9번 알약을 복용하십시오"라고 말한다면 당신이 그의 말을 받아들이겠는가? 9번 알약이 당신에게 필요 없는 약일 수도 있다. 아니, 필요 없는 정도가 아니라 당신을 죽이는 약이 될 수도 있다. 당신에게 필요한 것은 약이 아니라 수술일 수도 있다.

당신에게 먼저 필요한 것은 진찰이다. 때로는 진찰이 병보다 더 두려운 일일 수도 있다. 나의 경우, 병을 치료하기 위한 고통보다 내게 어떤 병이 있는지를 알아내기 위한 고통이 더 심했다(때로는 진찰 후에 아무 병도 발견되지 않았다). 나의 메시지가 부정적인지 아닌지 나도 잘 모르겠다. 그러나 높이 들리신 하나님, 내가 사랑하고 예배하는 하나님, 영원히 나와 함께 살며 나를 지켜보며 내 기도를 들으실 하나님, 이런 하나님이 부정적인 분이라면 나는 부정적인 것들을 얼마든지 받아들일 것이다.

두려움

우리가 하나님을 만날 때 경험하는 것들 중 하나는 두려움이다. 사람들은 두려움을 원하지 않는다. 그들은 어떤 대상 때문에 두려움을 느끼는 것을 좋아하지 않는다. 사람들은 교회에 가서 기쁨을 얻기를 원한다. 그러나 이것이야말로 내가 평생 보았던 가장 어리석은 것들 중 하나이다. 여기에 두 교회가 있다고 가정해보자. 하나는 이발소 위층에 개척한 교회로서 교인이 25명밖에 안 된다. 또 하나는 아주 큰 교회로서 이 교회의 교인들은 헌금을 많이 내고 목회자를 리무진에 태워 사방으로 돌아다니지만 하나님에 대한 설교를 아주 부담스럽게 여긴다. 이럴 경우, 나는 이발소 위층의 교회로 갈지언정 절대 큰 교회로는 가지 않을 것이다.

하나님을 만난 사람들이 얼마나 두려워했는지를 기억하라. 야곱은 "두렵도다 이곳이여"(창 28:17)라고 외쳤고, 베드로는 "주여 나를 떠나소서 나는 죄인이로소이다"(눅 5:8)라고 말했다. 사람이 아무리 희미하게 잠깐 하나님을 보았을지라도 그 사건에 굉장한 영향을 받았다는 것이 역사적인 사실이다. 물론, 내가 말하는 두려움은 육신적 의미의 두려움이 아니다.

당신이 하나님을 만난다면 당신은 이 세상의 위험과 두려움을 극복하게 된다. 하나님을 만날 때 느끼는 두려움은 위험을 감지(感知)할 때 느끼는 두려움이 아니다. 그것은 지극히 외경스럽고 놀랍고 초월적이고 높이 들린 분의 존전에 있을 때 느끼는 두려움이다. 그것은 자신이 피조물임을 뼈저리게 느끼는 것이다. 이런 두려움을 느꼈기 때문에 아브라함은 하나님께 "티끌과 같은 나라도 감히 주께 고하나이다"(창 18:27)라고 말씀드렸던 것이다.

만일 지금 아브라함이 이 땅에 내려와 일부 복음주의 교회에서 드리는 예배에 참석하여 대표기도를 듣는다면 틀림없이 기절초풍할 것이다. 그는 우리처럼 유창하게 기도하지 않았다. 때때로 나는 우리가 유창하게 기도하는 것이 하나님께 가까이 갔기 때문이 아니라 우리가 받은 교육과 훈련의 결과라고 생각한다. 우리는 배운 것을 단지 반복할 뿐이다. 우리는 천주교인들이 기도서(祈禱書)를 읽는 것으로 기도를 대신한다고 비판하지만, 그들이 읽는 것은 적어도 훌륭한 문장이다. 그들의 기도문은 유려하고 아름답다. 우리의 기도 또한 그들의 기도만큼 겉으로만 윤기가 잘잘 흐른다. 우리가 드리는 기도는 분장(扮裝)되어 있다.

천주교인들의 기도도 우리의 기도처럼 죽어 있다. 왜냐하면 거기에는 자신이 피조물임을 깨달을 때 느끼는 두려움이 없기 때문이다. 그들의 기도에서는 지극히 높으신 하나님의 존전에 있다는 느낌을 찾아볼 수 없다. 그러나 천사들은 하나님의 존전에서 그들의 날개를 접고 입을 굳게 다문다. 그들이 입을 열 때는 오직 "거룩하다, 거룩하다, 거룩하다"라고 찬양할 때뿐이다. 이제 우리는 자신이 피조물임을 뼈저리게 느껴야 한다. 이제 우리는 모든 피조물보다 높으신 분의 존전에서 압도되어 낮아져야 한다. 이렇게 낮아진 사람들이 모인 곳이라면 25명이 모일지라도 나는 그들을 찾을 것이다. 나는 주님의 이름으로 모이지만 실상 사교단체(社交團體)에 불과한 2,500명의 교인을 찾지 않을 것이다.

전하는 바에 따르면, 영국의 위대한 설교자 중 한 사람인 마틴 로이드 존스는 가끔 멀리 웨일스까지 찾아가 12~15명의 사람들과 함께 예배를 드렸다고 한다. 그곳에서 영적으로 재충전한 후 다시 런던에 있는 큰 교회의 설교단으로 돌아가 1,500명 이상의 사람들에게 말씀을 전했다는 것이다. 그는 웨일스를 찾는 이유에 대해 "웨일스에 가서 소박한 마음으로 예배하는 사람들과 함께 잠깐 동안 머물다 오면 나는 훨씬 더 충만해지기 때문에 더욱 은혜로운 설교를 할 수 있습니다"라고 말했다. 나는 우리도 로이드 존스처럼 재충전의 시간을 가져야 한다고 믿는다.

무지

우리가 하나님을 만날 때 경험할 수 있는 또 다른 것은 철저한 무지(無知)를 느끼는 것이다. 성경에 나오는 어떤 질문에 대해서도 대답을 해줄 수 있다고 주장하는 신흥종파가 사람들에게 인기를 얻고 있다(이 종파의 이름을 언급하는 것은 그들을 광고해주는 결과를 낳을 수 있기 때문에 여기에서는 밝히지 않겠다). 사실 나는 이 종파의 사상처럼 생각하는 사람들을 많이 만나보았다. 내가 알기로는, 키케로(Cicero, BC 106~BC 43. 로마의 웅변가, 정치가 및 철학자)가 "어떤 것에 대해 확신을 못 가질 바에는 차라리 죽는 것이 낫다"라고 말했다. 그러나 우리가 하나님께 가까이 갈수록 우리의 무지를 더 깨닫게 된다. 본래 많이 알수록 모르는 것이 더 많아 보이는 법이다.

나는 오늘날 만연하고 있는 경박함에 대해 심히 걱정하는 바이다. 거룩한 하나님의 존전에서 경박해지는 것은 큰 죄이다. 당신과 내가 영국의 여왕 앞에 있는데 누군가 여왕에 대해 농담을 함으로써 사람들을 웃기려고 한다면 어떻겠는가? 얼마나 부끄럽고 끔찍한 일이겠는가! 이런 황당한 짓을 할 사람은 아무도 없을 것이다. 결국 한 인간에 불과한 여왕 앞에서도 경박함이 허락되지 않는데, 하물며 만주(萬主)의 주요 만왕(萬王)의 왕이신 하나님의 존전에서는 어떻겠는가?

우리의 무지를 뼛속 깊이 느껴야 한다. 우리는 아주 많이 알고 있다는 착각 속에서 살고 있다. 그러나 우리의 무지를 깨닫고 말로 표현할 수 없는 위엄으로 가득한 분의 존전에서 겸손하게 침묵해야 한다.

연약함

하나님을 만날 때 경험할 수 있는 또 다른 것은 우리의 연약함을 느끼는 것이다. 우리는 얼마나 약한 존재인지를 철저히 깨달은 다음에야 비로소 강해질 수 있다. 지극히 큰 힘과 무한한 능력으로 충만하신 하나님의 존전에 설 때 비로소 우리는 자신이 얼마나 약한 존재인지를 알 수 있다. 외경스럽고 복되고 두렵고 놀라운 순간에 우리 마음의 눈이 높이 들린 보좌에 앉아서 옷자락을 성전에 가득하게 하신 초월적 하나님을 볼 때 비로소 우리는 자신이 얼마나 약한지를 알 수 있다.

하나님은 인간의 힘을 사용하여 일하시지 않는다. 하나님나라에서는 가장 강한 사람이 가장 약한 자요 가장 약한 자가 가장 강한 자이다. 사도 바울은 "내가 약할 그때에 곧 강함이니라"(고후 12:10)라고 고백했다. 우리는 이 말을 반대로 뒤집어서 "내가 강할 때에, 즉 내가 무엇인가를 할 수 있다고 느낄 때에, 그때 나는 약하다"라고 표현할 수도 있다.

나는 19세부터 63세가 된 지금까지 설교를 해왔다. 이렇게 오랜 세월 설교를 했지만 지금도 설교단에 올라서면 속으로는 떤다. 사람들을 두려워해서가 아니라 하나님을 두려워해서이다. 내가 두려움에 떠는 이유는, 설교단에서 하나님에 대해 말해야 한다는 것을 알기 때문이다. 만일 내가 하나님에 대해 잘못 이야기한다면 얼마나 끔찍한 실수가 되겠는가! 만일 내가 하나님에 대해 오류를 이야기한다면 얼마나 무서운 죄악인가! 하나님에 대해 제대로 증거했을 때에만, 나는 밤에 그분께 용서를 구하지 않고 편히 잘 수 있다.

하나님께서 다니엘에게 말씀하셨을 때 그는 자신의 연약함을 뼈저리게 느꼈다.

"그가 이런 말로 내게 이를 때에 내가 곧 얼굴을 땅에 향하고 벙벙하였더니 인자와 같은 이가 있어 내 입술을 만진지라 내가 곧 입을 열어 내 앞에 섰는 자에게 말하여 가로되 … 내 몸에 힘이 없어졌고 호흡이 남지 아니하였사오니"(단 10:15-17).

그렇다! 하나님을 만난 사람은 자신을 낮추게 되고 자신의 더러움을 느끼게 된다. 그렇기 때문에 선지자 이사야는 "화로다 나여 망하게 되었도다 나는 입술이 부정한 사람이요"(사 6:5)라고 외쳤던 것이다. 그는 자신이 너무나 더럽다는 것을 깨달았다.

너는 깨끗하냐?

내가 이렇게 말하니까 당신이 "그렇다면, 나는 평생 두려움, 무지, 연약함 그리고 불결함 속에서 살아야 하는가?"라고 물을지 모르겠다. 물론 그렇지 않다. 그러나 당신은 두려움, 무지, 연약함 그리고 불결함을 뼈저리게 느껴야 한다. 남들이 이런 것에 대해 당신에게 전해주는 얘기를 듣는 것만으로는 부족하다. 나는 성장하면서 "당신은 죄 가운데 태어났습니다"라는 말을 귀가 아프도록 들었다. 사람들은 내게 "의인은 없나니 하나도 없으며"(롬 3:10) 또는 "우리의 의(義)는 다 더러운 옷 같으며"(사 64:6)라는 성경구절을 들려주었다. 나는 이 말씀들을 믿었고, 다른 사람들에게 "여러분의 의(義)는 더러운 옷입니다"라고 설교하기 시작했다. 하지만 속으로 나는 그들의 더러운 옷이 내 옷보다 더 더럽고 그들의 죄가 내 죄보다 더 악하다고 믿었다.

정통교리를 믿는 데에는 칼빈 못지않고 인간의 전적 부패를 믿는 데에는 정통 침례교 신자 못지않은 사람이 여전히 교만하고 자기의(自己義)에 빠져 있을 수 있다. 만일 당신이 바리새인들에게 "모든 사람들이 죄인입니까?"라고 묻는다면 그들은 "물론이죠. 우리만 빼고요"라고 답할 것이다. 그들은 세리(稅吏)와 창녀를 멸시했다. 그러나 예수님은 바리새인들을 멸시하셨다. 왜냐하면 그들이 세리나 창녀만큼 죄가 많다는 것을 아셨기 때문이다. 자기 생각에는 율법을 어긴 적이 없다고 믿는 바리새인들도 밤마다 율법을 어기는 창녀들만큼 죄가 많았다.

율법을 어긴 적이 없는 사람이 있는가? 그런 사람은 없다. 물론 바리새인들이 '의식적(意識的)으로' 율법을 어긴 적이 없을 수는 있다. 만일 우리의 양심을 조금 속인다면 우리는 거울 속에 자신을 비추면서 자신을 실제보다 더 선하다고 생각할 수 있다.

많은 우화를 쓴 고대의 현인 이솝은 어떤 남자에 대한 이야기를 들려주고 있다.

이 남자는 보따리 2개를 한 줄로 연결하여 메고 걸었는데, 보따리 하나는 가슴 쪽에 또 다른 하나에 등 쪽에 달고 있었다. 그를 만나는 사람들이 "그 보따리 안에는 무엇이 들어 있습니까?"라고 물었다. 이 남자는 "등 쪽의 보따리에는 내 잘못이 들어 있고, 가슴 쪽의 보따리에는 내 이웃의 잘못이 들어 있습니다"라고 대답했다. 그는 이웃의 잘못은 눈으로 볼 수 있는 가슴 쪽에 두고, 자기의 잘못은 눈으로 볼 수 없는 등 쪽에 두었던 것이다!

우리는 바로 이 남자처럼 살아가고 있다. 그러나 참된 회개를 통해 하나님 앞에 서는 체험을 한다면 우리 자신을 선하거나 깨끗하다고 생각하지 않게 된다. 우리는 단지 "주여, 주님이 아십니다"라고 말할 수 있을 뿐이다. 그리고 하나님께서 우리에게 "너는 깨끗하냐?"라고 물으실 경우, 우리는 "독생자 예수 그리스도의 피가 우리를 모든 죄에서 깨끗하게 합니다"(요일 1:7 참조)라고 대답할 수 있을 뿐이다. 우리가 모든 사람들 중에서 가장 악한 죄인이라고 느낄지라도 우리는 하나님의 말씀을 믿는다.

무한한 심연

하나님의 사람인 아빌라의 테레사(Teresa of Avila, 1515~1582. '맨발

의 갈멜회'를 창설한 개혁가, 신비가)는 "하나님께 가까이 가면 갈수록 우리가 얼마나 악한 존재인지를 더욱 분명히 느끼게 된다"라고 말했다. 초월적 하나님과 피조물 사이에는 누구도 뛰어넘을 수 없는 무한한 심연(深淵)이 놓여 있다. 이렇게 무한히 높으신 하나님께서 자신을 낮추어 우리를 찾아와 우리 가운데 거하신다는 것은 말로 표현할 수 없는 신비요 역설(逆說)이요 기사(奇事)이다. 이 깊은 심연의 저쪽에 계셨던 하나님께서 어느 날 처녀의 태를 통하여 이 땅에 와서 우리 중에서 행하셨다. 목수 요셉의 작업장에서 이리저리 쿵쿵거리며 걸었던 아기, 아빠의 작업을 때로는 방해했던 아기, 대팻밥을 가지고 놀았던 아기, 이 아기가 천사장(天使長)조차 경외의 눈빛으로 바라볼 정도로 무한히 높이 들리신 초월적 하나님이시다. 목수의 집에서 성장한 아기가 바로 하나님이셨다.

아주 오래전에 나는 교창곡(交唱曲)을 들었다. 교창곡은 노래하는 사람들이 두 그룹으로 나뉘어 서로 노래를 주고받으면서 부르는 곡이다. 죄인을 상징하는 한 남자가 이렇게 노래했다.

칠흑 같은 밤, 나는 외친다.
내가 어느 길로 가야 하는가?
나는 지친 순례자, 나의 빛은 희미하다.
나는 언덕 위에서 밝게 빛나는 궁전을 찾노라.
그러나 우리 사이에 흐르는 강은 너무나 차갑고 도도하다.

그런 다음, 그는 또 이렇게 묻는다.

내가 찾는 궁전과 나 사이에 놓인 심연을 어떻게 건널 수 있을까?

나는 너무 약하고 하나님은 지극히 강하시다.

나는 너무 악하고 하나님은 지극히 선하시다.

나는 너무 무지하고 하나님은 지극히 지혜로우시다.

그러니 내가 어떻게 이 심연을 건널 수 있을까?

그러자 상대 그룹에 속한 다른 남자가 목소리를 높여 이렇게 응창(應唱)한다.

내 아들아! 가까이에,

너 가까이에 옛 노변(路邊) 십자가가 있지 않느냐?

지의(地衣)와 이끼가 낀 고깔을 쓴 반백의 수도사처럼

네 옆에 있지 않느냐?

십자가의 광채가 멀리 있는 물가를 가리켜줄 것이니,

그 물가를 따라가면 안전하게 물을 건널 수 있느니라.

초월적 하나님과 나 사이에는 큰 심연이 놓여 있다. 그분은 너무 높이 계셔서 나는 그분을 생각할 수 없다. 그분은 너무 고결하여 내가 그분에 대해 말할 수 없다. 그분 앞에서 나는 오직 엎드려 두려움에 떨며 숭모할 뿐이다. 나는 그분에게까지 올라갈 수 없다. 나는 인간이 만든 우주선을 타고 그분에게까지 솟아오를 수 없다. 내가 아무리 기도한다 할지라도 그분에게까지 올라갈 수 있는 것은 아니다. 그분에게 갈 수 있는 길은 오직 하나이다. 그것은 "가까이에, 내 가까이에 있는 옛 노변(路邊) 십자가"이다. 하나님과 인간을 갈라놓은 심연을 건널 수 있는 다리는 십자가뿐이다.

십자가

하나님은 초월적인 분이시다. 당신의 힘으로는 그분을 찾을 수 없다. 이슬람 신자들은 천 년 동안 그분을 찾더라도 찾지 못한다. 힌두교 신자들이 칼로 몸을 베고 깨진 유리 위에 눕고 불속을 통과할지라도 그분을 찾을 수 없다. 개신교 신자들이 교회에 등록하고 교회에서 살다시피 하면서 이런저런 일들에 참여한다 할지라도 그분을 만날 수 없다. 철학자들이 깊은 사색에 잠긴다 해도 그분을 찾을 수 없다. 시인들이 상상의 날개를 펴고 하늘 높이 오른다 해도 그분을 찾을 수 없다.

음악가들은 아름다운 성가를 만든다. 바흐(Bach)의 크리스마스 오라토리오를 들을 때, 나는 이런 음악을 만들어낸 사람이 바흐가 처음이라고 느낀다. 그러나 우리의 두 눈에서 눈물이 쏟아질 때까지 이런 음악을 듣는다 해도 하나님을 만나지 못한다.

나는 십자가의 길을 통해 집으로 가야 한다.
이 길 외에는 다른 길이 없다.
십자가의 길을 찾지 못하면,
빛의 문(門)을 찾을 수 없다.
십자가의 길이 나를 고향으로 이끌 수 있다.

그러므로 나는 당신에게 십자가를 증거한다. 나는 이 세상의 그 무엇보다도 저 위대하신 하나님을 증거한다.

오, 주여!
저는 주님의 광대하심에 압도되어 살아갑니다.
이 삶은 점입가경의 미로 속으로 들어가는 것 같습니다.
태어나지 않은 빛으로 가득한 주님의 바다가 나를 눈멀게 하지만,
그래도 저는 볼 수 있습니다.

나는 당신에게 초월자 하나님을 증거한다. 그런 다음, 십자가를 증거한다. 그러나 성령 하나님이 당신 안에서 활동하셔서 당신을 부수고 당신의 교만의 껍질을 벗기고 당신의 완고함을 녹이고 당신의 자기의(自己義)의 허구를 깨닫게 하고 당신의 방어벽을 허물고 당신을 무장해제하실 때 비로소 당신은 십자가의 의미와 가치를 깨달을 것이다. 성령님은 (퀘이커 교도의 표현을 빌려 말하자면) "당신을 온순하게 만드실" 것이다. 그분은 당신을 낮아지게, 온순하게 만드실 것이다.
당신은 어떤가? 당신은 구원받은 사람일지도 모른다. 아니면 절반쯤 구원받은 사람일지도 모른다. 아니면 어설프고 불완전하게 구원받은 사람일지도 모른다. 당신은 하나님께서 당신을 찾고 계시다는 것을 알면서도 그분을 떠나 방황했을지도 모른다. 당신이 직장이나 학교에서 신앙을 타협의 대상으로 삼았기 때문에 지금 그분이 당신에게서 멀리 계신 것처럼 느껴질 수도 있다.

하나님이 어떤 의미에서는 당신에게서 멀리 떨어져 계시지만, 또 다른 의미에서는 당신의 심장박동보다 당신에게 더 가까이 계신다. 왜냐하면 그리스도의 십자가가 하나님과 당신 사이의 심연에 다리를 놓았기 때문이다. 그러므로 그리스도의 보혈로 우리의 모든 죄를 깨끗이 하자. 초월자 하나님께서 이렇게 말씀하신다.

"수고하고 무거운 짐 진 자들아 다 내게로 오라 내가 너희를 쉬게 하리라 나는 마음이 온유하고 겸손하니 나의 멍에를 메고 내게 배우라 그러면 너희 마음이 쉼을 얻으리니"(마 11:28,29).

하나님은
영원한 분이시다

하나님은 자신이 만드신 세상에 의존하지 않으신다. 왕, 대통령, 사업가, 설교자, 당회, 집사, 이런 존재들에 의존하지 않으신다. 그 무엇에도 의존하지 않으신다. 역사가 없던 때에도 오직 하나님만이 계셨다. 하나님만이 영원한 분이시다.

"지존무상하며 영원히 거하며 거룩하다 이름 하는 자가 이같이 말씀하시되 내가 높고 거룩한 곳에 거하며 또한 통회하고 마음이 겸손한 자와 함께 거하나니 이는 겸손한 자의 영을 소성케 하며 통회하는 자의 마음을 소성케 하려 함이라"(사 57:15).

"주여 주는 대대에 우리의 거처가 되셨나이다 산이 생기기 전, 땅과 세계도 주께서 조성하시기 전 곧 영원부터 영원까지 주는 하나님이시니이다"(시 90:1,2).

내가 이제부터 말하는 것은 사실 누구나 믿고 있는 것이다. 하지만 사람들은 분명히 그리고 진지하게 믿지 않기 때문에 이것을 종종 소홀히 한다. 만일 모든 교회가 이 진리를 분명히 깨닫고 성실하게 전한다면 기독교의 영적 수준은 현저하게 향상될 것이다. 그렇기 때문에 나는 하나님의 영원성(永遠性)에 대해 진지하게 이야기하려고 한다.

방금 인용한 2개의 성경구절 중 첫 구절에서 하나님은 자신을 "지 존무상하며 영원히 거하는 분"(사 57:15)이라고 하신다. '영원' 이라 는 말은 물론 명사(名詞)이다. 즉, 이 말은 영원한 상태를 가리키는 말이다. 그런데 어떤 사람들은 이렇게 주장한다.

"성경에 나오는 '영원한' 또는 '영원' 같은 말들은 '끝이 없는 시 간' 이나 '영원히 지속되는 것' 을 의미하지 않는데, 하나님께서 창세 기 49장 26절에서 '영원한 산' 에 대해 언급하시기 때문이다. 우리가 이런 말들에 '끝없음' 또는 '영원성' 의 의미를 집어넣어서 해석했 을 뿐이다. 이런 말들은 '세대의 끝까지' , '시대의 끝까지' 를 의미할 뿐이다."

그러나 그들은 지옥의 영원성을 말하는 성경의 교훈을 받아들일 수 없기 때문에 이렇게 주장한다.

하나님에 대해서 사용된 '영원한' 이라는 말이 오직 '시대의 끝까 지 지속되는' 이라는 뜻을 가지고 있다고 내가 믿는다면, 나는 내 성 경을 덮고 집으로 가서 시대의 끝(종말)을 기다리겠다. 만일 내가 믿 는 하나님이 오직 '시대의 끝까지만' 존재하는 분이라면, 만일 그분 의 마음속에 영원이 없다면, 나는 설교할 필요가 전혀 없다. 왜 일시 적인 그리스도인이 되고, 왜 일시적인 하나님을 믿는가? 나는 하나 님이 영원하시다고 믿는다.

구약의 히브리어는 하나님께서 영원하고 항상 끝이 없고 영원에 이르고 영원무궁한 분이라는 것을 강조하기 위해 자신의 모든 어휘를 다 쥐어짜냈다. 마치 당신이 물에 젖은 수건에서 물 한 방울까지 다 뽑아내기 위해 수건을 쥐어짜듯이 말이다. 구약의 히브리어처럼 신약의 헬라어도 '영원에 이르고 끝이 없고 끝없이 언제나 계속되고 영원한'이라는 의미를 표현하기 위해 자신의 어휘를 다 짜내었다. 영어에서도 '끝없음'의 개념이 발견된다. 이렇게 여러 언어에서 영원성의 개념이 발견되는 것은 영원이 존재한다는 증거일 수 있다. 왜냐하면 존재하지도 않는 것에 대해 개념을 갖는다는 것은 있을 수 없는 일이기 때문이다. 바꾸어 말하면, 실재(實在)보다 더 부풀려진 개념을 갖는다는 것은 있을 수 없는 일이기 때문이다. 이런 개념을 갖는 것은 누가 보더라도 말이 안 된다.

영원성을 표현하기 위해 우리는 '영원한', '끝이 없는', '영원에 이르는', '영원무궁한' 같은 단어들을 사용하는데, 이런 단어들 외에는 영원성을 표현하는 다른 단어들이 없다. 이런 단어들은 그것에 담긴 의미 그대로 영원성을 표현해준다. 하나님께서 자신에 대해 말씀하실 때 그분은 자신이 영원히, 끝없이, 영원에 이르도록, 영원무궁히 존재하는 지극히 높은 분이라고 말씀하신다.

이 장(章)의 서두에 인용한 두 성경구절 중 두 번째 구절에 나오는 "영원부터 영원까지 주는 하나님이시니이다"라는 말씀에서 "영원부터 영원까지"라는 표현에 대해 살펴보자. 히브리어 사전의 도움을 받아 이 표현을 직역하면 이것은 "소실점(消失點, vanishing point)으로부터 소실점까지"라는 뜻이다. 다시 말해서, "과거의 소실점으로부터 미래의 소실점까지"라는 뜻이다. 그렇다면 여기에서 이 소실점은 누구의 소실점인가? 물론 하나님의 소실점이 아니고 인간의 소실점이다. 인간은 과거를 돌아본다. 그리고 그가 볼 수 있는 곳까지 본 다음에는 고개를 돌려 미래를 본다. 그렇게 다시 그가 볼 수 있는 곳까지 본다. 즉, 인간의 사고 능력이 한계에 이르고 인간의 눈이 더 이상 볼 수 없을 때까지 본다. 영원에 이르도록, 인간의 소실점까지, 영원무궁히 본다. 이 단어의 또 다른 의미들은 '숨겨진' 그리고 '잊힌'이다. 숨겨진 때로부터 숨겨진 때까지 주(主)는 하나님이시다. 잊힌 때로부터 잊힌 때까지 주는 하나님이시다.

하나님은 다른 무엇에 의존하는 분이 아니시다

당신의 두뇌 바퀴가 가장 잘 돌아가도록 마음을 안정시켜라. 당신의 지성이 최대한의 능력을 발휘하도록 심호흡을 하라. 그리고 과거에 대해 생각해보라. 지금은 존재하지도 않는 당신의 고향을 생각해보라. 아메리카 대륙에 몇몇 인디언들 빼고는 아무도 살지 않았던 때를 생각해보라. 다시 그 이전으로 거슬러 올라가 그 인디언들조차 살지 않았던 때를 생각해보라. 다시 더 과거로 올라가 아메리카 대륙조차 존재하지 않았던 때를 생각해보라. 그리고 우리가 사는 이 지구가 존재하지 않았던 때로 다시 거슬러 올라가라. 그리고 맑은 밤하늘을 수놓는 행성들과 별들조차 없었던 때로 가보라. 은하수조차 없었던 때, 아니 아무것도 없었던 때로 돌아가라.

하나님의 보좌를 생각해보라. 그분의 보좌 앞에서 찬양하며 경배하는 천사들, 천사장, 스랍들 그리고 그룹들조차 없었던 때로 돌아가라. 그 어떤 피조물도 없었던 때로 돌아가라. 천사가 날개를 펄럭거리지도 않고, 하늘에 새가 날지도 않고, 아니 새가 날아다닐 수 있는 하늘조차 존재하지 않았던 때로 가보라. 산에 나무가 자라지 않고, 아니 나무가 자랄 수 있는 산조차 존재하지 않았던 때로 돌아가보라. 그런 때에도 하나님은 계셨다. 그분 홀로 계시며 사랑하셨다. 인간의 생각이 최대한 미칠 수 있는 과거의 소실점까지 거슬러 올라가면 거기에는 "옛적부터 항상 계신 이"(단 7:9)가 계신다.

위대한 어거스틴은 이렇게 말했다.

오, 나의 하나님! 당신은 어떤 분이십니까? 당신은 주 하나님이 아니십니까? 주님 이외에 누가 주님입니까? 우리의 하나님 이외에 누가 하나님입니까? 하나님은 지극히 높으신 분, 지극히 뛰어나신 분, 지극히 능력이 많으신 분, 지극히 인정이 많으신 분, 지극히 의로우신 분, 깊이 숨어 계시지만 가장 가까이 계신 분, 지극히 아름답고 강하신 분, 흔들림 없이 견고하면서 그 무엇에도 눌리시지 않는 분, 변하지 않지만 만물을 변화시키는 분, 새것도 없고 옛것도 없는 분이십니다. 하나님께서 만물을 새롭게 하고 교만한 자들을 늙게 만들지만, 그들은 깨닫지 못합니다. 하나님은 항상 일하지만 언제나 안식하시고, 모으지만 부족함을 전혀 모르시고, 떠받치고 침투하고 보호하십니다. … 하지만 오, 나의 하나님! 나의 생명, 나의 거룩한 기쁨이시여! 제가 무슨 말을 한 것입니까? 당신에 대해 말했다는 사람들이 도대체 무슨 말을 한 것입니까? 당신에 대해 아주 많은 말을 한 사람들도 역시 바보입니다. 그러나 침묵을 지키는 자들에게는 화(禍)가 있을 것입니다.

항상 살아 계신 주여! 당신 안에서는 어떤 것도 죽지 않습니다. 왜냐하면 세계가 존재하기 전에, 심지어 '전에'라고 불릴 수 있는 모든 것이 존재하기 전에, 당신이 존재하셨기 때문입니다. 왜냐하면 당신은 모든 피조물의 하나님이요 주님이시기 때문입니다. 왜냐하면 당신은 모든 불안정한 것들을 떠받치는 기초요 모든 가변적(可變的)인 것들을 초월하는 불변의 근원이요 일시적인 모든 것들을 뛰어넘는 영원한 분이시기 때문입니다.

하나님은 자신이 만드신 세상에 의존하지 않으신다. 왕, 대통령, 사업가, 설교자, 당회, 집사, 이런 존재들에 의존하지 않으신다. 그 무엇에도 의존하지 않으신다. 그렇기 때문에 우리는 앞에서 우리 생각을 자꾸 과거로 돌려서 역사(歷史)가 없던 때까지 거슬러 올라갔던 것이다. 역사가 없던 그때 오직 하나님만이 계셨다. 하나님만이 영원한 분이시다.

하나님께는 시작이 없다

존재하지 않던 하나님이 어느 때부터 존재하기 시작했던 것이 아니다. 우리는 '시작했다'(began)라는 말에 별 관심을 갖지 않을 수도 있지만, 사실 이 말은 우리가 깊이 음미해야 할 단어이다. '태초에'(In the beginning) 하나님은 천지를 창조하셨다(창 1:1 참조). 하지만 그분이 존재하기를 '시작하셨던' 것은 아니다. '시작했다'라는 말은 그분과 아무 관계가 없는 말이다. 말이 나왔으니까 하는 말인데, 하나님과 관계없는 말(개념)들이 많이 있다. 예를 들면, 하나님이 천지를 지으신 태초 같은 말은 하나님과 관계가 없다. 왜 관계가 없는가 하면 하나님께는 태초라는 것이 없기 때문이다. 다시 말해서 하나님께는 시작이 없었다는 말이다. 주지하듯이, 하나님은 태초에 말씀으로 천지를 창조하셨다. 그런데 태초 이전에 또 다른 태초가 있었던 것이 아니다. '전에'(before)라는 것이 없었다. 과거의 신학자들은 영원을 원(圓)에 비유했다. 우리는 원 둘레를 계속 돌지만, 어떤 원도 존재하기 전에 하나님이 계셨다.

하나님은 존재하기를 시작하셨던 것이 아니다. 그분은 계셨다. 그분은 어느 곳으로부터 출발하신 것이 아니다. 그분은 단지 존재하신다. 우리는 이 진리를 마음 깊이 새겨야 한다. 당신도 알겠지만, 시간은 피조물에 대해 사용되는 단어이다. 왜냐하면 시간은 존재하는 것들과 관계되기 때문이다. 시간은 천사들, 불못, 그룹들 그리고 하나님의 보좌 주위에 있는 생물들과 관계되는 단어이다. 이런 것들은 존재하기를 '시작했다.' 천사들이 존재하지 않았던 때도 있었다. 그러다가 하나님께서 "존재하라"라고 말씀하시자, 천사들이 존재하기 시작했다.

그러나 하나님이 존재하지 않으셨던 때는 없었다. "하나님이 존재할지어다"라고 말한 자는 아무도 없었다. 만일 누군가 "하나님이 존재할지어다"라고 말했다면, 그가 하나님이 되어야 할 것이다. 그리고 그런 말을 통해 존재하게 된 하나님은 사실 하나님이 아니라 '2차적인 신(神)'에 불과할 것이다(우리는 이런 '2차적인 신'에게 큰 관심을 가질 필요가 없을 것이다). 그러나 태초에 하나님은 창조하셨다. 하나님은 존재하셨다. 그것이 전부이다.

하나님은 시간 안에 계시지 않는다

시간은 하나님께 적용되지 않는다. 이제 C. S. 루이스가 만들어낸 비유를 통해 시간에 대해 생각해보자. 깨끗한 흰색 종이가 사방으로 무한히 연장된다고 상상하라. 당신이 연필을 집어 들어 이 종이 위에 2센티미터 되는 선을 긋는다. 이 짧은 선이 시간이다. 이 선은 종이 위의 어느 지점에서 시작되어 2센티미터 연장된 다음 끝난다. 이 선은 이 종이 위에서 시작되어 이 종이 위에서 끝난다. 이와 마찬가지로 시간은 하나님 안에서 시작되었고, 하나님 안에서 끝날 것이다. 시간은 하나님께 아무런 영향을 미치지 못한다. 하나님은 '영원한 현재' 안에 거하신다.

오, 하나님!
어떤 시대도 세월을 하나님께 쌓아놓을 수 없습니다.
하나님이 하나님 자신의 영원이십니다.

당신과 나는 시간과 변화의 지배를 받을 수밖에 없는 피조물이다. 우리는 현재 속에 살고, 과거 속에 살고, 미래 속에 살고, 어제 속에 살고, 오늘 속에 산다. 그렇기 때문에 우리는 신경쇠약에 걸린다. 우리는 조급증에 걸려 늘 시간에 쫓긴다. 우리는 아침에 눈을 떠서 시계를 본 후 절망의 한숨을 내쉰다. 그리고 화장실로 달려가 이를 닦고 아침을 먹기 위해 식탁에 자리한다. 허겁지겁 설익은 계란을 먹고 버스를 잡아타기 위해 뛰어나간다. 이것이 시간이다! 시간은 우리를 뒤쫓는다. 우리는 시간에 쫓긴다. 그러나 전능하신 하나님은

'영원한 현재' 안에 계신다. 과거의 모든 시간은 무한히 연장되는 영원의 품에 생긴 작은 자국에 불과하다.

하나님께는 과거도 없고 미래도 없다

하나님께는 과거가 없다. 나는 당신에게 이것을 분명히 강조하고 싶다. 이 얘기를 이해하려면 심호흡을 하고 정신을 집중하라. 우리의 교부(敎父)들은 이것을 알았지만, 그들의 후손인 우리는 이에 별로 관심을 기울이지 않는다. 하나님께는 과거가 없다. 당신에게는 과거가 있다. 그 과거는 그렇게 길지는 않다(아마 당신 자신도 그 과거가 그렇게 길지 않기를 바랄지도 모른다). 아무튼 하나님께는 과거도 없고 미래도 없다. 그 이유는 무엇인가? 과거 또는 미래가 피조물에게 해당되는 말로서 시간과 관계되기 때문이다. 과거나 미래는 시간의 흐름과 관계가 있다. 하지만 하나님은 시간의 흐름을 타고 가지 않으신다. 시간은 영원의 품에 생긴 작은 자국에 불과하다. 하나님은 시간 위에 앉아 계시며, 영원 안에 거하신다. 영원부터 영원까지 그분은 하나님이시다.

하나님께서는 우리의 모든 내일(來日)을 이미 다 살아보셨다. 당신은 이 말이 이해되는가? 이 말을 깨달았다면 당신은 아주 위대한 진리를 깨달은 것이다. 하나님께는 어제도 없고 내일도 없다. 성경은 "예수 그리스도는 어제나 오늘이나 영원토록 동일하시니라"(히 13:8)라고 가르치는데, 여기에서 어제나 오늘은 하나님의 어제나 오늘이 아니고 우리의 어제나 오늘이다. 우리 주 예수 그리스도께서 유대 땅 베들레헴에서 나셨지만, 본래 그분의 기원은 영원 전부터 시작되었다. 그분께는 어제나 내일이 있을 수 없다. 왜냐하면 어제도 시간이고 내일도 시간인데 하나님은 시간을 둘러싸고 계시며 내일을 이미 살아보셨기 때문이다. 태초에 하나님께서는 "빛이 있으라"라고 말씀하심으로써 빛을 지으셨다. 태초에 존재하셨던 위대한 하나님은 세상이 불에 타고 온 피조세계가 녹아버려서 다시 혼돈에 빠지는 말세에도 계신다. 그때에는 오직 하나님과 그분께 구속받은 성도들만 남을 것이다. 하나님은 우리의 내일을 이미 살아보셨다.

이런 이유 때문에 예언이라는 것이 가능한 것이 아닌가 하고 나는 생각한다. 3,000년 후에 일어날 일을 정확히 예언하는 것이 어떻게 가능한가? 성령 충만한 선지자가 하나님 안에서 높이 올라가 그분처럼 "종말을 처음부터"(사 46:10) 볼 수 있기 때문에 가능한 것이 아닐까? 저 위에 계신 하나님은 끝을 처음부터 취하시고 내려다보신다. 우리는 여기 아래에 거하며 구름 사이로 위를 올려다보아서는 안 되고 저기 위로 가서 아래를 내려다보아야 한다.

때때로 이곳저곳을 다닐 때 나는 비행기를 탄다. 일단 비행기가 구름 위로 높이 올라가면 햇빛이 매우 강하게 비친다. 그래서 만일 당신이 책을 읽으려고 한다면 너무 눈부신 햇빛이 책 위로 쏟아지지 않도록 가림막을 해야 한다. 비행기 아래에는 두꺼운 구름이 깔려 있기 때문에, 구름 아래 있는 사람들은 "오늘은 구름이 짙게 껴서 날씨도 흐리고 기분도 우울하다"라고 불평할 것이다. 하지만 비행기는 강렬한 햇빛을 받고 있기 때문에 당신은 땅 위의 사람들이 늘어놓을 불평에 대해 공감하기 힘들지도 모른다. 다만 당신은 비행기에서 구름을 내려다볼 뿐이다.

만일 당신이 구름 위로 올라가지 않고 단지 여기 아래에서 위를 쳐다보기만을 고집한다면, 당신의 하늘은 언제나 흐릴 것이다. 마귀는 당신의 하늘이 언제나 흐리기를 원한다. 그러나 당신의 생명이 그리스도와 함께 하나님 안에 감추어져 있다는 것을 당신이 기억한다면, 당신은 땅 위에 있는 사람처럼 구름을 올려다보지 않고 비행기에 있는 사람처럼 구름을 내려다볼 것이다.

하나님은 영원한 분이시므로 우리는 지혜의 마음을 얻기 위해 우리의 날들을 계수하는 법을 배워야 한다(시 90:12 참조). 하나님이 우리의 오늘 안에 계신 이유는, 그분이 우리의 어제 안에 계셨고 우리의 내일 안에도 계실 것이기 때문이다. 당신은 그분에게서 벗어날 수 없다. 당신이 그분을 부정한다 해도 그분에게서 벗어날 수 없는 것 또한, 당신이 피하여 숨은 곳에도 그분이 계시기 때문이다. 당신이 그분을 다시 정의(定義)하여 어떤 다른 존재로 바꾸어버린다 해도 그분은 당신이 있는 곳에 계실 것이다. 하나님은 존재하신다! 하나님은 존재하시기 때문에 여기에 계시고, 지금 계신다. 하나님은 '영원한 현재' 안에 거하신다.

아브라함, 야곱 또는 이사야와 말씀하셨을 때 하나님께서는 이미 새 예루살렘에서 살아보셨다. 왜냐하면 새 예루살렘이 하나님의 마음 안에 있었기 때문이다. 장차 일어날 모든 일들이 이미 그분 안에 있다. 그분은 시간의 흐름에 종속되지 않으신다.

영원한 아들이신 그리스도께서도 시간을 초월하신다. 당신이 그분에 대해 생각한다면 두 번 생각해야 한다. 즉, 그분의 인성(人性)에 대해서 생각하고, 또 그분의 신성(神性)에 대해서 생각해야 한다.

그분은 많은 말씀을 하셨는데, 이 말씀을 들으면 그분이 하나님이 아닌 것처럼 느껴진다. 반면, 그분은 또 다른 말씀을 많이 하셨는데, 이 말씀을 들으면 그분이 인간이 아닌 것처럼 느껴진다. 언젠가 예수님은 "아브라함이 나기 전부터 내가 있느니라"(요 8:58) 또는 "나와 아버지는 하나이니라"(요 10:30)라고 말씀하셨는데, 이 말씀은 예수님이 인간이 아니라는 느낌을 준다. 또 예수님은 "내가 아무것도 스스로 할 수 없노라 듣는 대로 심판하노니"(요 5:30) 또는 "아버지는 나보다 크심이니라"(요 14:28)라고 말씀하셨는데, 이 말씀은 예수님이 하나님이 아니시라는 느낌을 준다.

그렇다면 진리는 무엇인가? 진리는, 예수님이 인간이며 하나님이시라는 것이다. 예수님은 자신이 하나님이라고, 또 인간이라고 말씀하셨다. 자신을 가리켜 인간이라고 말씀하실 때 예수님은 겸손하고 겸허한 말들을 사용하셨다. 자신을 가리켜 하나님이라고 말씀하실 때 예수님의 말씀은 사람들에게 놀라움과 충격을 안겨주었다. 예를 들면, 영감(靈感)으로 씌어진 성경에 대해 말씀하시면서 그분은 "옛 사람에게 말한바 … 하였다는 것을 너희가 들었으나 나는 너희에게 이르노니 …"(마 5:21,22)라고 말씀하셨다. 예수님은 하나님처럼 말씀하셨고, 또한 사람처럼 말씀하셨다. 그러므로 인자(人子)이며 주님이신 예수 그리스도를 생각할 때 우리는 언제나 두 가지 관점에서 생각해야 한다.

"때가 차매 하나님이 그 아들을 보내사 여자에게서 나게 하시고 율법 아래 나게 하신 것은"(갈 4:4) … "죽기를 무서워하므로 일생에 매여 종노릇하는 모든 자들을 놓아주려 하심이다"(히 2:15). 이는 예수님의 인성을 의미한다.

그리스도는 "창세 때부터 죽임을 당하셨다"(계 13:8, 개역한글성경에 나오는 "죽임을 당한 어린 양의 생명책에 창세 이후로 녹명되지 못하고 이 땅에 사는 자들은 …"이라는 번역이 영어성경 흠정역에서는 "땅 위에 사는 사람 가운데서, 창세 때부터 죽임을 당한 그 어린양의 생명책에 기록되어 있지 않은 사람은 …"이라고 번역되기도 했다 - 역자 주). 이것이 무슨 뜻인가? 그분이 창세 때부터 죽임을 당하신 것이 어떻게 가능한가? 그분이 천지를 지으시고 산에 풀과 나무가 자라고 공중에 새가 날고 바다에 물고기가 헤엄치도록 만드셨을 때, 그분은 이미 그분의 마음 안에서 갈보리와 부활과 영광과 면류관을 체험하셨다. 그러므로 그분은 창세 때부터 죽임을 당하신 것이다.

시간은 계속 흐른다

나는 우울해지는 것이 싫지만, 세월이 살같이 흐르는 현실을 그대로 이야기하지 않을 수 없다.

세월이 흘러가는데 인생은 떠난다.
이 인생 백 년 살아도 꿈결과 같도다.

끊임없이 흐르는 강물 같은 시간은 많은 사람들을 휩쓸고 가버린다. 이에 대해 아내와 얘기를 나눈 적이 있는데, 그때 아내는 "고향에서 편지가 올 때마다 누군가 죽었다는 소식이 함께 따라오는 것 같아요"라고 말했다. 맞는 말이다. 당신도 부인하지 못할 것이다. 모든 사람은 죽는다.

"끊임없이 흐르는 강물처럼, 시간은 자기의 아들들을 모두 휩쓸어 가버린다."

나는 캘리포니아 주에서 거대한 삼나무를 많이 보았는데, 이 나무의 둘레가 얼마나 되는지 궁금했다. 옛날에 농사를 지어본 경험이 있는 나로서는 이 나무의 둘레를 재기 위해 줄자까지 사용할 필요는 없었다. 내게는 보측(步測)이라는 방법이 있었기 때문이다. 우선 나는 보측을 시작하는 곳을 땅에 표시해놓았다. 그리고 나무를 최대한 바짝 껴안으면서 그것의 둘레를 돌았다. 한 바퀴 돈 다음에 둘레를 계산해보니 그 길이가 15미터 정도 되었다. 그리고 어렴풋이 기억나는 수학공식을 사용하여 그 지름을 계산해보니 5미터 정도 되었다. 나무는 이토록 컸다! 삼나무의 높이가 90미터까지 자란다고 하니 건물로 치면 30층 높이에 해당하는 셈이다.

그렇다면 이렇게 클 때까지 자라는 데에는 얼마의 시간이 필요했을까? 나는 잘 모른다. 과학자들이 학설을 자주 바꾸어 사람들을 난처하게 만드는 경우가 있기 때문에 나는 그들의 말을 인용하기를 즐기지는 않지만, 이 경우에는 그들의 말에 귀를 기울여보자. 그들의 이야기에 따르면, 캘리포니아의 삼나무 중 어떤 것들은 아브라함 시대부터, 심지어 그 이전부터 자라기 시작했다고 한다. 그것의 종(種)이 그렇다는 말이 아니고 바로 그 나무들이 그렇다는 말이다! 아브라함이 갈대아 우르를 떠나 믿음의 빛을 따라 아래로 내려와 네게브 (Negev, 이스라엘 남부에 있는 건조 지역)에 이르러 오늘날 팔레스타인이라고 불리는 지역에 그의 나라를 세웠을 때, 바로 그때 이 나무들이 캘리포니아에서 자라고 있었다! 이 나무들은 뿌리를 통해 영양분을 빨아들이면서 태양을 향해 자라고 있었다! 그때 이미 이 나무들이 존재했던 것이다!

그리스가 군사적인 면에서만 아니라 문화적으로도 세계의 강대국으로 등장하여 위대한 사상과 재미있는 희곡을 만들어냈을 때, 이 나무들은 계속 자라서 그전보다 조금 더 커졌다. 로마가 역사의 무대에 등장하여 철의 나라가 되고 세계를 자기 발아래 굴복시키고 로마의 병사들이 나가서 정복하고 또 정복하려고 했을 때, 이 나무들은 캘리포니아 해안에서 조금 더 자랐다. 앵글로색슨족이 숲 속에서 나와 도토리가 아닌 다른 음식을 주식으로 삼고 그들의 얼굴을 깨끗이 씻기 시작하여 인간처럼 보이게 되었을 때, 이 나무들은 그전보다 조금 더 자랐다.

윌리엄 1세(1027~1087. 영국의 왕)가 영국 해협을 건너기 오래전에, 콜럼버스가 긴 항해 끝에 발견한 육지를 아메리카라고 부르기 오래전에, 이 나무들은 캘리포니아에 있었다. 조지 워싱턴이 델라웨어 강(江)을 건너기 오래전에, 공산주의와 이탈리아의 파시즘과 독일의 나치즘이 탄생하기 오래전에, 비행기를 비롯한 현대문명의 이기(利器)가 발명되기 오래전에, 이 나무들이 캘리포니아에 우뚝 서서 오가는 인간의 세대를 내려다보고 있었다.

이처럼 영원하신 하나님께서 그분의 '영원한 현재'로부터 내려다보시는 중에 한 세대의 인간들이 이 땅에 와서 잠시 살다가 죽고 다시 다른 세대의 사람들이 오는 일이 반복되었다.

우리에게는 하나님이 반드시 필요하다

당신에게 하나님이 반드시 필요하다는 것을 명심하라. 예수 그리스도의 복음을 전하는 자로서 나는 "수고하고 무거운 짐 진 자들아 다 내게로 오라 내가 너희를 쉬게 하리라"(마 11:28)라는 그분의 말씀을 인용할 수밖에 없다. 내가 젊었을 때 그분의 이 아름다운 말씀은 나의 마음을 뜨겁게 해주었고 나를 그분께 이끌었다. 내가 이 말씀을 인용할 때 그리고 "하나님이 세상을 이처럼 사랑하사 독생자를 주셨으니 이는 저를 믿는 자마다 멸망치 않고 영생을 얻게 하려 하심이니라"(요 3:16)라는 말씀을 인용할 때, 나는 당신에게 지극히 큰 도움을 주는 것이다. 왜냐하면 당신에게는 하나님이 반드시 필요하기 때문이다.

우리는 시간에 얽매인 노예이다. 우리는 오직 하나님 안에서만 불사성(不死性)을 얻을 수 있다. 우리는 "예부터 도움 되시고"(찬송가 438장)라고 찬양한다. 그런데 "예부터", 즉 "지난 시대들에"(in ages past)라는 표현에서 '지난 시대들'은 누구의 지난 시대들인가? 하나님의 지난 시대들인가? 그렇지 않다. 하나님은 현재 속에 살고 계신다. 여기에서 지난 시대들은 우리의 지난 시대들이다. 즉, 인간들이 짧은 삶을 살았던 시대들을 가리킨다. 우리는 또한 "(앞으로 오는 오랜 세월 동안) 내 소망 되신 주"라고 찬양하는데, 하나님은 앞으로 오는 오랜 세월 동안 우리의 소망이 되신다. 우리는 하나님께 "일평생 지나갈 동안 늘 보호하소서"라고 기도해야 하는데, 우리에게는 우리를 인도할 분이 필요하기 때문이다. 나는 혼자서 갈 수 없다. 나는 너무 작고 너무 약하고 너무 어리석고 너무 부족하기 때문이다.

눈으로 볼 수 없을 정도로 작은 세균들이 내 코 안으로 들어와서 내 목을 타고 내려가 폐렴을 일으키고 결국 나를 죽음으로 몰고 갈 수 있다. 우리 인간은 이렇게 약한 존재이다. 불사성과 영원성은 오직 하나님 안에서만 발견된다. 그리고 오직 주 예수 그리스도를 통하여 하나님을 만날 수 있다. 나는 실패한 분의 대의(大義)를 주장하지 않는다. 나는 완전히 승리하고 지금은 영원히 하나님의 우편에 앉아 계신 분의 대의를 주장할 뿐이다.

언젠가 나는 박물관에 가서 이집트관으로 들어가 미라들을 보았다. 박물관 측은 몇몇 미라들의 신체 일부를 노출시켜서 사람들의 관람을 돕고 있었다. 치아가 빠진 미라들도 있었고 턱이 코에 닿아버린 미라들도 있었다. 어린아이 미라들도 있었는데, 그중에는 일곱 살쯤 되어 보이는 것도 있었다. 어린아이 미라를 내려다볼 때는 서글픈 마음이 들었다.

나는 지하에 있는 방들을 돌아다니며 미라들을 살펴보았다. 그들 중 일부는 과거에 왕이었지만, 지금은 삼베에 쌓여 누워 있었다. 박물관 관리자들은 미라들이 바람에 노출되지 않도록 신경을 써야 하는데, 만일 그렇지 않으면 먼지처럼 말라버린 미라들이 바람에 부서질 수도 있기 때문이다. 그것은 이제 오로지 흙일 뿐이다. 미라들의 눈과 뺨은 움푹 들어갔고, 전시를 위해 노출된 팔은 그야말로 가죽만 남았다. 영국이 존재하기 전에, 그리스가 존재하기 전에, 로마가 존재하기 전에 살았던 사람들이 거기 박물관에 누워 있었다!

지하 전시실을 둘러보다가 나는 우울해졌다. 감수성이 좀 예민한 편이었기에 점점 우울해진 나는 슬픈 느낌이 들었다. 그러다가 정오를 넘기고 배가 고파서 미라 전시실 바로 옆에 있는 식당으로 갔다. 하지만 나는 식사를 할 수 없었다. 만일 요리사들이 철갑상어의 알 젓과 벌새의 혀를 요리해서 내놓았다 할지라도 나는 먹지 못했을 것이다. 나는 속이 메스꺼웠다. 몸도 마음도 모두 피곤했다. 하나님의 형상으로 만들어진 인간들이 죽어서 흙으로 변해야 한다는 것을 생각하니 속이 좋지 않았다.

박물관에서 나와 집으로 향할 때 나는 여전히 우울했다. 집으로 돌아오는 길에 마침 토마스 캠벨(Thomas Campbell, 1777~1844, 스코틀랜드의 시인)이라는 사람이 쓴 시집 한 권이 있었기 때문에 거기에 실린 '마지막 사람'이라는 시 한 편을 읽었다. 그러니까 나는 조금 전에는 죽은 사람들을 실컷 바라보았고 이제는 예수 그리스도를 믿는 사람에 의해 씌어진 공상적 시를 읽은 것이다. 이 시를 쓴 사람은 비록 최고의 경지에 오른 시인은 못 될지라도 나름대로 탁월한 언어의 장인(匠人)이었다.

이 시는 지구상에 한 사람만이 남았다는 상황을 가정하고 있었다. 전염병, 기근, 전쟁 그리고 온갖 종류의 사건 때문에 인류의 수가 점점 줄어들다가 결국 한 사람만 남게 되었다. 이 인류의 '마지막 사람'은 높은 갑(岬)에 올라 석양빛이 쏟아지는 서해(西海)를 바라보았다. 그는 자기가 보는 일몰이 죽기 전에 대하는 마지막 일몰이 될 것임을 잘 알고 있었다. 왜냐하면 죽음의 그림자가 그에게 이미 드리워졌기 때문이다. 그의 눈에 눈물이 고였지만, 그는 여전히 생각하고 약간 말할 수 있었다. 그리하여 지는 해를 응시하며 이렇게 중얼거렸다.

사로잡힌 자를 사로잡은 분,

무덤에서 승리를 빼앗은 분,

죽음에서 독침을 빼낸 분,

이분 때문에 우리가 다시 숨을 쉴 것이다.

이렇게 죽은 자들로부터 다시 살아나 죽음의 독침을 제거하고 무덤에서 승리를 빼앗은 분이 있다는 것을 스스로에게 상기시킨 후, 이 '마지막 사람'은 태양을 향해 다음과 같이 말했다.

태양이여, 가라!

자비의 도움에 의지하여 내가 이 섬뜩하고 황폐한 대지에

마지막으로 붙어 있을 동안에 가라!

이제 나는 인간이 맛보아야 할

슬픔의 마지막 쓰라린 잔을 들이켤 것이다.

태양이여, 가라!

가서 너의 얼굴을 가릴 밤에게 말하라.

네가 무덤 같은 이 땅에서

아담의 자손 중 마지막 사람을 보았노라고 말하라.

아! 어두워지는 우주가 그의 불사성(不死性)을 소멸하기 위해,

하나님을 향한 그의 신뢰를 흔들어놓기 위해

뻔뻔스럽게 대항하는구나.

그러나 결국 이 '마지막 사람'은 "태양이여, 네가 늙고 기운이 쇠하여 흙으로 돌아갔을 때에도 나는 여전히 살아 있을 것이다. 왜냐하면 나는 사로잡힌 자를 사로잡고 무덤에서 승리를 빼앗고 죽음에서 독침을 뽑아낸 분 안에서 살기 때문이다"라고 말했다. 당신은 이 시가 나를 어떻게 변화시켰을 것이라고 상상하는가? 이 시가 나를 진흙구덩이에서 건져 올려 반석 위에 올려놓았기 때문에 내 마음이 지극히 평안해졌다!

　이미 말했듯이, 이 시를 읽기 직전에 나는 지하 전시실에서 미라들을 관람했다. 왕들과 왕비들과 어린아이들과 청소년들이 모두 삼베에 쌓여 있었다. 그들의 나이는 모두 3,000살이었다. 그들을 볼 때, "내가 죽으면 저렇게 되는 것인가?"라는 탄식이 튀어나왔다. 그러나 감사하게도, 이 시를 읽고 내 영혼이 새 힘을 얻었다. 집에 돌아왔을 때 나는 기쁨으로 충만했다. 왜냐하면 예수 그리스도께서 인간의 호흡을 다시 회복하고 죽음에서 독침을 제거하고 인간에게 승리를 주셨다는 것을 기억했기 때문이다. 예수님이 새 생명을 주셨는데, 사람들이 시체를 삼베로 싸고 기름을 들이붓는 것이 무슨 소용이 있단 말인가?

　당신에게는 하나님이 필요하다. 왜냐하면 그분은 당신의 영원(永遠)이시기 때문이다. 당신에게는 하나님이 필요하다. 왜냐하면 그분은 당신의 내일이시기 때문이다. 당신에게는 예수 그리스도가 필요하다. 왜냐하면 그분은 당신의 내일이시기 때문이다. 그분은 당신의 미래를 보장해주는 분이시다. 그분이 당신의 부활이요 생명이시다. 태양이 자기의 힘을 다 써버리고 별들이 옷처럼 개켜질 때에도 하나님은 영원히 존재하신다. 왜냐하면 하나님은 그 무엇도 도달할 수 없는 '영원한 현재' 안에 거하시기 때문이다. 하나님은 자신의 아들 예수 그리스도를 믿는 자녀들을 자신의 품 안으로 받아들여서 '영원한 현재'의 심장부로 인도하신다.

그렇기 때문에 나는 성도들의 교통을 믿는다. 나는 이 땅을 떠난 성도가 하나님의 품과 심장으로 들어가 영원히, 끝없이 성도로서 살게 될 것이라고 믿는다. 하나님에 대해 사용될 수 있는 모든 위대한 히브리어와 헬라어와 각 나라의 단어들, 즉 '영원', '영원히', '영원에 이르도록', '영원무궁히' 같은 단어들이 하나님의 품 안에 있는 모든 남자들과 여자들에 대해서도 사용될 것이다. 나는 이것을 생각하면 너무 기쁘고 감사하다. 당신은 그렇지 않은가?

만일 누군가 내게 와서 "내가 당신을 천국으로 데리고 가겠지만, 당신은 그곳에서 20년 동안만 머물러야 합니다"라고 말한다면, 나는 매우 비참한 기분이 될 것이다. 천국과 같이 아름다운 곳에 익숙해지고 그곳을 사랑하게 되었지만 20년 후에는 그곳을 떠나야 한다면 그 얼마나 비극인가! 그러나 우리에게 이런 비극은 일어날 수 없다. 나의 영혼을 위하여, 그리고 모든 주님의 자녀들을 위하여 '영원', '영원히', '영원에 이르도록', '영원무궁히' 같은 놀라운 단어들이 존재하기 때문이다. 나는 성도들이 '영원히' 천국에서 살 것임을 믿는다.

왜 우리는 불사성을 믿을 수 있는가? 그것은 하나님께서 영원한 분이시기 때문이다. 하나님의 영원성은 불사성의 교리를 이루는 뿌리이다. 만일 하나님이 영원한 분이 아니시라면 그 누구에게도 불사성이나 확실한 미래가 있을 수 없다. 만일 하나님의 영원성이 거짓이라면 우리는 우주를 떠도는 먼지에 불과할 것이다. 알 수 없는 방법에 의해 우연히 인간이나 나무나 별로 변했다가 결국에는 바람에 쓸려가 영원한 망각 속에 파묻히고 마는 먼지에 불과할 것이라는 말이다. 그러나 하나님이 영원하시기 때문에 우리는 하나님 안에서 영원한 고향을 찾을 수 있고, 하나님과 함께 보낼 영원한 시간을 지극히 평안한 마음으로 기대할 수 있다.

하나님은
전능한 분이시다

하나님께는 능력이 있다. 그분이 가지신 것에는 한계가 없다. 그분은 절대적인 분이시다. 그분과 관계된 것은 무엇이든지 절대적이다. 그러므로 하나님의 능력은 무한하다. 하나님은 전능하시다.

"아브람의 구십구 세 때에 여호와께서 아브람에게 나타나서 그에게 이르시되 나는 전능한 하나님이라 너는 내 앞에서 행하여 완전하라"(창 17:1).

"예수께서 저희를 보시며 가라사대 사람으로는 할 수 없으되 하나님으로서는 다 할 수 있느니라"(마 19:26).

"대저 하나님의 모든 말씀은 능치 못하심이 없느니라"(눅 1:37).

"또 내가 들으니 허다한 무리의 음성도 같고 많은 물 소리도 같고 큰 뇌성도 같아서 가로되 할렐루야 주 우리 하나님 곧 전능하신 이가 통치하시도다"(계 19:6).

성경에는 하나님의 전능성을 증거하는 보석 같은 말씀이 많이 나온다. 이 빛나는 보석함에서 나는 단지 네 구절만을 방금 인용했다. 하나님께서는 아브라함에게 "나는 전능한 하나님이라"(창 17:1)라고 말씀하셨다(당시 아브라함은 '아브람'이라고 불렀다). 우리 주 예수님은 긍정적 형태의 표현을 사용하여 "하나님으로서는 다 할 수 있느니라"(마 19:26)라고 말씀하셨다. 마리아에게 나타난 천사는 이를 뒤집어 이중부정(二重否定)의 표현을 사용하여 "대저 하나님의 모든 말씀은 능치 못하심이 없느니라"(눅 1:37)라고 말했다. 끝으로, 우리는 허다한 무리가 "할렐루야 주 우리 하나님 곧 전능하신 이가 통치하시도다"(계 19:6)라고 외치는 소리를 들을 수 있다.

내가 볼 때, 지금 우리가 제일 먼저 해야 할 것은 '전능'이라는 말을 정의(定義)하는 것이다. "전능한"을 뜻하는 영어 단어 '옴니포텐트'(omnipotent)에서 '옴니'(omni)는 "모든"이라는 뜻이고, '포텐트'(potent)는 "행할 수 있는" 또는 "능력을 가지고 있는"이라는 뜻이다. 그러므로 '전능한'이라는 말은 "모든 것을 행할 수 있는" 또는 "모든 능력을 가지고 있는"이라는 뜻이다.

"전능한"이라는 뜻을 가진 다른 영어 단어는 '올마이티'(almighty)이다. '올마이티'는 '옴니포텐트'와 똑같은 뜻을 갖는데, 차이가 있다면 전자는 앵글로색슨어(450년경부터 1150년경까지 사용된 영어로서 '고대영어'라고도 불린다)에서 유래하고 후자는 라틴어에서 유래했다는 것이다. 영어성경 흠정역에서 '올마이티'는 56번 사용되는데, 하나님이 아닌 그 어떤 존재에 대해서도 사용되지 않는다. 흠정역에서 '옴니포텐트'는 단 한 번 사용되는데, 역시 하나님에 대해 사용된다. 이는 당연한 것이다. '올마이티'는 "무한히 절대적으로 풍부한 능력을 가지고 있는"이라는 뜻이다. 당신이 '무한한' 그리고 '절대적인'이라는 단어들을 써야 한다면, 오직 하나님 한 분에 대해서만 사용해야 한다.

무한한 존재는 오직 한 분이시다. 왜냐하면 '무한'이라는 것은 "한계가 없는"이라는 뜻이기 때문이다. 한계가 없는 존재가 우주에 두 분일 수는 없다. 한계가 없는 존재가 우주에 한 분밖에 없다면 그분이 바로 하나님이시다. 철학과 인간의 이성(理性)조차도 이 사실을 인정해야 한다(내가 이렇게 말한다고 해서 철학과 인간의 이성을 높이 평가하는 것은 아니다).

며칠 전, 나는 어떤 철학박사가 내 책에 대해 쓴 서평을 읽었다. 그의 반응은 호의적이었지만 완전히 호의적이지는 않았다. 그는 내가 학문에 적대적 태도를 취한다고 말했지만, 사실 나는 그렇지 않다. 다만 나는 쓸데없이 말이 많은 사람들을 싫어할 뿐이다. 나는 자기의 지성을 과신하는 사람들을 반대한다. 나는 어거스틴, 바울, 루터 그리고 존 웨슬리 같은 진짜 학자들을 반대하지 않는다. 나는 자기들이 학자라고 생각하는 사람들을 반대한다. 이성조차 무릎을 꿇고 하나님의 전능성을 인정해야 한다.

당신은, 이성을 통하지 않고는 아무것도 알 수 없다고 믿는가? 만일 그렇다면 당신은 지식이 없는 것이다. 만일 당신에게 계시를 통한 지식이 있다면 당신은 지식이 있는 것이다. 그렇기 때문에 베드로는 "예언은 언제든지 사람의 뜻으로 낸 것이 아니요 오직 성령의 감동하심을 입은 사람들이 하나님께 받아 말한 것임이니라"(벧후 1:21)라고 가르쳤다.

그런데 당신이 일단 계시를 통하여 지식을 갖게 되면 이성은 때때로 무릎을 꿇고 "주 우리 하나님 곧 전능하신 이가 통치하시도다"

(계 19:6)라고 고백하면서 계시를 통한 지식이 참이라고 인정하게 된다. 그러므로 이제 나는 당신에게 다음과 같은 세 가지 명제를 간략하게 제시하겠다.

하나님께는 능력이 있다

첫째 명제는 하나님께 능력이 있다는 것이다. 사실, 이 진리를 부인할 사람은 아무도 없을 것이다. 다윗은 "하나님이 한두 번 하신 말씀을 내가 들었나니 권능은 하나님께 속하였다 하셨도다"(시 62:11)라고 말했다. 역사상 최고의 지성을 소유한 사람 가운데 하나였던 사도 바울은 "창세로부터 그의 보이지 아니하는 것들 곧 그의 영원하신 능력과 신성(神性)이 그 만드신 만물에 분명히 보여 알게 되나니 그러므로 저희가 핑계치 못할지니라"(롬 1:20)라고 말했다. 당신이 눈을 들어 별들이 총총히 박힌 하늘을 보면, 하나님의 영원한 능력이 보일 것이다. 거기에서 하나님의 능력과 신성이 나타날 것이다. 우리가 과거에 불렀던 너무나 아름다운 찬송가(찬송가 75장)가 있다.

저 높고 푸른 하늘과 수없이 빛난 별들을 지으신 이는 창조주
그 솜씨 크고 크셔라.
날마다 뜨는 저 태양 하나님 크신 권능을
만백성 모두 보라고 만방에 두루 비치네.
해 지고 황혼 깃들 때 동천에 달이 떠올라
밤마다 귀한 소식을 이 땅에 두루 전하네.

행성과 항성 모든 별 저마다 제 길 돌면서

창조의 기쁜 소식을 온 세상 널리 전하네.

엄숙한 침묵 속에서 뭇별이 제 길 따르며

지구를 싸고 돌 때에 들리는 소리 없어도,

내 마음 귀가 열리면 그 말씀 밝히 들리네.

우리를 지어내신 이 대주재 성부 하나님.

하나님께는 능력이 있다. 그분이 가지신 것에는 한계가 없다. 그분은 절대적인 분이시다. 그분과 관계된 것은 무엇이든지 절대적이다. 그러므로 하나님의 능력은 무한하다. 하나님은 전능하시다.

하나님은 모든 능력의 근원이시다

두 번째 명제는 하나님이 모든 능력의 근원이시라는 것이다. 지성의 능력이든, 영의 능력이든, 영혼의 능력이든, 폭풍이든, 자력(磁力)이든 하나님을 근원으로 삼지 않는 능력은 존재하지 않는다. 존재하는 모든 능력의 근원은 오직 하나님이시다. 무릇, 근원은 그것으로부터 흘러나온 것들보다 더 큰 법이다. 당신이 우유 통에서 1쿼트(quart, 약 0.95 l)의 우유를 따랐다고 가정해보자. 이럴 경우 우유 통의 용량은 1쿼트와 똑같거나 아니면 더 크다. 우유 통은 그것에서 나온 것만큼 크거나 아니면 그것보다 더 크다. 당신이 우유 통에서 1쿼트만을 따랐지만, 그 통에는 몇 갤런(gallon, 용량의 단위로 4쿼트에 해당한다)의 우유가 담겨 있을 수도 있다. 무릇, 근원은 그것으로부터 나온 것만큼 크거나 아니면 그보다 더 큰 법이다. 그러므로 존재하는 모든 능력이 하나님으로부터 나왔다면 하나님의 능력은 존재하는 모든 능력과 똑같거나 아니면 더 크다.

하나님의 능력은 줄어들지 않는다

세 번째 명제는 하나님이 자신의 피조물에게 능력을 주실지라도 그분의 본질적인 완전성이 조금도 줄어들지 않는다는 것이다. 하나님은 능력을 주시지만, 자신의 능력을 포기하지 않으신다. 하나님이 천사장에게 능력을 주시지만, 자신의 능력을 여전히 갖고 계신다. 아버지 하나님께서 아들에게 능력을 주시지만, 그분의 능력을 계속 갖고 계신다. 하나님께서 인간에게 능력을 부어주시지만, 자신의 능력을 여전히 갖고 계신다. 하나님은 자신의 능력을 조금도 포기하지 않으시는데, 그럴 경우에는 하나님의 능력이 과거보다 줄어들 것이기 때문이다. 만일 하나님의 능력이 과거보다 줄어든다면 하나님은 완전한 분일 수 없다. 왜냐하면 완전이라는 것은 하나님께 모든 능력이 있다는 것을 의미하기 때문이다. 하나님이 자신의 능력을 다른 존재들에게 '줘버리는' 것(그래서 능력이 줄어들거나 사라지는 것)은 불가능하다.

배터리 안에 들어 있는 능력에는 한계가 있다. 배터리의 능력을 조금씩 조금씩 사용하면 배터리는 점점 더 약해질 것이다. 추운 겨울 아침에 밖으로 나가 차의 시동을 걸려고 애쓸 때를 생각해보라. 당신이 차의 열쇠를 돌리지만, 끙끙대는 소리만 날 뿐, 시동은 걸리지 않는다. 당신은 배터리를 믿었지만, 그것은 당신을 실망시켰다. 왜냐하면 그것의 능력을 다 써버렸기 때문이다. 배터리는 자신의 능력을 줘버렸기 때문에 점점 더 힘을 잃었던 것이다. 그러나 하나님께서 천사, 천사장, 구속받은 자들, 산, 바다, 별 그리고 행성에게 능력을 주실지라도 그분의 능력은 조금도 줄어들지 않는다. 하나님은 과거보다 작아지시지 않는다. 하나님의 배터리는 방전(放電)되지 않는다.

모든 것은 하나님에게서 나와서 하나님께 돌아간다. 전능하신 큰하나님, 전능하신 주 하나님께서 다스리신다. 그분이 천지를 만들고 별들을 불러서 존재하게 하셨을 때 그분에게 있었던 능력이 지금도 그대로 그분에게 있다. 하나님이 가지신 미래의 능력은 지금의 능력보다 줄어들지도 않고 늘어나지도 않을 것이다. 왜냐하면 존재하는 모든 능력이 하나님의 능력이기 때문이다. 우리가 섬기는 하나님은 이렇게 크신 분이시다.

그러므로 나는, 두려움과 의기소침에 빠져 "나는 성공하지 못할 것 같습니다. 하나님이 나를 지켜주시지 않으면 어떻게 합니까?"라고 말하는 사람을 도저히 이해하지 못하겠다. 하나님께서는 별들이 그들의 길로 계속 다니고, 행성들이 그들의 궤도로 계속 달리게 만드실 수 있다. 하나님은 우주 이쪽에서 저쪽까지 모든 곳에서 그분의 능력을 찬란하게 전시(展示)하실 수 있다. 그러므로 하나님은 당신을 얼마든지 지켜주실 수 있다.

하나님의 능력을 믿지 못하고 불안에 떠는 것은 비행기의 좌석에 앉은 파리가, 비행기가 자기를 실어 나르지 못할까 봐 두려워 전전긍긍하는 것과 같다. 비행기의 무게만 해도 몇 톤이 될 것이며, 승객과 화물의 무게만 해도 몇 톤이 나갈 것이다. 파리는 너무나 가볍기 때문에 실험실에서가 아니라면 파리의 무게를 재는 것조차 불가능하다. 그러므로 비행기의 좌석에 앉은 파리가 날개를 퍼덕거리며 "이 비행기가 나를 떠받치지 못할까 봐 두렵다"라고 소리친다면 얼마나 웃기는 일일까?

전능하신 큰 하나님은 자신의 거대한 날개를 펴서 바람을 타고 행하신다. 이런 하나님이 당신을 떠받치실 것이다. 당신을 그분에게 온전히 맡긴다면 그분은 당신을 지켜주실 것이다. 다른 것들이 모두 당신에게 아무 도움이 되지 못할 때 그분이 당신을 붙들어주실 것이다. 그분이 계시기 때문에 그 어떤 것도 당신을 멸하지 못할 것이다.

하나님은 만물을 담고 계시며, 지속시키시며, 떠받치신다. 하나님은 "그의 능력의 말씀으로 만물을 붙드신다"(히 1:3). 만물을 붙드시는 분은 하나님이시다. 당신 몸의 2.5평방센티미터 당 약 6킬로그램의 공기 압력이 가해지지만 당신은 그 무게에 눌려 압살되지 않는다. 이것이 너무 신기하지 않은가? 당신 몸의 내부로부터 가해지는 압력이 당신의 몸을 폭발시키지 않는 것이 이상하지 않은가? 내가 그 이유를 말해주겠다. 전능하신 큰 하나님께서 말씀으로 그분의 능력을 우주에 불어넣으셨고 만물이 그 능력에 따라 움직이고 있기 때문이다.

자연법칙이란?

당신은 "하나님께서 우주의 모든 능력을 갖고 계시다는 말은 옳다. 하지만 자연법칙은 어떻게 되는 것이냐?"라고 스스로에게 물을지 모르겠다. 자연법칙이라? 그런데 법칙이 무엇인가? '법칙'(법)이라는 말에는 적어도 두 가지 의미가 있다.

이 말의 첫째 의미는 '국가가 부과한 외적(外的)인 규칙'이다. 만일 당신이 나의 이 정의에 동의하지 않는다면, 내 말이 맞는지 틀리는지 한번 시험해보라. 당신의 개인적 일을 처리하기 위해 소화전(消火栓) 옆에 당신의 차를 주차하고 휘파람을 불며 사라져라. 그러면 당신이 다시 돌아왔을 때 당신의 차는 사라졌을 것이고 당신은 불법 주차차량 보관소로 달려가야 할 것이다. 이렇게 될 수밖에 없는 것은 국가가 정한 법 때문이다. 살인, 성폭행 그리고 강도 행위 같은 경우에도 마찬가지이다. 입법부에서 기계적으로 만들어내는 수많은 법들이 어디에 어떻게 쓰이는지 모르겠지만, 아무튼 우리가 그것의 10분의 1도 모르는 것이 다행이다. 왜냐하면 그것에 신경을 쓰다 보면 스트레스를 받아 암에 걸려 죽을 것이기 때문이다. 아무튼 이런 법(법칙)들은 국가에 의해서 외부로부터 부과된 법들이다. 당신은 이런 법들을 지키든지 지키지 않든지 선택을 하게 된다. 지키지 않을 경우에는 물론 벌금을 물거나 감옥에 가거나 기타 불이익을 당하게 될 것이다. 이것이 법칙(법)의 한 가지 의미이다.

법칙의 또 다른 의미는 과학자, 철학자 그리고 대중이 사용하는 의미인데, 엄밀히 말해서 이것은 법이 아니다. 이것은 하나님의 능력과 지혜가 그분의 피조세계에서 활동하는 방식이라고 말할 수 있다. 이것이 우리가 '자연법칙'이라고 부르는 것이다. 이것은 사물이 존재하는 방식이라고 말할 수 있다. 독수리가 알을 낳아 부화하면 진흙거북이나 개구리가 나오지 않고 독수리가 나온다. 우리는 이런 현상을 '자연법칙'이라고 부른다. 물론 이런 법칙이 국회에서 통과되었기 때문에 법칙으로서 작용하는 것은 아니다. 자연법칙은 사물이 존재하는 방식일 뿐이다. 이는 법이라기보다는 현상이다. 이것은 하나님의 능력이 그분의 피조세계에서 작용하는 방식이다. 그분은 그분의 우주에서 행하신다. 그분의 기쁘신 뜻에 따라 그분의 피조세계에서 행하시는 것이다. 자연법칙은 하나님이 행하시는 길이라고 말할 수 있다. 하나님은 자연법칙을 통하여 일하신다. 과학자들은 이런 현상을 연구한다. 그러므로 모든 과학은 이런 현상에 근거하여 발전하게 된다.

모든 과학자들이 동의하는 두 가지가 있다. 그중 한 가지는 이런 현상들의 획일성(劃一性)이다. 이것은 해가 바뀌어도, 백 년이 지나도, 천 년이 지나도 변하지 않는다. 이와 관련하여 하나님은 언제나 동일하게 행하신다. 그렇기 때문에 나는 밤에 잠을 편히 잘 수 있다. 내가 섬기는 하나님은 언제나 동일하시고 언제나 자신의 법칙에 따라서 행하신다. 그분은 우주에서 언제나 동일한 길을 따라서 행하신다. 그렇기 때문에 사람들은 그 길이 어느 방향으로 갈지를 예측할 수 있는데, 이것을 과학자들이 '자연법칙'이라고 부른다. 자연법칙이 존재하기 때문에 우리는 항법(航法)이나 공학 같은 것을 발전시킬 수 있다.

나는 어떤 선원에 대한 이야기를 들었다. 배의 키를 조종하는 책임을 맡은 이 선원에게 항법사가 "저기 보이는 별과 왼쪽 뱃머리 사이의 간격이 조금만 떨어지도록 항해하십시오"라고 말했다. 그러나 두세 시간 후에 배가 항로를 이탈한 것을 알아챈 이 항법사는 조타수(操舵手)에게 "저 별과 왼쪽 뱃머리 사이의 간격이 조금만 떨어지도록 항해하라고 하지 않았습니까?"라고 소리쳤다. 그러자 조타수는 "아, 우리는 오래전에 저 별을 지나쳤는데요"라고 대답했다.

이 이야기가 웃음을 자아내는 이유는 오로지 항법사가 우주의 고정된 지점에 머물고 있는 별을 기준으로 삼아서 판단해야 하기 때문이다. 하나님의 행하심에는 언제나 변함이 없다. 만일 하나님이 변덕스러운 분이라 수요일에는 해가 동쪽에서 뜨고 목요일에는 서쪽에서 뜨고 토요일에는 북쪽에서 뜬다면 어떻게 하겠는가? 만일 그렇게 된다면 우리는 "이 세상이 어떻게 된 것이냐? 세상이 술에 취했는가? 일출과 일몰이 정반대로 일어나고 있지 않은가?"라고 소리칠 것이다. 그러나 이런 일이 일어나지 않을 것이니 걱정하지 말라. 하나님은 이렇게 변칙적으로 일하시지 않는다.

천지를 만드신 크신 하나님은 동일한 법칙에 따라서 일하신다. 언제나 하나님은 우주에서 동일한 길로 행하신다. 그러므로 이런 면에서 당신은 하나님이 어디에 계실지를 예측할 수 있고, 하나님의 사정이 어떠한지를 알 수 있다. 그러므로 하나님의 말씀은 견고히 서 있다. 당신이 일정한 조건을 충족시킨다면 언제나 일정한 결과를 예측할 수 있다. 왜냐하면 하나님은 자신의 성경에서 언제나 동일한 길로 행하시기 때문이다. 하나님은 왔던 길을 되돌아가거나 우회(迂廻)하지 않으시고 언제나 동일한 길로 행하신다.

하나님은 자신이 하신 약속을 반드시 지키신다. 약속이 여기에 있는데 당신이 저기에 있다면 그 약속은 죽은 것이다. 그러나 당신이 약속이 있는 곳으로 온다면 그것은 살아 있는 약속이 된다. 하나님께서 약속을 하시고 그것에 조건을 붙이셨는데, 당신이 그 조건을 이 행하지 않고 단지 약속의 이행만을 주장한다면 당신은 아무것도 얻을 수 없다. 평생을 기도할지라도 아무 결과를 얻지 못할 것이다. 그러나 당신이 조건을 충족시키고 하나님이 계신 곳으로 간다면 그곳에서 언제나 그분을 만날 수 있을 것이다. 그러므로 당신은 하나님을 믿을 수 있고 그분이 당신을 도와주실 것이라고 확신할 수 있다. 이것이 하나님이 정하신 이치이다.

공학, 천문학, 화학, 항법 그리고 다른 모든 학문이 가능한 것은 자연법칙(자연현상)이 언제나 획일적이고 예측 가능하기 때문이다. 순수과학을 연구하는 사람들은 자연현상을 연구하여 자연법칙을 발견해낸다. 그들은 자기들이 발견한 것을 다른 사람들이 어떻게 사용하는지에 대해서는 관심을 두지 않는다. 그들이 발견한 것을 이용하는 사람들이 따로 있는데, 바로 응용과학자들이다. 그들은 순수과학자들의 성과를 이용하여 도시를 날려버릴 수 있는 폭탄을 만들기도 하고 배를 움직이게 하는 엔진을 만들기도 한다. 그들이 하는 것은 순수과학자들에게 영향을 끼치지 못한다. 사실, 순수과학자들은 응용과학자들이 하는 일에 신경 써서는 안 된다. 순수과학자들은 하나님께서 그분의 우주에서 행하시는 길을 찾는 데 관심을 두어야 한다. 물론 모든 순수과학자들이 그 길을 하나님의 길이라고 인정하는 것은 아니다. 내 판단에는 그렇게 인정하지 않는 과학자들이 더 많다. 하지만 하나님의 자녀인 우리는 "자연법칙은 하나님이 행하시는 길이요 그분이 자신의 우주에서 만물을 다스리시는 방법이다"라고 말하지 않을 수 없다.

기독교는 과학을 넘어선다. 과학보다 더 깊이 들어가고 더 멀리 나아간다. 그렇기 때문에 기독교는 이렇게 말한다.

"하나님의 물질적 우주에 만들어진 그분의 길, 즉 자연법칙에서 머무는 어리석음을 범하지 말라. 자연법칙을 넘어서 그분에게까지 나아가라. 자연법칙의 근원이요 원인이신 분께로 나아가라. 자연 현상의 주인이신 분께로 나아가라."

성령님을 통하여 그리스도께서는 우리로 하여금 하나님께 나아가게 하신다.

하나님은 전능한 분이지만 동시에 따뜻한 분이시다

우리는 하나님에 대해 '두려운 신비'요 우주를 충만케 하는 신비롭고 경이로운 분이라고 말한다. 철학자들은 전능하신 하나님을 묘사하기 위해 이런저런 거창한 단어들을 사용한다. 그런데 하나님은 자신을 가리켜 "스스로 있는 자"(출 3:14)라고 말씀하신다. 하나님의 아들은 우리에게 하나님을 "하늘에 계신 우리 아버지"(마 6:9)라고 부르도록 가르치셨다. 왕이 궁전에 거하며 왕관을 쓰고 왕복을 입고 보좌에 앉아 있을 때 사람들은 그를 '폐하'라고 부른다. 하지만 그의 어린 자녀들은 그에게 달려가 '아빠'라고 부른다.

나는 영국의 엘리자베스 여왕이 성장한 과정에 대한 이야기를 기억하고 있다. 그녀가 아주 어린 꼬마였을 때부터 지금에 이르기까지 그녀에 대해 들리는 소문을 알고 있다. 그녀가 아주 어렸을 적에, 하루는 그녀가 위엄 있고 친절한 그녀의 할아버지 조지 5세와 궁전 안의 이곳저곳을 돌아다녔다. 그들이 함께 어떤 건물 안으로 들어갔을 때, 나이 많은 왕은 문을 닫지 않았다. 그러자 어린 엘리자베스가 그를 쳐다보며 "할아버지, 가서 문을 닫으세요"라고 말했다. 영국의 왕은 어린 그녀의 말 한마디에 군말 없이 가서 문을 닫았다! 다른 사람들 같으면 그에게 "폐하"라고 부르며 그를 어려워했겠지만, 그는 어린 엘리자베스에게 그런 것을 요구하지 않았다. 그녀는 그에게 귀여운 손녀였을 뿐이다.

철학자들이 이 우주를 다스리는 권능의 하나님에 대해 아무리 두려운 어휘를 사용할지라도 우리는 그분께 "하늘에 계신 우리 아버지여 이름이 거룩히 여김을 받으시오며"(마 6:9)라고 말씀드린다. 우리는 하나님과 친밀한 관계를 맺을 수 있고, 그분은 그렇게 되기를 원하신다.

늙은 영국 왕은 미소를 지으며 가서 문을 닫았다. 전능하신 하나님도 이렇게 친절하시다. 하나님은 자신의 위대성과 전능성과 권능에도 불구하고 우리가 예수님의 교훈에 따라 "하늘에 계신 우리 아버지여"(마 6:9)라고 기도하기를 원하신다. 그분은 아버지 없는 사람들의 아버지요 남편 없는 여자들의 남편이시다. 그분은 우리의 모든 고통을 아신다. 천지를 충만케 하시는 크고 능하신 하나님은 "쇠약한 병상에서 [우리를] 붙드시고 [우리의] 병중 그 자리를 다 고쳐 펴신다"(시 41:3). 당신이 병들었을 때 병상(病床)을 마련하고 이불을 펴고 베개를 뒤집어 시원하게 하고 당신의 생명을 지켜주는 분이 누구신가? 바로 하나님이시다. 당신은 이것을 반드시 알아야 한다. 그분은 우리에게 그분을 "우리 아버지"라고 부르라고 말씀하셨다. 그분은 우리가 그분을 "우리 아버지"라고 부를 때 기뻐하신다.

하나님은 한쪽에 달을 매달으시고 또 한쪽에 해를 매달으셨다. 그리고 그것들 사이에 지구를 만들고 하늘에 수많은 별들을 보석처럼 박아놓으셨다. 그분이 이 모든 것을 만드셨다. 그러나 우리는 자연법칙을 넘어서, 과학을 넘어서, 물질을 넘어서 그분에게까지 나아간다. 기독교는 사람들에게 이런 하나님을 알라고 가르친다.

"영생은 곧 유일하신 참 하나님과 그의 보내신 자 예수 그리스도를 아는 것이니이다"(요 17:3).

당신은 바로 하나님을 알 수 있다! 하나님을 아는 것이 곧 구원이다.

나는 어쩌다가 베토벤을 좋아하게 되었다. 사실 나는 그를 알지 못하지만, 그의 작품에 대해서는 어느 정도 알고 있다. 만일 내가 그의 시대에 태어나 그를 개인적으로 알았다면 훨씬 더 좋았을 것이다. 전하는 말에 의하면, 그는 매우 강인한 사람이었다고 한다. 아무튼 그는 여러 세대가 배출한 천재 중의 천재였다. 오늘도 점심을 먹으면서 나는 그의 소나타를 들었는데, 매우 아름다웠다. 그런데 만일 내가 베토벤을 만나 악수를 하며 "선생님, 이렇게 악수를 하는 것이 영광입니다. 내가 볼 때 선생님은 역사상 가장 위대한 작곡가이십니다. 천재이십니다"라고 말했다면 더욱 좋았을 것이다. 내가 이렇게 했다면 그는 "별 말씀을 다 하십니다"라고 말하고 저쪽으로 가버렸을 것이다. 그러나 나는 그와 악수를 했다는 사실을 내 자녀들과 손자손녀들에게 말해주었을 것이고, 그들도 매우 기뻐했을 것이다.

당대 최고의 예술가 미켈란젤로의 경우도 마찬가지이다. 그를 만나 악수하고 식사를 하고 대화를 나누었다면 얼마나 즐거운 일이었을까! 나는 그를 내 친구들에게 소개하며 "나는 당신들이 이 위대한 미켈란젤로와 사귀기를 원합니다"라고 말했을 것이다. 이렇게 하는 것이 단지 그의 작품을 아는 것보다 훨씬 더 만족스러운 일이다. 나는 그의 탁월한 조각작품 모세 상(像)을 보았지만, 만일 그를 보았다면 더욱 좋았을 것이다.

사람들에게 망원경으로 우주를 관찰하고 현미경으로 분자들을 관찰하도록 하라. 그들이 조사하고 찾고 일람표를 만들고 명명(命名)하고 탐구하고 발견하게 하라. 그러면 나는 그들에게 감히 "나는 당신들이 찾은 모든 것들을 만드신 분을 압니다. 나는 그분을 개인적으로 압니다"라고 말해줄 것이다.

내가 이렇게 말하면 혹시 그들이 내게 "하지만 은하수도 있지 않습니까? 은하수를 모르는 건 아니겠지요?"라고 물을지 모른다. 물론 나는 은하수가 무엇인지 잘 안다. 성군(星群)이 지극히 멀리 있기 때문에 마치 아주 멀리 있는 도시의 불빛처럼 뿌옇게 보이는 것이 은하수이다. 그러나 나는 은하수만을 아는 것이 아니고 그 은하수를 만드신 분을 안다! 나는 바다를 만들고 그것에게 "네가 여기까지 오고 넘어가지 못하리니"(욥 38:11)라고 말씀하신 분을 안다! 바다는 그 자리를 벗어나려고 시도한 적이 없다.

우리는 하나님을 안다. 천지를 만드신 전능하신 아버지 하나님과 그분의 독생자 우리 주 예수 그리스도를 안다. 그렇기 때문에 나는 오늘날 복음주의 교회가 아이들 놀이터로 변해버린 것을 도저히 이해할 수 없다. 예수님은 우리 같은 사람들에게 이렇게 말씀하셨다.

"너희는 시장에서 놀고 있는 아이들 같다. 너희는 장례식 놀이를 하자고 작정하면 모두 둘러앉아 운다. 우리가 너희 옆을 지나가면서 너희에게 아무 관심도 보이지 않으면 너희는 상한 감정을 품는다.

왜냐하면 우리가 너희와 함께 울지 않기 때문이다. 너희는 다시 무도회(舞蹈會) 놀이를 하기로 결정하고 피리를 분다. 그러나 우리는 바빠서 너희에게 관심을 보이지 않는다. 너희는 화를 내는데, 우리가 일을 멈추고 춤을 추지 않기 때문이다. 우리는 성인(成人)이고 중요한 문제에 신경을 써야 한다. 우리는 할 일이 많다. 너희에게 놀이의 아이디어가 떠오를 때마다 우리가 장례식 놀이, 무도회 놀이 또는 교회 놀이를 따라 할 수는 없는 노릇이다."

이런 취지로 예수님은 당대의 사람들에게 말씀하셨다(마 11:16,17 참조).

지난 50년 동안 복음주의 교회는 점차적으로 악화되었다. 교회는 시장에서 놀이를 하는 아이들을 점점 더 닮아가기 시작했다. 교회는 하루는 장례식 놀이, 그 다음 날은 무도회 놀이, 그 다음 날은 교회 놀이에 열중한다. 그러나 나는 교회 놀이 하기를 거부한다. 나는 우주를 만드신 전능하신 큰 하나님, 나를 부르신 하나님, 내가 감히 "내 하나님"이라고 부르는 하나님을 믿는다. 황송하게도, 하나님은 우리가 '하나님의 사랑하시는 자' 안에서 받아들여졌다고, 우리가 하나님의 자녀들이라고 말씀하셨다.

한때 사람들은 어떤 차에 대해 "저 차는 내부가 외부보다 크다"라고 말하곤 했다. 하나님의 모든 자녀는 내부가 외부보다 무한히 더 커야 한다는 것이 나의 소신이다. 우리는 저기 높은 곳에 뜻을 두고 살아야 한다. 며칠 전, 밤에 어떤 사람이 예배가 끝난 뒤 나를 찾아와서 "나는 구름 위에 올라앉은 것처럼 기쁩니다"라고 말했다. 그렇다! 저 구름 위처럼 높은 곳이 우리에게 어울리는 장소이다. 물론 우리의 두 발이 이 땅 위를 딛고 있기 때문에 우리는 현실을 직시하고 그에 대처해야 한다. 하지만 그렇다고 해서 우리가 여기 아래에만 머무르며 시장에서 놀이나 하고 있으면 안 된다. 우리는 하나님의 능력을 찾고 어린양의 깨끗케 하는 보혈을 찾아야 한다. 그렇게 할 때 전능하신 하나님을 알게 될 것이다.

하나님께 어려운 것이 있는가?

하나님께서 존재하는 모든 능력을 가지고 계신 것이 우리에게 무슨 의미를 갖는지에 대해 생각해보자. 하나님께는 자신이 원하는 모든 것을 행하실 수 있는 능력이 있기 때문에 그분께는 더 어려운 것도, 더 쉬운 것도 없다. '어렵다' 또는 '쉽다' 라는 것이 그분께는 해당되지 않는데, 존재하는 모든 능력이 하나님께 속하기 때문이다. '어렵다' 또는 '쉽다' 라는 것은 나에게 해당될 뿐이다. 나에게 100개의 능력이 있다고 가정해보자. 만일 당신이 내게 25개의 능력을 사용해야 할 일을 부과하여 내가 그 일을 감당한다면 내게는 75개의 능력이 남을 것이다. 이 경우, 당신이 부과한 일은 내게 그렇게 어려운 일은 아니다. 만일 당신이 내게 50개의 능력을 사용해야 처리할 수 있는 일을 부과한다면 내가 그것을 감당할 수는 있겠지만, 나는 그 일을 좋아하지는 않을 것이다. 만일 75개의 능력을 사용해야 할 일을 내가 감당한다면 나는 힘을 좀 써야 할 것이다. 그러나 95개의 능력을 필요로 하는 일을 감당해야 한다면 내게는 5개의 능력밖에 남지 않기 때문에 나는 수면을 통해 힘을 재충전해야 할 것이다.

그러나 하나님께서도 나처럼 제한된 능력을 가지셨는가? 그분도 나처럼 휴식을 통해 능력을 재충전하셔야 하는가? 하나님께서 세상을 창조하신 후 지쳐서 "세상을 창조하니 내 힘이 다 빠져나갔다"라고 말씀하셨는가? 결코 그렇지 않다! 어떤 것이 하나님의 능력을 고갈시킨다고 생각하는 사람이 있다면, 그는 참으로 어처구니없는 생각을 하는 것이다. 존재하는 모든 능력이 하나님의 것이기 때문에 해와 별과 은하계를 만드는 것이 하나님께는 울새를 둥지에서 집어 올리는 것만큼 쉽다. 하나님께는 모든 일이 똑같이 쉽다.

우리가 이 진리를 특별히 명심해야 할 때가 있는데, 우리의 불신앙의 문제를 해결해야 할 때가 그렇다. 우리는 어려운 일을 하나님께 부탁하려고 할 때 망설이는 경향이 있다. 왜냐하면 그 일이 하나님께도 어려울 것이라고 착각하기 때문이다. 하지만 쉬운 일을 하나님께 부탁하려고 할 때에는 망설이지 않는다. 만일 두통이 있을 때면 우리는 "하나님, 저의 두통을 고쳐주십시오"라고 기도한다. 그러나 심장병 때문에 고생할 때에는 기도하기를 주저하는데, 심장병을 치료하는 것이 하나님께도 어려울 것이라고 착각하기 때문이다. 이 얼마나 한심한 신앙인가! 하나님께 어려운 것은 하나도 없다. 절대적으로 없다. 무한한 지혜와 능력을 가지신 하나님께는 모든 일이 똑같이 쉽다.

어떤 사람에게 두 가지 병이 있었는데, 하나는 위급한(어쩌면, 치명적인) 질병이었고, 다른 하나는 만성적인 질병이었다. 그는 사람들에게 기도를 부탁했고, 사람들은 그를 위해 기도했다. 그 결과 어떻게 되었을까? 내 얘기를 들으면 당신은 앞뒤가 맞지 않는, 심지어 웃기는 결과가 나왔다고 생각할지 모르겠지만, 아무튼 실제 결과는 이랬다.

후에 그는 "나의 위급한 병은 치료가 되었는데, 만성적인 질병은 낫지 않았습니다"라고 말했다. 어쨌든 그는 하나님께서 그의 만성병을 고치실 수 있다는 것을 믿지 못했다. 그러니까 그는 "오, 하나님! 이 만성병이 너무 오래되었습니다. 그런데 하나님도 이것을 못 고치십니다"라고 기도했던 것 같다. 만일 그가 이런 기도를 했다면 그는 하나님이 어떤 분이신지를 제대로 알지 못한 것이다. 그러나 하나님께는 무엇이든 가능하다! 우리는 "내 인생이 정말 수렁에 빠져버렸다!"라고 탄식하는 상황에 처할 수도 있다. 그러나 걱정하지 말라. 당신을 수렁에서 끌어올리는 것이 하나님께는 전혀 어렵지 않다. 왜냐하면 존재하는 모든 능력과 지혜가 하나님의 것이기 때문이다.

앨버트 심슨(Albert B. Simpson, 1843~1919)이라는 이름을 가진 장로교 설교자가 있었다. 그는 프린스에드워드 섬 출신의 캐나다 사람으로서 당대의 뛰어난 설교자였다. 그의 감동적인 설교를 듣기 위해 사람들이 사방에서 모여들었다. 그러나 그가 겨우 30대 중반이 되었을 때 병에 걸려 점점 쇠약해지고 말았다. 심지어 "장례식을 집전(執典)해달라는 부탁을 받고 달려가서 장례 예배를 집전할 때 나는 너무 피곤하여 무덤의 가장자리에서 비틀거렸다. 계속 서 있는 것이 힘들어서 파놓은 무덤 속으로 굴러 떨어질지도 모른다는 생각이 들기도 했다. 이런 일이 자주 있었다"라고 고백할 정도였다.

결국 크게 낙심한 그는 목사로서 매우 성공적으로 일해왔음에도 사역을 그만두기로 결정했다. 그러나 어느 날 숲 속에서 오랜 시간 산책을 하던 그는, 야영 집회로 모인 사람들을 우연히 발견하게 되었다. 그가 들으니 흑인 4중창단이 다음과 같은 찬송가를 부르고 있었다.

예수님께 어려운 것은 없습니다.

그분처럼 일할 수 있는 사람은 없습니다.

교육 받은 세련된 설교자인 심슨은 소나무들 사이에서 무릎을 꿇
고 "주여, 주님께 불가능한 것이 없다면 저를 질병에서 구해주실 수
있습니다. 저를 구하소서"라고 기도했다. 그는 무릎을 꿇고 자신을
주님께 온전히 맡겼다. 그 순간 그의 병은 완전히 치료되었다. 그후
약 36년간 더 살면서 그는 너무나 열심히 일했다. 열심히 일하는 그
의 모습을 볼 때 주위 사람들이 부끄러움을 느낄 정도였다. 전능하
신 큰 하나님께서 그를 위해 큰일을 이루셨고 그의 삶에 들어와 그를
변화시키셨다. 이 모든 것은 그가 담대히 믿음을 가졌기 때문이다.

하나님의 속성은 상아탑에서 일하는 학자들만이 이해할 수 있는
어려운 신학이 아니라 당신과 나를 위한 진리이다. 이제 당신은 이
것을 분명히 깨달았는가? 당신의 문제가 무엇인가? 함께 살기 힘든
성질 나쁜 아내가 문제인가, 아니면 당신을 개처럼 취급하는 못된 남
편이 문제인가? 당신의 문제가 무엇이든 간에 예수님에게 어려운 일
이 없다는 것을 기억하라. 직장 상사가 당신을 들들 볶아서 신경쇠
약에 걸릴 것 같은 것이 문제인가? 하나님께서 그런 상사를 처리하
실 것이니 염려하지 말라.

당신의 성질을 참지 못하는 것이 문제인가? 당신이 하나님을 의지
하면 그분이 다 해결해주실 것이다. 그분이 처리하지 못하실 일은
없다. 그분이 감당하지 못하실 상황은 없다. 예수님께 어려운 것은
없다. 그분처럼 일할 수 있는 사람은 없다.

하나님은 힘들이지 않고 일하신다. 힘을 들인다는 것은 에너지를 소모한다는 것인데, 그분은 에너지를 소모하지 않고 일하신다. 그분이 에너지이시다! 힘들이지 않는 능력으로써 그분은 구속(救贖)을 이루셨고, 지금도 이루고 계신다. 우리는 외경스러운 감정에 사로잡혀 그분의 성육신(成肉身)에 대해 숨죽여 말할 뿐이다. 전능하신 큰 하나님께서 처녀에게 잉태되신다는 것이 어떻게 가능했는가? 나는 그것이 어떻게 이루어졌는지 알지 못한다. 하지만 전능하신 큰 하나님께서 원하기만 하면 얼마든지 그렇게 하실 수 있다는 것을 나는 안다. 성육신은 그분에게 쉬운 일이었다. 그것이 우리가 이해하기에는 어려운 것일지 몰라도 하나님께는 결코 어려운 일이 아니다.

그렇다면 속죄는 어떨까? 예수님은 세상을 구하기 위해 십자가에서 어둠 가운데 돌아가셨다. 이것을 이해하려고 애쓰지 말라. 어차피 당신은 이해할 수 없다. 하나님의 본질이 어떤 것인지를 내가 알 수 없듯이, 그리스도의 보혈이 어떻게 죄를 속(贖)하는지를 나는 알 수 없다. 단지 나는 그분의 보혈이 죄를 속한다는 것을 알 뿐이다. 나는 내가 어린양의 보혈로 말미암아 하나님과 화목하게 되었다는 것을 알 뿐이다. 이것이 내가 아는 전부이다. 내게 더 이상의 지식은 필요 없다.

나는 하나님께서 자신의 아들을 죽은 자들로부터 다시 살리셨다는 것을 안다. 나는 그것이 어떻게 이루어졌는지를 모르지만, 그분에게 그렇게 하실 수 있는 능력이 있다는 것을 안다. 나는 하나님이 당신도 죽은 자들로부터 다시 살리실 수 있다는 것을 안다. 당신은 시간을 내어 부활에 대해 생각해본 적이 있는가? 여러 세대들 전에 죽은 모든 사람들을 다 생각한다는 것은 쉬운 일이 아니다. 흙으로 돌아간 이 많은 사람들을 다시 찾아내는 것도 쉬운 일이 아닐 것이다. 나는 하나님께서 이런 일을 어떻게 행하실지 알지 못한다.

그러나 내가 이에 대해 알아야 할 필요는 없다. 내 손을 하나님의 손에 놓으면 그분은 이렇게 말씀하실 것이다.

"네가 내게 와서 평안을 얻으라. 그러면 내가 모든 일을 이룰 것이다. 나는 천지를 지을 수 있고, 그것을 경영할 수 있고, 성육신의 기적을 일으킬 수 있고, 속죄를 이룰 수 있고, 죽은 자들을 다시 살릴 수 있다. 그러므로 나는 너도 살릴 수 있다."

그러므로 나는 염려하지 않는다. 나의 부활을 머릿속에 생생하게 그릴 수 없지만, 그것을 믿는다! 아멘!

죄의 용서, 죄를 깨끗케 하는 것 그리고 나쁜 습관을 버리는 것 같은 문제도 마찬가지이다. 그토록 오랜 세월 당신을 지배해온 저 추한 죄, 그 죄를 당신은 아주 미워한다. 당신은 이 죄에서 벗어나기를 갈망한다. 그러나 당신에게는 담대히 믿을 만한 용기가 없다. 하지만 나는 당신에게 간곡히 권한다. 전능하신 주 하나님께서 살아 계시다는 것과 그분께는 불가능한 것이 없다는 것을 믿으라고! 존재하는 모든 능력이 그분께 있다. 그분이 이루신 큰일들에 비교하면 당신의 필요는 아무것도 아니다. 그분이 당신의 죄를 용서하고 당신의 영을 깨끗케 하고 당신에게 그분의 성품을 주시는 것은 그분이 천지를 지으시는 것만큼 쉽다. 왜냐하면 그분은 하나님이시기 때문이다. 당신이 하나님을 신뢰하기만 한다면 하나님은 당신을 사로잡고 있는 분노, 교만, 두려움 그리고 증오 같은 영혼의 질병을 치료하실 수 있다.

하나님은
변하지 않는 분이시다

피조물에게는 변화가 필요하지만 하나님께는 전혀 필요가 없기 때문에 그분은 변하시지 않는다. 그분은 영원하고 거룩한 하나님이시기 때문에 변하실 수 없다. 하나님은 좋은 쪽에서 나쁜 쪽으로 변하실 수 없다.

"나 여호와는 변역지 아니하나니 그러므로 야곱의 자손들아 너희가 소멸되지 아니하느니라"(말 3:6).

"하나님은 약속을 기업으로 받는 자들에게 그 뜻이 변치 아니함을 충분히 나타내시려고 그 일에 맹세로 보증하셨나니 이는 하나님이 거짓말을 하실 수 없는 이 두 가지 변치 못할 사실을 인하여 앞에 있는 소망을 얻으려고 피하여 가는 우리로 큰 안위를 받게 하려 하심이라"(히 6:17,18).

"각양 좋은 은사와 온전한 선물이 다 위로부터 빛들의 아버지께로서 내려오나니 그는 변함도 없으시고 회전하는 그림자도 없으시니라"(약 1:17).

"예수 그리스도는 어제나 오늘이나 영원토록 동일하시니라"(히 13:8).

내가 하나님의 불변성(不變性)에 대해 이야기하겠다고 말하면 당신의 가슴이 답답해질지도 모른다. 마치 예배를 드리기 위해 부지런히 교회를 찾아온 사람이 교회 정문에 붙은 "오늘 밤 여기에서는 예배가 없습니다"라는 안내문을 읽고 가슴이 답답해지는 것처럼 말이다. 왜냐하면 많은 사람들이 하나님의 불변성이라는 주제를 따분하게 여길 것이기 때문이다. 하지만 내 설명을 듣고 나면 당신은 금과 다이아몬드, 젖과 꿀을 발견했다고 기뻐하게 될 것이다.

'변하지 않는'(immutable)이라는 말은 '변할 수 있는'(mutable)의 반대말이다. '변할 수 있는'이라는 말은 '변화에 종속되는'이라는 뜻을 가진 라틴어에서 유래했다. 우리가 종종 사용하는 '변화'(mutation)라는 말은 "형식, 성질 또는 본질이 바뀌는 것"을 의미한다. 물론 '불변성'이라는 말은 "변화에 종속되지 않는 성질"이라는 뜻이다.

어쩌면 당신이 학생 때 배웠을지도 모르는 퍼시 비쉬 셸리(Percy Bysshe Shelley, 1792~1822. 영국 낭만파의 대표적 서정시인)의 시 '구름'을 기억한다면 '변할 수 있는'이라는 단어의 의미를 더욱 잘 이해할 수 있을 것이다. 이 시는 구름이 다음과 같이 말하는 것으로 시작된다.

나는 땅과 물의 딸이요,
하늘의 젖먹이라네.
나는 대양과 바닷가의 털구멍을 통과하네.
나는 변하지만, 죽을 수는 없다네.

구름은 바로 이런 것이다. 오늘은 구름이 끼고, 내일은 비가 오고, 모레는 안개가 낀다. 그 다음에 다시 구름이 끼고, 그 다음 날은 눈이 오고, 다시 그 다음 날은 얼음이 언다. 어떤 날은 찌는 듯이 덥다가 그 다음 날은 아주 선선하다. 그 다음 날은 증발이 일어나고 다시 구름이 생긴다. 구름은 이렇게 태양과 바닷가의 털구멍을 통과하며 끊임없이 변한다. 구름이 변할 수밖에 없는 것은 변화에 종속되기 때문이다. 하지만 그것은 죽지 않는다.

그러나 하나님께는 변화가 일어나지 않는다. "그는 변함도 없으시고 회전하는 그림자도 없으시니라"(약 1:17)라는 야고보서의 말씀에서도 알 수 있듯이, 하나님께는 '변화에 따른 바뀜'이 없다. 말라기서에는 "나는 여호와라 나는 변하지 않는다"(말 3:6, 개역한글성경에는 "나 여호와는 변역지 아니하나니"라고 번역되어 있다 - 역자 주)라는 말씀이 나온다. 이 말씀보다 더 분명한 표현이 있을까? 이 말씀은 시적(詩的) 표현이 아니다. 여기에는 비유도, 은유도 없다. 조금도 없다. 이 말씀은 "오늘은 2월 12일이다. 이상 끝!"이라고 말하는 것처럼 딱 잘라 말하는 것이다. 여기에는 해석의 여지가 남아 있지 않다. 그러므로 당신이 이 말씀을 들고 학자를 찾아가 "이 말을 해석해주십시오"라고 부탁할 필요가 전혀 없다.

"나는 여호와라 나는 변하지 않는다."

더 이상 무슨 말이 필요하겠는가?

우주에서 "나는 변하지 않는다"라고 말할 수 있는 분은 오직 하나님 한 분이시다. 하나님은 자신이 변하지 않는 분이라고 분명히 말씀하셨다. 하나님께는 변화가 불가능하다고 하나님이 잘라 말씀하신 것이다. 하나님이 다른 존재로 변하는 것은 상상조차 할 수 없다. 당신이 이 진리를 깨닫는다면 이 진리는 폭풍우 속의 닻이요 위기 가운데 피난처가 될 것이다. 하나님께는 변화의 가능성이 없다. 하나님이 하나님이 아닌 존재로 바뀌는 것은 있을 수 없다.

사람은 변한다

우리가 인생을 살면서 겪는 가장 역겨운 고통 중 하나는 사람들의 변하는 모습을 지켜보는 것이다. 오늘 당신에게 미소를 짓는 사람이 2주 후에는 당신을 외면한다. 과거에 당신이 친구에게 일주일에 한 번씩 편지를 썼지만, 지난 5년 동안 당신은 그에게 한 줄의 편지도 쓰지 않았다. 그것은 중간에 어떤 변화가 일어났기 때문이다. 그들이 바뀌고, 당신도 바뀌고, 상황도 바뀐다.

어린 아기들을 보라. 그들은 작고 귀엽고 포동포동하기 때문에 그들을 보면 안아주고 싶은 마음이 절로 생긴다. 그러나 시간이 얼마간 흐르면 그들은 변할 것이다. 부모는 그들을 맹목적으로 사랑하여 품에 안고 칭찬하고 사랑해주지만, 장차 그들은 부모의 사랑을 귀찮게 여길 것이다. 이렇게 되면 부모는 놀라고 혼란스러워하겠지만, 그러면서도 한편으로는 작고 통통한 몸이 커지고 통통한 살 때문에 주름이 잡힌 무릎에서 살이 빠지고 단단한 뼈의 모습이 나타나는 것을 보고 대견스러워할 것이다. 자나 깨나 엄마만을 붙들고 있던 아이들이 점점 독립적으로 변해갈 것이다. 그들은 손을 허리에 대고 제법 늠름한 자세를 취할 것이다. 이제 그들은 더 이상 뽀얀 살결의 아기들이 아니다! 변화가 일어난 것이다!

아내와 나는 때때로 가족사진을 찍어두었는데, 가끔 그것을 꺼내어본다. 사진 속의 아이들은 아주 귀엽고 앳되고 명랑하지만, 지금

눈앞에 있는 아이들은 굵고 키가 크고 마르고 단단하다. 현재의 아이들은 더 이상 과거의 그들이 아니다. 하지만 현재의 그들이 최종적인 모습은 아니다. 앞으로 40년이 흐른다면 그들에게서 현재의 모습을 찾아보기 힘들어질 것이다. 이렇게 언제나 변화가 일어나기 마련이다. 우리가 보는 모든 것들에서 변화와 쇠퇴가 일어나게 되어 있다. 영국의 한 시인은 이렇게 썼다.

오, 주여! 나의 마음은 지쳤습니다.
이 끝없는 변화에 신물이 납니다.
저는 안식을 모르는 행로(行路)를 급하게 달리며
자주 바뀌는 인생에 싫증을 냅니다.
변화는 주님 안에서 그것의 닮은꼴을 찾지 못합니다.
주님의 영원한 침묵 속에서 변화의 메아리는 들리지 않습니다.

하나님의 불변성

오직 하나님 한 분만 변하지 않으신다.

"변화하는 만물은 영원히 동일하신 주님을 선포한다."

이것은 신학적 진리이다. 당신은 이 진리 위에 서야 한다. 이것은 계시된 진리이기 때문에 시(詩)나 이성(理性)의 도움에 의존하지 않는다. 그러나 일단 진리가 선포되고 받아들여진다면 나는 그 진리에 기초하여 이성적으로 사고하기를 원한다. 안셀름은 "나는 믿기 위해서 이해를 추구하지 않는다. 나는 이해하기 위해서 믿는다"라고 말했다. 그러므로 나는 왜 하나님께서 변하실 수 없는지에 대해 최대한 간략하게 세 가지를 언급하겠다. 이는 성경에 기초한 추론(推論)이다.

만일 하나님께서 변하시려면, 즉 그분 안에서 그분의 본질과 이질적인 것이 생기려면, 다음 세 가지 중 한 가지가 일어나야 한다.

첫째, 하나님이 더 좋은 상태에서 더 나쁜 상태로 악화되셔야 한다.

둘째, 하나님이 더 나쁜 상태에서 더 좋은 상태로 개선되셔야 한다.

셋째, 하나님이 어떤 한 종류의 존재에서 다른 종류의 존재로 바뀌셔야 한다.

이런 논리는 어려운 것이 아니기 때문에 누구라도 이해할 수 있을 것이다. 이는 무슨 심오한 사상이 아니다(때때로 어떤 사람들은 내가 그들의 이해력이 미치지 못할 정도로 어렵게 얘기한다고 불평한다. 그러나 나는, 그들이야말로 어렵게 얘기하지 말고 겸손하게 쉬운 얘기를 할 것을 부탁하고 싶다). 어떤 것이 변하려면 좋은 쪽에서 나쁜 쪽으로 변하든지, 나쁜 쪽에서 좋은 쪽으로 변하든지, 아니면 어떤 종류에서 다른 종류로 변해야 한다는 것은 지극히 상식적인 얘기이다.

사과나무에 달린 사과는 녹색에서 빨간색으로 변하면서 익어간다. 이것은 나쁜 쪽에서 좋은 쪽으로 변하는 것이다. 내가 과거에 그랬듯이 어린아이가 덜 익은 사과를 먹으면 병이 날 수도 있다. 농장에서 자랄 때 나는 1년에 한두 번은 덜 익은 사과를 먹고 배탈이 나서 자리에 눕곤 했었다. 적어도 우리의 관점에서 볼 때, 사과가 익는 것은 나쁜 쪽에서 좋은 쪽으로 변하는 것이다. 하지만 사과가 너무 오랫동안 나무에 매달려 있으면 좋은 쪽에서 나쁜 쪽으로 변할 수 있다. 썩어서 떨어지기 때문이다. 적당한 시간 동안 가지에 달려 있으면 나쁜 쪽에서 좋은 쪽으로 변하지만, 너무 오래 달려 있으면 좋은 쪽에서 나쁜 쪽으로 변하게 된다. 이런 이치는 누구나 이해할 수 있는 상식적인 것이다. 만일 당신이 이것을 이해할 수 없다면, 심호흡을 하고 정신을 집중하여 뇌세포를 깨워라!

그러므로 다시 말하지만, 만일 하나님이 변하려고 하신다면 그분은 악화되거나 개선되거나 달라져야 한다. 그러나 그분은 악화될 수 없는데, 거룩한 하나님이시기 때문이다. 그분은 영원히 거룩한 분이시기 때문에 지금보다 덜 거룩하게 변하실 수 없다. 그분이 지금보다 더 거룩하게 변하실 수도 없는데, 그분은 완전한 분이시기 때문이다. 한마디로 그분에게 변화가 일어날 수 없다. 그분께는 변화가 필요 없다.

피조물에게는 변화가 필요하지만 하나님께는 전혀 필요가 없기 때문에 그분은 변하시지 않는다. 그분은 영원하고 거룩한 하나님이시기 때문에 변하실 수 없다. 하나님은 좋은 쪽에서 나쁜 쪽으로 변하실 수 없다. 그분이 현재보다 덜 거룩하고, 현재보다 덜 의롭게 변하신다고 생각하지 말라. 그분은 영원히, 무한히 거룩하시다. 그분은 나쁜 쪽에서 좋은 쪽으로 변하실 수 없는데, 이미 무한히 거룩하신 분이 더 거룩해지는 것은 불가능하기 때문이다. 하나님은 지금보다 더 거룩해질 수 없으며, 덜 좋은 쪽에서 더 좋은 쪽으로 바뀔 수도 없다.

그러나 당신과 나는 변할 수 있다. 우리가 변할 수 있는 것에 대해 하나님께 감사하라. 요한계시록 22장 11절은 "거룩한 자는 그대로 거룩되게 하라"라고 말한다. 피조물인 우리가 좋은 쪽으로 변화되어 하나님의 형상을 닮는 것이 가능하기 때문에 우리는 세대가 거듭되는 동안 더욱 선하고 더욱 지혜롭고 더욱 거룩하게 변할 수 있다. 그런데 더욱 선하고 더욱 지혜롭고 더욱 거룩하게 되는 것은 하나님의 완전한 형상을 닮기 위해 변화되는 과정에 불과하지만, 그분은 이미 완전히 지혜롭고 선하고 거룩하시다. 그분은 더 이상 좋아지실 필요가 없다.

하나님께는 비교급을 사용할 수 없다

더 선하고 더 지혜롭고 더 거룩하게 된다는 것은 당신과 나에게 해당되는 얘기이다. 어떤 사람은 선하고, 또 어떤 사람은 그보다 더 선하다. 그러나 하나님에 대해 "더 선해진다"라는 표현을 쓰면 안 된다. 왜냐하면 그분은 무한히 선하시기 때문이다. 그분께는 정도(程度)가 없다. 내가 볼 때 천사들에게는 정도가 있다. 물론 사람들에게는 정도가 있다. 하지만 하나님께는 정도가 없다.

그러므로 우리는 하나님께 대해 '더 큰' (greater) 같은 말들을 사용하면 안 된다. '더 큰' 이라는 말은 그분께 해당되지 않는다. 그분은 그냥 '크신' (great) 하나님이시다. '더 큰' 이라는 말은 그분을 닮기 위해 노력하는 피조물에 대해 사용될 수 있는 말이다. 우리는 "하나님은 더 큰 분이시다"라고 말해서는 안 된다. 왜냐하면 이 말은 "하나님께서 누가 더 큰지를 놓고 어떤 큰 존재와 경쟁을 벌이셨다"라는 뜻을 내포하고 있기 때문이다. 다시 말하지만, 그분은 하나님이시다.

당신은 "하나님이 더 작으시다. 그분이 더 크시다. 그분이 더 늙으셨다. 그분이 더 젊으시다"라고 말할 수 없다. "그분이 더 늙으셨다"라고 말할 수 없는 것은 그분의 품 안에 모든 시간이 다 들어 있기 때문이다. 시간은 그분께 그림자를 드리울 수 없고 그분을 변화시킬 수 없다. 그분은 시곗바늘의 째깍 소리나 지구의 공전(公轉)에 따라 살지 않으신다. 그분은 계절을 의식하거나 절기를 지킬 필요가 없다. 우리가 그렇게 해야 하는 이유는, 시간의 흐름 속에 있기 때문이다. 저녁에 지고 아침에 뜨는 태양과 365일을 주기로 태양을 한 바퀴 도는 지구는 우리가 어떤 시간 속에 있는지를 말해준다. 그러나 하나님께는 이런 의미에서 태양과 지구가 아무 의미가 없다. 그분은 영원히, 절대적으로 동일하시다.

'뒤로', '아래로', '위로'처럼 방향을 가리키는 말들은 우리에게만 해당될 뿐 하나님께는 해당되지 않는다. 그분은 '뒤로' 가실 수 없는데, 무소부재(無所不在)하신 그분은 이미 뒤에 계시기 때문이다. 그분은 앞으로 가실 수 없는데, 그분은 이미 앞에 계시기 때문이다. 마찬가지 이유로 그분은 오른쪽이나 왼쪽으로 가실 수 없다.

"하늘과 하늘들의 하늘이라도 주를 용납지 못하겠거든"(대하 2:6).

그러므로 엄밀한 의미에서 우리는 "하나님이 어디로부터 오셨다" 또는 "하나님이 어디로 가신다"라고 말해서는 안 된다. 물론 우리가 실제에 있어서는 이런 말들을 하지만, 그럴 경우에라도 우리는 그분이 우리처럼 물리적 공간에서 이동하셨다는 의미로 말하는 것은 아니다. 방향을 나타내는 말은 그분에 대해 사용될 수 없다.

다음 주 월요일이 되면 나는 비행기를 타고 시카고로 갈 것이며, 그후에는 다른 비행기를 타고 위치토로 갈 것이다. 그 다음에는 자동차를 타고 캔자스 주의 뉴턴으로 갈 것이다. 거기에서 얼마 동안 머물면서 사경회에서 설교를 할 것이다. 그 다음에는 어딘가로 갈 것이고, 또 그 다음에도 다시 어딘가로 갈 것이다. 그러나 하나님은 한 곳에서 다른 곳으로 이동하지 않으신다. 왜냐하면 그분은 모든 곳에 거하시기 때문이다. 당신이 인도, 호주, 남미, 캘리포니아 또는 세계의 어디에 있든, 심지어 우주로 나가서 있든, 그분은 이미 그곳에 계신다.

"내가 하늘에 올라갈지라도 거기 계시며 음부(陰府)에 내 자리를 펼지라도 거기 계시니이다 내가 새벽 날개를 치며 바다 끝에 가서 거할지라도 곧 거기서도 주의 손이 나를 인도하시며 주의 오른손이 나를 붙드시리이다"(시 139:8-10).

다시 말하지만, '더 큰', '더 작은', '뒤로', '앞으로', '아래로', '위로' 같은 말들은 하나님께 사용될 수 없다. 영원한 하나님은 언제나 변하지 않는 상태로 계신다. 이것이 하나님의 불변성이다. 하나님은 더 좋은 상태에서 더 나쁜 상태로 변하지도 않으시고, 더 나쁜 상태에서 더 좋은 상태로 변하지도 않으신다. 하지만 피조물은 변한다. 피조물은 한 종류의 존재에서 다른 종류의 존재로 바뀔 수 있다. 당신은 봄에 아름다운 나비를 보면 신기하다는 듯이 소리를 지를 것이다. 하지만 조금 전만 해도 그 녀석은 털투성이의 보잘것없는 애벌레에 불과했다. 그때 당신이 그것을 보았다면 만질 생각조차 하지 않았을 것이다. 하지만 지금은 나비를 보며 "정말 아름답지 않은가!"라고 소리친다. 그 녀석은 애벌레라는 한 종류에서 나비라는 다른 종류로 바뀐 것이다.

피조물에게 일어나는 변화 중에는 도덕적 변화도 있다. 선한 사람이 변하여 악한 사람이 될 수도 있다. 그러나 감사하게도 하나님의 은혜 때문에 악한 사람이 선한 사람으로 바뀔 수도 있다. 우리는 존 뉴턴(John Newton, 1725~1807. 노예 무역상에서 회심하여 찬송시 작가가 되었다)이 지은 찬송가를 즐겨 부른다. 당신은 존 뉴턴이 그 자신의 고백('나 같은 죄인 살리신' 찬송을 존 뉴턴이 지었다)대로 역사상 가장 비열한 죄인 중 하나였다는 것을 알았는가? 당신은 「천로역정」의 저자 존 번연이 그 자신의 고백(존 번연이 쓴 「죄인 괴수에게 넘치는 은혜」를 염두에 두고 하는 말)대로 역사상 가장 비열한 죄인 중 하나였다는 것을 알았는가? 당신은 사도 바울이 그 자신의 증거대로 "죄인 중에 … 괴수"(딤전 1:15)였다는 것을 알았는가? 그러나 이런 사람들이 하나님의 성도가 되었다!

그들은 변했다. 변화될 수 있다. 당신이 하나님에 대해 관심이 없었던 때가 당신의 삶 속에 있었을지도 모른다. 만일 그때 당신이 하나님에 대한 나의 이런 증거를 들었다면 너무 따분하여 몸을 배배 틀었을 것이다. 그러나 아무튼 당신은 변화되었다! 변화가 일어난 것이다. 감사하게도, 당신은 불변적 존재가 아니다. 당신은 변할 수 있다. 당신은 나쁜 쪽에서 좋은 쪽으로 변했다. 당신은 이런 종류의 피조물에서 저런 종류의 피조물로 바뀌었다. 하지만 하나님은 당신과 다르시다. 그분이 변하신다는 것은 상상조차 할 수 없는 일이다. 완전하고 절대적이고 무한한 하나님은 그분이 아닌 어떤 다른 존재로 변하실 수 없다.

성육신은 하나님의 변화 가능성을 말하는가?

성육신(成肉身)의 교리는 하나님께서 인간이 되셨다는 교리이다.

그러나 우리는 오해해서는 안 된다. 하나님이 인간이 되셨다는 것이 그분이 신성(神性)을 버리고 인성(人性)을 취하셨다는 의미는 아니다. 예수님은 하나님이며 인간이셨다. 그런데 그분의 신성과 인성이 서로 신비롭게 융합된 것은 사실이지만, 그것들이 서로를 침범하지는 않았다. 아타나시우스 신경은 이 점을 분명히 밝힌다. 이 신경에 따르면, 하나님께서는 자신의 신성을 인간의 수준으로 끌어내리지 않고 오히려 자신의 인성을 하나님의 수준으로 끌어올림으로써 인간이 되셨다고 한다.

그리스도께서는 하나님이시고 창세전에 성부(聖父)와 함께 계셨다. 그분이 동정녀 마리아에게 나셨을 때 그분은 스스로 성막을 취하신 것이다. 그렇다고 해서 그분의 신성이 인성으로 바뀐 것은 아니다. 그리스도 한 분 안에서 그분의 신성은 그분의 인성과 영원히 융합했다. 그렇지만 '창조되지 않은 영원한' 하나님께서 피조물이 되실 수 있는 것은 아니다.

하나님이 아닌 존재가 하나님이 될 수는 없다. 또한 하나님께서 하나님이 아닌 존재로 될 수도 없다. 그분이 피조물에게 찾아오셔서 그들 안에 친밀히 거하실 수 있는 것은 사실이다. 그런데 그분이 당신의 본성 안으로 오셔서 당신을 그분 자신으로 충만케 하신다 할지라도 당신이 하나님이 되는 것은 아니다. 하나님이 당신으로 변하시는 것은 아니다. 하나님이 피조물이 된다고 믿는 사상이 범신론(汎神論)이다. 하나님이 당신의 아버지이시고, 당신이 하나님의 자녀이다. 하나님이 당신의 마음 안에 거하시고, 당신은 하나님과 '하나됨'을 체험한다. 하지만 사실상, 그리고 본질적으로 당신과 하나님은 별개의 두 존재이다.

불교의 교리에 따르면, 우리는 열반으로 들어가 신성(神性)의 영원한 바다에서 소멸된다고 한다. 마치 대양에 떨어진 물 한 방울처럼 말이다. 나는 이렇게 되기를 결코 원하지 않는다. 내가 죽음을 맞이할 때 어떤 성직자가 찾아와 "토저 형제여! 이제 곧 당신은 이 세상을 떠날 것입니다. 당신은 존재하지 않게 될 것입니다. 당신은 신(神)이라는 거대한 인격체(人格體) 안으로 흡수되어 녹아 사라질 것입니다"라고 말한다면 나는 이렇게 대답할 것이다.

"나는 그런 것을 원하지 않습니다. 나는 '나'라는 존재를 최대한 고수할 것입니다. 왜냐하면 나의 기억, 꿈, 사상, 예배, 행복 같은 것들을 사랑하기 때문입니다. 나는 보고 듣고 느끼기를 원합니다. 나는 인간이기를 원하고, 살아 있기를 원합니다. 나는 나의 존재를 포기하기를 원하지 않습니다."

나는 하나님 안에서 녹아 없어져 잊히는 것을 결코 원하지 않는다. 나는 결단코 잊히지 않을 것이다. 내가 기억하고 상상하고 생각하고 결론을 내리고 예배할 수 있는 독립적 인격체로 머물 수 있도록, 하나님께서 영원히 지켜주실 것이다.

언제나 동일하신 분

하나님은 언제나 동일하시다. 시인 페이버의 말을 들어보자.

하나님!
당신은 스스로 불을 붙인 화염으로 당신 자신을 영원히 채우십니다.

당신 자신 안에서 당신은 이름 없는 기름을 증류(蒸溜)하십니다.

피조물의 예배 없이도,

당신의 속성을 감추지 않고도 당신은 언제나 동일하십니다.

하나님은 언제나 동일하시다는 나의 말은 하나님의 삼위 모두에 해당되는 말이다. 아타나시우스 신경이 이렇게 고백했다는 것을 기억하라.

성부가 어떠하시면, 성자도 그러하시고, 성령도 그러하시다.

성부는 창조된 분이 아니시고, 성자도 창조된 분이 아니시고,

성령도 창조된 분이 아니시다.

성부는 우리의 이해를 초월한 분이시고,

성자도 우리의 이해를 초월한 분이시고,

성령도 우리의 이해를 초월한 분이시다.

성부는 영원한 분이시고, 성자도 영원한 분이시고,

성령도 영원한 분이시다.

그러나 영원한 분이 세 분이 아니고 한 분이시다.

우리의 이해를 초월한 분도 세 분이 아니고 한 분이시며,

창조되지 않은 분도 세 분이 아니고 한 분이시다.

하나님의 모든 속성을 생각해보라. 성자께서는 성부의 속성을 모두 갖고 계신다. 또한 성령께서는 성부와 성자의 속성을 모두 갖고 계신다. 왜냐하면 함께 경배를 받고 함께 영광을 누릴 수 있는 하나

의 본질이 존재하기 때문이다. 우리가 "하나님은 동일하시다"라고 말할 때 우리는 "예수님은 동일하시다" 그리고 "성령님은 동일하시다"라고 말하는 것이다. 과거의 하나님은 조금도 변하지 않고 현재에도 존재하신다. 그리고 과거의 하나님과 현재의 하나님이 조금도 변하지 않고 미래에 존재하실 것이다.

당신이 이 진리를 기억한다면 고난의 때에 큰 위로를 받을 수 있다. 죽음의 때에, 부활의 때에 그리고 오는 세상에서, 이 진리는 당신에게 큰 힘이 될 것이다. 하나님의 본질과 속성은 영원히 변하지 않는다. 이제까지 나는 '창조되지 않은' 하나님의 본질에 대해 설교해 왔다. 앞으로 나는 내가 설교했던 것을 조금도 고치지 않을 것이다. 때때로 나의 과거의 설교와 기고문을 살펴볼 때 내가 왜 그때 그렇게 말했는지 좀 이해할 수 없기 때문에, 그것을 뜯어고쳤으면 좋겠다고 느끼곤 한다. 그러나 "하나님은 언제나 동일하시다"라는 나의 말을 고치고 싶다는 생각은 전혀 들지 않는다. 즉, 하나님이 자족적(自足的)이고 자존적이고 영원하고 무소부재하고 불변적인 하나님이시라는 나의 말을 고치고 싶지 않다는 말이다. 내 말을 고치고 싶지 않은 것은 하나님이 변하지 않으시기 때문이다. 그분의 본질과 속성은 영원히 변하지 않는다.

하나님은 과거에 어떤 것에 대해 느꼈던 감정을 지금도 느끼신다. 하나님은 과거에 어떤 사람에 대해 품었던 생각을 지금도 품고 계신다. 하나님은 과거에 인정하셨던 것을 지금도 인정하신다. 하나님은 과거에 정죄하셨던 것을 지금도 정죄하신다.

오늘날 소위 도덕적 상대주의(相對主義)가 유행한다. 이것은 "당신은 사람들에게 너무 엄격한 것을 요구해서는 안 된다. 어차피 옳고 그른 것도 상대적인 것이다. 팀북투(Timbuktu, 아프리카 서부, 말리 중부에 있는 도시)에서 옳은 것이 뉴욕에서는 그른 것이 될 수도 있다. 뉴욕에서 그른 것이 부에노스아이레스에서는 옳은 것이 될 수도 있다"라고 말한다. 그러나 하나님은 변하지 않으신다는 것을 기억하라. 하나님의 뜻에 따르는 것이 거룩함이고 의(義)이다. 도덕적 피조물을 향한 하나님의 뜻은 변하지 않는다.

하나님은 도덕적 피조물이 언제나, 영원히 하나님을 닮아서 의롭고 거룩하고 순수하고 진실하기를 원하신다. 하지만 때때로 하나님께서는 "알지 못하던 시대에는 … 허물치 아니하셨는데"(행 17:30), 그 이유는 사람들이 무지했고 구원의 계획이 계시되지 않았기 때문이다. 또한 오늘날도 하나님은 우리의 어떤 것들을 참으시는데, 우리가 아직 어린애이고 무지하고 우리를 향한 하나님의 영원한 계획을 깨닫지 못하기 때문이다. 그러나 하나님이 용서하시는 것은 아니고, 단지 우리가 늦게라도 진리를 깨달을 때까지 우리에 대해 참으시는 것이다. 하나님은 언제나 죄를 미워하신다.

하나님을 알려면?

당신은 하나님이 어떤 분이신지를 알고 싶은가? 그렇다면 예수님의 이야기를 읽어라. 예수님은 "나를 본 자는 아버지를 보았거늘"(요 14:9)이라고 말씀하셨다. 그러므로 예수님이 어떤 것에 대해 느끼시는 대로 하나님도 똑같이 느끼신다. 예수님은 어린 아기를 안아 자신의 손을 아기의 머리에 얹고 축복하셨다. 이런 그분의 행동에서 드러난 아기에 대한 감정을 하나님도 그대로 느끼신다. 하지만 사람들이 그들의 아기를 예수님께 데려왔을 때 제자들은 "그 아이들을 데려가시오. 여기는 신학교란 말이요. 우리는 신학에 대해 얘기하기도 바쁜 사람들이오. 아기들을 데려가시오"라고 말했다. 그러나 예수님은 "어린아이들을 용납하고 내게 오는 것을 금하지 말라 천국이 이런 자의 것이니라"(마 19:14)라고 말씀하셨다.

시카고 시에 위치한 이탈리아 이민자들의 교회에서 주일학교가 시작되었다. 어느 주일에 주일학교 선생들은 아이들에게 마태복음 19장 14절을 암송하라는 숙제를 내주었다. 이 주일학교에는 언어 능력이 탁월하지 않은, 길거리에 사는 어린 소녀가 다니고 있었다. 그 다음 주일에 선생들이 그 애에게 암송하라고 시켰을 때 그 애는 "어린아이들이 내게 오도록 내버려두어라. 그들이 내게 올 수 없다고 그들에게 말하지 말라. 왜냐하면 그들이 내 쪽에 속했기 때문이다"라고 암송했다. 비록 여자 아이가 성경의 글자를 그대로 암송하지는 않았지만, 이 구절의 의미를 정확히 전달한 것이다.

주님은 이 여자 아이 같은 어린애들을 사랑하셨고, 지금도 사랑하신다. 주님은 회개하는 창녀를 사랑하셨고, 지금도 그렇게 하신다. 주님은 영생을 구하는 겸손한 남자를 사랑하셨고, 지금도 그렇게 하신다. 주님은 변하지 않으셨고, 변하지 않으시고, 변하실 수 없다.

하나님의 불변성이 나에게 주는 위로

우리는 항상 변화하는 세상의 한복판에서 살고 있다. 나로 말할 것 같으면, 세상이 변하는 것이 좋다. 나는 날씨의 변화를 기뻐한다. 당신은 그렇지 않은가? 날씨가 조금 더워질 것이라는 일기예보를 들을 때 우리는 기뻐한다(물론, 8월 같은 때를 제외하고 말이다). 자연계를 보라. 씨는 나무를 만들어내고, 나무는 꽃을 만들어내고, 꽃은 다시 씨를 만들어낸다. 이런 과정은 끊임없이 일어난다. 사물은 변한다!

하나님은 변할 수 없는 것을 세우기 위하여 어떤 것들이 변하도록 허락하신다. 이것을 주제로 삼은 책이 바로 히브리서이다. 히브리서를 보면 변화가 일어났다는 것을 알 수 있다. 예를 들어보자. 일시적 제단이 영원한 제단으로 바뀌었다. 아론의 일시적 제사장직이 그리스도의 영원한 제사장직으로 바뀌었다. 예루살렘의 임시적 성막이 천국의 영원한 성막으로 바뀌었다. 구약시대에 반복적으로 흘려진 희생의 피가 영원히 단번에 흘려진 희생의 피로 바뀌었기 때문에 다시 흘려질 필요가 없게 되었다. 많은 것들이 완전해질 때까지 변하다가 결국에는 더 이상 변하지 않게 되었다.

"변화하는 만물은 영원히 동일하신 주님을 선포한다."

그렇다면, 이 모든 것이 당신과 내게 무슨 의미를 갖는가? 이 모든 것은 나의 무력하고 가련하고 의존적(依存的)인 자아가 하나님 안에서 고향을 발견할 수 있다는 것을 의미한다. 하나님은 우리의 고향이시다! 내가 천국을 고대하는 이유는 천국에 계신 하나님이 나의 고향이시기 때문이다. 나는 천국에서 그분과 영원히 살 것이다. 우리는 덧없이 지나가버리는 시간의 희생자이지만, 영원한 분을 발견했다.

내가 설교할 때 어떤 사람들은 손목시계를 들여다본다. 우리는 시간의 희생자들이다. 우리는 맥박 수를 센다. 우리는 한 달이 또 지나 갔음을 알려주는, 달력의 한 장을 떼어낸다. 그러나 시간을 자신의 품에 안고 계신 분이 계신다. 그분은 시간을 초월하는 분이시다. 그 분은 동정녀 마리아의 태를 통해 영원에서 시간 세계로 찾아온 분이 시요 우리를 위해 죽임을 당하고 부활하여 하나님의 우편에 계신 분 이시다. 그분은 시간이 더 이상 존재하지 않는 그분의 품으로 우리 를 부르신다. 그분의 품에서 우리는 늙지 않고 영원히 젊은 상태로 있을 것이다.

당신은 "오랜 세월 분열되어 있었던 나의 영혼아! 이제 안식하라. 이 복된 중심에 굳게 서 안식하라"라는 찬양을 들어보았는가? 이 가 사가 무엇을 의미하는가? 우리 주님은 "만일 집이 내부적으로 분열되 어 있으면 그 집이 설 수 없다"(막 3:25, 개역한글성경에는 "만일 집이 스스 로 분쟁하면 그 집이 설 수 없고"라고 번역되어 있다 - 역자 주)라고 말씀하 셨다. 우리가 그리스도 안에서 안식을 찾을 때까지는 혼란과 소란스 러움과 격정(激情)이 끊이지 않는다. 이 찬양에서 말하는 "이 복된 중 심"은 무엇인가? 이는 육신이 되고 십자가에 못 박히고 부활하신 하 나님의 아들이시다. 그분은 우리에게 그분의 품으로 돌아와 안식을 얻으라고 초대하신다. 우리 주 예수 그리스도 안에서 마음의 안식을 찾을 때까지는 그 누구도 진정한 안식을 알지 못한다.

어거스틴은 "하나님은 하나님 자신을 위해 우리를 만드셨습니다. 하나님 안에서 안식을 얻기까지 우리는 안식을 얻지 못합니다"라고 고백했다. 우리가 즐겨 부르곤 했던 옛 노래를 다시 들어보자.

죄인들아! 살아 계신 분에게로 오라.

그분은 과부의 아들을 살리셨던 바로 그 예수님이시다.

그분은 변하지 않으셨다.

와서 생명의 떡을 배부르게 먹어라.

생명의 떡은 수많은 무리를 먹이신 바로 그 예수님이시다.

그분은 변하지 않으셨다.

와서 너희의 모든 슬픔과 두려움을 그분에게 말씀드려라.

그분은 사랑의 눈물을 흘리셨던 바로 그 예수님이시다.

그분은 변하지 않으셨다.

고난의 풍랑 속에서도 흔들리지 말라.

풍랑 이는 바다를 잔잔케 하신 예수님은 변하지 않으셨다.

그분은 변하지 않으셨다.

당신은 예수님이 어제나 오늘이나 영원토록 동일하시다는 것을 알게 될 것이다. 그분은 지나간 과거의 역사에 묻혀버린 분이 아니시다. 그분은 하늘로 올라가기 전의 그분과 조금도 다를 것이 없는 분이시다. 그분은 변한 것이 없는 주 예수 그리스도이시다. 마리아, 부유한 젊은 관원 그리고 회당장 야이로 같은 사람들이 그분을 의지했듯이 당신도 그분을 의지한다면 그분이 당신을 충만케 하실 것이다. 예수님이 우리 육신의 눈에는 보이지 않지만, 예수님은 "볼지어다 내가 세상 끝날까지 너희와 항상 함께 있으리라"(마 28:20)라고 말씀하신다.

만일 당신이 더욱 분명한 빛을 얻기 위해 예수님을 의지한다면 당신은 예수님이 눈먼 사람들의 눈을 뜨게 하신 분이라는 것을 알게 될 것이다. 그분은 변하지 않으셨다. 수많은 무리를 먹이신 그분이 당신을 먹이실 것이다. 바다를 잔잔케 하신 그분이 걱정의 풍랑에 요동하는 당신의 마음을 잔잔케 하실 것이다. 아이들에게 복을 주신 그분이 당신에게도 복을 주실 것이다. 그분은 당신을 용서하실 것이다. 그분의 발 앞에 엎드려 부끄러움에 떨었던 여자를 용서하셨듯이 말이다. 제자들에게 영생을 주신 분이 당신에게도 영생을 주실 것이다. 그 옛날 제자들의 발을 씻겨주신 그분이 당신의 발도 씻겨주실 것이다. 그분은 변하지 않으셨다! 우리가 전하는 하나님은 영원히, 영원무궁토록 변하지 않고 변할 수도 없는 동일한 하나님이시다!

나는 당신에게 변하지 않는 분 예수 그리스도를 의지하라고 강력하게 권하는 바이다. 당신의 의문에 대한 하나님의 대답, 당신의 문제에 대한 그분의 해답, 죽을 수밖에 없는 당신의 영혼에게 주어지는 그분의 생명, 죄로 더러워진 당신의 영혼을 씻어주는 그리스도의 보혈, 평안을 모르는 당신에게 주어지는 하나님의 안식, 죽을 수밖에 없는 당신의 몸을 살리는 그분의 부활, 바로 이런 것들을 나는 당신에게 알려주기를 간절히 원한다.

나는 당신을 위해 간구하는 대언자(代言者)가 하늘에 계시다는 것을 말해주고 싶다. 당신은 그분이 과거와 조금도 변하지 않으셨다는 것을 알게 될 것이다. 그분은 언제나 동일하신 예수님이시다.

하나님은
모든 것을 아는 분이시다

하나님은 만물을 만든 분이요 만물의 근원이요 만물을 포함하기 때문에 하나님은 만물을 아신다. 전혀 노력하지 않고
도 하나님은 알아야 할 모든 것들을 즉시 완전히 아신다.

"우리 주는 광대하시며 능력이 많으시며 그 지혜가 무궁하시도다"(시
147:5).

"지으신 것이 하나라도 그 앞에 나타나지 않음이 없고 오직 만물이 우리
를 상관하시는 자의 눈앞에 벌거벗은 것같이 드러나느니라"(히 4:13).

이 구절들에 따르면, 하나님의 지
혜는 무한하고, 그분의 지식은 완전하고, 그분의 눈에 분명히 인식되
지 않는 피조물은 우주에 전혀 없다. 하나님이 보지 못하시는 것은
없다. 이것이 하나님의 속성 중 하나인 전지성(全知性)이다. 내가 앞
에서 말했듯이, 하나님의 속성은 그분이 그분 자신에 대해 "나는 이
러이러한 존재이다"라고 밝히신 것이다.

자신의 계시를 통해 하나님은 자신이 전지하다고, 즉 모든 것을 다

아신다고 선언하셨다. 우리 인간이 알아야 할 것이 너무나 많지만 우리가 아는 것이 너무나 적다는 사실을 고려할 때 우리는 하나님의 전지성 앞에서 현기증을 느낄 정도이다. 에머슨(R. W. Emerson, 1803~1882. 미국의 사상가이며 시인)은 "어떤 사람이 태어나는 날부터 영국국립도서관에 있는 책들을 읽기 시작하여 70년 동안 먹거나 자지 않고 주야로 오직 책만 읽는다 할지라도 그 도서관의 책들 중 일부만을 읽을 것이다"라고 말했다.

아주 많은 지식을 가진 사람들도 사실 아주 적은 것밖에 모른다. 영국의 유명한 사전편찬 전문가인 사무엘 존슨(Samuel Johnson, 1709~1784. 영국의 시인 및 평론가)은 영국에서 가장 학식이 많은 사람으로 평가되고 있었다. 그가 최초의 영어사전을 편집하면서, 그는 '호크'(hock, 말의 뒷다리의 가운데 관절)를 '니'(knee, 말의 앞다리의 가운데 관절)라고 정의(定義)했다. 그로부터 얼마 후 어떤 파티 장소에서 그를 본 한 사교계의 여성은, 그를 약 올리기 위해 "존슨 박사님, 박사님은 왜 '호크'를 '니'라고 정의하셨어요?"라고 물었다. 이에 존슨 박사는 "무지(無知) 때문이오, 부인. 순전히 무지 때문이오!"라고 대답했다.

영국에서 가장 유식한 사람으로 알려진 그도 자기가 어떤 것들을 알지 못한다고 인정했다. 윌 로저스(Will Rogers, 1879~1935. 미국의 유머 작가 및 배우)는 "모든 사람들은 무식하다. 무식한 분야가 서로 다를 뿐이다"라고 말했다. 지식의 문제를 말할 것 같으면, 나는 도서관에 갈 때 기가 죽는다. 도서관에서 나올 때면 내가 아무것도 알지 못하는 무식한 사람 같다는 느낌을 떨칠 수 없다. 사실 나는, 내가 인정하기를 원하는 것보다 훨씬 더 무식할 것이다.

명예학위를 받을 때 나는 "내게서 지적(知的)인 것을 찾으라면 오직 나의 이 안경밖에 없습니다"라고 말했다. 어떤 사람이 머리털을 매끄럽게 빗어 뒤로 넘기고 왠지 지적으로 보이는 안경을 하나 쓰고 있으면, 사람들은 그를 '박사'라고 부른다. 사실 박사들도 아는 것이 별로 없다. 그러므로 알아야 할 모든 것을 완전히 아는 크신 하나님이 계시다는 것을 생각하면 우리는 현기증을 느낄 뿐이다. 진리는 너무나 크고 넓기 때문에 우리의 지성이 모두 알 수 없다.

영국의 위대한 과학자 뉴턴이 늙었을 때, 어떤 사람이 "뉴턴 박사님, 박사님의 머리에는 어마어마한 지식이 축적되어 있는 것 같습니다"라고 말했다. 그때 그는 이렇게 대답했다.

"그런 얘기를 들을 때 나는 바닷가를 거닐며 조개껍질을 줍는 어린 소년을 머리에 떠올립니다. 이 소년의 작은 손에 조개껍질이 가득 들어 있지만, 이 아이의 주위로는 눈으로 볼 수 있는 데까지 방대한 해변이 펼쳐져 있습니다. 내가 아는 모든 지식은 이 소년의 손에 있는 한 줌 조개껍질과 같습니다. 하지만 하나님의 방대한 우주에는 내가 알지 못하는 지식이 가득합니다."

부정의 길

하나님의 전지성에 대해 말할 때 우리는 그분에게 이성적(理性的)으로 접근하는 경향이 있다. 그러나 그분에게 접근하는 방법은 두 가지이다. 하나는 신학적 방법이고 다른 하나는 경험적 방법이다. 신학적 지식이 많지 않아도 하나님을 경험적으로 아는 것이 가능하다. 하지만 이 두 가지 지식을 다 갖는 것이 좋다. 하나님에 대해 신학적으로 더 많이 알수록 하나님을 경험적으로 더 많이 알 수 있기 때문이다.

하나님에 대한 이성적 접근은 내 머리로 얻을 수 있는 것이다. 그런데 머리로 알 수 있는 것에는 한계가 있다. 즉, 내 머리는 그분에 대해 많은 것을 알 수 없다. 물론 이것이 하나님을 알 수 있는 한 가지 방법인 것은 사실이다. 신학, 지성 그리고 교리를 통하는 방법이 이성적 방법이다. 그런데 교리는 당신이 하나님을 경험적으로 알도록 이끌어주는 역할을 한다. 경험적으로 안다는 것은 당신 자신이 바로 하나님을 아는 것이다. 현실적으로 볼 때, 하나님을 신학적으로 알지 못하는 사람이 하나님을 경험적으로 잘 알기는 매우 어렵다.

이성(理性)이 하나님을 알 수 있는 최고의 방법은 '부정(否定)의 길'을 통하는 것이다. 과거 신비가(神秘家)들이 경건서적에서 흔히 말하듯이, 이성이 하나님을 알 수 있는 최고의 방법은 '하나님이 어떤 분이 아닌지'를 앎으로써 하나님을 아는 것이다. 그들의 말에 따르면, 언제나 이성은 '하나님이 어떤 분이 아닌지'를 알 수 있지만, '하나님이 어떤 분인지'에 대해서는 완전히 아는 것이 아니다. 하나님의 마음은 너무나 크기 때문에 우리의 사고(思考)가 아무리 하늘 높이 치솟는다 해도 절대 하나님을 다 알 수 없다. 하나님은 우리의 사고와 상상과 언어적 표현을 초월하신다.

인간의 이해를 초월하시는 하나님

하나님이 우리의 사고와 상상을 초월하신다는 것은 무슨 뜻인가? 이는 당신이 '하나님이 어떤 분인지'를 생각할 수 없다는 뜻이다. 어

떤 사람은 의자를 놓고 그 앞에 무릎을 꿇은 다음 "예수님, 이 의자
에 앉으십시오"라고 기도한 후 그분이 그 의자에 앉아 계신 것을 상
상했다고 한다. 나는 이제까지 살면서 이런 행동을 하고 싶다는 마
음이 들지 않았다. 사실 나는 종교적 회화(繪畵)를 썩 좋아했던 적이
없다. 천지창조를 그린 미켈란젤로의 그림을 볼 때마다 나는 끔찍하
다는 느낌을 받는다. 그의 그림에서는 전능하신 하나님이 머리 벗겨
진 노인으로 묘사되고 있다. 구름을 탄 이 노인은 불같은 손가락을
아담에게 뻗어 그를 창조한다. 하나님을 머리 벗겨진 노인으로 상상
한다는 것이 말이 되는가? 만일 미켈란젤로가 하나님 앞에서 겸손한
자세로 붓을 놓고 그분을 그리지 않기로 결심했다면, 그는 우리에게
훌륭한 모범을 보인 사람으로 역사에 기록되었을 것이다.

우리는 하나님이 어떤 분인지를 알지 못한다. 만일 당신이 그분
이 어떤 분인지를 생각했다면, 당신이 생각한 것은 하나님이 아니
며, 단지 당신의 상상이 만들어낸 우상(偶像)이다. 내 말이 믿어지
지 않으면 고린도전서 2장 7-11절에 기록된 성령님의 말씀에 귀를
기울여라.

"오직 비밀한 가운데 있는 하나님의 지혜를 말하는 것이니 곧 감
취었던 것인데 하나님이 우리의 영광을 위하사 만세 전에 미리 정하
신 것이라 이 지혜는 이 세대의 관원이 하나도 알지 못하였나니 만일
알았더면 영광의 주를 십자가에 못 박지 아니하였으리라 기록된바
하나님이 자기를 사랑하는 자들을 위하여 예비하신 모든 것은 눈으
로 보지 못하고 귀로도 듣지 못하고 사람의 마음으로도 생각지 못하
였다 함과 같으니라 오직 하나님이 성령으로 이것을 우리에게 보이

셨으니 성령은 모든 것 곧 하나님의 깊은 것이라도 통달하시느니라 사람의 사정을 사람의 속에 있는 영 외에는 누가 알리요 이와 같이 하나님의 사정도 하나님의 영 외에는 아무도 알지 못하느니라."

성령의 조명(照明)이 없다면 당신은 내 말을 이해하지 못할 것이다. 만일 우리가 교회 안에 쓸데없는 것들을 가득 채우고 성령님을 교회에서 밀어낸다면 우리는 자신을 영적 소경으로 만드는 것이다. 성령님의 도움을 받아 영적 눈을 뜬 사람들이 교회 안에 많은 것 같지 않다. 루디아는 주님이 그녀의 눈을 열어주실 때까지는 그리스도를 믿지 못했다(행 16:14 참조). 엠마오로 가던 제자들은 그리스도께서 그들의 눈을 열어주시기까지는 그분을 믿을 수 없었다. 우리가 성령님을 슬프게 하고 그분의 불을 끄고 그분을 소홀히 하고 그분을 밀어낸 다음 다른 것들로 교회를 채운다면 우리는 스스로 영적 소경이 되는 것이다.

우리는 공경하는 마음으로 하나님 앞에 나아가 무릎을 꿇어야 한다. 하나님 앞에 겸손히 무릎을 꿇으면 하나님을 볼 수 있다. 당신이 대단한 존재라는 착각에 빠져 당신의 발로 불손하게 선다면 그분을 볼 수 없다. 그분은 우리의 사고와 상상을 초월하신다. 당신의 머리로 하나님이 어떤 분이신지를 알 수 없다. 당신은 하나님의 존재를 시각화(視覺化)해서는 안 된다. 당신의 머릿속에서 그려낸 하나님은 하나님이 아니다.

하나님은 당신이 알고 있는 그 어떤 것도 닮지 않으셨다. 다만 한 가지 예외가 있는데, 그것은 인간의 영혼이다. 수도사 마이스터 에크하르트(Meister Eckhart, 1260~1327. 독일의 신비가)는 "우주에서 하나님을 가장 많이 닮은 것은 인간의 영혼이다"라고 말했다. 하나님은 인간을 자신의 형상대로 만드셨다. 우리는 인간의 영혼을 볼 수 없다. 그러므로 우리는 하나님을 닮은 것을 본 적이 없다. 우리는 하나님을 닮은 것을 듣거나 느낀 적이 없다(다만 우리의 영혼 안에서 그것을 어느 정도 듣고 느낄 수는 있다). 우리가 이해할 수 없는 위엄과 두려움 가운데 거하시는 하나님은 우리의 사고를 초월하고 어리둥절하게 만드시고, 그것 위에 우뚝 솟아 계시고, 그것의 한계를 벗어나신다.

앞에서 말했듯이, 우리는 하나님에 대해 말할 때 '부정(否定)의 길'을 사용할 수밖에 없다. 그분의 자존성(自存性)에 대해 말할 때 우리는 그분에게 기원이 없다고 말한다. 그분의 영원성에 대해 말할 때 우리는 그분에게 시작이 없다고 말한다. 그분의 불변성에 대해 말할 때 우리는 그분에게는 변화가 없다고 말한다. 그분의 무한성에 대해 말할 때 우리는 그분에게 한계가 없다고 말한다. 그분의 전지성(全知性)에 대해 말할 때 우리는 그분이 모르시는 것이 없다고 말한다. 이런 모든 것들이 '부정의 길'이다.

하나님이 알지 못하시는 것이 없다는 것을 깨달을 때 우리는 기도를 짧게 할 수 있다. 보통 교회의 장로들은 주일예배 때 하나님께 강의하기 위해 기도시간을 20분까지 늘린다. 그러나 하나님은 알아야 할 것을 이미 다 아시기 때문에 우리에게 배우실 필요가 없다. 하나님은 당신이 하나님께 말씀드리려는 것을 이미 다 알고 계시며, 당신보다 더 완전히 알고 계신다.

성경도 역시 '부정의 길'을 사용한다. 예를 들어보자.

"땅 끝까지 창조하신 자는 피곤치 아니하시며 곤비치 아니하시며"(사 40:28).

"거짓이 없으신 하나님"(딛 1:2).

"나 여호와는 변역지 아니하나니"(말 3:6).

"하나님의 모든 말씀은 능치 못하심이 없느니라"(눅 1:37).

"주는 일향 미쁘시니 자기를 부인하실 수 없으시리라"(딤후 2:13).

이런 표현들은 모두 '부정의 길'을 사용한 것이다. 혹시라도 누가 나를 부정적 사고방식의 소유자라고 비난할까 봐 마태복음 11장 25-27절을 인용하겠다.

"그때에 예수께서 대답하여 가라사대 천지의 주재이신 아버지여 이것을 지혜롭고 슬기 있는 자들에게는 숨기시고 어린아이들에게는 나타내심을 감사하나이다 옳소이다 이렇게 된 것이 아버지의 뜻이니이다 내 아버지께서 모든 것을 내게 주셨으니 아버지 외에는 아들을 아는 자가 없고 아들과 또 아들의 소원대로 계시를 받는 자 외에는 아버지를 아는 자가 없느니라."

나의 머리로는 알 수 없지만, 성령님이 내 영에 계시해주시면 알수 있다. 하나님에 대한 나의 지식은 바울이 다음과 같이 말할 때 언급한 지식이 아니다.

"형제들아 내가 너희에게 나아가 하나님의 증거를 전할 때에 말과 지혜의 아름다운 것으로 아니하였나니 내가 너희 중에서 예수 그리스도와 그의 십자가에 못 박히신 것 외에는 아무것도 알지 아니하기로 작정하였음이라 내가 너희 가운데 거할 때에 약하며 두려워하며 심히 떨었노라 내 말과 내 전도함이 지혜의 권하는 말로 하지 아니하고 다만 성령의 나타남과 능력으로 하여 너희 믿음이 사람의 지혜에 있지 아니하고 다만 하나님의 능력에 있게 하려 하였노라"(고전 2:1-5).

이와 같은 바울의 편지는 그리스의 도시에 사는 사람들에게 전달된 것이었다. 그들은 그리스 철학을 배경으로 사고하는 사람들이었다. 바울 역시 사상가요 철학자였다. 그러나 그는 "형제들아 내가 너희에게 나아가 하나님의 증거를 전할 때에 말과 지혜의 아름다운 것으로 아니하였나니 내가 너희 중에서 예수 그리스도와 그의 십자가에 못 박히신 것 외에는 아무것도 알지 아니하기로 작정하였음이라"(고전 2:1,2)라고 말했다.

지식을 압도하는 말씀

만일 당신의 믿음이 인간의 논리 위에 서 있다면 당신보다 논리적으로 더 뛰어난 사람이 와서 당신을 설득하여 신앙을 버리게 만들 수도 있을 것이다. 그러나 하나님의 성령이 당신의 마음에 진리를 계시하고 하나님께서 그 진리를 당신의 마음에 나타내신다면 그 누구도 논리적 설득을 통해 당신을 배교자로 만들 수 없다. 당신이 주 예수 그리스도를 통해 하나님을 안다면 그 어떤 논리도 당신의 믿음을 무너뜨릴 수 없다.

내가 20대였을 때 나는 신학책보다 철학책을 더 많이 읽었다. 나는 심리학자와 철학자가 쓴 책들을 다방면에 걸쳐 읽었다. 나는 역사상 탁월한 지성의 소유자들이 만들어낸 사상을 섭렵하기 위해 노력했다. 그러나 나는 때때로 어떤 사람들과 논쟁을 벌일 때 그들의 주장을 효과적으로 반박하지 못했다. 그럴 때에는 성경의 권위가 떨어지는 것 같았고, 나의 설 자리도 좁아지는 것 같았다. 하지만 그럴 때 나는 주님 앞에 나아가 무릎을 꿇고 기쁨으로 충만하여 "주 예수님, 나와 논쟁을 벌인 이 사람은 너무 늦게 나를 만났습니다. 왜냐하면 그 사람보다 주님이 먼저 나를 찾아오셨기 때문입니다. 비록 내가 그의 주장을 논리적으로 반박하지 못했지만 내게는 주님이 계시고, 저는 주님을 압니다"라고 기도했다. 그리고 무릎을 꿇은 채 주님께 기쁨의 예배를 드리곤 했다. 나의 머리로는 하나님의 진리를 이해할 수 없었지만, 나의 마음은 이미 그것을 받아들이고 무릎을 꿇고 "거룩, 거룩, 거룩, 전능하신 주여"라고 찬양했다.

그때 이후로 나는 하나님의 말씀을 반박할 수 있는 지식을 가진 사람이 없다는 것을 알게 되었다. 어떤 사람들은 자기들에게 그런 지식이 있다고 믿지만, 실상 그들은 그렇지 못하다. 어떤 사람은 내게 이렇게 말했다.

"때때로 나는 내 신앙의 기초가 흔들리기 때문에 고민합니다. 하지만 그럴 때에 나는 성경 속으로 깊이 잠수(潛水)하여 기초를 검토합니다. 그런 다음 언제나 다시 올라와 머리를 흔들어 물을 털어버리고 '주님의 성도들아, 그대들의 신앙은 주님의 놀라운 말씀의 반석 위에 굳게 서 있노라!' 라고 찬송합니다."

어쩌면 당신도 하나님의 말씀을 반박할 수 있는 지식을 가진 사람이 없다는 나의 말에 동의할 것이다.

하나님은 배우실 필요가 없다

하나님의 전지성은 무엇보다도 그분이 그분 자신을 아신다는 것을 의미한다. 바울은 "하나님의 사정도 하나님의 영 외에는 아무도 알지 못하느니라"(고전 2:11)라고 말했다. 하나님은 자기 자신을 아신다. 하나님은 만물을 만든 분이요 만물의 근원이요 만물을 포함하기 때문에 하나님은 만물을 아신다. 전혀 노력하지 않고도 하나님은 알아야 할 모든 것들을 즉시 완전히 아신다.

어떤 일들을 힘들이지 않고 해내는 사람들이 주변에 있다는 것은 나름대로 복된 일이다. 그들은 목에서 힘줄이 튀어나올 때까지 애를 쓰지 않아도 어떤 일들을 척척 해낸다. 나는 고음(高音)으로 계속 불리는 노래를 즐겨 듣는다. 내게는 뛰어난 이탈리아 소프라노 성악가의 음반이 있다. 그녀의 목소리는 무한히 올라갈 것 같다는 착각을 심어주기에 충분했다. 그녀의 목소리는 오선(五線)의 끝까지 올라가고 다시 악보의 상단까지 올라가고 다시 천정까지 올라간 후 창공으로 올라가려고 한다는 느낌을 줄 정도로, 그녀는 자유자재로 고음을 내고 있었다. 그러면서도 전혀 힘을 들이지 않은 것처럼 들렸다.

다시 말하지만, 힘들이지 않고 어떤 일들을 척척 해내는 사람들을 안다는 것은 좋은 일이다. 우리 대부분은 무슨 일이라도 하나 처리하려면 꽤 고생을 한다. 나는 몇 권의 책을 냈는데, 그야말로 피와 땀으로 썼다. 그러나 하나님은 무슨 일을 하든 전혀 힘들이지 않고 이루신다. 그분은 긴장하여 애쓸 필요가 없는 분이시다. 그분은 "아, 이 일을 하려면 힘 좀 써야 할 것 같네"라고 말씀하지 않으신다. 결코 그렇게 말씀하지 않으신다! 그분은 무슨 일이든 쉽고 편하게 하신다.

전혀 힘들이지 않고 하나님은 알아야 할 모든 것을 순간적으로 아신다. 한 번에 조금씩 아시는 것이 아니라 즉시 완전히 아신다. 그렇기 때문에 나는 "하나님은 배우실 수 없다"라고 말하는 것이다. 이미 말했듯이, 그분이 배우실 수 없다는 것을 우리가 깨닫는다면 우리는 그분께 강의하느라고 기도시간을 늘리는 어리석음을 범하지 않게 될 것이다. 당신이 태어나기도 전에 그분이 다 알고 계셨던 것들을 그분께 말씀드리는 것은 무의미하다.

하나님은 끝을 처음부터 아셨고, 어떤 일이 일어나기 오래전에 먼저 그것을 아셨다. 당신의 부모가 서로 만나기 오래전에 하나님은 당신이 지금 이 순간 무엇을 할 것인지를 아셨다. 당신의 조부모가 서로 만나기 전에, 영국이 존재하기 전에, 로마제국이 멸망하기 전에, 로마제국이 세워지기 전에, 하나님은 우리의 모든 것을 아셨다. 하나님은 우리의 모든 머리털, 우리의 체중, 우리의 이름 그리고 우리의 과거를 아셨다. 이 모든 것을 우리가 태어나기도 전에 아셨다.

하나님은 아담이 존재하기도 전에 그를 아셨다. 아담이 그분과 함께 에덴동산을 거닐 때 그분은 아담, 하와, 그들의 아들들 그리고 인류에 대해서 모든 것을 아셨다. 어떤 일이 일어나더라도 그분은 놀라거나 당황하지 않으시는데, 그분은 이미 다 아시기 때문이다. 당신이 길을 걷다가 코너를 돌 때 거기에서 당신의 일생을 바꾸어놓을 만한 뜻밖의 일을 당할 수도 있다. 그러나 하나님께는 이런 일이 일어날 수 없는데, 그분은 그 코너를 돌기 전에 이미 거기에 계시기 때문이다. 그분은 사정을 깨닫기 전에 이미 그것을 알고 계신다. 하나님은 모든 것을 아신다.

차분히 앉아서 어떤 일에 대해 하나님과 의논하는 것은 좋은 일이다. 시편에는 신앙의 사람들이 하나님과 의논했다는 기록이 많이 나온다. 역사상 훌륭한 신앙인들도 하나님과 의논하기를 즐겼다. 우리가 그분께 말씀드리는 것을 그분이 이미 알고 계신다 할지라도 그분과 깊은 대화를 나누는 것은 좋은 일이다. 그러나 그분께 쓸데없이 강의를 늘어놓는 것은 좋은 일이 못 된다. 나는 이런 식의 기도를 별로 신뢰하지 않는다.

나는 사람들이 기도하는 것을 듣기를 좋아하지만, 날이면 날마다 똑같은 기도를 하는 것을 듣기를 좋아하지는 않는다. 그렇기 때문에 나는 이런저런 기도회에 모두 참석하지는 않는다. 나는 기도회에 모인 사람들이 어떻게 기도하는지 잘 안다. 그들처럼 기도할 바에는 차라리 옛날의 어떤 카우보이처럼 기도하는 것이 낫지 않을까 하는 생각마저 든다. 옛날에 어떤 카우보이가 그의 기도문을 카드에 적어서 침대 머리맡에 붙여놓고 잠자리에 들 때 "주님, 여기 적힌 기도 내용으로 오늘 기도를 대체합니다"라고 기도한 다음 잠을 잤다. 이것은 물론 극단적인 얘기이지만, 아무튼 나는 늙은 장로가 하나님께 20분 동안 강의하는 것을 듣기 위해 기도회에 가서 무릎 꿇고 앉아 있는 짓은 못하겠다. 하나님은 이미 다 아신다! 하나님은 배우실 필요가 없는 분이시다!

만일 누군가 "하나님이 배우실 것이 있다"라고 말한다면 이 말 속에는 그분이 그것을 전에는 알지 못하셨다는 뜻이 내포되어 있다. 그분이 그것을 전에 알지 못하셨다면 그분은 모든 것을 아시는 분이 아니다. 그분이 모르시는 것이 있다면 그분은 완전한 분이실 수 없고, 그분이 완전하시지 않다면 그분은 하나님일 수 없다. 무엇인가를 배워야 할 필요가 있는 하나님은 하나님이 아니다. 그분은 배울 수 있는 모든 것, 알아야 할 모든 것을 이미 알고 계신다. 그분은 그것을 즉시 완전히 아신다. 노력이나 긴장 또는 깨달음 없이 아신다. 하나님은 모든 것을 아신다. 그렇기 때문에 사도 바울은 로마서 11장 33-36절에서 이렇게 말했다.

"깊도다 하나님의 지혜와 지식의 부요함이여, 그의 판단은 측량치 못할 것이며 그의 길은 찾지 못할 것이로다 누가 주의 마음을 알았느뇨 누가 그의 모사가 되었느뇨 누가 주께 먼저 드려서 갚으심을 받겠느뇨 이는 만물이 주에게서 나오고 주로 말미암고 주에게로 돌아감이라 영광이 그에게 세세에 있으리로다 아멘"(롬 11:33-36).

다시 '부정의 길'을 통해 표현하자면, 하나님께는 모사가 필요 없다. 그분께는 선생이 필요 없다. 그분은 학교에서 배우지 않으셨다. 누가 그분을 가르칠 수 있겠는가? 그분은 천사장을 불러서 "천사장이여, 이 문제에 대해 내게 약간의 정보가 필요하다"라고 말씀하실 필요가 없다.

우리가 잘 알듯이, 미국의 대통령에게 정보를 제공하기 위해서 많은 사람들이 전국으로 흩어져 여론의 동향을 살핀다. 정치가들은 대중이 무엇이라고 말하는지를 알기 위해 언제나 노력한다. 그러다가 대중의 생각을 파악하면 재빨리 언론에 나타나 "대중의 생각이 바로 나의 생각입니다"라고 떠들어댄다. 결국 이런 정치인들이 선거에서 당선되기도 한다. 그들은 대중이 그들에게 말하고 싶은 것이 무엇인지를 알았기 때문에 당선되는 것이다.

그러나 하나님은 천사들을 불러 "몇 백억 광년(光年) 떨어진 곳에 은하계가 하나 있는데, 거기서 무슨 일이 일어났는지 좀 아리송하구

나. 너희가 가서 정보를 좀 가져오면 내가 우주를 통치하는 데 도움이 될 것이다"라고 말씀하지 않으신다. 만일 하나님이 이런 분이라면 나는 그런 하나님을 예배하지 않고 오히려 동정하면서 "우주는 너무나 넓지만 하나님은 너무 작으시다"라고 말할 것이다. 하나님은 정보를 얻기 위해 누구도 파견하지 않으신다. 그분은 무엇이든지 노력 없이, 즉시 완전히 아신다. 그분은 존재하는 모든 것을 아신다. 그분은 아무것도 발견하지 않고 아무것도 깨닫지 않으신다. 그분은 정보를 얻기 위해 이곳저곳을 돌아다니지 않으신다.

하나님께 신비란 없다

내가 이렇게 말하니까 혹자는 구약의 구절을 기억하고 내 말에 의문을 제기하면서 "하나님이 '내가 이제 내려가서 그 모든 행한 것이 과연 내게 들린 부르짖음과 같은지 그렇지 않은지 내가 보고 알려 하노라' (창 18:21)라고 말씀하셨다"라고 지적할 것이다. 그렇다면 하나님은 왜 이렇게 말씀하셨을까? 소돔을 만들고 종말을 처음부터 알고 계신 하나님께서는 무엇이 진실인지 이미 알고 계셨지만, 사람들을 상대하셔야 했기 때문에 그렇게 말씀하신 것이다. 우리 예수님도 때때로 사람들에게 질문을 하셨지만, 그것이 정보를 얻기 위한 질문은 아니었다. 왜냐하면 그분은 "친히 모든 사람을 아셨고 친히 사람의 속에 있는 것을 아셨기" (요 2:24,25) 때문이다.

그분은 단지 사람들에게서 대답을 이끌어내기 위해 질문하셨던 것이다. 마치 당신이 다섯 살짜리 소년에게 "조니, 미국의 초대 대통령이 누구였느냐?"라고 묻는 것과 마찬가지이다. 이 경우, 당신은 미국의 초대 대통령이 누구인지 몰라서 그 아이에게 묻는 것이 아니다! 다른 예를 들어보자. 초등학교에 입학하여 첫 등교를 한 아이가 집으로 돌아왔다. 이 애는 엄마에게 다시는 학교에 가지 않겠다고 말했다.

이 말을 들은 엄마가 "왜 그러니?"라고 물었다.

그러자 아이는 "우리 반 선생님은 내가 태어나서 이제까지 본 사람들 중 가장 바보 같은 사람이에요. 그 분은 아무것도 몰라요. 나에게 모든 것을 물었어요"라고 대답했다.

하나님께서는 "내가 이제 내려가서 … 보고 알려 하노라"(창 18:21)라고 말씀하셨고, 질문을 하셨다. 우리 주 예수님은 제자들에게 질문을 하셨지만, 그분은 그들의 대답을 이미 아셨다. 하나님은 모든 것을 알고 계신 분이다.

하나님께서는 모든 문제, 모든 법칙, 모든 공간, 모든 원리, 모든 마음, 모든 영혼을 완전히, 즉시, 힘들이지 않고 아신다는 것이 내게는 큰 위안이 된다. 그분은 모든 원인, 모든 관계, 모든 결과, 모든 욕망, 모든 신비, 모든 수수께끼, 모든 감추어진 것과 미지(未知)의 것을 다 아신다. 그분에게 신비란 없다!

당신과 내게는 신비로운 것(비밀스러운 것)이 너무 많다. 성경은 "크도다 경건의 비밀이여, 그렇지 않다 하는 이 없도다 그는 육신으로 나타난바 되시고"(딤전 3:16)라고 선포한다. 여러 세기에 걸쳐 신학자들은 무한하고 비길 데 없는 하나님께서 어떻게 자신을 인간의 모양으로 만드셨는지를 이해하기 위해 겸비한 마음으로 노력해왔다. 하나님의 성육신은 큰 신비이다. 우리는 이 신비를 이해하지 못하지만, 그분은 이것을 다 아시고 이에 대해 걱정하지 않으신다. 그렇기 때문에 내가 비록 태평스러운 성격이 아니라 하더라도 아름답고 평안한 그리스도인의 삶을 살 수 있는 것이다.

나는 과학자들이 지구 둘레에 쏘아 올린 인공위성에 대해 걱정하지 않는다. 나는 발음하기도 힘든 이름을 가진 러시아의 정치 지도자들 때문에 걱정하지 않는다. 왜냐하면 하나님께서 자신의 세계를 경영하시고, 그것을 모두 아시기 때문이다. 하나님은 러시아의 지도자들이 어디에서 죽을지, 어디에 묻힐지, 언제 묻힐지 다 아신다. "가까이 가지 못할 빛에 거하시는"(딤전 6:16) 하나님은 모든 감추어진 것들을 다 아신다.

하나님은 자신의 백성들을 아신다

하나님은 자신의 사람들을 아신다. 주 예수 그리스도는 그분에게서 피난처를 찾은 사람을 아신다. 그러므로 그는 결코 고아와 같지 않다. 그리스도인이 스스로 미아(迷兒)라고 느낄 수도 있겠지만, 사실 결코 그렇지 않다. 그가 깊은 산 속에서 길을 잃을 수도 있겠지만, 사실 주님은 그가 어디에 있는지 아신다. 주님은 그에 대해 모든 것을 아신다. 그분은 그의 건강과 사업에 대해 아신다. 우리 아버지께서 모든 것을 아시는 것이 당신에게 큰 위안이 되지 않는가?

주님이 아신다, 주님이 아신다,
나의 길을 막는 폭풍우를 아신다.
주님이 아신다, 주님이 아신다,

주님은 사방에서 부는 바람을 모두 잔잔케 하신다.

이것이 얼마나 위로가 되는가! 나에게는 너무나 위로가 된다!

하늘로 뻗은 야자수 잎들을 자랑하는 섬들이
어디에 있는지 나는 모른다.
내가 아는 것은 내가 주님의 사랑과 돌보심의 한계를 벗어나
표류할 수 없다는 것이다.

당신의 혈압이 상승하는가? 근심 걱정이 생기는가? 당신이 어찌할 바를 모를 상황에 처할 수도 있다. 아무도 당신의 고민을 알지 못한다는 생각이 들 수도 있을 것이다. 그러나 당신에게 들려줄 기쁜 소식이 있다. 완전한 지식을 소유하신 분이 당신과 함께 계신다. 그분이 당신의 고민과 걱정을 아신다. 당신이 그분을 신뢰하기만 하면 그분은 당신의 모든 문제를 해결해주실 것이다. 모든 것을 아시는 그분이 당신을 인도하여 반석 위에 세우실 것이다. 반석 위에 섰을 때 당신은 그분의 행하심이 모두 옳았다는 것을 깨닫게 될 것이다.

마가는 "사람들이 심히 놀라 가로되 그가[예수님이] 다 잘하였도다 귀머거리도 듣게 하고 벙어리도 말하게 한다 하니라"(막 7:37)라고 기록했다. 당신은 이것을 믿는가? 당신은 당신을 향한 하나님의 행하심이 모두 옳다고 믿는가? 당신의 배우자가 당신이 기대했던 그런 천사 같은 사람이 아닐 수도 있다. 당신의 배우자 선택이 실수였다 할지라도 하나님은 당신의 실수를 새롭게 바꾸어주실 수 있다. 하나

님은 무(無)에서 유(有)를 창조할 수 있는 분이시다. 하나님은 당신의 실수들을 취하여 그것들을 선한 것으로 바꾸어주실 수 있다.

옛날에 어떤 대성당에 아름답고 큰 창문이 있었는데, 아이들이 돌을 던져 유리가 깨지고 사방에 금이 갔다고 한다. 성당 관계자들은 그 나라의 뛰어난 예술가에게 어떻게 하면 좋으냐고 자문을 구했다. 그 예술가는 "제게 맡겨주십시오"라고 말했다. 그리고 그는 작업도구를 가지고 성당으로 가서 작업을 시작했다. 그는 금이 간 곳들을 아름다운 선으로 처리하고 깨진 곳들을 잘 활용하여 창문 유리 전체를 하나의 예술작품으로 바꾸어놓았다. 작업이 다 끝나고 해가 비쳤을 때 세계에서 가장 아름다운 유리 예술작품이 햇빛을 찬란하게 반사했다고 한다.

여기에서 나는 "너희가 양 우리에 누울 때에는 그 날개를 은으로 입히고 그 깃을 황금으로 입힌 비둘기 같도다"(시 68:13)라는 말씀을 기억하지 않을 수 없다. 이 말씀은 무슨 뜻인가? 이 말씀은 쓰레기, 구닥다리 그릇들 그리고 깨진 항아리들이 널려 있는 곳에 떨어진 불쌍한 비둘기를 연상케 한다. 아마 누군가 쏜 활에 맞았기 때문에 비둘기가 공중제비를 몇 번 돌다가 겨우 그곳에 떨어졌을 것이다. 비둘기는 죽지는 않았으나 몸이 많이 상했다. 비둘기는 햇빛을 쬐고 이곳저곳에서 씨앗을 쪼아 먹으면서 몸이 자연적으로 치유되기를 기다렸다. 그러던 중 해가 눈부시게 뜬 어느 날, 다른 새들이 공중에서 선회하고 있을 때였다. 비둘기는 자기의 엔진을 시험해보게 되었고, 모터의 속도를 높이더니 하늘 높이 솟아올랐다.

비둘기가 높은 하늘에서 선회할 때 누군가 "저 멋진 비둘기를 보라! 은빛을 반짝이며 날고 있다!"라고 소리쳤다.

"그래, 맞아! 너무 아름답다! 날개 가장자리가 금테를 두른 것처럼 반짝인다!"

옆에 있던 사람이 맞장구를 쳤다.

이 비둘기는 조금 전만 해도 쓰레기와 잡동사니 더미에 있었던 녀석이다. 하지만 하나님의 은혜로 인하여 높이 솟아올라 충만한 햇빛 속에서 창공을 갈랐다. 다윗은 바로 이렇게 하나님의 놀라운 역사를 증거했던 것이다. 하나님은 난파선의 잔해처럼 깨어지고 조각난 당신과 나를 취하여 은빛과 금빛으로 빛나는 날개를 자랑하는 비둘기로 만들어주실 것이다!

하나님은 구원받지 못한 사람들을 아신다

심지어 하나님은 복 받지 못한 사람들, 즉 하나님이 없는 사람들까지도 아신다. 만일 내가 구원받지 못한 사람들에게 설교해야 한다면 나는 무엇보다도 그들에게 "하나님께서 여러분의 이름을 다 아십니다"라고 말해주고 싶다. 이사야서 45장 4절에는 "내가 … 너를 지명하여 불렀나니 너는 나를 알지 못하였을지라도 …"라는 말씀이 나온다. 하나님은 당신의 이름을 아신다. 그분은 당신에 대해 전부 아신다. 시편 139편에 따르면, 하나님은 당신이 왜 하나님의 아들을 거부하는지를 아신다. 하나님은 당신의 은밀한 죄들을 아신다.

남몰래 죄를 지으면서도 오랜 세월 발각되지 않을 수도 있다. 신문 기사에 의하면, 어떤 사람들은 20년 동안 은행을 털었다고 한다. 당신은 사람들에게 들키지 않고 은행을 털거나 장부를 조작할 수 있을

것이다. 하지만 한 분의 눈길만은 피할 수 없는데, 그분이 바로 하나
님이시다. 그분은 당신조차 잘 의식하지 못하는 당신의 변명에 대해
서 다 아신다. 그분은 당신의 파란만장한 과거와 당신의 미래를 아
신다.

하나님은 당신이 이 세상에서 마지막으로 누울 장소가 어디인지
아신다. 하나님은 당신을 그곳까지 싣고 갈 영구차의 운전사 이름을
아신다. 하나님이 모르시는 것은 없다. 하나님은 당신이 모르거나
보지 못하는 것조차 다 아신다. 하나님은 당신이 왜 하나님의 아들
을 따르지 않는지, 왜 그리스도인이 아닌지를 아신다. 그러므로 이
제 당신은 하나님의 돌보심에 당신을 온전히 맡겨야 하지 않겠는가?

오래전부터 내려오는 훌륭한 라틴어 찬송가가 있다. 이 찬송가에
서 작사가(作詞家)는 예수 그리스도께 이렇게 말씀드린다(그의 가사
를 내 말로 바꾸어서 표현하겠다).

"주 예수님, 주님이 왜 이 땅에 오셨는지 기억하소서. 바로 저 때문
에 오셨습니다."

당신도 이렇게 기도해야 할 것이다. 당신이 아무리 악하고 비뚤어
지고 속이는 사람이라 할지라도, 이렇게 기도해야 한다. 당신이 아
무리 세상에 푹 빠져 있다 할지라도, 당신이 아무리 세상을 등지고
이웃을 거부한다 할지라도 당신은 이렇게 기도해야 한다. 나도 당신
에게 기쁜 소식을 들려주고 싶다. 예수님은 "죄인을 영접하고 음식
을 같이 먹는다"(눅 15:2).

우리가 하나님께 무슨 말씀을 드릴지라도 그분은 이미 다 알고 계
신다. 우리가 그분을 속이려고 변명하는 것은 부질없는 짓이다. 우

리가 내세우는 논리는 종이 한 장 두께밖에 안 되기 때문에 하나님은 다 꿰뚫어 보신다. 그렇지만 아무튼 하나님은 당신을 사랑하고 기다리신다. 당신이 돌아오면 두 팔을 벌려 환영하실 것이다. 당신이 하나님께 돌아가지 못할 이유는 전혀 없다.

하나님은
지혜로운 분이시다

하나님이 지혜로우시다는 것은 그분이 완전히 지혜로우시다는 것을 의미한다. 하나님이 '조금' 지혜로우시다는 것은 있을 수 없는 일이다. 하나님의 지혜는 끝이 없고 하나님의 명철은 한이 없다.

"여호와께서는 지혜로 땅을 세우셨으며 명철로 하늘을 굳게 펴셨고"(잠 3:19).

"여호와께서 그 권능으로 땅을 지으셨고 그 지혜로 세계를 세우셨고 그 명철로 하늘들을 펴셨으며"(렘 10:12).

"지혜로우신 하나님께 예수 그리스도로 말미암아 영광이 세세무궁토록 있을지어다 아멘"(롬 16:27).

"지혜와 권능이 하나님께 있고 모략과 명철도 그에게 속하였나니"(욥 12:13).

"이는 그가 모든 지혜와 총명으로 우리에게 넘치게 하사"(엡 1:8).

"이는 이제 교회로 말미암아 하늘에서 정사와 권세들에게 하나님의 각종 지혜를 알게 하려 하심이니"(엡 3:10).

영어는 2개의 단어를 결합하여 새로운 단어를 만들어내는 데 매우 익숙하다. 예를 들어보자. 영어는 '지식'이라는 뜻의 '사이언스'(science)와 '모든'이라는 뜻의 '옴니'(omni)를 결합하여 '전지'(全知, omniscience)라는 단어를 만들어냈다. 또한 '능력'이라는 뜻의 '포텐스'(potence)와 '모든'이라는 뜻의 '옴니'(omni)를 결합하여 '전능'(全能, omnipotence)이라는 단어를 만들어냈다. 그러나 영어는 '지혜'(wisdom)라는 단어에 '옴니'(omni)를 결합하여 새로운 단어를 만들어내는 데까지는 신경을 쓰지 못했다. 따라서, '전 지혜'(全智慧, omniwisdom) 같은 영어 단어는 없다.

웹스터 사전에 약 25만 개의 단어가 수록되어 있지만, 그래도 부족하기 때문에 필요하다면 새로운 단어를 만들어 써야 하는 것이 현실이다. 하지만 지금 나는 새 단어를 만들어내지 않고 단지 "하나님은 지혜로우시다"라고 말할 것이다. 하나님은 무한하신 분이기 때문에 결국 하나님은 무한히 지혜로운 분이시다. 잠언 3장 19절과 예레미야서 10장 12절에 따르면, 여호와께서는 지혜로 땅을 세우셨고 세계를 세우셨고 그 명철로 하늘들을 펴셨다. 이 두 구절 외에도 하나님의 지혜를 증거하는 성경구절은 아주 많다.

우리는 하나님의 지혜를 믿음으로 받아들여야 한다. 이미 언급했지만 안셀름에 따르면, 우리는 믿기 위해서 추론하지 않고 이미 믿은 것을 전제로 추론한다. 만일 내가 추론에 의해 믿음을 가졌다면 나는 추론에 의해 믿음을 버릴 수도 있을 것이다. 믿음이 없다면 지식의 습득도 불가능하다. 만일 내가 믿음에 의해 무엇을 알고 받아들이게 되면, 나는 그것에 대해 추론할 수 있게 된다.

그러므로 나는 하나님의 지혜를 증명하기 위해 시도하지 않는다. 내가 하나님이 지혜로우시다는 것을 증명하려고 애쓴다 할지라도, 내가 아무리 설득력 있고 완벽한 논증을 제시한다 할지라도, 기독교에 반감을 가지고 있는 사람은 내 논증을 받아들이지 않을 것이다. 그러나 하나님을 경배하는 마음을 가진 사람은 하나님이 지혜로우시다는 것을 이미 알고 있기 때문에 더 이상의 증명을 필요로 하지 않는다. 그러므로 나는 하나님의 지혜를 증명하려고 하지 않고 다만 하나님이 지혜로우시다는 명제에서 출발하려고 한다.

또한, 우리는 하나님에게 그분의 지혜를 증명할 것을 요구할 수 없다. 우리는 그분이 지혜롭다고 믿을 뿐인데, 그분은 하나님이시기 때문이다. 우리가 그분에게 증명을 요구하는 것은 하나님의 신성(神性)의 완전함에 대한 모욕이다. 만일 내가 설교를 끝낸 후에 당신이 내게 찾아와 내 말을 뒷받침할 만한 증거를 요구한다면 그것은 나를 모욕하는 것이 아니다. 왜냐하면 인간인 이상 나는 얼마든지 실수할 수 있기 때문이다. 그러나 우리가 하나님께 증거를 요구하는 것은 하늘에 계신 엄위로우신 하나님께 대한 모욕이다. 하나님을 경멸하는 것은 타락의 극치이다.

현재 점령군 치하에 있지만

인간으로서 우리가 하나님께 인정해야 할 것은 적어도 두 가지인데, 그것은 하나님의 지혜와 선하심이다. 천지를 만드신 하나님, 높은 보좌에 앉으신 하나님이 지혜로운 분이신 것은 당연한 일이다. 만일 그렇지 않다면 당신과 나는 아무것도 확신할 수 없다. 또한 하나님이 선하신 것은 당연한 일이다. 만일 그렇지 않다면 지옥이 천국이 되고, 천국이 지옥이 되고, 이 땅이 지옥이 될 것이다. 우리가 하나님의 지혜와 선하심을 인정하지 않는다면, 우리가 갈 곳이 없고, 우리가 설 수 있는 반석도 없고, 사고와 추론과 믿음도 가능하지 않다. 우리는 하나님의 지혜와 선하심을 믿어야 한다. 그렇지 않으면 우리와 짐승을 구별되게 해주는 것, 즉 우리 안에 있는 하나님의 형상을 배신하는 것이다.

그러므로 우리는 하나님이 지혜로우시다는 전제에서 출발한다. 이 전제는 추측도 아니고 희망사항도 아니다. 분명한 지식이다. 혹자는 이렇게 말할지도 모르겠다.

"만일 하나님이 선하고 지혜로우시다면 소아마비, 포로수용소, 대량 학살, 전쟁 그리고 이 세상의 수많은 악을 어떻게 설명해야 하는가? 많은 사람들이 질병으로 고통당하고, 목발을 짚고 다니고, 듣거나 말하는 데 장애를 겪는다. 만일 하나님이 선하고 지혜로우시다면 이런 현상을 어떻게 설명할 것인가?"

이렇게 묻는 사람이 있다면 나는 비유를 사용하여 대답하겠다. 여기에 지극히 지혜로운 사람이 있었다. 그는 지혜로울 뿐만 아니라 지극히 부자였다. 온 세상의 재물을 다 갖고 있다고 말할 수 있을 정도로 부자였다. 이런 그가 역사상 가장 아름다운 대저택을 짓겠다고 결심했다. 그는 (예를 들어, 유럽의) 어떤 작은 나라에 전 세계 최고의 화가, 건축가 및 디자이너를 불러 모았다. 또한 전 세계의 구석구석을 뒤져 최고의 두뇌를 가진 사람들과 재주꾼들을 고용했다.

그런 다음 그는 그들에게 이렇게 말했다.

"나는 이 공사에 몇 조 원을 쏟아 부을 것입니다. 돈은 전혀 문제가 되지 않습니다. 내가 원하는 것은 이 세상에서 가장 멋진 저택입니다. 바닥을 금으로 만들고, 벽을 벽옥(碧玉)으로 만들고, 이 집의 가구들은 상아를 깎아서 만들고, 건물에 다이아몬드와 루비를 박기를 원합니다. 나는 이 건물의 공사를 마쳤을 때 온 세상 사람들이 입을 쩍 벌리고 이 건물을 칭송하기를 원합니다. 브로드웨이(뉴욕 시를 남북으로 달리는 큰 거리)로부터 피커딜리 광장(런던 번화가의 중심)에 이르기까지, 아프리카 정글로부터 보르네오의 정글에 이르기까지, 세상 모든 사람들이 이 저택을 화제로 삼기를 원합니다. 자, 이제 가서 나를 위해 여러분이 가진 최고의 능력을 보여주십시오."

그에게 고용된 사람들은 그들의 천재성과 지혜를 발휘하여 지극히 아름다운 저택을 지었다. 이것을 본 사람에게는 인도의 타지마할이 헛간처럼 느껴질 정도였다. 이 저택의 아름다움은, 말로 표현하는 것이 불가능할 정도였다.

그러나 약 1년쯤 지났을 때 정치적 상황에 변화가 일어났고, 외국의 군대가 침입하여 그 작은 나라를 점령했다. 거칠고 야만스러운 점령군 병사들이 징이 박힌 군화를 신고 이 저택에 들어왔다. 그들은 이곳의 아름다움이나 예술품이나 다이아몬드나 금에 관심이 없었다. 그들은 이곳의 일부를 창고로 사용하고, 바닥에 침을 뱉고, 맥주 캔을 사방에 던져놓는 등, 이곳을 난장판으로 만들었다. 그토록 아름답던 저택이 흙과 누더기와 각종 오물로 가득하게 되었다. 이 집의 주인과 이 집을 건축하는 데 참여했던 사람들은 멀리 도망하여 숨었다.

점령군의 야만적인 군화발이 이 작은 나라를 짓밟고 있을 때 이 저택 옆을 지나가던 어떤 사람이 옆 사람에게 "세상 사람들이 모두 감탄하는 아름다운 대저택이 저기에 있소"라고 속삭였다.

그러자 옆 사람은 "내가 보기에는 별로 아름다운 것 같지 않은데… 이상한 냄새도 나고… 꼭 돼지우리 같은데, 어찌하여 당신은 저것이 아름답다고 말하는 것이오?"라고 물었다.

처음에 말문을 연 사람이 대답했다.

"얼마 동안만 기다려보시오. 전쟁이 일어나서 이 나라가 점령당하고 있지만, 얼마 있으면 상황이 바뀌고 점령군이 쫓겨날 것이오."

그의 말대로 얼마 후에 짐승같이 잔인했던 자들이 쫓겨났다. 그러자 멀리 피신해 있던 이 집의 주인이 돌아왔고, 화가와 건축가와 조각가를 다시 불러서 "이곳을 깨끗이 치우고 재건합시다. 처음부터 다시 시작하여 과거의 아름답고 훌륭한 모습을 되찾읍시다"라고 말했다.

1년 정도 작업을 한 후, 저택은 다시 옛 모습을 찾았다. 정오의 햇살을 받으며 우뚝 선 이 저택은 인간이 만들어낼 수 있는 아름다운 건축물의 진수를 보여주었다. 전 세계의 신문, 라디오 및 텔레비전이 이 저택에 대해 보도했다. 저택은 그 탁월함과 아름다움과 웅장함을 다시 한 번 더 세계에 뽐냈다.

하나님이라는 분이 계셨다. 그분은 천지를 만든 전능하신 아버지 하나님이셨다. 그분은 자신의 능한 지혜를 인간의 창조에 쏟아 부으셨다. 그분은 "우리의 형상을 따라 우리의 모양대로 우리가 사람을 만들자"(창 1:26)라고 말씀하셨다. 그분은 동방의 에덴에 동산을 창건하시고 그 지으신 사람을 거기 두셨다. 그리고 "사람의 독처하는 것이 좋지 못하니 내가 그를 위하여 돕는 배필을 지으리라"(창 2:18)라고 말씀하셨다. 그분은 아담을 깊이 잠들게 하고 그의 갈빗대 하나를 취하여 그 갈빗대로 여자를 만들고 그에게 "이 여자가 너의 배필이며 너의 아내이다"라고 말씀하셨다. 그리고 남자는 그의 아내를 '하와'라고 불렀다.

그러나 그후 사단이 에덴동산으로 들어와 나뭇가지를 친친 감고 은근히 하나님을 모함하기 시작했다. 영적 전쟁이 시작되었고, 사단의 유혹에 넘어간 인간들은 그들을 만드신 하나님을 배반함으로써 범죄했다. 그리하여 지극히 아름다웠던 동산, 온 세상에서 제일 사랑스러웠던 곳, 하나님의 형상으로 창조되어 모든 피조물 중 가장 영광스러운 존재가 거했던 곳이 돼지우리가 되어버렸고 어둠의 장소로 돌변했다.

당신은 조금 전에 내가 들려준 비유에 등장한 두 행인을 기억할 것이다. 그들 중 한 사람은 대저택이 돼지우리 같다고 비판했다. 이 사람처럼 당신도 내게 "당신은 지혜로운 하나님이 이 돼지우리를 만드셨다고 지금 내게 주장하는 것입니까?"라고 항의할지 모르겠다.

만일 그렇다면 나는 이렇게 대답하겠다.

"내 말 좀 들어보시오. 하나님께서는 하나님의 큰 지혜와 섭리 가운데 외국의 군대가 이 세상을 점령하도록 허락하셨습니다. 우리가 '지구'라고 부르는 이 둥근 땅덩어리, 지극히 아름다운 이 행성, 하나님의 형상으로 창조된 피조물의 집, 이곳이 지금 구름에 덮여 어둠 가운데 있는 것입니다."

로마서 8장 19-22절을 읽어보자.

"피조물의 고대하는 바는 하나님의 아들들의 나타나는 것이니 피조물이 허무한 데 굴복하는 것은 자기 뜻이 아니요 오직 굴복케 하시는 이로 말미암음이라 그 바라는 것은 피조물도 썩어짐의 종노릇한 데서 해방되어 하나님의 자녀들의 영광의 자유에 이르는 것이니라 피조물이 다 이제까지 함께 탄식하며 함께 고통하는 것을 우리가 아나니."

하나님께서 지혜 가운데 수립하신 계획이 성취될 것이다. 그러나 그분은 또한 그분의 지혜 가운데 이 '외국군의 점령'을 일시적으로 허락하셨다. 태풍, 토네이도, 폭풍우, 해일 같은 초특급 재앙이 언제라도 일어날 수 있는 이 세상에서 사는 것은 그야말로 외국군에게 점령당한 상태에서 사는 것에 비유될 수 있다. 우리는 지금 아름다움도 모르고 귀한 것도 모르는 마귀의 병사들이 징이 박힌 군화발로 이 세상을 누비며 하나님의 아름다운 피조세계를 파괴하는 상황을 맞고 있는 것이다.

내가 태어난 곳인 펜실베이니아 주에는 기복(起伏)이 있는 산들, 물방울을 튀기며 급히 흐르는 시냇물, 폭포, 목초지 그리고 아름다운 숲이 있다. 차를 몰고 펜실베이니아 주를 다녀본 사람은 누구나 그곳의 아름다움에 감탄할 것이다. 하지만 내가 소년 시절을 보냈던 지역에서 가까운 곳에서는 돈에 눈먼 사람들이 자연파괴를 일삼고 있었다. 그들은 소위 '깎아내기 채탄법(採炭法)'을 사용했는데, 이것은 산에 갱도를 뚫는 것이 아니라 산의 꼭대기부터 아래쪽으로 산을 깎아내고 채탄하는 방법이었다. 그리하여 그들이 채탄한 곳에서는 사방이 무덤처럼 보였다. 마치 자연이 슬퍼서 눈물을 흘리는 것

같았다. 내가 어릴 적에 보았던 아름답고 푸른 산 중턱들이 깊은 상처 때문에 피를 흘리고 있었다. 이런 곳이 수백만 평방미터에 달했다. 그들은 불도저, 쟁기 그리고 여러 종류의 큰 도구를 사용하여 산들을 갈기갈기 찢어놓았다. 이 모든 것이 자연의 보물을 빼앗아 자기 배를 채우고 더 큰 수영장과 요트를 구비하기 위함이었다.

당신은 전능하신 하나님께서 포기하고 영원히 다른 곳으로 가버리셨다고 생각하는가? 결코 그렇지 않다. 하나님은 "피조세계가 불도저와 쟁기 때문에 신음하고 원수에게 짓밟히고 있지만 그래도 나는 피조세계를 경영하고 있다"라고 말씀하신다. 머지않아 하나님은 그 아들을 다시 보내실 것이다. 이에 대해 사도 바울은 이렇게 증거한다.

"주께서 호령과 천사장의 소리와 하나님의 나팔로 친히 하늘로 좇아 강림하시리니 그리스도 안에서 죽은 자들이 먼저 일어나고 그후에 우리 살아남은 자도 저희와 함께 구름 속으로 끌어올려 공중에서 주를 영접하게 하시리니 그리하여 우리가 항상 주와 함께 있으리라"(살전 4:16,17).

우리는 변화되고, 높이 들리고, 영화롭게 되고, 하나님의 형상으로 변화될 것이다. 하나님은 여기 이 땅의 대저택을 깨끗이 청소하실 것이며, 이 땅은 평화로 넘칠 것이다. 붉은 용(龍)이 누웠던 곳에 장미꽃이 피고 낙원의 열매가 열릴 것이다. 그때 우리는 하나님이 지혜로우셨다는 것을 깨닫게 될 것이다. 그러나 그때까지는 우리가 얼마 동안 인내하면서 하나님과 동행해야 한다. 왜냐하면 우리가 현재 점령군 치하에 있기 때문이다.

지혜란 무엇인가?

무엇이 지혜인가? 지혜는 가장 완전한 수단에 의해 가장 완전한 목적을 이루는 것이다. 수단과 목적이 모두 하나님께 합당한 것이어야 한다. 지혜는 일의 시작 때에 일의 끝을 예견할 수 있는 능력이요 모든 것을 균형 잡힌 관계 속에서 파악할 수 있는 능력이고, 모든 것을 정확한 관점에서 볼 수 있는 능력이다. 또한 지혜는 최종 목적을 염두에 두고 판단하는 것이요 그 목적을 향해 한 치의 오차도 없이 착실히 전진하는 것이다.

전능하신 하나님은 한 치의 오차도 없으시다. 그분은 실수하지 않으신다. 영국 사람들은 자신들을 가리켜 "우리는 그럭저럭 헤쳐나갔다"라고 말하곤 했는데, 이는 임기응변으로 버티고 낙천적으로 생각하고 상황을 잘 이용하면서 해냈다는 뜻이다. 그들은 지난 1,000년 동안 이런 식으로 잘해냈다. 우리도 그렇게 해야 할 것이다. 하지만 하나님은 결코 이런 식으로 일하지 않으신다. 만일 그분이 이런 식으로 일하신다면, 그분이 우리처럼 사물에 대해 불완전한 지식을 갖고 계시다는 의미가 될 것이다. 그러나 그분은 한 치의 오차도 없이 일하신다. 왜냐하면 그분은 일의 시작 때에 일의 결과를 예견하실 뿐만 아니라 후퇴하지 않으시기 때문이다.

당신은 우리 주 예수 그리스도께서 이 땅 위에서 행하실 때 결코 남에게 사과하신 적이 없었다는 사실을 생각해보았는가? 그분은 아침에 일어나 "제자들아, 미안하다. 어젯밤 내가 잘못 말했다. 내가 이런 말을 했지만, 사실은 저런 뜻이다"라고 말씀하지 않으셨다. 결코 그러지 않으셨다! 왜냐하면 그분은 신적 지혜가 성육신(成肉身)

하여 인간의 음성으로 말씀한 분이었기 때문이다. 무슨 말씀을 하든지 간에 그분이 처음 말한 것은 항상 옳았다. 다시 말해서 그분은 그분의 말을 나중에 다시 바로잡으실 필요가 없었다. 그분은 사람들에게 사과하실 필요가 없었다.

나는 사람들에게 내 상황을 변명하지 않으면 안 될 입장에 처한 적이 몇 번 있었다. 심지어 나는 사람들이 많이 모인 자리에서 일어나 나의 실수를 사과한 적이 몇 번 있었다. 당신도 알다시피, 나는 인간이다. 그러나 예수 그리스도는 "미안한데, 어제 내가 잘못 말했다. 그런 의도로 말했던 것은 아니다"라고 말씀하신 적이 한 번도 없었다. 그분은 무슨 말씀을 하든 언제나 옳은 말씀만을 했는데, 그분이 하나님이시기 때문이다. 그분께는 변명도 사과도 필요 없었다. 그분은 단지 "이것은 이렇다"라고 말씀하셨으며, 그분의 말씀을 들은 사람들 중에는 그것을 이해한 사람들도 있었고 그렇지 못한 사람들도 있었다. 예수님은 자신의 말을 이해하지 못한 사람들이 있었을 때에는 때때로 좀 더 자세히 말씀하기도 하셨지만, 자신의 말씀을 취소하지는 않으셨다. 왜냐하면 예수님은 하나님이시기 때문이다.

성경이 가르치는 지혜는 세상의 지혜와 다르다. 왜냐하면 전자는 도덕적 의미가 개입되기 때문이다. 성경의 지혜는 고상하고 거룩하며, 사랑과 순수함으로 충만하다. 성경에 나오는 지혜에서는 간사함이나 교활함이 발견되지 않는다(물론, 사단의 지혜나 사악한 사람들의 지혜는 예외이다). 하나님의 지혜, 선한 사람들의 지혜 그리고 천사들의 지혜는 고상하고 순수하고 자비로운 목적을 이루기 위한 지혜를 의미했다. 다시 말하지만, 거기에는 교활함이나 간사함이 없었다.

하나님의 지혜는 무한하다

하나님이 지혜로우시다는 것은 그분이 완전히 지혜로우시다는 것을 의미한다. 하나님이 '조금' 지혜로우시다는 것은 있을 수 없는 일이다. 만일 하나님이 조금, 또는 90퍼센트만 지혜롭다고 내가 믿는다면 나는 오늘 밤 잠을 잘 수 없을 것이다. 만일 내가 밤 9시 뉴스에서 콩고나 베트남에서 일어나는 일에 대한 소식을 듣는다면, 만일 내가 적군이 우리의 방어선을 뚫고 침입했다는 소식을 듣는다면, 만일 내가 이런 일들 때문에 하나님이 부분적으로만 옳다고 믿는다면, 나는 잠을 이룰 수 없을 것이며, 너무 걱정이 되어서 뇌졸중에 걸릴 것이다. 그러나 나는 하나님의 지혜가 끝이 없고 하나님의 명철이 한이 없다고 믿는다.

"여호와께서는 지혜로 땅을 세우셨으며 명철로 하늘을 굳게 펴셨고"(잠 3:19).

우리는 아무것도 걱정할 필요가 없는데, 하나님이 무한히 지혜로우시기 때문이다.

하나님의 지혜는 하나님의 창조와 구속(救贖)에서 드러난다. 또한 하나님의 지혜는 하나님이 최대 다수가 최장(最長)의 기간 동안 최고의 선(善)을 누리도록 계획하셨다는 점에서도 드러난다. 나는 '기회주의자'라는 말을 싫어한다. 나는 사람들을 미워하지는 않지만, 잘못된 것들을 미워한다. 나는 굽실거리며 아첨하는 기회주의적 설교자를 미워하지 않는다. 만일 내가 그런 사람을 미워한다면 나는 그리스도인이 될 수 없을 것이다. 나는 그런 사람이 보여주는 굽실거리며 아첨하는 비굴한 태도를 싫어할 뿐이다. 나는 기회주의를 싫어한다. 왜냐하면 기회주의는 영원은 고사하고 내년조차 생각하지 않는 태도이기 때문이다. 기회주의는 '다음 번'만을 생각한다. 기회주의자들은 그들이 본부에 보고서를 제출해야 할 '다음 번', 그들이 어딘가로 불려가게 될 '다음 번'만을 생각한다. 그들은 오로지 '당분간'만을 위해 일한다.

그러나 하나님은 그렇지 않으시다. 언제나 그분은 최대 다수가 최장의 기간 동안 최고의 선(善)을 누리기를 원하신다. 언제나 그분은 영원의 관점에서 생각하신다. 어떤 사람에게 복을 주기를 원하실 때 그분은 가련하고 시간의 저주 아래 놓인 사람을 그분의 손으로 붙들고 그에게 "나의 아들아, 내가 네게 영원과 불사성(不死性)을 불어넣는다. 나는 네가 나의 영원에 동참하도록 허락한다"라고 말씀하신다. 당신이 하나님과 함께 살도록 허락받은 기간이 얼마인지 안다면 당신은 기뻐 뛸 것이다. 하나님은 당신이 지금뿐만 아니라 앞으로 영원히 하나님을 즐거워하도록 계획하셨다. 하나님은 영원토록 최대 다수에게 최고의 선을 허락하실 것이다.

때때로 교회들과 교회의 최고집행기관들은 교인들의 수와 헌금 액수를 조금 더 늘리기 위해 애를 쓰지만, 이런 노력은 사람들의 최고의 선을 위한 노력이 아니다. 모든 교회는 최대 다수가 최고의 선을 누릴 수 있도록 노력해야 한다. 이런 노력이 실패로 돌아가는 것처럼 보일지라도 말이다. 다시 말하지만, 하나님은 최대 다수의 최고의 선을 원하신다.

하나님의 지혜가 드러났다

당신은 하나님의 지혜가 어디에서 드러나는지 궁금한가? 그렇다면, 앞에서 언급한 아름다운 대저택의 비유를 기억하라. 신앙이 없는 사람들은 이 저택의 가치를 깎아내릴 것이다. 그들은 돼지우리처럼 변해버린 이 건물을 보고 "이것을 만드신 하나님께서 지혜롭고 선하다고 내게 증명하려는 당신의 노력은 헛된 짓이오. 지금 이 세상에는 너무나 많은 고통과 범죄와 죄와 더러움이 있소"라고 말할 것이다. 그러나 나는 그들에게 내가 앞에서 한 말을 다시 반복하면서 이렇게 대답하겠다.

"전능하신 하나님은 자신의 세계를 경영하고 계십니다. 장차 하나님은 세상의 구름을 걷어내실 것이고, 사방에서 사람들이 몰려와 하나님을 찬양하며 하나님이 얼마나 자비로우신 분인지를 이야기할 것입니다."

그러므로 성경에 다음과 같은 말씀이 나온다는 것을 기억하라.

"우리 주 하나님이여 영광과 존귀와 능력을 받으시는 것이 합당하오니 주께서 만물을 지으신지라 만물이 주의 뜻대로 있었고 또 지으심을 받았나이다 하더라"(계 4:11).

"새 노래를 노래하여 가로되 책을 가지시고 그 인봉을 떼기에 합당하시도다 일찍 죽임을 당하사 각 족속과 방언과 백성과 나라 가운데서 사람들을 피로 사서 하나님께 드리시고 저희로 우리 하나님 앞에서 나라와 제사장을 삼으셨으니 저희가 땅에서 왕 노릇 하리로다 하더라 … 죽임을 당하신 어린 양이 능력과 부와 지혜와 힘과 존귀와 영광과 찬송을 받으시기에 합당하도다 하더라"(계 5:9,10,12).

우리도 높아질 것이고, 하나님께서 우리 안에서 높아지실 것이다.

하나님께서 자신의 놀랍고 위엄 찬 일을 이루실 때에는 언제나 어둠 속에서 그렇게 하셨다. 하나님이 창조하실 때에 어떠했는지 보라. 성경은 하나님의 창조에 대해 이렇게 말한다.

"태초에 하나님이 천지를 창조하시니라 땅이 혼돈하고 공허하며 흑암이 깊음 위에 있고 하나님의 신(神)은 수면에 운행하시니라 하나님이 가라사대 빛이 있으라 하시매 빛이 있었고" (창 1:1-3).

어둠 속에서 하나님은 놀랍고 두렵고 영광스러운 일을 이루셨다. 이것을 볼 때 마치 하나님이 "나는 천사들, 스랍들 그리고 천사장조차 내가 하는 일을 보기를 원하지 않는다"라고 말씀하시는 것 같은 느낌이 든다. 하나님은 자신의 아들을 인간으로 이 땅에 보내실 때 하늘에서 유성이 떨어져 세상 사람들을 놀라게 하듯이 그렇게 하지 않으셨다. 하나님은 죽음을 면할 수 없는 인간의 눈이 보지 못하는 가운데 처녀의 태 안에서 자신의 아들이 인간으로 형성되도록 일하셨다. 하나님의 아들의 뼈가 처녀의 태 안에서 만들어졌다. 이것을 볼 때 마치 하나님이 "나의 무한한 지혜 가운데 나는 나의 영원한 말씀을 인간의 모양으로 성육신시키노라. 그 누구도 나의 신비를 깨닫지 못할 것이다"라고 말씀하시는 것 같다.

하나님의 아들이 당신과 나를 위해 십자가에 못 박혀 고통에 몸부림칠 때 어둠이 땅을 덮었다. 이는 마치 하나님께서 "너희는 그를 볼 수 없다. 나는 너희가 그의 죽음을 목격하도록 허락하지 않겠다. 나는 구속(救贖)의 놀라운 일을 어둠 가운데 이룰 것이다"라고 말씀하시는 것 같은 느낌을 준다. 구속이 이루어지고 예수님이 "다 이루었다"(요 19:30)라고 말씀하셨을 때 하나님은 어둠을 걷어내셨고, 사람들은 예수님을 십자가에서 내려 무덤에 장사 지냈다.

사람들이 예수님의 부활을 보기 위해 찾아왔을 때 예수님은 이미 부활하셨다. 그들은 날이 밝기 훨씬 전에, 즉 아직 어두울 때에 무덤으로 왔지만, 예수님은 이미 무덤에 계시지 않았다. 왜냐하면 이미 부활하셨기 때문이다. 하나님은 자신의 큰일들을 모두 침묵과 어둠 가운데 이루셨다. 왜냐하면 하나님의 지혜는 어떤 인간도 이해할 수 없을 정도로 높고 깊기 때문이다.

구속을 이루기 위해 그리스도는 십자가에 못 박히셨다. 그렇기 때문에 사도 바울은 "그리스도는 하나님의 능력이요 하나님의 지혜니라 … [우리가] 오직 비밀한 가운데 있는 하나님의 지혜를 말하는 것이니 곧 감추었던 것인데 하나님이 우리의 영광을 위하사 만세 전에 미리 정하신 것이라"(고전 1:24; 2:7)라고 증거한다. 우리를 구원하기 위해 하나님은 우리에게 믿고 회개하라고 요구하시는데, 이는 그분의 지혜로운 계획에 따른 일이다. 그렇기 때문에 바울은 "하나님의 지혜에 있어서는 이 세상이 자기 지혜로 하나님을 알지 못하는 고로 하나님께서 전도의 미련한 것으로 믿는 자들을 구원하시기를 기뻐하셨도다"(고전 1:21)라고 증거한다. 하나님의 계획의 완성에서도 하나님의 지혜가 드러난다. 그렇기 때문에 사도 바울은 "이는 이제 교회로 말미암아 하늘에서 정사와 권세들에게 하나님의 각종 지혜를 알게 하려 하심이니"(엡 3:10)라고 증거한다. 그러므로 요컨대 이 세 가지 경우 모두에서 하나님의 무한한 지혜가 밝히 드러난 것이다.

하나님의 지혜냐 나의 지혜냐?

이 사실은 당신에게 본질적으로 중요하다. 당신이 이런 한 줌의 신학적 지식을 소유했느냐 아니냐는 중요하지 않다. 중요한 것은 하나님의 지혜가 서느냐 아니면 당신의 지혜가 서느냐의 문제이다. 하나님의 방법이냐 당신의 방법이냐의 문제이다. 당신과 내가 이제까지 살면서 목적으로 삼았던 모든 것, 우리가 소망했던 모든 것, 우리가 영혼의 가장 깊은 곳에서 꿈꾸었던 모든 것, 다시 말해서 생명, 안전, 행복, 천국, 불사성 그리고 하나님의 임재 같은 것들이 당신이 삼위일체 하나님의 궁극적인 지혜를 받아들이느냐 아니냐에 따라 서기도 하고 무너지기도 한다. 분명히 밝히지만, 하나님의 이런 지혜는 성경에서 드러났고, 인류를 상대로 한 하나님의 섭리적인 활동 속에서 드러났다. 그럼에도 당신은 고집스럽게 당신의 길을 가려고 하는가?

내가 아는 한, 죄에 대한 가장 완벽한 정의(定義)는 이사야서 53장 6절에 나온다.

"우리는 다 양 같아서 그릇 행하여 각기 제 길로 갔거늘."

이것이 가장 완벽한 죄의 정의이다. 우리 자신의 길로 가는 것이 죄의 본질이다. 자기의 길로 가는 것은 자기의 생각이 하나님의 생각보다 지혜롭다고 믿기 때문이다.

하나님께서 어떤 사업가에게 "금년에 네가 소득의 십일조를 내게 바쳐라"라고 말씀하신다고 가정해보자.

그러나 이 사업가는 "오, 하나님! 저는 그럴 수 없습니다"라고 대답한다. 하나님은 다시 "내 아들아, 십일조를 바쳐라"라고 말씀하시고, 그는 "그렇게 할 수 없습니다. 만일 십일조를 드리면 세금을 낼 수 없게 됩니다"라고 말했다.

"아들아, 십일조를 드려라."

"하나님, 그렇게 할 수 없습니다."

결국 이 사업가는 십일조를 드리지 않는다. 그리고 그의 수입이 줄어들어 사업이 쇠퇴한다. 왜 그런가? 그가 하나님께 순종하지 않기 때문이다.

또 다른 예를 들어보자. 여기에 거듭난 그리스도인 여성이 있다. 그녀는 성공을 갈망하지만 현실적이고 지혜로운 계획을 세우지는 못한다. 그런데 그녀는 어떤 능력 있는 남자를 만나서 사랑에 빠진다. 하지만 이 남자는 죄를 지으며 살겠다는 생각밖에 없는 사람이다. 그리하여 그녀는 하나님 앞에 무릎 꿇고 "오, 하나님! 제가 어떻게 해야 합니까?"라고 부르짖는다.

그녀의 속에서 음성이 들린다.

"너는 네가 어떻게 해야 할지 잘 알 것이다. 성경은 '너희는 믿지 않는 자와 멍에를 같이하지 말라 의(義)와 불법이 어찌 함께하며 빛과 어두움이 어찌 사귀겠느냐'(고후 6:14)라고 가르친다."

그러나 그녀는 벌떡 일어나며 "아닙니다, 하나님! 저는 그 남자를 포기할 수 없습니다. 그것은 제게 너무 큰 희생입니다"라고 말씀드린다. 그녀는 성경적 원칙을 저버리고 자기의 지혜를 하나님의 지혜보다 앞세워 결국 그 남자와 결혼한다. 그러나 그는 교회에 가기를 거부하고, 그녀의 삶은 지옥으로 변한다. 그로부터 5년 동안 그들은 두세 명의 자녀를 낳지만, 결국 그는 그녀를 떠난다. 그녀는 크게 상심한 가운데 교회의 목사를 찾아 "목사님, 제가 어떻게 해야 합니까?"라고 상담한다.

그녀의 목회자는 점잖은 사람이라 그녀의 감정을 상하게 하고 싶지 않기 때문에 그녀에게 과거의 일을 상기시키지 않는다. 다시 말해서, 지혜의 하나님이 그녀에게 "그 사람과 결혼하지 말라"라고 말씀하셨을 때 그녀가 "아닙니다. 저의 생각이 하나님의 생각보다 지혜롭습니다"라고 말하면서 불순종했던 사실을 상기시키지 않는다.

이 예에서 우리는 기독교 신앙의 본질적 문제를 보게 된다. 여기에서 부흥하는 교회와 죽은 교회의 차이점이 드러난다. 여기에서 '성령으로 충만한 삶'과 '자아(自我)로 충만한 삶'의 차이점이 발견된다. 누가 우리의 주인인가? 누가 결정권자(決定權者)인가? 누구의 지혜가 이기는가? 하나님의 지혜인가, 아니면 인간의 지혜인가?

하나님께서 하나님의 섭리에 따라 나를 대하실 때 나는 분명한 태도를 취하며 하나님의 방법이 옳다고 결론지어야 한다. 나의 일이 잘못되는 것처럼 보일지라도 나는 내 일이 잘못된다고 믿지 않고 오히려 그것이 잘되고 있다고 믿는다. 왜냐하면 나는 "우리가 알거니와 하나님을 사랑하는 자 곧 그 뜻대로 부르심을 입은 자들에게는 모든 것이 합력하여 선을 이루느니라"(롬 8:28)라는 말씀을 믿음으로 받아들이기 때문이다.

나는 나의 길을 따를 것인가 아니면 무조건 하나님의 지혜를 믿어야 할 것인가를 결정해야 한다. 하나님은 그분의 지혜를 무조건 믿는 사람에게 "내가 소경을 그들의 알지 못하는 길로 이끌며 그들의 알지 못하는 첩경으로 인도하며 흑암으로 그 앞에 광명이 되게 하며 굽은 데를 곧게 할 것이라"(사 42:16)라고 약속하신다. 하나님은 나를 궁극적 승리로 이끌 것이며, "그가 나를 단련하신 후에는 내가 정금같이 나올 것이다"(욥 23:10). 하나님은 나를 부요의 땅으로 인도하실 것이며, 결코 사라지지 않는 천국의 보화로 나를 부요케 하실 것이다.

만일 어떤 사람이 자기의 길을 가기를 원한다면 주님도 그것을 막지 않으실 것이다. 그리스도인으로서 우리의 계획과 야망을 고집할 것인지, 아니면 주님의 길을 따를 것인지를 결정해야 한다. 전자의 경우, 우리는 모든 것을 위험에 빠뜨릴 것이다. 왜냐하면 우리에게는 우리의 계획과 야망을 이룰 수 있는 지혜가 없기 때문이다. 그러므로 당신은 당신의 인생을 스스로 경영하겠다는 만용(蠻勇)에서 벗어나야 한다.

조종석은 하나님께!

언젠가 나는 뉴욕을 출발하는 비행기에 몸을 실었다. 비행기가 이륙하자마자 바람이 몹시 불기 시작했다. 내 옆에 앉은 남자는 비행기 여행을 많이 한 사람임에도 불구하고 난기류(亂氣流)를 싫어했다. 그래서 나는 그에게 "도시를 벗어나 비행기의 고도가 높아지면 비행기가 더 이상 흔들리지 않을 것입니다"라고 말해주었다. 내 말대로 비행기는 얼마 후 순조롭게 운항했다. 비행기가 난기류 속에 있을 때 나는 조종실로 달려가 조종사들에게 "이보시오! 이제부터 내가 조종하겠소"라고 말하지 않았다. 만일 내가 조종간을 잡았더라면 비행기의 종착지가 어디쯤 되었을까? 내가 조종석에 앉았다면 아마도 우리는 타임스 스퀘어(뉴욕 시의 중심부에 있는 광장)에 코를 박았을 것이다! 나는 조종사들을 밀어내지 않았다. 나는 그들이 비행기를 통제하도록 내버려두었다.

평소에 나는 비행기가 이륙하거나 착륙할 때 약한 난기류의 영향을 받아 흔들리는 것쯤은 전혀 개의치 않는다. 하지만 비행기가 5,000미터 상공으로 날아오르고 안전벨트를 매라는 신호가 떨어지면 나는 "이러다가 비행기가 악천후를 만나는 것은 아닌가?"라고 중얼거린다. 그러나 나는 냉정을 잃은 적이 없다. 나는 조종석으로 달려가 "이보시오, 조종사 양반들! 조종석을 비우시오"라고 말한 적이 없다. 결코 없다!

그런데 우리는 언제나 하나님께 조종석을 비우라고 말씀드린다. 우리는 교회로 가서 기도하고 우리의 마음을 주님께 바친다. 그리고 교적부에 이름을 올린다. 교회생활을 하면서 세례도 받는다. 그런데 정작 그때부터 우리는 난기류에 휩싸이게 된다. 우리는 주님께 달려가 "주님, 이 일을 제가 처리하겠습니다"라고 말씀드린다. 이런 행동으로 인하여 그리스도인으로서 우리의 삶은 엉망이 되어버린다. 우리는 하나님께서 우리의 가정, 사업, 직장 및 우리의 모든 것을 경영하시도록 맡겨드리지 않는다.

지혜의 하나님은 당신의 삶에서 최고의 선(善)이 최장 기간 동안 나타나기를 원하신다. 언제나 하나님은 한 치의 오차도 없이 자신의 일을 추진하신다. 하나님은 일의 처음에 이미 일의 끝을 예견하신다. 하나님은 실수하지 않으시며, 우리가 할 수 없는 것이나 우리에게 없는 것을 요구하지 않으신다. 하나님은 불공평한 요구를 하지 않으신다. 하나님은 당신이 육체인 것을 아시며, 불쌍히 여기는 마음으로 당신을 대하신다. 하나님이 당신에게 무엇을 명하시든지 간에 그분은 그 명령에 순종할 수 있는 힘을 당신에게 주신다. 언제나 그러신다. 그러므로 당신은 하나님을 얼마든지 신뢰하고 의지할 수 있다. 우리의 문제는 우리가 하나님을 신뢰하지 않는다는 것이다. 그렇기 때문에 우리는 지금과 같은 곤경에 처해 있다.

이제 당신은 모든 것을 이 무한한 사랑의 하나님께 맡겨드리고 싶지 않은가? 나는 어떤 유명한 설교자에게 들은 얘기를 당신에게 전해주고 싶다.

어떤 사업가가 실패하여 자신의 기업을 다른 사람에게 팔아넘겼다. 그런데 금요일에 회사를 팔아버린 이 사람이 그 다음 월요일에 회사로 나와 사장 자리에 앉았다. 그 회사를 인수한 사람이 이를 보고 "당신은 누구요?"라고 물었다. 그는 "나는 이 회사를 소유했던 사람이오"라고 대답했다. 그러자 새 주인은 "그렇소. 당신은 이 회사를 소유했던 사람이오. 하지만 회사를 파산시켰기 때문에 내가 대신 인수한 것 아니오?"라고 말한 후 그 사람을 쫓아내고 사장 자리에 앉았다.

하나님께서는 파산된 인생을 접수하시면서 "너는 빚더미에 앉았다. 이제 내가 인수할 것이다. 내가 너의 빚을 다 갚아줄 것이다. 너의 모든 문제를 해결해줄 것이다. 하지만 그 대신 내가 네 인생을 경영할 것이다"라고 말씀하신다. 그러나 우리는 복된 주일 저녁을 보낸 후 월요일 아침에 다시 사장 자리에 앉는 어리석음을 범할 수 있다. 이럴 때 성령님은 "어젯밤 기도 중에 네가 그 의자를 내게 양도했는데, 지금 다시 거기에 앉느냐? 어서 일어나라! 이제부터 네 인생을 내가 경영할 것이다"라고 말씀하신다. 하나님은 당신의 가정, 아내, 사업, 자녀, 남편, 학교 그리고 그 밖의 모든 것을 경영하기를 원하시며, 실제로 또한 그렇게 하실 것이다.

세 부류의 사람들

일반적으로 볼 때, 교회에는 세 부류의 사람들이 있다. 은혜를 받지 못한 사람들, 헌신하지 않는 사람들 그리고 헌신한 사람들이다. 은혜를 받지 못한 사람들은 하나님께 그들의 삶을 맡길 만큼의 신앙을 갖고 있지 못하다. 그렇기 때문에 그들은 하나님의 지혜를 믿지 못한다. 그들은 예수 그리스도에게 자신들을 드리지 않는데, 그렇게 할 경우 원치 않는 헌신의 대가를 지불해야 하기 때문이다. 그들이 하나님을 믿을지 모르겠다. 그들이 그들의 죄 때문에 그리스도께서 돌아가셨다고 믿을지 모르겠다. 하지만 그들은 굴복할 준비가 되어 있지 않다. 그들은 삶의 경영권을 하나님께 내어드리기를 원하지 않는다. 그들은 양 우리 밖에 있으며, 거듭나지 못했으며, 은혜를 받지 못했다.

두 번째 부류는 헌신하지 않는 사람들이다. 그들은 하나님께 반역하는 사람들이 아니다. 그들은 그리스도를 영접했다. 나름대로 영적 체험도 했지만, 그들의 삶을 하나님께 내어드리기를 원하지 않는다. 그들은 하나님 앞에서 "주여, 이제부터 저의 인생을 경영하십시오"라고 말할 준비가 되어 있지 않다. 그들은 중간지대에 서 있다. 그들은 언제나 영적으로 올라갔다 내려왔다 한다.

미국 남부(南部)에서 봤을 때, 이런 사람들은 교회에서 부흥회가 열린다고 하면 꼬박꼬박 참석한다. 이런 사람들을 비꼬는 농담이 있다.

"저런 사람들이 천국에 갈 수 있는 유일한 방법은 그들이 회심한 직후에 누군가 그들의 머리를 도끼로 내리찍는 것이다."

그들은 헌신하지 않기 때문에 그들의 신앙이 종종 침체에 빠진다. 그들은 부흥회가 열릴 때마다 회심한다. 이런 일이 1년에 두세 번 일어나는데, 그 사이에는 침체기에 빠져 있다.

미국 북부의 경우를 보자면, 북부에서는 성경공부가 발달했기 때문에 이런 일은 일어나지 않는다. 하지만 북부에서도 헌신하지 않는 사람들은 "나는 구원을 받았다. 그러므로 이제 다 끝난 것 아니냐? 나는 내가 구원을 받았고 하나님의 보호를 받고 있다고 믿는다"라고 말하면서도 역시 헌신하지 않는다. 그들은 교리나 성경에 대해서는 많이 알지만 헌신하지 않기 때문에 영적으로 비참한 상태에 있다.

공부에 열심을 내지 않는, 즉 공부에 헌신하지 않는 학생들이 많다. 이런 학생들은 놀면서 학교를 다니고 시험이 임박하면 벼락치기 공부를 해서 나름대로 좋은 점수를 받기도 한다. 그런데 이와 같은 그리스도인들이 있다. 그들은 기독교 놀이를 즐기면서 살아간다.

마지막으로, 헌신하는 사람들이 있다. 그들은 하나님의 지혜에 그들 자신을 영원히 맡긴 사람들이다. 그들은 하나님의 뜻이 관철되고 하나님의 지혜가 그들을 다스리는 것을 기뻐한다. 그들은 하나님의 길을 가로막지 않으며, 그들의 알량한 지혜로 하나님의 일을 그르치는 짓을 하지 않는다. 그들은 해같이 빛난다. 그렇기 때문에 그들의 독특함은 사람들의 눈에 쉽게 발견된다.

한 세대 전에 나는 나약 대학(Nyack College, 1882년 A. B. 심슨 박사가 설립한, 미국 최초의 선교사 훈련 대학의 후신으로서 뉴욕 주 북쪽 나약에 있다)에서 어떤 사람을 만났다. 그런데 그는 "여기에 입학하는 학생들 중 몇몇은 참으로 다릅니다. 그들에게는 특별한 무엇이 있는 것 같습니다. 우리 같은 사람들은 그냥 선량한 사람이라고 말할 수 있겠지만, 이 학생들은 뭔가 다릅니다. 그들을 본 사람은 누구나 그렇게 느낄 것입니다"라고 말했다. 그렇다! 이런 학생들이 바로 헌신한 그리스도인들이다. 그들은 하나님께 이렇게 말씀드릴 수 있는 사람들이다.

"나의 아버지여, 이제부터 저의 삶을 취하시옵소서. 저의 삶을 경영하십시오. 저는 개입하지 않을 것입니다. 내 삶이 힘들더라도 저는 불평하지 않을 것입니다. 실패하는 것 같아도 낙심하지 않을 것입니다. 성공하는 것 같아도 그 공(功)을 저에게 돌리지 않을 것입니다. 영광과 존귀를 받으소서. 주여, 저를 주님의 지혜에 온전히 맡깁니다. 저는 불신앙 때문에 주님의 영광을 가리는 일을 하지 않을 것입니다."

당신도 그들처럼 결단할 수 있다. 이는 마치 결혼서약을 하는 것에 비유될 수 있다. "그대는 괴로우나 즐거우나 부유하나 가난하나 상대방을 죽을 때까지 사랑하겠습니까?"라는 주례의 질문에 신랑과 신부가 "예, 그렇게 하겠습니다!"라고 대답함으로써 결혼이 성립된다. 이것이 결혼서약이다. 결혼 후 살아가는 동안 그들의 감정이 어떤 방향으로 달릴지라도 그들은 서약에 의해 서로에게 묶인 존재가되어버렸다. 이와 마찬가지로, 당신은 하나님 앞으로 나아가 당신의 얼룩진, 헌신되지 못한 삶을 온전히 헌신된 삶으로 바꿀 수 있다. 하나님은 "오늘부터 네가 다른 것들을 모두 버리고 오직 나만 따르겠느냐? 나의 아들이 너의 삶을 경영하도록 그를 의지하겠느냐? 너의 삶의 경영권을 내게 넘기겠느냐? 그렇게 하겠다면 '예, 그렇게 하겠습니다!' 라고 대답하라"라고 말씀하신다.

하나님의 말씀에 당신이 "예, 하나님! 그렇게 하겠습니다"라고 대답한다면, 당신은 일종의 결혼서약 같은 것을 한 셈이다. 그렇게 할 경우, 당신의 삶의 관계와 방향과 길이 달라질 것이다.

당신은 하나님의 영원한 지혜를 믿고 의지하겠는가? 그렇다면 이렇게 기도하라.

"오, 아버지 하나님! 저의 의심을 용서하소서. 하나님은 무한히 지혜로우십니다. 무지한 저에게는 무한한 지혜가 필요합니다. 저의 삶을 맡으시고, 저의 지혜와 의(義)와 거룩함이 되소서. 이제부터 저는 하나님께서 영원히 지혜로우시다는 것을 인정합니다. 제 인생의 닻이 되시고, 저를 인도하는 별이 되소서."

이렇게 기도하면 당신의 삶 전체가 바뀔 것이다.

하나님은
주권적인 분이시다

하나님은 주권적인 분이시기 때문에 하나님이 행하기를 원하는 모든 것을 행하실 절대적 자유가 하나님께 있다. 누구도 하나님께 강제로 무엇을 시킬 수 없으며, 하나님을 가로막거나 방해할 수 없다. 하나님께서는 하나님이 기뻐하는 대로 행하실 자유가 있다.

"그런즉 너는 오늘날 상천하지에 오직 여호와는 하나님이시요 다른 신이 없는 줄을 알아 명심하고"(신 4:39).

"이제는 나 곧 내가 그인 줄 알라 나와 함께하는 신이 없도다 내가 죽이기도 하며 살리기도 하며 상하게도 하며 낫게도 하나니 내 손에서 능히 건질 자 없도다 내가 하늘을 향하여 내 손을 들고 말하노라 나의 영원히 삶을 두고 맹세하노니"(신 32:39,40).

"이것들 중에 어느 것이 여호와의 손이 이를 행하신 줄을 알지 못하랴 생물들의 혼과 인생들의 영이 다 그의 손에 있느니라 … 능력과 지혜가 그에게 있고 속은 자와 속이는 자가 다 그에게 속하였으므로 모사(謀士)를 벌거벗겨 끌어가시며 재판장으로 어리석은 자가 되게 하시며"(욥 12:9,10,16,17).

"하나님은 모든 행하시는 것을 스스로 진술치 아니하시나니 네가 하나님과 변쟁함은 어찜이뇨"(욥 33:13).

"나 여호와가 이르노라 이스라엘 족속아 이 토기장이의 하는 것같이 내가 능히 너희에게 행하지 못하겠느냐 이스라엘 족속아 진흙이 토기장이의 손에 있음같이 너희가 내 손에 있느니라"(렘 18:6).

"크도다 그 이적이여, 능하도다 그 기사(奇事)여, 그 나라는 영원한 나라요 그 권병(權柄)은 대대에 이르리로다 … 땅의 모든 거민을 없는 것같이 여기시며 하늘의 군사에게든지 땅의 거민에게든지 그는 자기 뜻대로 행하시나니 누가 그의 손을 금하든지 혹시 이르기를 네가 무엇을 하느냐 할 자가 없도다"(단 4:3,35).

"여호와는 노하기를 더디 하시며 권능이 크시며 죄인을 결코 사하지 아니하시느니라 여호와의 길은 회리바람과 광풍에 있고 구름은 그 발의 티끌이로다"(나 1:3).

하나님이 주권적(主權的)인 분이시라는 말에는 "하나님은 모든 것 위에 뛰어난 분이시다", "하나님보다 높은 존재는 없다", "하나님은 피조세계를 지배하는 절대적 주인이시다"라는 뜻이 들어 있다. 하나님이 피조세계를 다스리는 주인이시라는 말에는 "하나님의 통제에서 벗어나는 것은 아무것도 없다", "하나님의 예견이나 계획에서 벗어나는 것은 아무것도 없다"라는 뜻이 담겨 있다. 하나님의 주권이라는 말 속에는 "땅과 천국과 지옥의 모든 피조물이 무릎을 꿇고 예수 그리스도가 주님이심을 고백함으로써 아버지 하나님께 영광을 돌려야 한다"라는 뜻이 들어 있다(엡 2:10 참조).

하나님은 주권적인 분이시기 때문에 하나님이 행하기를 원하는 모든 것을 행하실 절대적 자유가 하나님께 있다. 물론 하나님이 무엇이든지 행하실 수 있다는 말은 아니다. 다만 하나님이 행하기를 원하는 것은 무엇이든지 행하실 수 있다는 말이다. 하나님의 주권과 하나님의 의지는 밀접한 관계가 있다. 하나님께 주권이 있다고 해서 하나님이 거짓말을 하실 수 있다는 뜻은 아니다. 왜냐하면 하나님은 거짓말하기를 원하지 않으시기 때문이다. 하나님은 진리이시다. 하나님은 거짓말을 하기를 원하시지 않기 때문에 거짓말을 할 수 없다. 하나님은 약속을 어길 수 없으시다. 왜냐하면 약속을 어기는 것은 하나님의 본질을 거스르는 것인데, 하나님은 자신의 본질을 거스르기를 원하지 않으시기 때문이다.

그러므로 "하나님은 무엇이든지 하실 수 있다"라고 말하는 것은 어리석은 짓이다. "하나님은 자신이 행하기를 원하시는 것이라면 무엇이든지 하실 수 있다"라고 말하는 것이 성경의 교훈에 부합한다. 하나님은 절대적으로 자유로우시다. 그러므로 누구도 하나님께 강제로 무엇을 시킬 수 없으며, 하나님을 가로막거나 방해할 수 없다. 하나님께는 하나님이 기뻐하는 대로 행하실 자유가 있다. 언제, 어디서나, 영원히.

죄인들로 가득한 이 세상에서 지금과 같은 때에 안식과 평안을 누려야 할 사람들이 있다면 그들은 바로 그리스도인이다. 그들이 믿는 하나님께서 주권적인 분이시기 때문이다. 우리는 근심과 걱정의 무게 아래 짓눌려 있으면 안 된다. 왜냐하면 우리는 언제나 자신의 기쁘신 뜻에 따라 자유롭게 행할 수 있는 하나님의 자녀이기 때문이다. 하나님은 절대주권을 갖고 계시기 때문에, 하나님을 방해하는 것이나 하나님을 얽어매는 밧줄이나 쇠사슬은 전혀 없다.

하나님께는 자신의 영원한 계획을 끝까지 이룰 수 있는 자유가 있다. 나는 그리스도인이 되었을 때부터 지금까지 이 진리를 믿고 있다. 훌륭한 선생님들이 내게 이 진리를 가르쳐주었는데, 나는 그후로부터 계속 언제나 이것을 믿으며 점점 더 큰 기쁨을 느꼈다. 하나님은 임기응변으로 일을 처리하지 않으신다. 하나님은 하는 일 없이 시간을 보내지 않으신다. 머릿속에서 두서없이 떠오르는 생각을 따라 행동하지 않으신다. 어떤 한 가지 생각에서 힌트를 얻어 다른 생각을 해내지 않으신다. 하나님은 아담이 에덴동산에서 거닐기 전에, 해와 달과 별이 만들어지기도 전에, 예수 그리스도 안에서 계획하신 것에 따라서 일하신다. 우리의 미래를 이미 다 살아보신 하나님, 시간을 자신의 품에 안고 계신 하나님께서는 자신의 영원한 계획을 이루고 계신다.

예언한다는 사람들이 그들의 예언을 바꾸든 말든, 현대신학자들이 어떤 교리를 주장하든 말든, 하나님의 영원한 계획은 바뀌지 않는다. 전능하신 하나님께서 우리에게 이미 자신의 신학을 주셨기 때문에 나는 현대신학에 큰 관심을 기울일 필요가 없다. 물론 나는 신학을 믿는다. 그리고 나는 신학이란 것이 현대에도 발전한다고 믿는다. 신학은 하나님의 보좌만큼 오래된 것이요 장차 도래할 영원만큼 영원한 것이다. 우리 그리스도인들은 하나님의 주권적인 계획에 따라 흐르는 이 커다란 강에서 헤엄을 칠 뿐이다.

모든 권세와 모든 능력을 구비한 하나님의 주권

하나님의 주권에는 모든 권세와 모든 능력이 포함된다. 만일 하나님께 자신의 뜻을 이룰 수 있는 능력이나 자신의 능력을 발휘할 수 있는 권세가 없다면, 하나님은 주권적인 분이 될 수 없다(당신은 이 진리를 어렵지 않게 이해할 것이다). 왕, 대통령 그리고 그 밖의 지도자들은 다스리는 권세가 있어야 한다. 또한 그들은 그 권세에 근거하여 목적을 이룰 수 있는 능력이 있어야 한다. 지도자들은 그들의 지배를 받는 사람들에게 "이렇게 해주십시오. 이렇게 할 뜻이 있다면 그렇게 좀 해주십시오"라고 말해서는 안 된다. 그들을 향해 "이렇게 하라"라고 말해야 한다. 그렇기 때문에 그들 뒤에는 군대와 경찰이 있다. 그들은 명령을 내릴 수 있는 권세가 있고, 그 명령을 집행할 수 있는 능력이 있다. 하나님께서도 이 두 가지를 모두 갖고 계신다.

능력은 있지만 권세는 없는 하나님은 존재하지 않는다. 삼손은 능력은 있지만 권세는 없는 사람이었기 때문에 자기의 능력을 어떻게 써야 할지 몰랐다. 반면, 권세는 있지만 능력은 없는 사람들도 있다. 권세는 있지만 능력은 없는 경우에 해당하는 것이 바로 국제연합(UN)이다. 예를 들어보자. 국제연합이 어떤 강대국에 대해 "우리는 당신들에게 이런 것, 저런 것을 행하라고 명령한다"라고 말한다면, 그 강대국 위정자들은 "너나 잘하세요"라고 말하면서 자기들 멋대로 할 것이다. 권세는 있지만 그것을 집행할 능력이 없는 사람은 조롱당할 뿐이다. 반면, 권세 없이 능력만 있는 사람은 아무것도 이룰 수 없다. 그러나 전능하신 하나님은 주권적인 분이시기 때문에 권세와 능력을 모두 갖고 계신다.

이미 우리는 하나님의 속성이 완전하고 무한하다는 것에 대해 논의한 적이 있다. 그분의 속성 가운데 하나는 그분이 가지신 절대적 능력이다. 그분은 전능하시다. 즉, 그분은 존재하는 모든 능력을 갖고 계신다. 그렇다면 이제 우리는 "하나님께는 권세가 있는가?"라는 물음을 갖게 된다. 사실 이런 질문을 던지는 것 자체가 어리석은 일일 것이다. 왜냐하면 하나님께서 어떤 일을 집행하시기 위해 누군가에게 허락을 받아야 한다는 것은 있을 수 없는 일이기 때문이다. 천지를 지은 전능하신 하나님이 자기보다 높은 위치에 있는 권세자에게 편지를 보내어 "이 별을 저쪽으로 굴려 보내고 이 은하계를 좀 뜯어고쳐도 되겠습니까?"라고 묻는 일은 일어날 수 없다. 하나님이 자신보다 더 높은 권세자에게 문의한다는 것은 상상조차 할 수 없는 일이다.

하나님은 누구에게 자문을 구할 수 없다. 누가 '가장 높은 분' 보다 더 높은가? 그런 존재는 없다. 하나님 이전에 누가 있었는가? 그런 존재는 없었다. 누가 전능하신 분보다 더 능력이 있는가? 그런 존재는 없다. 하나님이 누구의 보좌 앞에 무릎 꿇을 수 있을까? 그런 일은 일어날 수 없다! 하나님보다 더 큰 자는 없다. 하나님은 "나는 처음이요 나는 마지막이라 나 외에 다른 신이 없느니라"(사 44:6)라고 말씀하셨다.

조로아스터교라는 종교가 있다. 이것은 '배화교'(拜火敎)라고도 불린다. 내 개인적인 판단으로는, 배화교가 비기독교적(非基督敎的)이면서 비계시적(非啓示的)인 종교들 중에서는 가장 탁월한 종교라고 생각된다. 아무튼 배화교는 이원론적(二元論的) 세계관에 기초하고 있다. 배화교의 교리에 의하면, 선한 신(神)과 악한 신(神)이 있다고 한다. 이렇게 두 신을 전제하면 선과 악의 문제를 설명하는 데 매우 편리하다는 장점이 있는 것은 사실이다. 아후라 마즈다(Ahura Mazda)는 모든 것을 선하게 만든 선한 신이다. 반면 아리만(Ahriman)은 악한 신이다. 아후라 마즈다가 선한 것을 만들면 아리만은 그것에 대조되는 악한 것을 만들었다. 아후라 마즈다가 햇빛을 만들면, 아리만은 눈(雪)을 만들었다. 전자가 사랑을 만들면, 후자는 미움을 만들었다. 전자가 생명을 만들면, 후자는 죽음을 만들었다. 2명의 창조주를 믿는 것이 배화교이다.

그러나 전능하신 하나님은 이런 잘못된 사상을 부정하신다. 왜냐하면 하나님 홀로 창조주이시기 때문이다. 성경은 우리 주 예수 그리스도에 대해 이렇게 선포한다.

"만물이 그에게 창조되되 하늘과 땅에서 보이는 것들과 보이지 않는 것들과 혹은 보좌들이나 주관들이나 정사들이나 권세들이나 만물이 다 그로 말미암고 그를 위하여 창조되었고 또한 그가 만물보다 먼저 계시고 만물이 그 안에 함께 섰느니라"(골 1:16,17).

태초에 하나님은 천지를 창조하셨고, 그 안에 있는 모든 것을 만드셨다. 하나님 외에 다른 창조신(創造神)은 없었다! 하나님은 창조의 사역을 그 누구에게도 양보하지 않으셨다. 하나님은 사랑, 자비 그리고 인자 같은 그분의 일부 속성을 우리에게도 나누어주셨다. 하지만 창조자로서의 속성은 그 누구에게도 나누어주지 않으셨다. 전능하신 하나님 홀로 창조주이시다. 신은 2명일 수 없다. 오직 한 하나님이 계실 뿐이다!

그런데 죄가 우주에 넘치고 있다(나는 이것을 이해하지 못하겠다). 죄는 "불법의 비밀"(살후 2:7)이라고 불리는데, 데살로니가후서 2장 7절에서는 이 불법의 비밀이 이미 활동했다고 말한다. 나는 이 불법의 비밀을 이해하지 못하겠다. 나는 거룩하신 하나님이 어찌하여 이 악한 것이 그분의 우주 안에 들어오도록 허락하셨는지 알지 못한다. 그러나 나는 그분의 계획이 이것을 고려했다는 것을 안다. 하늘과 땅과 아담을 창조하겠다고 계획을 세우셨을 때, 그분은 죄가 우주 안으로 들어와 폭군처럼 활개 칠 것을 아셨기 때문에 죄를 염두에 두고 계셨다. '죄'라는 이 무법자가 지금 하늘에 있는 것은 사실이지만 이 무법자는 하나님의 계획을 좌절시킬 수도 없고 변화시킬 수도 없다. 마치 시골 오지(奧地)에 숨은 무법자가 국가적 사업을 방해할 수 없는 것처럼 말이다.

하나님의 주권과 자유의지

하나님이 주권적인 분이라면, 우리는 인간의 자유의지를 어떻게 이해해야 하는가? 내가 이 얘기를 꺼내는 순간, 이런 골치 아픈 얘기를 차라리 회피하고 싶다는 생각이 당신의 머리를 스칠지도 모르겠다. 하기야 이런 문제를 덮어두고 편히 쉬는 것이 더 나을지도 모른다. 하지만 누군가의 말을 인용하여 말하자면, "괴로워하는 자를 위로하고 편한 자를 괴롭게 하는 것이 선지자의 일이다." 만일 당신이 지금 편하다면 당신은 괴롭힘을 당해야 할지도 모른다. 당신을 괴롭게 하는 가장 좋은 방법 중 하나는 하나님과 관계된 것들에 대해 생각하는 것이다.

하나님의 주권과 인간의 자유의지 사이의 관계를 이렇게 설명해 보자. 하나님의 주권이라는 말 속에는 "하나님이 모든 것을 통제하시고 하나님이 처음부터 모든 것을 다 계획하셨다"라는 뜻이 내포되어 있다. 인간의 자유의지라는 말 속에는 "인간은 그의 인간적 능력의 한계 안에서는 얼마든지 자기가 원하는 것을 선택할 수 있다"라는 뜻이 내포되어 있다. 우리가 언뜻 생각할 때, 인간의 자유의지는 하나님의 계획에 반항하고 하나님의 뜻을 거스르는 것처럼 보인다. 그렇다면 서로 충돌하는 것처럼 보이는 인간의 자유의지와 하나님의 주권을 어떻게 조화시킬 수 있을까?

교회사(敎會史)를 돌아보면, 이 문제를 놓고 두 가지 주장이 제기되었는데, 이 둘을 살펴보면 서로 다른 방법으로 문제를 해결하려고 시도한 점이 엿보인다. 우선 한쪽은 하나님의 주권을 강조하는 사람들이었는데, 그들은 이렇게 말했다.

"하나님은 처음부터 모든 것을 계획하셨다. 하나님은 어떤 사람들은 구원받을 자들로, 다른 사람들은 그렇지 못할 자들로 정하셨다. 그리스도는 구원받을 자들만을 위해서 돌아가셨다. 그리스도는 구원받지 못할 자들을 위해 돌아가신 것이 아니다."

이렇게 믿는 사람들은 존 칼빈의 추종자들이다.

반면 이들과 다르게 생각하는 사람들은 "그리스도는 모든 사람들을 위해 돌아가셨으며, 인간에게는 선택할 자유가 있다"라고 주장한다. 하지만 하나님의 주권을 강조하는 사람들은 "만일 선택할 자유가 인간에게 있다면 하나님은 주권적인 분이 아니시다. 만일 인간이 하나님이 원하지 않는 선택을 한다면 하나님의 뜻이 좌절되는 것이다"라고 반박한다.

나는 이 문제를 깊이 생각하여 이 딜레마를 해결할 수 있는 방법을 찾아냈다. 내가 알기로는, 이런 방법에 대해 설교나 글로 표현한 사람이 없다. 만일 나의 해석이 잘못된 것이라면 신학자들이 바로잡을 것이다(언젠가 나는 영국의 신학적 권위자들 중 한 사람인 마틴 로이드 존스 앞에서 나의 해석을 이야기했다. 그는 내 말을 반박하지 않고 다만 미소를 지었다. 그는 내 해석을 받아들인다고 말하지 않았다. 하지만 내 해석을 받아들이지 않는다고 말하지도 않았다). 아무튼 이제 나는 내 해석을 당신에게 제시하고 그에 대한 당신의 평가를 듣고 싶다.

하나님이 주권적인 분이라는 것은 그분이 절대적으로 자유롭다는 것을 의미한다. 그분께는 그분이 원하는 것을 언제, 어디서나 영원히 행할 수 있는 절대적 자유가 있다. 인간에게 자유의지가 있다는 것은 그가 비록 하나님의 뜻에 어긋나는 결정을 내릴지언정 그가 원하는 대로 결정을 내릴 수 있다는 것을 의미한다.

이렇게 하나님의 주권과 인간의 자유의지가 충돌하는 곳에서 신학자들은 두 편으로 갈라져 치열하게 논쟁을 벌인다. 마치 숲 속에서 사슴 두 마리가 서로 물러서지 않고 싸우며 뒹굴다가 둘 다 죽는 것처럼 말이다. 이제 내 견해를 말하겠다.

전능하신 하나님은 주권적이시다. 다시 말해서 그분이 원하시는 대로 행하실 자유를 갖고 계신다. 하나님이 원하시는 것들 중에는 내가 원하는 것을 행할 수 있는 자유를 내게 주는 것도 포함된다. 내가 나의 뜻에 따라 행하는 것은 하나님의 뜻을 거스르는 것이 아니라 하나님의 뜻을 성취하는 것이다. 왜냐하면 하나님의 주권 가운데 하나님은 내게 자유로운 선택을 할 수 있는 자유를 주셨기 때문이다.

비록 내가 하나님이 원하시는 선택을 하지 않는다 할지라도 나의 선택으로 말미암아 하나님의 주권이 실현된다. 나는 선택을 할 수 있는데, 주권적이고 완전히 자유로운 하나님께서 내게 "나의 주권적인 자유 가운데 나는 네게 약간의 자유를 허락한다. '너희 섬길 자를 오늘날 택하라' (수 24:15). 네가 원하는 대로 선을 행하든지 악을 행하든지 하라. 나를 따르든지 말든지 하라. 내게 가까이 오든지 말든지 하라. 천국으로 가든지 지옥으로 가든지 하라"라고 말씀하셨기 때문이다.

주권적 하나님은 당신에게 선택권을 주면서 "선택은 너의 몫이다. 네가 선택해야 한다"라고 말씀하셨다. 내가 선택을 한다는 것은 하나님의 주권을 실현한다는 것이다. 왜냐하면 하나님의 주권적 뜻에 따라 하나님은 내가 자유롭게 선택하기를 원하시기 때문이다. 만일 내가 지옥에 가기를 선택한다면 그것은 하나님의 사랑이 원하는 것은 아니다. 하지만 그럴지라도 그것은 하나님의 주권을 부정하거나 소멸하지 않는다. 그러므로 나는 한 손에는 존 칼빈을 잡고 다른 손으로는 야콥 알미니우스(Jacob Arminius, 1560~1609. 네덜란드의 신학자로서 칼빈주의에 반대했다)를 잡고 거리를 활보할 수 있다(물론, 이 두 사람 모두 내 손을 잡고 거리를 활보하기를 거부할 것이다. 왜냐하면 칼빈은 내가 너무 알미니우스 쪽으로 치우쳤다고 말할 것이고 알미니우스는 내가 너무 칼빈에게 가깝다고 불평할 것이기 때문이다).

그러나 나는 이 두 사람 사이에 있는 것에 만족한다. 나는 하나님의 주권과 인간의 자유를 모두 믿는다. 자신의 뜻대로 행하실 자유를 갖고 계신 하나님께서는 인간에게 인간의 뜻대로 행할 수 있는 제한된 자유를 주셨다(물론, 이것은 아주 큰 틀 안에서 하는 얘기가 아니고 작은 틀 안에서 하는 얘기이다). 사실, 아주 많은 일들을 당신 뜻대로 행할 수 있는 자유가 당신에게 주어진 것은 아니다. 당신에게는 도덕적 선택을 할 수 있는 자유가 주어졌다. 넥타이의 색깔을 고르고 먹을 음식을 선택할 수 있는 자유가 당신에게 있다. 당신은 원하는 사람과 결혼할 수 있는 자유가 있다(물론, 결혼에 이르려면 상대방도 당신을 선택해야 한다). 당신은 몇 가지 일들에서 자유로운 선택을 할 수 있지만, 많은 일들에서는 그렇지 못하다. 아무튼, 당신이 자유롭게 행할 수 있는 것들은 완전히 자유로운 하나님께서 주신 선물이다. 그러므로 내가 선택을 할 때마다 나는 하나님이 내게 주신 자유를 실현하는 것이고, 따라서 하나님의 주권을 실현하고 집행하는 것이다.

자유와 책임

내 말을 좀 더 이해하기 쉽도록 예를 들어보자. 여기에 배 한 척이 있다. 이 배는 1,000명의 승객을 싣고 뉴욕 시를 떠나 영국의 리버풀로 향한다. 승객들은 안락한 배를 타고 가면서 여행을 즐기게 될 것이다. 이 배를 책임진 선장은 "당신은 이 배를 리버풀의 항구까지 운항해야 합니다"라고 적힌 항해 명령서를 손에 쥐고 있다.

배는 출발하고 승객들은 해변에 늘어선 사람들에게 손을 흔든다. 이제 육지를 떠난 배가 당도할 곳은 리버풀이다. 중간에 머물 곳이 없다. 리버풀까지는 망망대해뿐이다. 배가 항구를 떠나자 자유의 여신상도 보이지 않는다. 그렇다고 해서 영국의 해안이 보이는 것도 아니다. 배는 대양을 끊임없이 달려야 한다. 이제 승객들은 무엇을 할까? 모든 승객이 쇠사슬에 묶여 있고 선장이 막대기를 들고 돌아다니며 그들의 줄이 흩어지지 않게 닦달하는가? 천만의 말씀이다. 원반 밀어 치기(긴 막대로 원반을 치는 놀이) 코트가 여기에 있고, 테니스 코트가 저기에 있고, 수영장이 그 옆에 있다. 이 방에서는 그림을 감상할 수 있고, 저 방에서는 음악을 들을 수 있다.

승객들은 배의 갑판에서 그들이 원하는 대로 얼마든지 돌아다닐 수 있다. 그렇지만 그들이 배의 항로를 바꿀 수는 없다. 그들이 배 안에서 무엇을 하든 배는 리버풀로 가게 되어 있다. 그들이 원하면 배에서 뛰어내릴 수도 있지만, 계속 배에 머물면 결국에는 리버풀에 도착한다. 누구도 배의 항로를 바꿀 수 없다. 하지만 그 배 안에서는 얼마든지 자유를 누릴 수 있다.

당신과 나에게는 삶이라는 것이 주어졌다. 우리는 태어났고, 하나님은 우리에게 이렇게 말씀하신다.

"나는 출생의 해안에서 너를 바다로 내보냈다. 결국 너는 '죽음'이라고 불리는 작은 항구에 도착할 것이다. 그때까지 너는 네가 원하는 대로 얼마든지 행동할 수 있다. 하지만 항구에 도착하면 그동안 네가 한 행동에 대해 책임을 져야 할 것이다."

우리는 마음대로 살 수 있다고 선언하면서 권력을 휘두르고 이런저런 것들을 요구한다. 우리는 자유를 자랑한다. 맞다. 우리에게 어느 정도의 자유가 있는 것은 사실이다. 그러나 우리가 전능하신 하나님이 정하신 코스를 바꿀 수 없다는 것을 기억하라. 하나님은 예수 그리스도를 믿고 따르는 자들은 구원을 받을 것이고 예수 그리스도를 거부하는 자들은 저주를 받을 것이라고 말씀하신다. 이것은 영원히, 주권적으로 정해진 진리이다. 그런데 죽음의 항구에 도착할 때까지는 우리 뜻대로 할 수 있는 자유가 주어져 있다. 하나님의 주권적인 뜻은 우리가 이 자유를 어떻게 사용했느냐에 대해 책임을 지는 것이다(그러나 안타깝게도 이 사실에 대해 생각하는 사람들은 별로 없다).

하나님의 뜻과 계획은 성취되고야 만다

하나님께는 자신이 이루려고 하시는 계획이 있다.

"여호와의 길은 회리바람과 광풍에 있고 구름은 그 발의 티끌이로다"(나 1:3).

자신의 계획을 추진하실 때, 하나님은 특정 방향으로 나아가신다. 그런데 하나님의 적(敵)이 그분에게서 받은 적은 자유를 악용하여 그분의 뜻과 목적에 거스를 때 문제가 발생한다. 우리가 하나님의 뜻 안에서 행할 때에는 모든 것이 순조롭게 진행되지만, 하나님의 뜻에서 벗어나면 우리에게 어려움이 발생한다.

존 밀턴의 작품 「실락원」에서 사단은 "내가 하나님이 만드신 인류에게 상처를 입히면 내가 그분께 상처를 입히는 것보다 더 그분에게 피해를 줄 수 있을 것이다"라고 말한다. 나는 사단의 심리에 대한 밀턴의 해석이 옳다고 믿는다. 사단은 군사적 공격으로 천국을 빼앗겠다는 생각을 버리고 대신 에덴동산으로 찾아와 여자를 유혹했다. 인류가 타락하게 되자 하나님의 계획이 좌절된 것처럼 보였다. 즉, 하나님이 만드신 세계를 하나님의 형상으로 만들어진 백성으로 채우시려는 하나님의 계획이 계속 추진될 수 없는 것처럼 보였다.

언젠가 나는 남부의 어떤 설교자가 첫 아담을 축(軸)에 매단 바퀴에 비유하는 말을 들었다. 그의 비유에 따르면, 첫 아담이 타락하여 축에서 떨어져나갔을 때 하나님은 마지막 아담(예수 그리스도)을 두 번째 바퀴로 대신 끼워 넣으셨다는 것이다. 이는 좋은 비유라고 생각된다. 첫 아담이 무너졌을 때 둘째 아담이 개입했다. 사실, 둘째 아담은 하나님의 창조가 시작될 때부터 하나님의 계획 안에 있었다. 하나님은 회오리바람과 폭풍우를 헤치며 전진하셨고, 역사(歷史)의 구름을 자신의 발의 먼지로 삼으셨다.

이스라엘 민족이 애굽에 있을 때 하나님은 그들을 약속의 땅으로 데리고 가기를 원하셨다. 하나님이 "내 백성을 보내라"(출 7:16)라고 말씀하셨지만, 애굽은 하나님이 그들에게 허락하신 적은 권세를 악용하여 이스라엘 민족을 보내기를 거부했다. 그러자 하나님의 발의 먼지인 구름이 애굽에 임했다. 그 구름은 하나님이 애굽의 10가지 신(神)을 치기 위해 하늘로부터 보내신 10가지 재앙이었다. 애굽의 모든 집에서 초상이 났지만 이스라엘 민족은 평안한 가운데 하나님을 찬양했다. 또한, 강력한 애굽 군대의 병사들이 모두 물에 빠져 죽었지만 이스라엘 민족은 홍해 건너편에서 평안을 누렸다.

역사(歷史)가 하나님의 뜻에 따를 때에는 모든 것이 평안하다. 반면 역사가 하나님의 뜻을 거스를 때에는 폭풍우와 홍수와 불이 임한다. 그러나 이런 것들이 다 지나가면 하나님은 회오리바람과 폭풍우를 헤치며 전진하시고 구름을 하나님의 발의 먼지로 삼으신다.

우리 주 예수 그리스도께서 태어나셨을 때 그분의 육신은 보통의 평범한 아기와 다를 것이 없었을 것이다. 그분은 스스로 머리를 들어 올리지 못하고, 말하지 못하고, 치아도 없었을 것이다. 머리털이 조금밖에 없는 힘없는 아기였을 것이다. 만일 사람들이 그분을 잠시라도 돌보지 않았다면 그분은 돌아가셨을 것이다. 그분은 다른 아기들과 조금도 다를 바 없이 완전히 무력한 상태에 처했을 것이다. 그분이 태어난 지 얼마 안 되어 헤롯 왕은 베들레헴의 갓난아기들을 모두 죽이라는 명령을 내렸다(마 2:16 참조). 하나님께서는 부모가 돌봐주지 않으면 엄마의 품에서 잠조차 잘 수 없는 어린 아기로 인해 온 로마제국이 난리를 치도록 내버려두신 것이다!

그러나 결국 누가 승리했는가? 아기 예수님은 성인(成人)이 되어 십자가에 못 박혀 죽은 다음 부활하셨다. 그리고 로마제국은 멸망을 당하는 수모를 겪었다. 한때 로마제국의 사악한 권력 때문에 죽임을 당할 뻔했던 분은 하나님 우편에 앉아 그 제국의 멸망을 내려다보셨다.

나는 소비에트 연방의 초기 지도자 스탈린 시대에, 그가 "우리는 저 수염 달린 신을 하늘에서 끌어내릴 것이다"라고 말한 것을 기억한다. 그러나 혼돈을 내려다보신 하나님은 "빛이 있으라"라고 말씀하셨다. 애굽을 내려다보신 하나님은 "내 백성을 보내라"라고 말씀하셨다. 로마제국을 내려다보신 하나님은 "너희는 내 아들을 죽일 수 없다"라고 말씀하셨고 또한 그 제국이 자체 붕괴되도록 하셨다. 이런 하나님께서 스탈린을 조용히 내려다보시며, 그가 "우리는 저 수염 달린 신을 하늘에서 끌어내릴 것이다"라고 말하는 것을 들으셨다. 이 하나님은 아직도 하늘에 계신다.

그러나 스탈린은 죽었다. 사람들은 그의 시체를 방부 처리하여 크렘

린 궁전에 전시했다. "우리는 저 수염 달린 신을 하늘에서 끌어내릴 것
이다"라고 말한 자가 이제는 사람들의 구경거리로 전락했다! 역사의
회오리바람을 자신의 발의 먼지로 삼으시는 하나님은 역사상 가장 사
악한 사람이었던 그를 동정의 눈빛으로 내려다보신다.

요한계시록 4장 1-3절을 읽어보자(나는 이 구절을 너무 사랑한다.
이 구절의 의미를 내가 다 알 필요는 없겠지만, 아무튼 내게는 너무
아름다운 구절이다).

"이 일 후에 내가 보니 하늘에 열린 문이 있는데 내가 들은바 처음
에 내게 말하던 나팔 소리 같은 그 음성이 가로되 이리로 올라오라
이후에 마땅히 될 일을 내가 네게 보이리라 하시더라 내가 곧 성령에
감동하였더니 보라 하늘에 보좌를 베풀었고 그 보좌 위에 앉으신 이
가 있는데 앉으신 이의 모양이 벽옥과 홍보석 같고 또 무지개가 있어
보좌에 둘렸는데 그 모양이 녹보석 같더라."

무지개는 반원(半圓)이다. 무지개는 지평선에서 시작하여 아치형
을 그린 후에 다시 지평선에서 끝난다. 그러나 이 구절의 무지개는
완전한 원이다. 그러므로 마치 하나님께서 "불사성과 무한성을 상징
하는 녹보석 같은 무지개가 내 보좌를 두르고 있다"라고 말씀하시는
것 같다. 그 누구도 하나님을 멸할 수 없다.

십자가와 하나님의 주권

하나님의 주권은 예수님의 죽음에서도 드러났다. 예수님은 이 땅에
서 사람들과 함께 사셨다. 그분이 33세가 되셨을 때, 사람들은 그분이
이스라엘의 왕으로 등극해야 할 시기가 되었다고 생각했다. 심지어 그

들은 그분을 억지로 왕으로 세우려고 했다(요 6:15). 그러나 그분은 단호히 거부하셨다. 그후 예수님은 붙잡혀 십자가에 못 박히셨다.

언젠가 나는 웨일스의 한 설교자가 "예수님의 제자들은 아무도 그분을 십자가에 못 박지 못할 것이라고 생각했습니다. 그들은 그분이 돌아가실 것이라고 믿지 않았습니다"라고 말하는 것을 들었다. 나는 이 설교자의 견해가 옳다고 믿는다. 제자들은 파도를 잔잔케 하고 병자들을 고치고 귀신을 쫓아내고 소경의 눈을 뜨게 한 이 놀라운 분이 돌아가실 것이라고 상상하지 못했다. 만에 하나 그분이 돌아가신다 해도 그분은 즉시 영광스럽게 부활하여 이스라엘의 왕으로 등극하실 것이라고 그들은 믿었다. 그러나 십자가에 달리신 예수님은 십자가에서 내려오지 않으셨다. 결국 예수님은 십자가에서 돌아가셨고, 사람들이 예수님을 십자가에서 내렸다. 그들은 슬픔과 눈물 가운데 그분을 향품과 함께 세마포로 싸고 요셉의 새 무덤에 장사 지냈다.

며칠 후 두 사람이 엠마오로 가는 길을 걷고 있었다. 그러던 중 어떤 사람이 그들 곁으로 다가와 "너희는 왜 그토록 슬퍼 보이느냐? 너희의 목소리가 왜 그렇게 힘이 없느냐? 어찌하여 너희는 그토록 우울해 보이느냐?"라고 물었다.

그러자 그들은 이렇게 대답했다.

"틀림없이 당신은 예루살렘에 사는 사람이 아니군요. 당신은 큰 선지자가 나타난 것을 모릅니까? 우리는 그분이 하나님의 아들이라고 믿었소. 우리는 그분이 돌아가실 것이라고 믿지 않았소. 아니, 적어도 그분이 돌아가신다 해도 즉시 부활할 것이라고 믿었소. 그러나 오늘로 사흘이 되었지만 아직 그분이 부활하지 않으셨기 때문에 우리의 소망은 다 사라졌소. 우리에게는 낙심과 슬픔이 가득합니다."

그러자 그 사람이 다시 말했다. 그의 말이 길어져 쉽게 끝날 것 같지 않았기 때문에, 그들은 그를 초대하여 함께 머물며 식사하기를 원했다. 그 사람이 떡을 뗄 때에 그의 손에 있는 십자가의 못 자국이 보였다. 그들은 놀랐지만, 그는 곧 사라졌다. 그들은 벌떡 일어나 서로를 쳐다보며 "우리에게 성경을 풀어주실 때에 우리 속에서 마음이 뜨겁지 아니하더냐"(눅 24:32)라고 소리쳤다.

전능하신 하나님이 임하여 기적 중의 기적을 행하셨다. 그것은 십자가에서 죽으심으로써 하나님을 영화롭게 하신 예수님을 부활시킨 사건이었다! 이렇게 주권적 하나님은 회오리바람과 폭풍우를 뚫고 전진하셨다.

그 누구도, 그 무엇도 하나님을 막을 수 없다

오늘날 우리는 새 시대로 들어서고 있다. 예수 그리스도와 로마제국이 서로 갈등 관계에 있었던 이래 지금까지 이런 시대가 없었다. 그때 살아 계셨던 하나님은 지금도 살아 계신다. 그러므로 나는 의심도 두려움도 없다. 나는 밤에 편히 잘 수 있다. 왜냐하면 하나님이 자신의 계획을 다 이루실 것이라고 믿기 때문이다.

하나님의 계획은 무엇인가? 예를 들면, 그분이 아브라함과 이스라엘에게 하신 약속을 들 수 있다. 그분은 약속을 하셨고, 그것을 이루실 것이다. 그분은 아브라함에게 그의 후손이 가나안 땅을 차지하게 될 것이라고 약속하셨다. 그리고 그분은 이스라엘에게 그가 야곱의 집을 영원히 다스릴 것이라고 말씀하셨다. 나는 하나님께서 아브라함과 이스라엘에게 주신 약속을 이루실 것이라고 믿는다. 그분의 약속 이행을 막을 수 있는 것은 전혀 없다.

또한 하나님은 구속(救贖)받은 자들을 불러 모아 영광스럽게 하겠다고 말씀하셨다. 제2차 세계대전 직후 선교사들은 "선교활동을 할 수 있는 시간이 얼마 남지 않았다"라고 말하기 시작했다. 선교사로 부름받았다고 느끼는 젊은이들은 "선교지로 나가기 위해 훈련받을 필요가 있느냐? 선교의 문이 하나 둘씩 차례로 닫히고 있다"라고 말하면서 선교지로 나가지 않았다.

그러나 언제 어디서나 자유롭게 자신의 뜻대로 행하실 수 있는 하나님은 자신의 계획을 다 이루실 것이다. 당신은 이 진리를 얼마든지 믿어도 좋다. 하나님의 계획 중 하나는 모든 방언, 모든 나라, 모든 종족, 모든 인종 그리고 모든 민족으로부터 사람들을 구속하여 불러 모으는 것이다(계 5:9 참조). 하나님은 그들이 하나님의 거룩한 아들을 닮게 만드실 것이며, 그들은 하나님의 아들의 신부(新婦)가 될 것이다. 하나님의 아들 예수 그리스도는 구속받아 깨끗케 된 그들을 성부 하나님께 데리고 갈 것이다. 왜냐하면 그들은 신부로서 어린양과 동행했기 때문이다. 나는 이것을 정말 믿는다.

나는 도처에서 볼 수 있는 기독교 내부의 다양한 분파들이나 거짓된 '주의(主義)들'(isms)이 하나님의 계획을 바꾸거나 방해할 것이라고 믿지 않는다. 그분은 회오리바람과 폭풍우를 헤치며 전진하실 것이고 구름을 그분 발의 먼지로 삼으실 것이다.

또한 하나님께서는 죄인들이 땅에서 소멸될 것이라고 선언하셨다

(시 104:35). 지금 죄악이 곳곳에 깊이 뿌리내리고 있다. 조직범죄가 우리 사회에서 기승을 부리고 있다. 범죄자들이 너무 조직화되어 있기 때문에 경찰도 손을 못 대고 있다. 경찰이 그들을 체포하여 재판에 넘길지라도 대법원은 증거 불충분으로 그들을 풀어준다. 암이 환자의 인체에 악영향을 끼치듯이 조직범죄가 세상에 악영향을 미치고 있다. 다시 말하지만, 온 세상에 죄악이 너무 뿌리 깊게 퍼져 있다.

나는 암이 자꾸 전이되어 그 뿌리가 마치 문어발처럼 온몸에 퍼진 사람이 있다는 말을 들었다. 물론 이 사람은 오래 살지 못했다. 만일 세상을 경영하시는 주권적 하나님이 계시지 않으면 인류는 오래 가지 못할 것이다. 죄악이라는 암이 지긋지긋한 병마(病魔)처럼 사방에 뿌리를 내리고 있다. 그러나 하나님은 죄인들을 땅에서 소멸하실 것이라고 말씀하신다. "의(義)의 거하는바 새 하늘과 새 땅"(벧후 3:13)이 있을 것이다. 하나님께서는 땅을 새롭게 하고 죄인들을 소멸하시겠다고 정하셨다.

그 누구도, 그 무엇도, 하나님을 막을 수 없다. 혹시 당신이 "하나님께 권세와 능력과 선한 뜻이 있다 할지라도 예기치 못한 상황이 발생하여 하나님의 계획에 차질이 생길 수도 있다"라고 말할지도 모르겠다. 그러나 하나님께는 예기치 못한 상황이라는 것이 있을 수 없다. 당신이 길거리에서 산책을 할 때 검은 고양이가 갑자기 당신 앞에 나타날 수도 있다. 경관이 당신에게 주의를 줄 수도 있다. 차가 인도로 돌진하여 당신의 다리를 부러뜨릴 수도 있다. 당신의 미래는 모르는 것이다. 돌발 상황이 발생할 가능성이 당신과 내 주변에 널려 있다. 그러나 주권적인 하나님께는 그런 상황이 발생할 수 없다.

그분은 마지막을 처음부터 알고 계신다. 그분은 사람 속에 무엇이 있는지를 물으실 필요가 없다. 그분은 모든 사람을 아신다. 하나님께 돌발 상황은 없다.

하나님의 눈에는 사고(事故)가 없다. 왜냐하면 그분의 지혜가 사고를 예방하기 때문이다. 당신은 고속도로에서 시속 100킬로미터로 달리다가 갑자기 타이어 펑크가 나는 바람에 사고를 당할 수도 있다. 누군가 타이어를 제대로 만들지 않아 펑크 난 것이다(나는 오하이오 주 애크런에 있는 고무공장에서 타이어 만드는 일을 했었다. 우리는 나름대로 기술을 발휘하여 타이어를 만들었는데, 타이어가 공장 밖으로 나가기 전에 펑크 나지 않는 것이 참으로 대단했다!). 그러나 전능하신 하나님의 지혜는 펑크가 나지 않는다. 전능하신 하나님은 자신이 무엇을 하는지 잘 아신다. 완전히 지혜로우신 그분께는 사고가 없다. 그분이 내리신 명령을 무효화할 수 있는 명령을 내릴 수 있는 존재도 없다.

전하는 바에 따르면, 제2차 세계대전 중에 겪은 가장 어려웠던 일들 중 하나는 서로 상반된 명령이었다고 한다. 몽고메리, 알렉산더 그리고 아이젠하워 같은 고집 센 장군들이 많았기 때문에 서로 상반된 명령이 하달되곤 했다는 것이다. 다시 말해서 어떤 한 사람이 명령을 내리면 다른 사람이 그 명령을 뒤집었다는 것이다. 이런 일에 대한 기록은 도처에서 발견된다. 어떤 사람이 작전 명령을 준행하면 다른 사람이 나서서 "잠깐만요! 아무개에게서 명령을 받았는데, 이 작전을 취소하라고 합니다"라고 말했다. 그러면 다시 처음 사람이 나타나 "아닙니다. 나는 이 작전을 시작하라는 명령을 받고 이렇게 하는 것입니다"라고 응수했다. 이런 식으로 그들은 꼬리에 꼬리를 물면서 서로 다투었다.

그러나 나는 지금 이 자리에서 당신에게 묻고 싶다. 누가 감히 전능하신 하나님께서 내린 명령을 취소할 수 있는가? 주권자 하나님께서 일이 이러이러하게 진행될 것이라고 말씀하시면, 그것은 틀림없이 그렇게 될 수밖에 없다. 누구도 바꿀 수 없다.

혹자는 "하나님께서 연약하여 실패하실지도 모른다"라고 말할지도 모른다. 그러나 존재하는 모든 능력이 하나님 것이기 때문에 하나님은 결코 약해질 수 없다. 수소폭탄, 원자폭탄 같은 것들은 하나님의 능력에 비하면 아무것도 아니다. 이런 것들은 하나님께 공깃돌 정도에 불과하다. 하나님은 회오리바람과 폭풍우를 헤쳐나가신다. 이것이 바로 하나님의 주권이다.

하나님 편에 섰는가?

그렇다면 이 모든 것이 당신과 나에게 어떤 의미를 갖는가? 이것은, 우리가 하나님의 뜻을 거슬러 신앙을 버리려고 할 때 그분은 우리가 그렇게 하기를 원하는 것은 아니지만 그럼에도 우리에게 그렇게 할 수 있는 자유를 주기를 원하신다는 것을 의미한다. 만일 당신이 자유를 사용하여 하나님의 길을 거부하는 편을 택한다면 당신은 자유를 사용하여 지옥으로 가는 길을 선택한 것이다. 천국과 지옥의 문제에 있어서 확실한 사실 한 가지가 있다면, 천국을 가든 지옥을 가든 결코 '우연히' 가는 것은 아니라는 것이다. 지옥은 지옥으로 가는 길을 선택한 사람들로 채워질 것이다. 그들이 지옥 자체를 선택하지 않았을지 모르지만, 그들은 지옥에 이르는 길을 선택했다. 그들이 지옥에 있는 것은 어둠으로 이끄는 길을 사랑했기 때문이다. 그들은 자유롭게 그 길을 선택했는데, 주권적 하나님께서 그들에게 그 정도의 자유를 허락하셨기 때문이다.

천국에 있는 사람들은 모두 천국에 가기를 선택했기 때문에 거기에 있는 것이다. 죽어서 깨어나 보니 자신이 천국에 있음을 알고는 "내가 여기에 오려고 계획했던 것은 아닌데 우연히 오게 되었다"라고 말할 사람은 한 사람도 없다. 누가복음 16장 22,23절을 보면, 가난하고 선한 나사로는 죽어서 아브라함의 품에 안겼고, 부자는 죽어 지옥에 가서 눈을 들어 그들을 보았다. 나사로와 부자는 각각 그들에게 합당한 곳으로 갔다. 가룟 유다가 죽었을 때 그는 "제 곳으로 갔다"(행 1:25). 나사로는 죽었을 때 그에게 합당한 곳으로 간 것이다. 그들은 모두 그들이 선택한 곳으로 갔다. 그러므로 누구든지 하나님의 편에 서지 않으면 실패하는 쪽에 선 것이다. 이를 분명히 기억하라.

이 모든 것은 헌신, 영적 성장 및 순종에 적용된다. 헌신, 영적 성장 및 순종의 얘기가 나오면 우리는 미소를 짓거나 어깨를 으쓱하며 대충 넘어가려고 한다. 이런 우리의 행동 속에는 "이런 것들은 필수사항이 아니라 선택사항이다. 우리가 원하면 하고 원하지 않으면 안해도 되는 것들이다"라는 뜻이 내포되어 있다. 그러나 당신이 하나님 편에 서려 한다면 당신에게 헌신은 필수사항이다. 만일 당신이 하나님 편에 선다면 당신은 실패할 수 없다. 반면, 당신이 하나님의 편에 서지 않는다면 당신은 성공할 수 없다. 진리는 이렇게 간단하다. 어렵게 생각할 것 없다. 당신이 아무리 친절하고 의롭고 도덕적이고 아무리 선교헌금을 많이 낸다 할지라도 하나님을 대적하면 결코 승리할 수 없다. 그러나 당신의 뜻을 굽히고 하나님 편으로 넘어간다면 당신은 결코 실패할 수 없다.

하나님과 함께 있는 사람은 실패할 수 없는데, 하나님이 실패할 수 없기 때문이다. 그분은 회오리바람과 폭풍우를 헤쳐나가는 주권적 하나님이시다. 폭풍우가 끝나고 역사의 회오리바람이 잠잠해져도 무지개로 둘러진 보좌에 앉아 계시던 하나님은 계속 자신의 보좌에 앉아 계실 것이다. 그분 옆에는 구속받은 사람들의 무리가 있을 것이다. 그들은 그분의 길을 선택한 사람들이다. 천국은 노예들로 채워지지 않을 것이다. 강제로 징집되어 천국에 온 사람은 하나도 없을 것이다. 천국에 온 사람들은 그들의 주권적 자유를 사용하여 예수 그리스도를 믿고 하나님의 뜻에 굴복하는 편을 택했기 때문에 거기에 온 것이다.

지난 주일 밤, 나는 한 젊은이와 대화를 나누었다. 그는 "나는 하나님께 '예'라고 말씀드릴 수 없습니다. 나는 하나님께 굴복할 수 없습니다"라는 취지로 말했다. 그는 훌륭하고 지적이고 호감을 주는 청년이었다. 하지만 그는 승리의 진영에 합류할 수 없었다. 다시 말해서 그는 패배의 진영에 합류하고 있었다. 그러나 하나님을 따르는 사람은 패배할 수 없다. 반면, 하나님을 거부하는 사람은 승리할 수 없다.

혹시 당신은 하나님께 굴복하지 않으려고 발버둥 치는가? 당신은 "왜 나는 성령 충만하지 못합니까?"라고 묻는가? 만일 그렇다면 그것은 당신이 하나님께 반항하기 때문이다. 하나님은 당신이 하나님의 길을 따르기를 원하시지만, 당신은 어느 정도 따르다가 방향을 틀어 다른 길로 간다. 그러므로 언제나 당신과 하나님 사이에는 다툼이 생긴다.

당신은 완전히, 영원히 하나님의 편에 섰는가? 당신은 하나님께 모든 것을 드렸는가? 당신의 집, 직업, 학교, 배우자를 모두 하나님께 드렸는가? 그리스도의 길을 따르라. 왜냐하면 그리스도는 주님이시고 주님은 주권적인 분이시기 때문이다. 주님의 길이 아닌 다른 길을 선택하는 것은 지극히 어리석은 짓이다. 하나님께 얕은꾀를 쓰려는 것은 어리석은 짓이다. 하나님께 대항하여 싸우는 것도 어리석은 짓이다.

"네가 하나님과 변쟁함은 어쩜이뇨"(욥 33:13).

하나님은
성실한 분이시다

성실하심은 하나님께서 그분 자신을 거스르는 존재가 될 수 없도록 만드는 속성이요 그분 자신을 거슬러 행동할 수도 없게 만드는 속성이다. 그분의 모든 말씀과 행하심은 그분의 성실하심과 조화를 이룬다.

"내가 여호와의 인자하심을 영원히 노래하며 주의 성실하심을 내 입으로 대대에 알게 하리이다 내가 말하기를 인자하심을 영원히 세우시며 주의 성실하심을 하늘에서 견고히 하시리라 하였나이다 … 여호와여 주의 기사(奇事)를 하늘이 찬양할 것이요 주의 성실도 거룩한 자의 회중에서 찬양하리이다 … 여호와 만군의 하나님이여 주와 같이 능한 자 누구리이까 여호와여 주의 성실하심이 주를 둘렀나이다 … 나의 성실함과 인자함이 저와 함께하리니 내 이름을 인하여 그 뿔이 높아지리로다"(시 89:1, 2, 5, 8, 24).

"만일 우리가 우리 죄를 자백하면 저는 미쁘시고[성실하시고] 의로우사 우리 죄를 사하시며 모든 불의에서 우리를 깨끗케 하실 것이요"(요일 1:9).

"우리는 미쁨[성실함, 신실함]이 없을지라도 주는 일향 미쁘시니 자기를 부인하실 수 없으시리라"(딤후 2:13).

"너희를 부르시는 이는 미쁘시니 그가 또한 이루시리라"(살전 5:24).

하나님은 시대에 뒤처진 분이 아니

시다. 아무리 계절이 바뀔지라도 하나님에 대해 설교하는 것은 언제나 적절하다. 우리는 하나님의 소유이고, 하나님을 섬긴다고 주장하는데, 이런 하나님의 속성 중 하나가 성실하심(신실하심)이다. 방금 앞에 인용한 구절들은 그분의 성실하심을 말하는 성경구절 중 일부에 불과하다. 우선 나는 하나님의 성실하심을 정의(定義)하고 그 다음에 그것을 적용하고 그것이 지금 우리에게 무엇을 의미하는지를 보여주겠다.

성실하심(신실하심)은 하나님께서 그분 자신을 거스르는 존재가 될 수 없도록 만드는 속성이요 그분 자신을 거슬러 행동할 수도 없게 만드는 속성이다. 당신은 이 정의를 마치 공리(公理)처럼 사용해도 좋다. 이 정의는 지금 당신에게 유익하며, 당신이 죽을 때 유익하다. 당신이 죽은 자들로부터 다시 살아날 때 이 정의를 기억한다면 도움을 받을 것이다. 뿐만 아니라, 오고 오는 세대들과 영구한 세월에 걸쳐 도움이 될 것이다. 하나님은 자신의 본질을 상실하실 수 없다. 그분의 모든 말씀과 행하심은 그분의 성실하심과 조화를 이룬다. 언제나 그분은 그분 자신과 그분의 일들과 그분의 피조세계에 대해 진실하실 것이다.

하나님의 기준은 그분 자신이시다. 그분은 누구도 모방하지 않으시고, 그 누구의 영향도 받지 않으신다. 이 진리는 영향력 있는 사람들을 '브이아이피'(V.I.P.)라고 추켜세우는 타락한 시대의 사람들에게 받아들여지기 힘든 진리이다. 사람들은 "머릿속에 든 것은 중요하지 않다. 인맥이 중요하다"라고 노골적으로 말한다. 그러나 하나님은 그 누구의 영향도 받지 않으신다. 그분은 누구도 모방하지 않으신다. 누구도 그분이 그분의 성품에 어긋나게 행동하시도록 강제(强制)할 수 없다. 하나님이 그분 자신에게 그리고 우리에게 불성실하게 행동하시도록 강제할 수 있는 것은 아무것도 없다. 어떤 개인도, 어떤 상황도 그렇게 할 수 없다.

하나님께서 마음을 바꾸시도록 영향을 줄 수 있는 존재가 있는가? 그분이 계획하시지 않았던 것을 행하도록 강제할 수 있는 존재가 있는가? 그분이 다른 존재로 변하도록 강제할 수 있는 존재가 있는가? 이런 존재가 있다면 그것은 하나님보다 더 큰 자이다. 그러나 하나님보다 더 큰 자가 있다는 것은 어불성설(語不成說)이다. 가장 큰 분보다 더 큰 존재는 없다. 가장 높은 분보다 더 높은 존재는 없다. 가장 능력 있는 분보다 더 능력 있는 존재는 없다.

하나님께서 자신의 본질을 포기하거나 잃어버리지 않도록 보장하는 것이 바로 하나님의 성실하심이다. 이런 면에서 그분의 성실하심은 그분의 불변성과 같다. 어쩌면 당신은 내가 그분의 불변성에 대해 한 말을 기억할 것이다. 요약해서 말하자면 이렇다. 만일 하나님이 어떤 식으로든 변해야 한다면 그분은 세 가지 방향으로 변하셔야 한다. 즉, 좋은 쪽에서 나쁜 쪽으로 변하든지, 나쁜 쪽에서 좋은 쪽으로 변하든지, 한 가지 종류의 존재에서 다른 종류의 존재로 변하든지 말이다. 하나님은 절대적으로, 완전히 거룩하시기 때문에 하나님의 거룩함은 조금도 줄어들 수 없다. 그러므로 하나님은 좋은 쪽에서 나쁜 쪽으로 변할 수 없다. 또한 하나님은 지금보다 더 거룩해질 수 없기 때문에 나쁜 쪽에서 좋은 쪽으로 변할 수도 없다. 그분은 피조물이 아니고 하나님이시기 때문에 그분이 아닌 다른 존재로 바뀔 수도 없다. 그분이 완전한 존재이시기 때문에 그분의 본질이 바뀔 수 없다. 또한 그분이 성실한 분이시기 때문에 그분의 본질이 바뀔 수 없다. 그분이 자신의 본질을 포기하는 일은 일어날 수 없다.

이런 얘기가 다소 딱딱하게 들릴지 모르겠다. 하지만 당신이 이 진리를 마음 깊이 품고 이 진리 위에 당신의 신앙을 세운다면 앞으로 어려움을 당할 때 아주 큰 도움을 받을 수 있다. 만일 당신이 거품에 의지한다면, 어설프게 이해한 알량한 교리에 의지한다면, 언젠가는 신앙적으로 어려움에 봉착할 수도 있다. 그럴 때 당신은 당신이 섬기는 하나님이 어떤 분인지를 정확히 알기를 원하게 될 것이다.

당신의 하나님은?

당신이 섬기는 하나님은 어떤 분이신가? 그분의 말씀과 행하심은 그분의 모든 속성과 조화를 이루어야 한다. 물론 그분의 성실하심과도 조화를 이루어야 한다. 그분의 모든 생각, 그분의 모든 말씀 그리고 그분의 모든 행하심은 그분의 성실함, 지혜, 선하심, 정의, 거룩함, 사랑, 진리 그리고 그 밖의 모든 속성과 조화를 이루어야 한다.

하나님의 전체 성품에서 어느 한 부분을 확대하고 다른 것을 축소하는 것은 언제나 잘못된 일이다. 설교단에 서서 설교하는 하나님의 사람은 그의 능력이 닿는 한 언제나 이런 오류를 바로잡아야 한다. 설교자는 완전하고 영광스러운 하나님의 모든 속성을 사람들에게 균형 있게 증거해야 한다. 만일 하나님의 한 가지 속성을 확대하고 다른 속성을 축소한다면 한쪽으로 치우친 신관(神觀)을 낳게 된다.

그럴 경우 사람들은 하나님에 대해 균형 잃은 개념을 갖는다.

당신이 곧게 높이 솟은 나무를 본다고 가정해보자. 만일 잘못된 렌즈를 통해 본다면 나무가 구부러져 보일 것이다. 만일 당신의 눈에 하나님이 구부러진 분으로 보인다면, 그분이 구부러진 것이 아니라 당신의 눈이 구부러진 것이다. 만일 우리가 하나님께 공의(公義)의 속성만 있다고 착각한다면 그분은 '공포의 하나님'으로 보이기 때문에 우리는 그분에게서 도망칠 것이다. 교회의 역사를 보면, 교회가 죄, 심판, 지옥 같은 것들만을 강조하던 시대가 있었다. 교회가 하나님의 공의에 대해서만 이야기하던 시대에 신앙인들이 겪었을 어려움을 생각하면 지금도 몸이 떨린다. 그 시대에 하나님은 독재자로 보였을 것이고, 우주는 그분이 쇠몽둥이로 지배하는 전체주의 국가로 보였을 것이다. 우리가 하나님의 공의만을 생각한다면 하나님께는 공의의 속성만 있는 것으로 착각하게 된다.

이런 시대에 대한 반발로서 정반대적 시대가 도래했다. 즉, 하나님을 오직 사랑의 하나님으로만 생각하는 시대가 찾아왔다. 현재 우리는 거의 "하나님은 사랑이시라"(요일 4:16)라는 말씀에만 매달린다. 이제 우리의 생각에서 '공포의 하나님'은 사라지고 대신 감상적(感傷的)이고 무골호인(無骨好人) 같은 하나님만 남아 있게 되었다. 이런 감상적 하나님을 믿는 대표적인 사람들이 바로 크리스천 사이언스(Christian Science, 물질은 환상이고 정신만이 실재한다고 주장하는 기독교의 한 유파. 물질, 죄, 고통이 실재하지 않는다는 그들의 주장은 창조, 타락 및 구속을 가르치는 성경의 교훈과 충돌한다)의 신봉자들이다. 이런 사람들에게는 신(神)은 사랑이고, 사랑은 신이고, 모든 것이 사랑이고, 모든 것이 신이고, 신이 모든 것이다. 서커스 구경을 가서 솜사탕을 사 봐라. 솜사탕에는 단맛밖에 없다. 하나님의 사랑만을 믿는 사람들에게 그분은 단맛밖에 없는 하나님이 되고 만다. 그분의 공의를 잊어버리고 그분의 사랑만을 확대하면 이런 오류에 빠진다.

한편, 하나님의 선하심만을 믿으면 현대주의자나 자유주의자처럼 유약(柔弱)한 감상주의자(感傷主義者)가 되고 만다. 이런 사람들의 하나님은 성경의 하나님이 아니다. 왜냐하면 그들은 하나님을 '선하신 하나님'으로 만들기 위해 그분이 구약시대에 행하신 거의 모든 것을 부정하기 때문이다. 그들에 따르면, 하나님은 태양을 멈추게 하거나 소돔과 고모라에 불의 심판을 내릴 수 없었다. 그들은 오직 자연현상만이 있었다고 주장한다. 또한 그들은, 하나님이 불경건한 사람들을 심판하고자 전 세계를 덮으셨던 홍수 대신에 단지 작은 홍수가 발생했을 뿐이라고 주장한다. 하나님을 보좌에 조용히 앉아 있는 오직 선하기만 한 신(神)으로 만들기 위해, 그들은 그분이 공의의 이름으로 행한 거의 모든 것을 부정할 수밖에 없는 것이다.

지난 50년 동안 복음주의 교회들은 하나님을 오직 '은혜의 하나님'으로만 보았다. 이렇게 되면 우리에게는 도덕적 분별력이 없는 신만 남는다. 사실 작금의 교회는 도덕적 분별력을 잃었다. 세상과 구별되는 거룩한 교회는 사라지고 세상에 너무 잘 어울리는 교회가 나타났기 때문에 세상과 교회를 구별할 수 없는 지경에 이르고 말았다. 전하는 말에 따르면, 영국의 어떤 유명한 설교자는 은혜만을 전했기 때문에 영국의 도덕적 수준을 끌어내렸다고 한다. 교회에서 은혜만을 전하면 우리는 교만하고 뻔뻔스러운 사람들이 되고 만다. 그럴 경우 우리는 하나님께 은혜라는 속성만 있는 것이 아니라 다른 속성도 있다는 것을 망각한다. 하나님은 '은혜의 하나님' 이시지만 또한 공의와 거룩함과 진실의 하나님이시다. 우리의 하나님은 언제나 그분의 본질에 충실하실 것이다. 왜냐하면 그분은 성실한 분이시기 때문이다.

약속에 신실하신 하나님

'성실의 부재(不在)' 는 온 세상의 정신적 및 육체적 고통의 최대 원인 중 하나이다. 그러나 하나님의 성실하심은 결코 사라지지 않는다. 그분이 성실하지 못한 분으로 바뀌는 것은 불가능하다. 창세기의 기록을 보자.

"노아가 여호와를 위하여 단을 쌓고 모든 정결한 짐승 중에서와 모든 정결한 새 중에서 취하여 번제로 단에 드렸더니 여호와께서 그 향기를 흠향하시고 그 중심에 이르시되 내가 다시는 사람으로 인하여 땅을 저주하지 아니하리니 이는 사람의 마음의 계획하는 바가 어려서부터 악함이라 내가 전에 행한 것같이 모든 생물을 멸하지 아니하리니 땅이 있을 동안에는 심음과 거둠과 추위와 더위와 여름과 겨울과 낮과 밤이 쉬지 아니하리라" (창 8:20-22).

이제 알겠는가? 그러므로 우리는 원자폭탄이나 수소폭탄이 온 세상을 날려버릴 것이라는 말에 조금도 신경 쓸 것 없다. 인류가 멸절(滅絕)될 것이라는 경고에 신경 쓸 것 없다. 하나님은 "땅이 있을 동안에는 심음과 거둠과 추위와 더위와 여름과 겨울과 낮과 밤이 쉬지 아니하리라" (창 8:22)라고 말씀하셨다. 또한 "내가 다시는 사람으로 인하여 땅을 저주하지 아니하리니"(창 8:21)라고 말씀하셨다. 여기에서 이렇게 말씀하신 하나님이 다른 곳에서는 어떻게 말씀하셨는지 살펴보자.

"하나님이 노아와 그와 함께한 아들들에게 일러 가라사대 내가 내 언약을 너희와 너희 후손과 너희와 함께한 모든 생물 곧 너희와 함께한 새와 육축과 땅의 모든 생물에게 세우리니 방주에서 나온 모든 것 곧 땅의 모든 짐승에게니라 내가 너희와 언약을 세우리니 다시는 모든 생물을 홍수로 멸하지 아니할 것이라 땅을 침몰할 홍수가 다시 있지 아니하리라 … 내가 구름으로 땅을 덮을 때에 무지개가 구름 속에 나타나면 내가 나와 너희와 및 혈기 있는 모든 생물 사이의 내 언약을 기억하리니 다시는 물이 모든 혈기 있는 자를 멸하는 홍수가 되지 아니할지라 무지개가 구름 사이에 있으리니 내가 보고 나 하나님과 땅의 무릇 혈기 있는 모든 생물 사이에 된 영원한 언약을 기억하리라"(창 9:8-11,14-16).

이것은 하나님께서 현대인이 시카고대학에서 핵폭탄을 연구하기 훨씬 이전에 하신 말씀이다. 그분은 인간이 과학을 발전시키기 전에 이렇게 언약하신 것이다. 그러므로 나는 하나님의 언약을 믿으며 안식할 수 있다. 나는 내 아들과 딸, 손자, 증손자 그리고 고손자가 멸절될 것이라고 믿지 않는다. 또한 나는 그들이 이마의 한가운데 눈이 하나 달린 녹색 인간으로 변할 것이라고도 믿지 않는다. 나는 하나님이 자신의 약속을 지키실 것이라고 믿는다. 하나님은 자신의 약속을 어기실 수 없다. 그분은 그분의 본질을 배반하실 수 없다. 그분은 자신의 약속을 반드시 지키신다. 그분은 무조건적으로 이렇게 약속하셨기 때문에 이 약속이 이루어지도록 행하실 것이다.

우리에게는 여름과 겨울이 반복적으로 찾아올 것이다. 온 세상의 기후가 항상 플로리다 주(州)의 기후와 똑같지는 않을 것이다. 겨울이 되면 눈이 올 것이다. 하나님께서 심음과 거둠과 여름과 겨울이 쉬지 아니할 것이라고 말씀하셨으므로 당신은 그렇게 믿어야 한다. 하나님은 말씀하셨고, 나는 하나님의 말씀을 믿는다. 시편 105편 8절은 "그는 그 언약 곧 천 대에 명하신 말씀을 영원히 기억하셨으니"라고 말한다. 우리 주님은 "진실로 너희에게 이르노니 천지가 없어지기 전에는 율법의 일 점 일 획이라도 반드시 없어지지 아니하고 다 이루리라"(마 5:18)라고 말씀하셨다. 당신은 주님의 말씀을 믿어야 한다.

하나님이 성실(신실)하신 분이라는 진리가 우리 앞에 서 있다. 그분의 성실하심이 변할 수 없는데, 그분은 변하지 않는 분이시기 때문이다. 그분은 완전히 성실하시다. 왜냐하면 그분이 '부분적으로' 성실하시다는 것은 있을 수 없기 때문이다. 그분에게는 '부분적인' 속성이 없다. 그분에게는 '부분적인' 본질이 없다. 당신은 하나님이 언제나 성실하실 것이라고 믿을 수 있다. 약속을 어긴 적이 없는 하나님, 언약을 저버린 적이 없는 하나님, 일구이언(一口二言)하지 않는 하나님, 무엇인가를 못 보고 지나치는 일이 없는 하나님, 망각에 빠지는 일이 없는 하나님, 이런 하나님이 우리 주 예수님의 아버지시요 복음이 증거하는 하나님이시다. 이분이 바로 우리가 숭모(崇慕)하고 전파하는 하나님이시다.

죄인들을 향한 하나님의 성실하심

이제 하나님의 성실하심이 적용되는 한 가지 예를 살펴보자. 좀 더 구체적으로 말해서, 하나님의 성실하심이 죄인들에게 어떻게 적용되는지를 살펴보자. 그분은 죄를 사랑하고 그분의 아들을 거부하는 모든 사람들을 그분의 존전에서 쫓아낼 것이라고 선언하셨다. 그분은 분명히 이렇게 약속하셨다. 그분은 선언하셨고, 경고하셨고, 위험성을 알리셨다. 그분은 성실한 분이기 때문에 자신의 약속과 경고대로 행하실 것이다. 그러므로 모든 것이 그분의 말씀대로 이루어질 것이다. 그 누구도 거짓 희망을 품어서는 안 된다. 왜냐하면 이런 거짓 희망은 그분이 경고는 하셨지만 실제로는 경고대로 행하지 않으실 것이라는 거짓에 기초하기 때문이다. 물론 하나님은 기다리신다. 그러나 하나님이 기다리시는 것은 은혜를 베풀기 위함이지 경고를 취소했기 때문이 아니다.

때때로 하나님은 우리가 결단할 수 있도록 우리에게 30일 또는 60일의 기간을 더 허락하실 수도 있다. 그러나 하나님의 맷돌은 분명히 돌아가고 있고, 그 맷돌에 떨어진 인간의 영혼들은 아주 잘게 부수어질 수밖에 없다. 하나님은 천천히 행하시고 큰 인내심을 발휘하시지만, 결코 자신의 경고를 잊지 않으셨다. 다시 말하지만, 하나님은 죄를 사랑하고 하나님의 아들을 거부하고 믿음을 배척하는 모든 사람들을 하나님의 존전에서 쫓아내겠다고 경고하셨다.

이런 경고는 하나님께 돌아오지 않으려는 죄인들, 즉 죄를 사랑하는 죄인들을 향한 경고이다. 그러나 이들과 다른 종류의 죄인들이 있는데, 과거의 기독교 저술가들은 그들을 가리켜 '돌아온 죄인들'

이라고 불렀다. 성경에 나오는 '돌아온 죄인들'의 전형적 예는 바로 탕자이다. 당신은 이 탕자가 그의 아버지에게 무엇이라고 말했는지 기억하는가? 그는 아버지에게 "아버지여 재산 중에서 내게 돌아올 분깃을 내게 주소서"(눅 15:12)라고 말했다. 그는 늙은 아버지가 죽기도 전에 유산 가운데 자기 몫을 달라고 말했다. 그리고 그의 아버지는 그의 청을 들어주었다. 그는 자기 몫을 챙겨서 먼 나라로 가서 허랑방탕하게 지내다가 알거지가 되었고, 그때 비로소 아버지의 집으로 발걸음을 돌렸다.

그는 '돌아온 죄인'이다. 그는 여전히 죄인이다. 여전히 누더기를 걸치고 있고, 그의 몸에서는 돼지우리 냄새가 난다. 하지만 그는 '돌아온 죄인'이다. 우리 주님은 '돌아온 죄인들'을 부르신다. 주님은 "내게로 오라"(마 11:28)라고 말씀하셨다. 하나님의 성품에 거짓이 없듯이 주님의 약속과 초대에도 거짓이 없다.

언젠가 무디는 이렇게 말했다.

"내가 가난한 아이에게 1,000원을 주려고 하면 그 아이는 뒤로 물러서면서 돈을 받지 않으려고 했습니다. 이런 일이 종종 있었습니다. 그 아이는 나를 신뢰하지 않았던 것입니다. 그 아이는 내가 그 돈을 공짜로 주리라는 것을 믿을 수 없었던 것입니다."

그러나 하나님이 무엇을 약속하셨다면 당신은 그분이 그것을 이루겠다고 마음먹고 계시다고 확신해도 좋다. 안타깝게도 오늘날 교회에서 이런 확신을 찾아보기 힘들다. 마르다는 자기의 형제 나사로가 마지막 날에 부활할 것이라고 믿었지만, 주님의 능력에 의해 당장 부활할 것이라고 믿지는 않았다(요 11:24 참조). 우리도 모든 것을 미래로 미루면서 그것을 종말론이라고 부른다. 우리는 불신앙을 합리화하기 위해 종말론으로 도피한다. 물론 나는 종말론이라는 말이 무슨 뜻으로 쓰이는지 잘 안다. 종말론은 신학적 용어로서 말세에 일어날 일들에 대한 교리이다. 그러나 우리는 종말론을, 우리가 믿기 싫어하는 모든 것들을 쓸어 담는 쓰레기통으로 만들어버렸다.

우리는 기적을 믿는다. 하지만 그것을 종말론적으로 믿는다. 무슨 얘기인가 하면, 그것이 미래의 언젠가 다른 곳에서 일어날 것이라고 믿는다는 말이다. 우리는 주님이 병을 고치실 수 있다고 믿지만, 여기가 아닌 다른 곳에서 그렇게 하실 수 있다고 믿는다. 우리는 주님이 사람들에게 나타나실 수 있다고 믿지만, 주님이 내일이나 모레 아니면 다음 세대에 그렇게 하실 수 있다고 믿는다. 우리는 믿기 힘든 것들을 모두 종말론이라는 쓰레기통에 담아두고 밖으로 나가 돈벌이에만 몰두한다.

우리는 주님이 장차 다시 오셔서 교회에 복을 주실 것이라고 믿는다. 그러나 현재 주님이 복을 주신다고 믿는 믿음은 우리에게 없다. 우리는 이런 믿음을 갖는 것을 매우 힘들어한다.

언젠가 나는 설교 중에 "불신앙은 이 세상에서 가장 뺀질뺀질한 것들 중 하나입니다"라고 말했다. 언제나 불신앙은 "어딘가 다른 곳에서, 여기는 아니고. 언젠가 다른 때에, 지금은 아니고. 어떤 다른 사람들, 나는 아니고"라고 말한다. 이것이 불신앙이다! 우리는 구약에 기록된 기적들이 사실이라고 주장할 때는 목에 핏대를 세우지만, 오늘날 기적이 일어난다고 믿지는 않는다. 우리는 어제의 기적도 믿고 내일의 기적도 믿지만, 오늘은 기적을 믿지 않는다. 그러나 우리에게 믿음이 있다면 오늘도 기적을 볼 수 있다. 물론 나는 우리가 대형 텐트를 쳐놓고 사람들에게 "와서 보십시오. 이제 기적이 일어날 것입니다"라고 큰 소리로 광고해야 한다고 믿지는 않는다.

나는 기적을 광고하는 것이 옳다고 믿지는 않는다. 왜냐하면 하나님께서는 자신이 광고의 대상이 되기를 원하지 않으실 것이기 때문이다. 하나님은 폐업 바겐세일을 하지 않으신다. 하나님은 싸구려 기적을 베풀지 않으신다. 육신적인 어린 성도들을 즐겁게 해주기 위해 그분의 신비롭고 영광스러운 뜻을 드러내는 것은 그분의 뜻이 아니다. 하지만 그분의 백성이 그분을 일구이언(一口二言)하지 않는 성실한 분으로 믿는다면, 그분은 얼마든지 기적을 이루기를 원하신다. 그런데 불행하게도 우리는 하나님의 말씀을 액면 그대로 받아들이지 않는다.

만일 당신이 '돌아온 죄인'이 되어 당신의 누더기 옷을 벗어던지고 주님 앞에 나온다면 당신은 "내게로 오라 내가 너희를 쉬게 하리라"(마 11:28)라는 주님의 말씀에 결코 거짓이 없다는 것을 알게 될 것이다. 프랜시스 리들리 해버갈(Frances Ridley Havergal, 1836~1879. 영국의 찬송시 작가로서 '내 너를 위하여'를 비롯한 많은 찬송시를 지었다)은 "나는 주님의 말씀이 공허한 말씀이 아니라 진리요 실제요 현실이라고 믿는 경지에 이르게 되었다"라고 고백했다. "만일 우리가 우리 죄를 자백하면 저는 미쁘시고 의로우사 우리 죄를 사하시며 모든 불의에서 우리를 깨끗케 하실 것이요"(요일 1:9)라는 말씀을 읽었을 때 그녀는 주님이 이 말씀에 따라 실제로 행하신다는 것을 깨달았다.

성경에 기록된 하나님의 말씀이 진리요 실제요 현실이라고 믿는 믿음을 가지고 성경을 읽어보라. 현재 우리에게는 많은 성경번역본들이 있지만, 내가 볼 때 그것들은 거의 동일하다. 성경말씀을 다른 식으로 표현해보면 더 많은 깨달음을 얻으리라는 생각은 최대의 오류 중 하나요 최악의 착각 중 하나에 속한다. 성경의 의미를 좀 더 잘 전달하는 새로운 번역본을 가지면 좋겠다고 생각하는 사람들이 있다. 그러나 그런 사람들은 새로운 번역본이 나올 때마다 크게 실망하게 될 것이다. 내가 이런 말을 하는 것은 나 자신이 이런 실망감을 많이 맛보았기 때문이다. 새 번역본이 나왔다는 소식이 들릴 때마다 나는 즉시 구입했다. 며칠 전에도 서점으로 달려가 신약의 최신 번역본을 구입했다. 이것은 물론 좋은 번역본이다. 하지만 이 번역본 때문에 내 믿음이 더 커지거나 하나님의 실재(實在)가 더 강하게 느껴지거나 천국이 더 가깝게 느껴지지는 않았다.

아무튼 당신이 가지고 있는 성경책을 읽을 때 그 책에 대해 이런저런 호기심에 빠지지 말고 당신 자신에게 "하나님이 이 책을 쓰셨다. 하나님은 성실(신실)하시기 때문에 거짓말을 하지 않으신다"라고 조용히 말하라. 예를 들어보자. 당신이 "저가 빛 가운데 계신 것같이 우리도 빛 가운데 행하면 우리가 서로 사귐이 있고 그 아들 예수의 피가 우리를 모든 죄에서 깨끗하게 하실 것이요"(요일 1:7)라는 말씀을 읽었다면, 번역이 잘되었느니 못 되었느니 하는 데 신경 쓰지 말라. 당신이 그리스도인으로서 죄를 지었다면 이 말씀에서 큰 위로와 힘을 얻어라.

나는 어떤 사람들이 "나는 죄를 짓는 그리스도인들을 믿지 않습니다"라고 말하는 것을 들었다. 나도 죄를 짓는 그리스도인들을 믿지 않지만, 죄를 짓는 그리스도인들을 많이 만나보았다. 나는 그리스도인들이 죄를 지어서는 안 된다고 생각한다. 나는 우리가 죄를 대수롭지 않게 여겨서는 안 된다고 생각한다. 나는 그리스도인이 죄를 짓는 것은 악하고 위험하고 끔찍한 일을 행하는 것이라고 생각한다. 그러나 또한 나는 성령님의 감동을 받은 성경기자가 "나의 자녀들아 내가 이것을 너희에게 씀은 너희로 죄를 범치 않게 하려 함이라 만일 누가 죄를 범하면 아버지 앞에서 우리에게 대언자가 있으니 곧 의로우신 예수 그리스도시라"(요일 2:1)라고 말했다는 것을 안다. 이 기자는 또한 "만일 우리가 우리 죄를 자백하면 저는 미쁘시고 의로우사 우리 죄를 사하시며 모든 불의에서 우리를 깨끗케 하실 것이요"(요일 1:9)라고 말했다.

그런데 이 말씀에서 우리가 주목해야 할 것이 있다. 그것은 성경기자가 "… 저는 미쁘시괴[성실하시고, 신실하시괴 '의로우사' … "라고 말한다는 사실이다. 죄를 용서할 것이라고 약속하신 하나님께서 자신의 성실하심(신실하심)을 따라 죄를 용서하시는 것은 당연하다. 이는 우리가 어렵지 않게 이해할 수 있는 것이다. 그런데 우리가 이해하기 힘든 것은 그분이 성실하고 '의로우사' 죄를 사하신다는 것이다. 이것이 무슨 뜻인가? 바로 이제 공의가 우리 편에 섰다는 것을 뜻한다! 은혜는 우리 편이지만 공의는 우리를 대적한다고 오해하지 말라. 그리스도의 보혈이 하나님의 보좌 앞과 인간 앞에서 기적을 일으켰기 때문에 이제 공의는 '돌아온 죄인' 편으로 넘어왔다! 죄인이 집으로 돌아오면 그와 하나님의 마음 사이를 가로막는 것은 아무것도 없다. 어린양의 보혈이 그런 것을 다 치워버렸다!

그러므로 당신의 마음속 깊은 곳에 있는 옛날의 기억이, 또는 마귀가, 또는 어떤 설교자가 공의와 당신을 적대적 관계 속에 놓는다면 "저는 미쁘시고 '의로우사' 우리 죄를 사하신다"(요일 1:9)라는 말씀을 기억하라. 공의는 그리스도인의 편으로 넘어왔다. 왜냐하면 예수 그리스도께서 그리스도인의 편이시기 때문이다. 만일 당신이 죄를 고백하면 하나님은 당신을 용서하고 죄에서 해방시켜주실 것이다.

시험당하는 자들을 향한 하나님의 성실하심

하나님은 유혹받는 자들에게도 성실함을 보이신다. 고린도전서 10장 13절 "사람이 감당할 시험밖에는 너희에게 당한 것이 없나니 오직 하나님은 미쁘사(성실하사, 신실하사) 너희가 감당치 못할 시험당함을 허락지 아니하시고 시험당할 즈음에 또한 피할 길을 내사 너희로 능히 감당하게 하시느니라"라고 가르친다. 하나님의 성실하심(신실하심)은 우리를 괴롭히는 유혹으로부터 우리를 건지신다.

고통 중에 있는 그리스도인들은 "나는 밀폐된 장소에 갇혀 있는 것 같습니다. 사방이 벽으로 다 막힌 것 같습니다"라고 말한다. 그런데 누군가 "당신이 전후좌우 어느 쪽으로도 피할 수 없다 할지라도 언제나 위로는 피할 수 있다"라고 말했다. 하나님의 성실하심이 출구이다. 왜냐하면 하나님의 성실하심은 위로 나 있는 길이기 때문이다. 이것을 확실히 붙들라. 당신은 승리의 삶의 문턱에서 매번 좌절하기 때문에 "지금 이 상황에서는 도저히 어쩔 도리가 없다"라고 탄식하는가? 그렇다면 하나님께서 "모든 사람들이 너처럼 시험을 당한다"라고 말씀하신다는 것을 기억하라.

나의 아버지는 강인한 영국의 농부였다. 나는 아버지가 강건한 것을 자랑스럽게 여겼다. 하지만 그 분이 감기에 걸리면 세상에서 가장 큰 아기가 되고 말았다! 감기에 걸리면 그 분은 "나처럼 이런 지독한 감기에 걸리는 사람은 없을 것이다"라고 말씀하곤 했다. 독일 사람으로서 체구가 작고 늙은 나의 어머니는 병에 걸렸다 하면 피곤하고 창백한 표정으로 느릿느릿 행동했지만, 그래도 계속 몸을 움직이셨다. 그러나 체구가 크고 강인한 아버지는 병에 걸렸다 하면 자리에 누워 어머니의 간호를 받으셔야 했다. 그 분은 자기가 특별한 감기에 걸렸다고 생각했지만, 그것은 코감기에 불과했다.

이처럼 우리는 우리만 시험을 당한다고 생각하는 경향이 있다. 그러나 지금 우리가 가고 있는 가시밭길을 갔던 성도들이 많이 있었다. 그들은 그 길을 다 헤쳐 지나갔다. 우리가 하나님을 믿는다면 우리도 그들처럼 무사히 이 가시밭길을 빠져나갈 것이다.

어떤 남자들은 화목하게 지내기 어려운 아내들 때문에 고생한다. 우악(愚惡)스러운 아내를 둔 그들은 자기들만 시험을 당한다고 생각한다. 존 웨슬리의 아내도 살쾡이처럼 우악스러웠는데, 그녀는 그녀의 발톱을 매끄럽게 다듬을 생각조차 하지 않았다. 그런데 하나님은 웨슬리가 어려움을 이기도록 도우셨다. 그는 무릎을 꿇고 라틴어로 기도하곤 했는데, 라틴어로 기도한 것은 그의 아내가 그의 기도를 알아듣지 못하게 하기 위함이었다. 그가 기도할 때 그녀는 낡은 신발을 그의 머리에 던졌다. 화목한 가족은 아니지만, 아무튼 그들은 그렇게 살아갔다. 그는 화목하기 힘든 아내를 두었지만 그래도 잘해나갔던 것이다.

한편, 이와 반대의 경우도 있다. 하나님을 전심으로 사랑하는 아름다운 신앙의 여자들이 피곤하기 짝이 없는 남편들 때문에 고통당할 수 있다. 이런 남편들은 육신적이고 저속하다. 그들은 그들의 아내들이 바랐던 그런 존재가 아니었다. 이런 여자들은 "나처럼 힘들게 사는 사람도 없을 것이다"라고 탄식한다.

내가 아는 한 여자는 기도에 힘쓰는 경건한 사람이지만, 그녀의 남편은 술주정뱅이였다(나는 하나님이 이 남자에게 은혜를 베푸시기를 바란다). 그는 술을 마시면 속이 불편하여 토했기 때문에 옷이 더러워진 채로 귀가하곤 했다. 나 같으면 그에게 소리를 질렀겠지만, 그 여자는 기도하고 그를 씻어주고 침대에 눕혔다. 그는 다음 날 술이 깨지 않은 상태에서 일어나 그녀에게 다시는 술을 마시지 않겠다고 약속하곤 했다. 하지만 얼마의 시간이 흐르면 다시 친구들과 어울려 술을 마시고 토한 채로 비틀거리며 귀가하곤 했다. 그러면 그녀는 역시 기도하고 그를 씻어주고 침대에 눕혔다. 그녀는 그를 위해 여러 해 동안 기도했다. 나는 그녀가 연약한 여자로서 그 힘든 시간을 어떻게 견뎠는지 알 수 없다. 하지만 그녀는 계속 기도했다. 그녀는 가냘픈 여자였지만, 아주 독실한 그리스도인이었다.

어느 날 그녀의 남편은 술에 취해 교회를 찾았다. 그는 앞쪽으로 오더니 무릎을 꿇고 술 취한 사람들이 흔히 그러하듯이 소리를 질렀다. 자기연민 및 이런저런 감정들이 뒤섞여 소리를 지른 것이다. 그런데 하나님께서 그를 구해주셨다. 그는 모범적인 그리스도인이 되어 그후 몇 년 동안 하나님을 위해 살았다. 그리하여 그녀는 남편을 아주 자랑스럽게 여겼다. 마치 알을 부화시킨 독수리가 자기 새끼를 자랑스럽게 여기듯이 말이다. 그녀는 그를 하나님께 이끌었다. 그녀는 기도와 인내로써 그를 부화한 것이다.

아마도 그녀는 한쪽 구석에서 술에 취해 코를 골며 잠자는 남편을 보며 "저 사람을 차라리 만나지 않았다면 좋았을 텐데"라고 생각하기도 했을 것이다. 또는 그녀가 자기연민에 빠져 "하나님, 제가 어떻게 더 참을 수 있겠습니까?"라고 기도했던 때도 있었을 것이다. 그러나 하나님께서는 "시험을 당하지 않는 사람은 아무도 없다. 나는 성실한 하나님이다. 너를 실망시키지 않겠다"라고 그녀에게 속삭이셨을 것이다. 결국 하나님은 그녀의 남편뿐만 아니라 그녀의 자녀들도 많이 구원해주셨다. 장차 그녀의 자녀들은 천국에서 그들의 부모를 만날 것이다. 이 경우에서도 볼 수 있듯이, 하나님은 "나는 성실한 하나님이다. 그러므로 나는 너희가 감당치 못할 시험당하는 것을 허락지 아니할 것이다"라고 약속하시고, 자신의 약속을 지키신다.

갈등하는 사람들을 향한 하나님의 성실하심

당신은 불안과 두려움을 느끼는가? 당신과 하나님 사이에 아무 문제가 없다고 믿을 수 없는가? 하나님의 말씀을 들어보자.

"내가 잠시 너를 버렸으나 큰 긍휼로 너를 모을 것이요 내가 넘치는 진노로 내 얼굴을 네게서 잠시 가리웠으나 영원한 자비로 너를 긍휼히 여기리라 네 구속자 여호와의 말이니라 이는 노아의 홍수에 비하리로다 내가 다시는 노아의 홍수로 땅 위에 범람치 않게 하리라 맹세한 것같이 내가 다시는 너를 노하지 아니하며 다시는 너를 책망하지 아니하기로 맹세하였노니" (사 54:7-9).

내가 하나님의 이 말씀을 믿었던 날은 내 인생에서 아주 복된 날이었다! 하나님께서 나를 고치시고 징계하셔야 했지만 앞으로는 예수 그리스도 때문에, 그분의 약속 때문에 그리고 그분의 성실하심 때문에 다시는 나에게 진노하지 않으실 것이다. 나는 이것을 믿는다. 하나님은 다시는 나에 대해 노하지 아니하며 다시는 나를 책망하지 아니하기로 맹세하셨다. 또한 하나님은 "산들은 떠나며 작은 산들은 옮길지라도 나의 인자는 네게서 떠나지 아니하며 화평케 하는 나의 언약은 옮기지 아니하리라"(사 54:10)라고 말씀하셨다. 하나님은 걱정하는 사람들에게 이렇게 말씀하셨던 것이다!

여러 해 동안 주님께 성실(신실)하지 못했던 그리스도인들을 위한 말씀이 성경에 기록되어 있는데, 그것은 "우리는 미쁨[성실함, 신실함]이 없을지라도 주는 일향 미쁘시니 자기를 부인하실 수 없으시리라"(딤후 2:13)라는 말씀이다.

낙심한 사람들을 위한 말씀도 있는데, "너희를 부르시는 이는 미쁘시니 그가 또한 이루시리라"(살전 5:24)라는 말씀이 바로 그것이다. 당신은 꽤 오랫동안 주님을 섬겨왔지만 점점 향상되지 않고 오히려 점점 나빠지고 있다고 느낄지도 모르겠다. 만일 그렇다면 당신은 당신 자신을 점점 더 많이 알게 된 것이다. 당신이 자신에 대해 잘 모르기 때문에 당신이 꽤 괜찮은 사람이라고 믿었던 때가 있었을 것이다. 그러던 중 하나님께서 은혜를 베풀어 당신에게 당신의 진짜 모습을 보여주셨을 때 당신은 충격과 실망을 경험했을 것이다. 그러나 낙심하지 말라. 당신을 부르는 분은 성실(신실)하신 분이고 그분이 또한 이루실 것이기 때문이다. 그분은 시작하신 것을 결국 이루실 것이다.

종종 나는 암탉이 알을 품고 있는 3주 동안 어떤 감정의 변화를 겪을까 하고 궁금히 여겼다. 내 어머니는 항상 계란 13개를 암탉에게 품게 하셨고, 암탉은 그 위에 앉아 있곤 했다. 암탉은 때때로 둥지에서 나가 휴식을 취했다가 돌아와서 다시 알 품기를 계속했다. 첫 주에는 암탉도 자기가 색다른 경험을 한다고 느끼는 것 같았다. 둘째 주로 접어들자 암탉은 인내심을 발휘하며 참는 것 같았다. 그리고 마지막 셋째 주에는 암탉이 마치 고문을 이겨내는 듯이 보였다. 아무 일도 일어나지 않는데 알들 위에 앉아 있으려니 얼마나 답답했겠는가!

21일째 되는 날 정오 무렵, 드디어 병아리의 삐악삐악 소리가 암탉의 날개 아래로부터 들리기 시작했다. '내가 세상에 나갈 수 있을까?' 하고 시험이라도 해보는 듯이 말이다! 이 소리를 듣고 암탉은 기쁨의 미소를 지었다. 다른 동물들이 이런 미소를 지을 수 있을까? 암탉은 "감사해라! 녀석들이 나오기 시작하는구나!"라고 외치는 것 같았다. 이제 병아리들이 쏟아져 나오는 것은 시간문제일 뿐이었다. 그 녀석들은 앞을 다투어 알을 쪼아 깨면서 세상으로 나왔다. 어린 시절 나는 두 손과 두 무릎으로 땅을 짚고 그 녀석들이 알을 쪼아 깨면서 밖으로 나오는 것을 보곤 했다. 알에서 방금 나온 녀석들은 꽤 지저분했지만, 10분만 햇볕을 쬐고 있으면 금방 솜털을 드러내며 귀여운 모습으로 변했다. 그러나 이렇게 되기 위해서는 21일이라는 긴 시간을 기다려야 했다.

때때로 하나님께서는 우리가 기다리도록 만드신다. 그분은 예수님의 제자들이 성령을 받기 위해 예루살렘에서 기다리도록 하셨다

(행 1:4 참조). 바로 그 하나님이 당신을 기다리게 하실 수도 있다. 그러나 당신을 부르신 하나님은 성실(신실)하신 분이며, 그분이 또한 이루실 것이다. 이것을 잊지 말라. 우리의 하나님은 성실하시다. 나는 당신에게 강력하게 권한다. 믿을 수 없고 거짓되고 급변하는 세상에 소망을 두지 말고 예수 그리스도를 신뢰하라고! 그분은 성실하신 분이며, 그분이 시작하신 것을 끝까지 이루실 것이다.

아버지시여!

우리가 믿을 수 있도록 도우소서. 우리의 의심을 용서하소서. 우리의 불신앙, 우리의 의기소침 그리고 우리가 더디 믿는 것, 이런 것들을 모두 극복하게 하소서. 아버지를 의지하는 마음을 우리에게 주소서. 부모의 품에 있는 아이가 부모에게 자신을 온전히 맡기듯이 우리도 아버지께 우리를 온전히 맡기게 하소서. 이제 우리가 아버지를 믿게 하소서. 낙심한 사람들, 죄인들, 아버지를 실망시킨 그리스도인들, 절망의 문턱을 넘나드는 사람들, 너무나 견디기 힘든 상황에 처한 사람들, 이런 사람들을 위해 이제 우리가 기도합니다.

오, 하나님!

아버지는 성실하시므로 우리가 실패하도록 내버려두지 않으실 것입니다. 아버지께서 우리를 지키고 붙들어 우리에게 복을 주실 것입니다. 이제 우리 주 예수 그리스도를 통해 우리를 구해주소서. 아멘.

하나님은
사랑이시다

하나님의 사랑은 하나님의 한 가지 속성이다. 그러므로 하나님의 사랑은 영원하고 불변하고 무한하다. 하나님의 사랑에는 시작과 끝이 없다. 그것은 변화를 모르고 한계를 모른다.

"사랑하는 자들아 우리가 서로 사랑하자 사랑은 하나님께 속한 것이니 사랑하는 자마다 하나님께로 나서 하나님을 알고 사랑하지 아니하는 자는 하나님을 알지 못하나니 이는 하나님은 사랑이심이라 하나님의 사랑이 우리에게 이렇게 나타난바 되었으니 하나님이 자기의 독생자를 세상에 보내심은 저로 말미암아 우리를 살리려 하심이니라 사랑은 여기 있으니 우리가 하나님을 사랑한 것이 아니요 오직 하나님이 우리를 사랑하사 우리 죄를 위하여 화목제로 그 아들을 보내셨음이니라 사랑하는 자들아 하나님이 이같이 우리를 사랑하셨은즉 우리도 서로 사랑하는 것이 마땅하도다 어느 때나 하나님을 본 사람이 없으되 만일 우리가 서로 사랑하면 하나님이 우리 안에 거하시고 그의 사랑이 우리 안에 온전히 이루느니라 그의 성령을 우리에게 주시므로 우리가 그 안에 거하고 그가 우리 안에 거하시는 줄을 아느니라 아버지가 아들을 세상의 구주로 보내신 것을 우리가 보았고 또 증거하노니 누구든지 예수를 하나님의 아들이라 시인하면 하나님이 저 안에 거하시고 저도 하나님 안에 거하느니라 하나님이 우리를 사랑하시는 사랑을 우리가 알고 믿었노니 하나님은 사랑이시라 사랑 안에 거하는 자는 하나님 안에 거하고 하나님도 그 안에 거하시느니라 이로써 사랑이 우리에게 온전히 이룬 것은 우리로 심판 날에 담대함을 가지게 하려 함이니 주의 어떠하심과 같이 우리도 세상에서 그러하니라 사랑 안에 두려움이 없고 온전한 사랑이 두려움을 내어쫓나니 두려움에는 형벌이 있음이라 두려워하는 자는 사랑 안에서 온전히 이루지 못하였느니라 우리가 사랑함은 그가 먼저 우리를 사랑하셨음이라 누구든지 하나님을 사랑하노라 하고 그 형제를 미워하면 이는 거짓말하는 자니 보는바 그 형제를 사랑치 아니하는 자가 보지 못하는바 하나님을 사랑할 수가 없느니라 우리가 이 계명을 주께 받았나니 하나님을 사랑하는 자는 또한 그 형제를 사랑할지니라"(요일 4:7-21).

하나님의 속성 중에서 설명하기 가장 힘든 것이 하나님의 사랑이다. 당신은 우리를 향한 하나님의 사랑을 이해하지 못할지도 모른다. 나도 우리를 향한 하나님의 사랑을 이해한다고 말할 수 없다. 우리는 '이해할 수 없는 것'을 이해하려고 발버둥 치는 것이다. 이것은 대양(大洋)이나 대기(大氣)를 두 팔로 껴안으려는 것이요 별들에 도달하려는 것과 같다. 이것은 누구에게나 불가능하다. 그러므로 나는 나의 최선을 다해 하나님의 사랑을 설명할 것이고, 성령님이 나의 부족한 부분을 메워주시도록 의지할 것이다.

앞에서 인용한 성경구절에서 "하나님은 사랑이시다"라고 말하지만, 이것이 하나님에 대한 정의(定義)는 아니다. 이 점을 이해하는 것이 매우 중요하다. 기상천외한 소리를 하는 시인들과 종교인들이 많은데, 그들은 "하나님은 사랑이시다. 그러므로 사랑은 하나님이다. 그러므로 모든 것은 사랑이고, 모든 것이 하나님이다"라고 떠들어댄다. 그들은 당분간은 행복하고 바쁠 것이다. 하지만 그들의 신학은 아주 잘못된 것이다.

성경이 "하나님은 사랑이시다"라고 말할 때 성경은 하나님을 정의(定義)하는 것이 아니다. 이 말은 하나님이 형이상학적 의미에서 어떤 분인지를 말해주는 것이 아니다. 성경은 하나님께서 깊은 본질적 의미에서 어떤 분인지를 우리에게 말해주지 않는다. 하나님은 '인간의 이성으로는 이해할 수 없는 분'이므로 하나님 외에는 그 누구도 하나님이 어떤 분인지를 이해할 수 없다. 설사 누군가 하나님이 어떤 분인지를 이해했다 할지라도 그것을 말로 표현할 수 없다. 왜냐하면 하나님은 '말로 표현할 수 없는 분'이시기 때문이다. 그리고 설사 하나님이 어떤 분인지 말로 표현된다 할지라도 그것은 이해될 수 없다. 왜냐하면 하나님은 '인간의 이성으로는 이해할 수 없는 분'이시기 때문이다.

그러므로 사랑을 하나님과 동일시하는 것은 그릇된 신학에 빠지는 것이다. 만일 하나님이 형이상학적 의미에서 사랑이라면, 하나님과 사랑은 동등하고 동일한 존재가 된다. 이럴 경우 우리는 사랑을 하나님으로 예배해야 할 것이다. 그러면 우리는 하나님이라는 인격체(人格體)를 예배하는 것이 아니라 그 인격체의 한 속성을 예배하는 것이 된다. 이는 결국 하나님이라는 인격체를 부정하는 것이고 그분의 다른 모든 속성을 일격에 파괴하는 것이다. 성경이 "하나님은 빛이시라"(요일 1:5) 그리고 "그는 참 하나님이시요 영생이시라"(요일 5:20)라고 말하지만, 하나님의 본질을 단지 빛과 생명으로 한정하는 것은 옳지 않다.

"하나님은 사랑이시다"라고 할 때, 성경은 사랑이 하나님의 존재의 본질적 속성이라고 말하는 것이다. "하나님은 사랑이시다"라는 말 속에는 "하나님 안에 모든 사랑이 있으므로, 모든 사랑은 하나님으로부터 나온다"라는 뜻이 담겨 있다. 그리고 다시 이 말 속에는 "하나님의 사랑이 하나님의 다른 모든 속성들에 지배적 영향을 끼치기 때문에 하나님은 모든 것을 사랑 가운데 행하신다"라는 뜻이 담겨 있다.

인간의 구속(救贖)이 하나님의 사랑의 표현인 것과 마찬가지로 인간을 지옥에 보내는 것도 하나님의 사랑의 표현이라는 사실이 종말에 드러날 것이라고 나는 믿는다(종말에는 주께서 나를 아신 것같이 내가 온전히 알게 될 것이다. 고전 13:12 참조). 하나님은 그분 자신을 여러 부분으로 분할하여 하나의 속성에는 이렇게 행하고 다른 속성에는 저렇게 행하실 수 없다. 그분 존재의 전체는 그분의 행하심의 전체를 결정한다. 그분이 사랑을 좇아 어떤 사람을 구속하고 공의를 좇아 다른 사람을 지옥에 보낸다면, 그것은 그분이 스스로 모순을 범하는 것이 아니라 사랑과 공의가 그분의 단일적(單一的) 존재 안에서 함께 일하는 것이다.

"하나님은 사랑이시다"라는 말을 어떻게 이해해야 할까? 예를 들어보자. 흔히 우리는 "저 사람은 친절 자체이다"라고 말한다. 이 경우, 물론 우리는 그 사람과 친절을 동일시하는 것은 아니다. 이 말에는 "저 사람은 매우 친절하기 때문에 그에게서 친절이 줄줄 흐른다. 친절은 그의 모든 행위에 지배적 영향을 끼친다"라는 뜻이 들어 있다. 그러므로 "하나님은 사랑이시다"라는 말 속에는 "사랑은 하나님의 본질적 존재에 속속들이 퍼져 있기 때문에 하나님의 모든 역사(役事)에 지배적 영향을 끼친다"라는 뜻이 들어 있다. 과거와 현재와 미래의 어느 구석을 살펴보더라도 하나님의 역사가 사랑과 관계없이 이루어지는 경우는 없다.

사랑이 무엇인지를 생각할 때 내 머리에 떠오르는 사람이 있다. 나의 귀한 친구 맥스 라이트(Max Wright)이다. 랍비의 아들인 그는 옥스퍼드대학교를 졸업했으며 매우 경건한 사람이다. 언젠가 나는 그에게 "라이트 박사, 로터햄(Rottherham)의 시편 연구에 대해 어떻게 생각합니까?"라고 물었다.

그러자 그가 이렇게 대답했다.

"토저 형제, 로터햄은 시편을 연구할 때 식물학자처럼 연구했습니다. 잘 알듯이, 식물학자는 꽃을 따서 조각조각 나눈 후에 각 부분을 분석하고 이름을 붙입니다. 그가 작업을 끝내면 꽃은 사라지고 식물학만 남게 됩니다. 로터햄은 시편을 분석하고 분류하고 분해했습니다. 그가 작업을 끝냈을 때 다윗의 시편은 사라지고 신학만 남았습니다."

전에 나는 하나님의 사랑에 대해 설교하는 것이 아주 좋은 일이라고 생각했지만, 지금은 솔직히 말해서 약간 망설여진다. 왜냐하면 하나님의 사랑을 전할 때 마치 식물학자처럼 전하게 될까 봐 두렵기 때문이다. 꽃잎들이 무엇인지를 알기 위해 꽃에서 꽃잎들을 하나씩 하나씩 떼어내는 식물학자 말이다. 사실 나는 오히려 정반대로 하고 싶다. 다시 말해서 꽃잎들을 꽃에 모두 붙이고 싶다. 내가 이렇게 하면, 당신이 꽃잎 하나를 들고 가면서 정원 전체를 소유하고 있다는 착각에 빠지는 일은 일어나지 않을 것이다.

사랑은 호의이다

무엇보다도, 사랑은 호의(好意)이다. 천사들은 "사람들 중에 호의로다"(눅 2:14, 개역한글성경에는 이것이 "사람들 중에 평화로다"라고 번역되어 있다 - 역자 주)라고 노래했다. 사랑은 상대방에게 유익을 주기를 원한다. 사랑은 상대방에게 해를 끼치기를 원하지 않는다. 당신이 누군가를 사랑한다면, 정말로 사랑한다면, 당신은 그에게 친절하게 대해주고 그에게 유익을 주기를 원할 것이다. 그에게 어떤 피해가 발생될 것 같은 상황이 벌어지는데 당신에게 그것을 막을 능력이 있다면 당신은 그것을 기꺼이 막아줄 것이다. 그렇기 때문에 요한은 "사랑 안에 두려움이 없고 온전한 사랑이 두려움을 내어쫓나니"(요일 4:18)라고 가르친다.

어떤 사람이 나를 사랑한다는 것을 내가 안다면 나는 그를 두려워하지 않는다. 그가 나를 사랑한다는 확신이 없다면, 나의 모든 것을 그에게 다 털어놓을 수 없는 일이다. 그러나 사랑은 두려움을 내어쫓는다. 왜냐하면 우리가 누군가에게 사랑받고 있다는 것을 알 때 두려움이 사라지기 때문이다. 자신이 하나님께 완전히 사랑받고 있다는 것을 아는 사람이 볼 때에는 이 우주 안에서 두려운 것이란 없다.

하나님께서 우리를 사랑하신다는 것을 알게 될 때 우리의 모든 두려움이 사라진다. 왜냐하면 두려움은 우리의 유익을 바라지 않는 사람의 손 안에 있다고 느낄 때 생기기 때문이다. 예를 들어보자. 여기 아주 큰 백화점 안에서 엄마를 잃어버린 어린 소년이 있다. 그는 두려움에 사로잡혀 계속 소리를 지른다. 주변에 있는 사람들의 얼굴은 모두 낯설기만 하다. 그에게 친절을 베풀려는 사람들의 얼굴조차 낯설다. 이 아이는 그에게 해를 끼치려는 사람의 손 안에 떨어질까 봐 두려워한다. 그러나 결국 엄마의 얼굴이 보이면 울음을 터뜨리며 달려가 엄마 품에 안긴다. 그는 엄마의 손 안에 있는 것을 결코 두려워하지 않는다. 왜냐하면 엄마가 자신에게 유익을 준다는 것을 경험으로 알기 때문이다. 온전한 사랑이 그의 두려움을 내어쫓은 것이다. 엄마가 보이지 않을 때는 그의 마음에 두려움이 가득했다. 그러나 그에게 친절하고 그를 간절히 원하는 엄마가 미소를 지으며 나타났을 때 그의 두려움은 사라졌다.

우리가 태어나 살고 있는 이 세상은 우리를 대적하는 것들로 가득하다. 죄, 사단, 사고 같은 것들이 우리를 두렵게 만든다. 만일 이런 것들에 걸려든다면 우리는 두려움에 사로잡히고 만다. 두려움을 물리치는 법에 대해 말하는 책들이 있다. 하지만 내가 볼 때 그런 책들의 내용은 참으로 어처구니없다. 그것은 당신에게 자리에 앉아서 차분히 스스로를 향해 "자, 이제 두려워할 것이 없다. 하늘이 나에게 방긋 웃는다. 바람도 너의 것이고 태양도 너의 것이다"라고 말하라고 가르친다. 그러나 당신 자신에게 이렇게 말하는 순간에도 당신이 심장마비로 쓰러지거나, 어떤 질병에 시달리거나, 당신의 아들이 교통사고로 다쳤다는 소식을 듣거나, 전쟁이 일어났다는 소문을 들을 수 있다. 그러므로 무조건 자신에게 "두려워하지 말라"라고 말하는 것은 어리석은 짓이다.

기찻길 위에 앉은 사람이 자신에게 "두려워할 것 없다"라고 말한다 할지라도 5분 후면 사람들이 그의 시체를 들것으로 나르는 상황이 일어날 수도 있다. 그러므로 두려워할 것이 없는 것이 아니다. 당신이 우연의 손에 맡겨져 있다고 믿는다면 두려움이 생기는 것이 당연하다. 그렇게 믿으면서 두려워하지 않는다면 그것은 바보이다. 만일 당신이 회개하지 않은 죄인이기 때문에 당신의 머리 위에 칼이 매달려 있는 것 같은 상황에 처해 있다면, 당신은 마땅히 두려움을 느껴야 한다. 만일 당신이 하나님께 범죄하고 회개하지 않았다면, 당신은 마땅히 "무서운 마음으로 심판을 기다려야"(히 10:27) 한다.

그러나 예수 그리스도의 십자가와 이름과 능력이 만들어놓은 열린 문을 통해 내가 하나님께 나아가면 그분은 나를 기뻐하고, 나의 모든 과거의 잘못을 용서하고, 나의 현재를 받아주고, 나의 미래를 책임져주겠다고 그분의 거룩한 이름으로 맹세하고, 그분의 사랑으로 나를 품으실 것이다. 이렇게 하나님의 사랑이 내 안으로 들어오면 내게서 두려움이 사라진다. 나는 더 이상 사람들의 손 안에 있지 않게 된다.

몇 년 전 나는 어떤 교계 모임의 정기총회에서 "나는 이 대의원들의 손 안에 있지 않습니다. 이들은 나를 선출할 수도 없고, 나를 쫓아낼 수도 없습니다. 이들은 나를 임명할 수도 없고 해고할 수도 없습니다"라고 말했다. 그후 한 목회자가 내게 찾아와 "목사님, 이들이

일사천리로 일을 처리하고 있습니다! 정말 놀랍지 않습니까?"라고
말했다.

그러나 사실을 말하자면, 그들이 결정권을 가졌던 것이 아니다. 나
는 오직 하나님의 손 안에 있었을 뿐이다. 나는 대의원들이나 기타
어떤 인간들에게 호소하지 않고 오직 지극히 높으신 하나님께 호소
했을 뿐이다. 하나님은 예수 그리스도를 통해 내 친구가 되셨다. 그
리고 하나님은 내가 형통하기를 원하신다. 그러므로 나는 두려워하
지 않는다. 나는 아무 두려움 없이 나를 하나님의 손에 맡겨드린다.
사랑은 두려움을 내어쫓는다. 사랑은 호의이고, 하나님은 우리의 친
구가 되어주기를 원하신다.

사랑은 감정이다

또한 사랑은 감정적인 것이다. 다시 말하자면, 사랑은 사랑의 대상
과 자기 자신을 감정적으로 동일시한다. 이 말이 좀 바보같이 들릴
지 모르겠지만, 조금 깊이 생각해보면 이해가 될 것이다. 예를 들어
보자. 당신이 누군가를 진정 사랑했을 때 그 사람의 옷까지도 사랑
하는 경험을 해보지 않았는가? 시인 벤 존슨(Ben Johnson)은 그의
애인의 머리띠를 주제로 시를 쓸 정도였다. 만일 당신이 점잔 빼는
노인네라면 이런 얘기를 비웃을지 모르지만, 잘 생각해보라. 당신에
게도 마음속에 사모하는 애인이 있었고, 그녀가 손으로 쓴 쪽지만 보
내면 당신은 발끝부터 머리끝까지 단장을 하고 한걸음에 달려갔을
것이다.

우리는 자녀를 사랑하고, 그들에게 유익을 주기를 원한다. 내게도

사랑스러운 딸이 있다. 그 애는 금년 여름이면 스물둘이 된다. 만일 그 애가 치명적인 병에 걸렸는데 수혈이 필요하다면 나는 단 1초의 주저함도 없이 그 애에게 내 피를 줄 것이다. 그로 인하여 내가 목숨을 잃는다 해도 말이다. 내가 무슨 영웅이기 때문에 그러는 것이 아니다. 난 그 애의 아버지일 뿐이다. 그게 전부이다! 다시 말하지만, 사랑은 사랑의 대상과 자신을 감정적으로 동일시한다. 내 딸이 병원에서 죽음의 문턱까지 가 있는데 나의 피로 여러 해를 더 살게 할 수 있다면 나는 1초의 망설임도 없이 내 피를 주고 대신 죽겠다. 나는 미소를 지으며 침대에 누워 내 피를 뽑도록 허락할 것이다. 자식을 사랑하는 아버지라면 누구나 그렇게 할 것이다. 사랑은 사랑의 대상과 자신을 감정적으로 동일시한다.

당신은 가냘픈 젊은 엄마가 크고 뚱뚱한 아기를 안고 비틀거리듯이 걸어가는 모습을 보았는가? 엄마는 아기를 안고 가는 것이 너무 힘들어 허리가 휠 지경이지만, 아기는 전혀 모른 채 마냥 즐거워만 한다. 그렇다고 해서 그녀가 불평하는가? 결코 그렇지 않다! 그녀는 아기를 내려다보며 사랑의 미소를 보낸다. 그녀는 아기를 위한 일이라면 지금보다 두 배, 아니 열 배로 힘든 일이라도 기꺼이 감수할 것이다. 왜냐하면 이미 자기 자신과 아기를 감정적으로 동일시했기 때문이다.

갈보리와 부활 사건 사이에서 베드로, 요한 그리고 바돌로메 같은 제자들이 돌아다니며 먹고 마시고 잠자면서 건강하게 생활하는 동안 예수님은 죽은 상태에서 무덤에 계셨다. 그분이 왜 그렇게 하셨는가? 그분이 제자들과 자신을 감정적으로 동일시하셨기 때문이다.

더 나아가 그분이 '세상'이라고 부르는 자들과 자신을 감정적으로 동일시하셨기 때문이다. 그분이 그들을 위해 돌아가시는 것은 어려운 일이 아니었다. 그렇기 때문에 나는 예수님이 우시느라 어깨를 들썩이며 "내가 얼마나 힘든 일을 이루었는데 너희가 몰라주느냐? 너무 서운하다"라고 말씀하신다는 식의 내용을 담은 슬픈 찬송가를 좋아하지 않는다. 이런 찬송가는 건강한 찬송가가 아니다. 이런 곡들을 만든 사람들은 심리치료를 받아야 한다.

예수 그리스도는 제자들에게 가서 "봐라! 내가 너희를 위해 죽었다. 내 고난과 눈물과 탄식과 피를 너희가 알아주어야 하는 것 아니냐?"라고 말씀하지 않으셨다. 예수께서는 "마리아야!"라고 말씀하셨고 마리아는 돌이켜 "랍오니여!"라고 말했다(요 20:16 참조). 그분은 그녀에게 "내가 너를 위해 죽었다"라고 말씀하시지 않고 다만 "마리아야!"라고 말씀하셨다. 바로 여기에서 신약과 수많은 종교 서적들 사이의 차이점이 발견된다. 종종, 많은 종교 서적들은 건강하지 못하다. 그것들은 '더욱 영적으로' 변하려고 노력하는 과정에서 오히려 '더욱 건강하지 못하게' 된다.

나는 건강한 그리스도인이 되기를 원한다. 우리가 정신적으로 건강하게 되는 것이 하나님의 뜻이라고 나는 믿는다. 가장 건강한 분은 예수 그리스도이셨고, 가장 건강한 제자는 사도 바울이었다. 우리는 건강한 남자들과 여자들이 되어야 한다. 그러므로 예수님의 발자취를 따르겠다는 의도에서, 십자가의 길을 따라 탄식하고 애통하는 모습으로 기도장소들을 거치며 '성(聖) 금요일' 예배를 드리는 것이 내게는 좋게 보이지 않는다. 이는 출산을 위해 해산의 고통을 겪은 어머니의 발자취를 따르겠다는 의도에서 스스로 탄식하고 괴로워하는 것과 마찬가지이다. 나를 낳아주신 어머니에게는 "어머니, 저를 낳아주셔서 감사합니다"라고 말하는 것으로 충분하다!

예수님은 "여자가 해산하게 되면 그때가 이르렀으므로 근심하나 아이를 낳으면 세상에 사람 난 기쁨을 인하여 그 고통을 다시 기억지 아니하느니라"(요 16:21)라고 말씀하셨다. 그렇다! 정신적으로 건강한 여자라면 자기가 겪은 출산의 고통을 더 이상 기억하지 않을 것이다. 정신적으로 건강하지 못한 여자라면 시(詩)나 쓰고 어깨를 들썩이며 눈물을 흘릴 것이다. 이런 여자는 정신과 의사에게 가서 상담을 받아야 한다. 그러나 정신적으로 건강한 여자는 자신과 자신의 자녀를 감정적으로 동일시한다. 그녀의 자녀가 잘 풀리면 그녀도 잘 풀리는 것이다. 그녀의 자녀가 상처를 받으면 그녀도 상처를 받는 것이다. 하나님께서는 자신을 인류와 감정적으로 동일시하셨다. 그렇기 때문에 마귀는 인류를 통해서 그분을 공격하는 것만이 그분을 공격할 수 있는 유일한 방법이라고 믿었다.

존 밀턴은 「실락원」을 쓸 때 이 사실을 잘 알았다. 「실락원」이라는 그의 고전적 작품이 성령님의 감동에 의해 기록된 성경이 아니기 때문에 거기에 성경적이지 않은 내용이 많이 포함되어 있는 것은 사실이다. 그러나 「실락원」의 핵심적 내용은 아주 성경적이다. 그리고 밀턴은 충분한 신학 지식을 가졌기 때문에 이 사실을 잘 알고 있었다. 「실락원」에서 밀턴은 마귀가 그의 혐오스러운 귀신들과 함께 어떻게 하면 하나님을 공격할 수 있을지 의논하는 모습을 그렸다.

귀신들은 이렇게 말했다.

"우리는 하나님께 완전히 패배했기 때문에 이제 우리에게 아무 방법이 없다. 하나님의 강력한 무기가 우리를 때렸고 우리는 완전히 무너졌다. 우리가 급습(急襲)해서 하나님의 보좌를 빼앗을 수 있는 가능성은 완전히 사라졌다. 이제 어떻게 하겠는가?"(여기서 나는 물론 밀턴의 표현을 풀어서 말한 것이다).

그러나 마귀는 역시 마귀답게 이렇게 말했다.

"내게 좋은 수가 떠올랐다. 나는 하나님께서 자신의 형상과 모양을 닮은 사람들을 창조하실 것이라는 얘기를 들었다. 하나님은 이 우주의 그 무엇보다도 그들을 사랑하실 것이다. 만일 내가 그들에게 접근하여 그들을 파멸시키면 그것은 하나님의 통치권을 타도하는 것보다 더 큰 타격을 줄 것이다."

마귀는 아담과 하와를 추적하여 찾은 후 그들을 유혹하기 시작했다. 그들을 타락하게 만들었을 때 그는 하나님의 마음에 상처를 주었다. 왜냐하면 하나님은 그분의 형상으로 만들어진 인류를 사랑하셨기 때문이다. 우리의 죄는 하나님의 마음에 감정적 상처를 준다. 히브리서 2장 6절은 시편 8편 4절을 인용하여 "사람이 무엇이관대 주께서 저를 생각하시며"라고 말한다. 여기에서 '생각하다'로 번역된 헬라어에는 '마음속에 박혀 있는 것'이라는 뜻이 담겨 있다. 그러니까 결론적으로 말하면, 우리는 하나님의 마음속에 박혀 있는 존재라는 뜻이다. 자유의지를 갖고 계신, 크신 하나님을 통해 발견할 수 있는 놀랍고도 이상한 점은, 그분이 스스로 자신을 인간과 동일시하여 우리의 고통을 그분 자신의 고통으로 삼으신다는 것이다. 내가 고통당할 때 그분도 고통당하신다. 내가 고난 중에 있으면, 그분도 고난 중에 계신다. 성경은 "여호와께서 … 저의 병중 그 자리를 다 고쳐 펴시나이다"(시 41:3)라고 말한다. 하나님은 우리 옆에 앉아서 우리가 슬퍼하면 함께 슬퍼하신다.

사랑은 사랑의 대상을 즐거워한다

하나님은 사랑을 베풀면서 즐거워하신다. 사람들은 서로 사랑할 때 행복하다. 우드로우 윌슨(Woodrow Wilson, 1856~1924. 미국의 제28대 대통령)은 대통령이었을 때, 미망인 갤트 부인과 사랑에 빠졌다. 당시 윌슨은 점잖은 노인이었다. 아래위로 긴 그의 얼굴에는 두꺼운 안경이 걸쳐져 있었다. 대학교수와 학장을 지낸 그는 그의 짝을 찾고 있었다. 그는 매우 점잖은 성격이었으므로, 사람들은 그가 말을 시작하기 전에 내는 헛기침 소리조차 매우 소란스럽게 여겼다. 그러나 어느 여름 날 갤트 부인을 만난 그는 그녀에게 푹 빠졌다. 그는 "나는 그녀와 결혼할 것이오"라고 말한 다음, 펄쩍 뛰어오르며 대통령 집무실에서 잠시 춤을 추었다.

대통령이 이런 행동을 보였다는 것을 상상해보라! 이 노인에게 무슨 일이 일어났기에 그가 이렇게까지 행동했을까? 그에게 사랑이 찾아왔던 것이다! 그때까지 그는 자기의 정열이 다 식어서 사라졌다고 생각했을 것이다. 지붕에 눈만 쌓여도 방 안의 난롯불이 꺼질 정도로 자기의 정열이 다 식어버렸다고 생각했을 것이다. 하지만 그에게도 정열은 남아 있었다! 그는 그 정열을 발견하고 너무 기뻤던 것이다. 이렇게 사랑은 언제나 사람들을 행복하게 해준다.

젊은 엄마는 언제나 그녀의 아기를 기뻐한다. 나는 자신의 아기를 기뻐하지 않는 엄마를 본 적이 없다. 물론 때때로 엄마가 아기에게 약간 화를 낼 때가 있는데, 그것은 아기가 조금 커서 물건들을 뒤집어엎을 때이다. 하지만 대부분의 경우, 엄마는 아기를 사랑하기 때문에 아기를 기뻐한다. 하나님께서도 자신이 만드신 모든 것을 사랑하기 때문에 매우 기뻐하신다.

이 글을 쓰기 전에 나는 창세기의 처음 몇 장(章)을 읽었다. 창세기의 처음 몇 장을 읽는 사람은 하나님께서 자신의 피조세계를 기뻐하셨다는 사실을 결코 부인할 수 없다. 하나님은 빛을 만들고 고개를 끄덕이며 "보기에 좋다!"라고 말씀하셨다. 그분은 빛을 좋아하셨다. 그리고 그분은 천하의 물이 한 곳으로 모이게 하고 뭍이 드러나게 하신 다음, "보기에 좋다!"라고 말씀하셨다. 그리고 그분은 태양, 별 그리고 달을 만들어 주야를 주관하게 하시고 "보기에 좋다!"라고 말씀하셨다. 그리고 그분은 사람을 만들고 "보기에 참으로 좋다!"라고 말씀하셨다(창세기 1장 참조).

하나님은 화가이셨다. 그림 그리기를 끝낼 때마다 고개를 끄덕이며 "보기에 좋다!"라고 말씀하셨다. 그분은 자신의 작품을 사랑하셨다. 그분은 자신의 일을 기뻐하셨다. 내가 전하는 하나님은 바로 이런 하나님이시다! 나는 거대한 궁전에 틀어박혀서 멍한 표정을 짓는 메마르고 심술궂고 뚱한 하나님을 전하지 않는다. 나는 자기 일에서 만족을 느끼는 부드러운 하나님을 전한다. 저주와 고통과 슬픔의 원인은 오직 죄이다. 그러나 하나님께서는 죄의 문제를 해결하기 위해 자신의 아들을 보내셨다.

하나님은 자신의 일들과 자신이 만드신 모든 것들에 대해 기쁨을 표하셨다. 시편 104편 31절은 "여호와는 자기 행사로 인하여 즐거워하실지로다"라고 말한다. 스바냐서 3장 17절은 "너의 하나님 여호와가 너의 가운데 계시니 그는 구원을 베푸실 전능자시라 그가 너로 인하여 기쁨을 이기지 못하여 하시며 너를 잠잠히 사랑하시며 너로 인하여 즐거이 부르며 기뻐하시리라"라고 말한다. 스바냐서 3장 17절의 말씀을 믿는 사람이 얼마나 될까? 이 말씀을 믿는다면 우리는 윌슨 대통령처럼 기쁨을 이기지 못하여 투스텝(two-step)을 조금 출 것이다.

전능하신 하나님이 우리 가운데 계신다. 그분은 구원을 베푸실 전능자이시다. 그분은 우리로 인하여 기쁨을 이기지 못하여 하신다. 물론 본질적으로 말해서 그분 외에 아무도 존재하지 않는다 해도 그분은 행복하시며, 자신의 사랑 가운데 안식하실 것이다. 그러나 실제에 있어서 하나님은 우리로 인하여 기쁨을 이기지 못하여 하신다. "너로 인하여 즐거이 부르며 기뻐하시리라"라는 말씀이 너무나 놀랍지 않은가! 영원한 하나님께서 노래하신다! 그렇기 때문에 나는 교회들이 노래하는 것을 좋아한다. 교회들이 굳이 항상 목청을 최대한 돋우어 노래할 필요는 없을 것이다. 다만 기쁨과 열정으로 노래하면 된다.

나는 피아노의 음률이 틀리거나 어떤 사람이 그 옆 사람보다 한 박자 늦게 노래해도 상관하지 않는다. 하지만 찬송할 때에 열정이 사라진 그리스도인들은 문제가 있다. 기독교는 하나님을 모신 종교이다. 하나님은 어디에 계시든 하나님의 백성으로 인하여 즐거이 부르며 기뻐하신다. 교회의 찬송은 크신 하나님이 자기 백성 가운데서 노래하시는 것을 반영한다.

우리 주 예수 그리스도는 아가서 4장 9절에서 자신의 교회에 대해 "나의 누이, 나의 신부야 네가 내 마음을 빼앗았구나 네 눈으로 한 번 보는 것과 네 목의 구슬 한 꿰미로 내 마음을 빼앗았구나"라고 말씀하셨다. 이 말씀에 담긴 의미는 딱 하나이다. 주님이 신랑이 신부에게, 엄마가 아기에게, 사랑하는 자가 그의 사랑의 대상에게 느끼는 감정을 자신의 교회에 대해 느끼신다는 의미이다. 당신이 신앙의 깊은 단계로 들어간다면 참 기독교는 당신에게 지극히 만족스러운 사랑의 체험을 선사할 것이다. 문제는 우리가 충분히 깊은 단계로 들어가지 않는다는 데 있다. 언젠가 무디는 이런 비유를 들었다.

"깃털로 만든 침대에서 잠을 자본 적이 없는 사람이 여기에 있습니다. 그는 어쩌다가 깃털 하나를 발견하여 그것을 밑에 깔고 밤새 잠을 잤습니다. 그리고 다음 날 아침 '깃털 하나가 저렇게 딱딱하다면 깃털로 만든 침대는 얼마나 딱딱할까!'라고 말했습니다."

무디의 기발한 비유에는 깊은 진리가 담겨 있다. 우리가 가진 경건의 크기가 콩알만큼 밖에 안 되기 때문에 우리의 경건은 오히려 우리를 비참하게 만든다. 그러나 우리가 경건의 깊은 단계로 들어가면 하나님의 사랑을 충만히 느낄 것이다.

적극적인 가치

어떤 사람들은 기독교가 "이것을 하지 말라. 저것도 하지 말라"라고 금하는 종교라고 믿는다. 이것이 그들이 기독교에 대해 아는 전부이다. 언젠가 어떤 사람이 스펄전을 찾아와 "나는 술을 마시지 않습니다. 담배도 피우지 않습니다. 욕을 하지도 않습니다. 극장에 가지도 않습니다"라고 말했다.

그러자 스펄전이 "형제는 건초를 먹습니까?"라고 물었다.

"아뇨, 먹지 않습니다. 그런데 왜 그런 질문을 하시죠?"

"나는 형제님이 무엇인가를 하는 사람이 되면 좋겠습니다. 이제까지 형제님은 아무것도 한 것이 없습니다."

얼마나 지혜로운 충고인가! 어떤 사람들은 자기들이 이런저런 것들을 하지 않았기 때문에 자기들의 신앙적 도리를 다했다고 믿는다. 그러나 기독교는 그런 것이 아니다. 수사(修士)들은 별로 하는 것이 없다. 인도의 수행자들은 벌거벗고 대못이 잔뜩 박힌 침대에서 잠을 자지만 별로 하는 것이 없다. 그들은 하는 일 없이 빈둥거리며 시들어간다. 그러나 기독교는 이런 것이 아니다.

기독교에는 사랑이라는 적극적인 가치가 있다. 기독교는 사람들이 행하는 온갖 종류의 무책임한 일들을 행하기를 거부하지만, 이렇게 거부하는 것으로 끝나지 않고 적극적으로 한 걸음 더 나아간다. 그리스도인의 삶에는 깊고 치유적이고 감정적인 그 무엇이 있다. 그렇기 때문에 성경은 교회를 신부로, 그리스도를 신랑으로 부른다. 그리스도는 자기 백성이 주님의 사랑을 알고 느끼기를 원한다. 내가 사랑을 분석하려고 애쓰는 것은 사실이지만, 사실 사랑을 설명하는 것은 불가능하다.

우리는 사랑을 느껴야 한다. 현실 속에서 사랑이 어떤 식으로 나타나는지를 볼 수는 있지만, 사랑을 설명할 수는 없다. 우리는 사랑을 느낄 때 비로소 그것을 알 수 있다. 하나님의 사랑도 마찬가지이다.

호세아서 2장 16절은 사람들이 하나님을 더 이상 '내 바알' (Baali) 이라고 부르지 않고 '내 남편' (Ishi)이라고 부를 때가 도래할 것이라고 말했다. 호세아서 2장 16절에는 "하나님께서 우리에게 남편과 같은 존재가 되기를 원하신다"라는 뜻이 내포되어 있다. 하나님은 우리를 보호하고 돌보고 사랑하고 소중히 여기기를 원하신다.

종종 나는 미국의 여자들이 결혼을 하면 왜 성(姓)을 바꿀까 하고 궁금히 여겼다. 예를 들어보자. 마셔 스미드라는 여자가 모티어 존스라는 남자와 결혼을 했다. 그들이 머리에 쌀을 뒤집어쓰고(신혼여행을 떠나는 신랑과 신부에게 쌀을 뿌리는 관습이 있다) 신혼여행을 떠나기 위해 차에 올라타자마자 남자가 여자에게 "존스 부인, 기분이 어떠십니까?"라고 묻는다. 그러면 여자는 재미있다는 듯이 킥킥 웃는다. 여자가 재미있어하는 것은 남자의 성을 받아들이기를 기뻐하기 때문이다. 호텔 직원이 자리를 비운 신부를 찾아달라는 신랑의 부탁을 받고 "아무개가 '아무개 부인'을 찾으니 속히 방으로 올라오십시오"라는 안내방송을 내보내면, 이를 들은 신부는 자기의 성이 남편의 성으로 바뀐 사실을 아주 기뻐한다. 그녀가 남편을 사랑하기 때문이다.

우리가 그리스도와 결혼하기 전에 가졌던 이름은 아담이었다. 그러나 주님은 우리에게 새 이름을 주기를 원하셨다. 그분은 "나는 너희의 남편이 될 것이고, 너희는 '그리스도인'이라고 불릴 것이다"라고 말씀하셨다. 하나님의 사랑은 우리를 그리스도인으로 만들었고, 따뜻한 사랑 가운데 우리를 주님과 맺어주었다.

결혼생활에 사랑이 없다면 그 삶이 얼마나 메마를 것인가? 부모와 자식 간에 사랑이 없다면 자녀양육이 얼마나 피곤한 일이 되겠는가? 부모는 한밤중에 다섯 번씩 일어나 아이에게 물을 주지만 아이는 마시지 않겠다고 버틴다. 부모는 아이가 밖에 나가 여기저기 부딪혀서 생긴 상처를 치료해주어야 하고, 학교에서 받아온 끔찍한 성적표를 읽어보아야 한다. 만일 자식에 대한 사랑이 없다면 이런 모든 것이 얼마나 힘들게 여겨지겠는가! 사랑이 없다면 가장으로서 가족을 부양하는 일이 너무 괴로울 것이다. 사랑의 윤활유가 없다면 말이다.

하지만 사랑이 있다면 아무 문제가 없다. 소녀처럼 젊은 어떤 여자가 등에 아기를 업고 다녔다고 한다. 어떤 남자가 그녀에게 다가와 "아기를 업고 다니는 것이 너무 힘들지 않소?"라고 말을 걸었다. 그러자 그녀는 "힘들지 않습니다. 내 남동생이니까요"라고 대답했다. 당신이 사랑하는 존재라면 그 무엇이든지 부담스럽지 않다. 하나님께는 부담스러운 존재가 없다. 그러므로 나는 고난당하신 예수님을 동정하는 사람들의 무리에 끼고 싶은 생각이 없다..하나님은 자신이 행하신 일에 대해 아주 기뻐하신다. 하나님은 사랑이시고, 사랑은 기쁜 것이다.

하나님의 사랑이란?

사랑이 얼마나 위대한 것인지를 설명해야 한다면 나는 원을 그리며 뱅글뱅글 돌 수밖에 없다. 왜냐하면 사랑을 설명한다는 것은 '말로 표현할 수 없는 것'을 말하려는 것이기 때문이다. 그럼에도 나는 사랑에 대해 약간 분석적으로 설명해야겠다. 하나님의 사랑은 하나님의 한 가지 속성이다. 그러므로 하나님의 사랑은 영원하고 불변하고 무한하다. 하나님의 사랑에는 시작과 끝이 없다. 하나님의 사랑은 변화를 모르고 한계를 모른다.

하나님의 사랑은 인간의 마음이 측량할 수 없을 만큼 넓습니다.
영원한 분의 마음은 너무나 놀라울 정도로 인자하십니다.

하나님께서 당신을 생각하실 때마다 그분은 당신을 사랑하는 마음으로 생각하신다. 그분이 당신을 징계하지 않을 수 없을 때에, 그분이 당신에게 고난을 허락하지 않을 수 없을 때에, 그분은 사랑 때문에 그렇게 하시는 것이다. 우리는 사랑을 두려워해서는 안 된다. 왜냐하면 사랑은 두려움을 내어쫓기 때문이다.

우리는 사랑에 대해 말하지만, 하나님은 자신의 사랑을 증명하셨다. 성경은 "우리가 아직 죄인 되었을 때에 그리스도께서 우리를 위하여 죽으심으로 하나님께서 우리에게 대한 자기의 사랑을 확증하셨느니라"(롬 5:8)라고 증거한다. 또한 성경은 "예수는 영원히 계시므로 그 제사 직분도 갈리지 아니하나니 그러므로 자기를 힘입어 하나님께 나아가는 자들을 온전히 구원하실 수 있으니 이는 그가 항상 살아서 저희를 위하여 간구하심이니라"(히 7:24,25)라고 가르친다. 우리를 창조한 사랑이 우리를 구속(救贖)했고, 또한 지금 우리를 지킨다.

이 세상을 보호하고 지켜주는 최고의 약(藥)은 바로 하나님의 사랑이다. 어떤 사람들은 이런저런 책에서 끌어온 신학적 근거에 의지하여 성도의 안전보장을 믿는다. 그러나 나는 하나님이 사랑이시기 때문에 그리고 하나님은 언제나 사랑하는 것을 지키시기 때문에 성도의 안전보장을 믿는다. 우리도 우리가 사랑하는 것을 언제나 지키지 않는가?

이런 긍정적인 얘기 말고 다른 부정적인 얘기를 하는 것은 내키지 않는 일이지만, 나는 부득이 이것만은 말해야겠다. 이토록 무한하고 열정적이고 감정적인 사랑을 경멸할 수 있는 영혼, 이런 사랑을 짓밟을 수 있는 영혼, 이런 사랑을 외면하고 무시할 수 있는 영혼, 이런 영혼은 결코 천국에 들어갈 수 없다. 설사 이런 영혼이 천국에 들어간다 해도 거기서 결코 행복하지 못할 것이다. 증오를 사랑하고 사랑을 증오하는 영혼, 증오를 부채질하고 하나님의 사랑을 경멸하는 영혼, 이런 영혼은 저 위에 있는 하나님의 천국에서 결코 행복하지 못할 것이다. 늙고 사악한 악당들이 죽으려고 할 때 설교자가 가서 그를 천국으로 이끌려고 애쓰는 모습을 종종 볼 수 있다. 하지만 설교자는 그들에게 벌어질 수 있는 최악의 일이 바로 천국에 가는 것임을 알지 못한다.

언젠가 내가 읽은 이야기를 들려주겠다. 아주 부유한 사람이 있었다. 그는 강가에 있는 낡은 드럼통에서 잠을 자는 소년을 발견했다. 누더기 옷을 입은 그 소년은 골목을 돌아다니며 물건을 줍거나 사람들이 건네주는 돈으로 연명했다. 부자는 소년을 그의 집으로 데려가기로 마음먹었다. 부자가 소년을 데리고 간 곳은 대저택이었다. 저택의 방들은 끝없이 이어지면서 점점 더 크고 화려해졌다. 두려워 떠는 소심한 이 소년은 평생 구경해보지도 못한 좋은 옷을 입게 되었다. 양아버지는 소년에게 줄 방으로 그를 데리고 갔다. 침실은, 비단

시트와 이불 그리고 조명장치 같은 화려한 것들로 가득했다. 다시 말해 돈으로 살 수 있는 모든 화려한 물건들이 소년의 방에 있었다. 다음 날 아침, 하녀가 올라와 소년에게 아침식사를 하라고 일러주었다. 식탁 위에는 상상도 못했던 음식이 놓여 있었다. 소년은 정교하게 만든 은그릇과 아름다운 접시를 사용하여 식사를 했다.

그러던 어느 날 아침, 하녀가 소년에게 아침식사를 하라고 일러주기 위해 올라갔을 때 소년은 방에 없었다. 거기에는 그가 입었던 좋은 옷만 남겨져 있었다. 하녀는 소년이 벗어놓았던 누더기 옷을 찾아보았으나 찾을 수 없었다. 소년은 자신을 피곤하게 만들었던 화려한 옷을 벗어버리고 누더기 옷을 다시 입었던 것이다. 그는 지저분한 환경과 누더기 옷에 길들여져 있었기 때문에 과거의 드럼통으로 돌아갔다. 소년은 바나나 껍질과 빵 부스러기를 먹는 데 익숙해 있었다. 비단 침대, 화려한 옷 그리고 호화로운 주택이 매우 불편했던 것이다. 부잣집에 있는 동안 소년은 모든 것이 피곤하고 힘들었다. 이처럼 악당들이 천국에 간들 거기서 마음이 편할 리 없을 것이다. 마음에 천국이 없는 자에게 천국이 어떻게 천국일 수 있겠는가?

마음에 하나님의 사랑이 없는 사람에게는 천국이 천국이 아니다. 대기(大氣)가 방에 충만하고 방 주위를 무한히 감싸고 있듯이 하나님의 사랑이 충만하고 무한히 감싸고 있는 곳이 천국이다. 천국은 하나님의 사랑이 가득한 곳이기 때문에 이 땅에서 하나님의 사랑을 알지 못한 사람은 천국에서 행복할 수 없다. 그는 물론 지옥에 가도 행복할 수 없다. 결국 그는 어느 곳을 가든 행복할 수 없는 것이다. 참으로 끔찍한 일이다!

몇 년 전에 나는 캐나다의 훌륭한 설교자가 누가복음 16장 22,23절을 본문으로 삼아 설교하는 것을 들었다. 우선 이 본문을 읽어보자.

"이에 그 거지가 죽어 천사들에게 받들려 아브라함의 품에 들어가고 부자도 죽어 장사되매 저가 음부에서 고통 중에 눈을 들어 멀리 아브라함과 그의 품에 있는 나사로를 보고."

이 본문을 가지고 설교하면서 이 유명한 설교자는 "왜 거지는 천국에 가고 부자는 지옥에 갔습니까? 깊이 생각해보십시오. 거지가 가난하기 때문에 아브라함의 품에 안긴 것이 아닙니다. 부자도 그가 부자이기 때문에 지옥에 간 것이 아닙니다"라고 말했다. 그렇다! 이 두 사람은 각자 자기에게 익숙한 곳으로 갔다. 아브라함의 품은 나사로가 속한 곳이었다. 왜냐하면 나사로의 마음속에는 하나님의 사랑이 있었기 때문이다. 그가 죽었을 때 하나님의 사랑이 그를 그가 본래 속한 곳으로 데려갔다. 부자는 좋은 집에서 호의호식(好衣好食)했기 때문에 지옥에 간 것이 아니다. 그가 지옥에 간 것은 그의 마음속에 하나님의 사랑이 없었기 때문이다. 죽었을 때 그는 그가 본래 속한 곳으로 갔을 뿐이다. 모든 사람들에게는 그들 각자에게 합당한 장소가 있게 마련이다.

사랑은 죄인들이 천국에 들어갈 수 있도록 문을 열어주었다. 잠깐! 당신은 나의 이 말에서 무엇인가 이상한 점을 느끼지 못했는가? 다시 말해서 내가 앞뒤가 안 맞는 소리를 한다고 느끼지 못했는가? 하나님의 사랑 없이 죄에 빠진 세상 사람들이 천국에서 행복하지 못할 것이라고 조금 전에 말한 내가, 이제 "사랑은 죄인들이 천국에 들어갈 수 있도록 문을 열어주었다"라고 말하는 것이 모순이라고 느끼지 못했는가? 결론부터 말하자면, 결코 모순이 아니다. 왜냐하면 당신이 구원받을 때 하나님께서 당신의 마음을 바꾸어주시기 때문이다.

성경은 "그런즉 누구든지 그리스도 안에 있으면 새로운 피조물이라 이전 것은 지나갔으니 보라 새것이 되었도다"(고후 5:17)라고 선포한다. 하나님은 하나님의 씨를 우리 안에 심어주셨고, 우리는 하나님의 자녀가 되었다. 우리는 세례를 받아 하나님의 나라로 들어갔기 때문에 그 나라에 적응했고 심리적으로 길들여졌다. 그렇기 때문에 우리는 찬양하기를 좋아하고, 기도하기를 좋아하고, 경건한 마음으로 하나님에 대해 이야기하기를 좋아하고, 찬송가 소리를 좋아하고, 성경 읽는 소리를 좋아한다. 아침에 일어나 성경을 읽는 것보다도 즐거운 일은 우리에게 없다. 시간을 내어 기도하면서 하나님과 교제하는 것보다 더 즐거운 일은 우리에게 없다. 장차 천국에서 하나님의 존전에서 살 때 우리는 매우 행복할 것이다. 왜냐하면 우리는 하나님 앞에서 사는 것에 적응했기 때문이다. 이미 하나님은 천국을 우리에게 어울리는 처소로 만드셨다.

클루니의 버나드가 지은 훌륭한 찬송시 '천상의 나라'는 영적 전쟁을 통해 하늘나라에 이르는 순례자들을 그린 노래이다. 이 찬송시에 따르면, 순례자들이 천국에 가는 이유는 천국이 그들을 요구하기 때문이라고 한다. 천국이 그들을 요구하는 것은 그들이 천국의 것이기 때문이다. 하나님은 그들에게 진노하며 "너희는 여기에 들어올 수 없으니 지옥으로 가라"라고 말씀하지 않으신다. 그들은 본래 그들이 속한 곳으로 들어가는 것뿐이다.

죽어서 천국에 가는 사람들은 그들의 도덕적 삶의 중력(重力)이 영원한 언약의 피(그리스도의 보혈)에 의해 그들을 천국으로 끌어당기기 때문에 그곳으로 가는 것이다. 반면, 지옥에 가는 사람들은 그들의 도덕적 삶의 중력이 그들을 지옥으로 끌어당기기 때문에 지옥으로 가는 것이다.

형언할 수 없는 하나님의 사랑

하나님의 사랑을 설명하려는 시도는 세계일주를 하며 모든 나라를 가본 사람이 자기의 체험을 5분 만에 친구들에게 이야기해주려는 것과 같다. 한마디로 말해서, 불가능한 일이다. 하나님의 사랑은 너무나 크기 때문에 스펄전이나 크리소스톰(Chrysostom, 347~407. '황금의 입'이라는 별명을 가질 정도로 설교를 잘한 콘스탄티노플의 감독) 같은 설교의 대가들이 나서서 온갖 문학적 수사(修辭)를 동원한다 해도 그것을 제대로 설명할 수 없다.

놀위치의 줄리안은 하나님의 사랑을 이렇게 설명했다.

지극히 높으신 하나님은 우리의 영혼을 너무나 사랑하신다. 그 사랑은 모든 피조물의 이해력을 초월할 정도로 너무 특별하다. 우리의 창조주께서 우리를 얼마나 많이, 얼마나 감미롭게, 얼마나 부드럽게 사랑하시는지를 완전히 이해할 수 있는 피조물은 없다. 그러므로 하나님의 은혜와 도움에 의지할 때 비로소 우리는 영적인 눈을 크게 뜨고 담대히 설 수 있다. 전능하신 하나님이 자신의 선하심을 좇아 우리에게 베푸신 이 높고 초월적이고 무한한 사랑은 영원한 경이(驚異)이다.

이렇게 말한 다음 줄리안은 "그러므로 우리는 우리가 원하는 모든 것을 우리를 사랑하시는 분에게 공손히 구할 수 있다"라고 덧붙인다. 우리를 향한 하나님의 사랑은 너무나 크기 때문에 어떤 피조물도 그 사랑이 얼마나 큰지를 이해할 수 없다. 스랍들, 그룹들, 천사장, 정사와 권세가 모두 나선다 해도, 아니 광대무변한 우주의 모든 존재가 나선다 할지라도 하나님의 사랑이 얼마나 크고, 얼마나 감미롭고, 얼마나 부드러운지를 깨달을 수 없다.

세상이 하나님의 사랑을 확실히 배운 사람을 어떻게 하겠는가? 대양에서 헤엄치는 물고기처럼 하나님의 사랑의 바다에서 헤엄치는 사람에게 세상이 무엇을 할 수 있겠는가? 이런 사람을 마귀가 어떻게 하겠는가? 죄가 어떻게 하겠는가? 우연(偶然)이란 것이 어떻게 하겠는가?

오, 하나님의 사랑! 우리가 그 사랑을 얼마나 알까? 우리가 그 사랑을 안다 할지라도 그 사랑에 근거하여 얼마나 행동할 수 있을까? 하나님이여, 우리를 도우소서!

당신이 그동안 하나님을 떠나 있었는가? 믿음의 침체기(沈滯期)에 빠져 세상 사람들처럼 살았는가? 구원받지 못했는가? 믿음이 없는가? 그렇다면 하나님이 당신을 사랑하신다는 것을 감히 믿어라! 하나님이 자신의 독생자를 보내어 당신을 위한 속죄양이 되게 하셨다는 것을 감히 믿어라. 당신이 믿는다면 당신에게 영생이 주어진다는 것을 감히 믿어라!

그동안 하나님을 떠나 방황했다면, 용기를 내어 집으로 돌아오라. 집으로 돌아오지 않으려고 죄를 더 짓는 어리석은 행동을 범하지 말

라. 가출하고 싶다는 충동을 느낀 10대 소녀가 결국 집을 나가 식당
에서 일을 했다. 그러다가 자신의 가출을 슬퍼한 어머니가 자신의
귀가를 간절히 원한다는 소식을 신문과 방송을 통해 듣게 되었다.
하지만 그녀는 가출한 것이 너무 부끄러워 집으로 돌아갈 엄두를 내
지 못했다. 그러나 집으로 돌아가기를 거부하는 것은 그녀의 어머니
에게 또 다른 충격과 고통을 안겨주는 행위이다.

이 10대 소녀처럼 당신도 하나님의 가슴에 또 다른 못을 박으려 하
는가? 물론 하나님께 나아갈 자격이 당신에게 없는 것은 사실이다.
많은 죄를 범한 당신이 이제 와서 하나님께 나아가는 것이 염치없고
굴욕적인 행동으로 보일 수도 있을 것이다. 그러나 당신을 향한 하
나님의 사랑을 믿기를 거부하는 것은 이제까지 지은 죄들에 새로운
죄를 하나 더 추가하는 것이다.

당신이 하나님을 떠났다고 해서 하나님이 창에서 등불을 치운 것
은 아니다. 등불은 아직도 창가에 걸려 있다. 매일 밤 하나님은 등에
새 기름을 채우고 심지를 다듬으며 "그 애가 오늘 밤에는 돌아올지
도 모른다"라고 말씀하신다. 탕자의 비유에 나오는 탕자는 일어나서
아버지께 돌아갔다(눅 15:20 참조). 당신도 어떤 상황에 처했든 간에
일어나 아버지께 돌아가라.

GOD 갓

초판 1쇄 발행 2007년 1월 12일
초판 28쇄 발행 2024년 8월 2일

지은이   A. W. 토저
옮긴이   이용복

펴낸이   여진구
편집   이영주 박소영 최현수 안수경 김도연 김아진 정아혜
책임디자인   마영애 노지현 조은혜 이하은
홍보 · 외서   진효지
마케팅   김상순 강성민   마케팅지원   최영배 정나영
제작   조영석 허병용   경영지원   김혜경 김경희

303비전성경암송학교 유니게 과정
이슬비전도학교 / 303비전성경암송학교 / 303비전꿈나무장학회

펴낸곳   규장

주소 06770 서울시 서초구 매헌로 16길 20(양재2동) 규장선교센터
전화 02)578-0003   팩스 02)578-7332
이메일 kyujang0691@gmail.com   홈페이지 www.kyujang.com
페이스북 facebook.com/kyujangbook   인스타그램 instagram.com/kyujang_com
카카오스토리 story.kakao.com/kyujangbook
등록일 1978.8.14. 제1-22

책값 뒤표지에 있습니다.
ISBN 89-7046-777-7   03230
ISBN 978-89-7046-777-1   03230

규 | 장 | 수 | 칙

1. 기도로 기획하고 기도로 제작한다.
2. 오직 그리스도의 성품을 사모하는 독자가 원하고 필요로 하는 책만을 출판한다.
3. 한 활자 한 문장에 온 정성을 쏟는다.
4. 성실과 정확을 생명으로 삼고 일한다.
5. 긍정적이며 적극적인 신앙과 신행일치에의 안내자의 사명을 다한다.
6. 충고와 조언을 항상 감사로 경청한다.
7. 지상목표는 문서선교에 있다.

하나님을 사랑하는 자 곧 그의 뜻대로 부르심을 입은 자들에게는 모든 것이 合力하여 善을 이루느니라(롬 8:28)